普通高等教育“十三五”规划教材

技术经济学

第2版

主　编　祝爱民　侯　强　于丽娟
参　编　袁　峰　刘　雷

机械工业出版社

本书系统、全面地介绍了技术经济学的理论、方法与实践，其主要内容包括经济效果及其评价、资金时间价值、技术经济确定性评价方法、技术经济不确定性评价方法、项目可行性研究、投资项目评价、设备选择的技术经济分析、技术创新、价值工程及 Excel 在技术经济评价中的应用等。

本书体系完整、深浅适度，在内容的安排上循序渐进、由浅入深，符合教学规律，有利于学生理解并掌握该门课程所讲知识；同时强调理论联系实际，提供了案例和习题，便于学生学以致用。

本书可作为高等学校管理类专业本科生及研究生的教材，也适合理工科各专业学生使用，同时还可作为工程技术人员和经济管理人员的参考书。

图书在版编目（CIP）数据

技术经济学/祝爱民，侯强，于丽娟主编. —2 版. —北京：机械工业出版社，2017.1（2020.1重印）
普通高等教育“十三五”规划教材
ISBN 978-7-111-55933-7

Ⅰ.①技… Ⅱ.①祝… ②侯… ③于… Ⅲ.①技术经济学-高等学校-教材 Ⅳ.①F062.4

中国版本图书馆 CIP 数据核字（2017）第 008745 号

机械工业出版社（北京市百万庄大街 22 号 邮政编码 100037）
策划编辑：裴 泱　　责任编辑：裴 泱 何 洋 商红云
责任校对：肖 琳　　封面设计：张 静
责任印制：郜 敏
河北鑫兆源印刷有限公司印刷

2020 年 1 月第 2 版第 3 次印刷

184mm×260mm · 18 印张 · 386 千字
标准书号：ISBN 978-7-111-55933-7
定价：38.00 元

凡购本书，如有缺页、倒页、脱页，由本社发行部调换

电话服务
服务咨询热线：010-88379833
读者购书热线：010-88379649

网络服务
机 工 官 网：www.cmpbook.com
机 工 官 博：weibo.com/cmp1952
教育服务网：www.cmpedu.com
金 书 网：www.golden-book.com

第 2 版前言

Preface

本书第 1 版于 2009 年出版，感谢所有读者的厚爱，特别是许多高校选择本书作为教材，得到了广大师生的肯定。

本次修订，一是总结了自身教学实践的体会和读者的反馈，对书中的不当之处进行了修正；二是根据技术经济学的发展和国家有关政策等的变化，对书中的内容做了一些调整；三是提供了更多的教学辅助资料，使得师生使用更方便。

本次修订由祝爱民、侯强、于丽娟担任主编，参加编写修订的还有袁峰、刘雷。祝爱民负责全书的统稿和修改，并完成最后的定稿工作。此外，在本书的修订过程中，研究生石晓娇、李博、孙梦晗、周雪、孙嘉怡等付出了辛勤劳动，并且得到了机械工业出版社的大力支持，参考和借鉴了大量参考文献，在此表示衷心的感谢。

尽管编者做了许多努力，但由于经验和水平有限，书中难免存在纰漏和不足之处，敬请读者批评指正。

编　者

第 1 版前言

Preface

技术经济学是当今技术发展与社会经济发展密切结合的产物，是研究技术实践的经济效果，以及技术与经济协调发展的科学。技术经济学是管理类专业的一门基础课程，编者结合多年的教学实践，精心编写了本书。

本书具有以下特点：一是系统性，全面介绍技术经济分析的基本理论和方法、投资项目可行性研究、设备更新决策、价值工程、技术创新等内容，体系完整，繁简得当；二是适用性，在内容的安排上循序渐进、由浅入深，符合教学规律，有利于学生对该门课程知识的理解和掌握；三是实践性，强调理论联系实际，提供了许多应用实例和案例，并在每章后附有习题，便于学生学以致用。

本书由祝爱民教授担任主编，于兆吉、侯强、于丽娟任副主编，参加编写的人员还有袁峰、赵红、柴伟莉、陈炜、蒋文杨、徐英杰、玄雪。祝爱民负责全书的统稿和修改，并完成最后的定稿工作。

在本书的编写过程中，参考和借鉴了大量国内外的有关文献，在此对这些文献的作者表示诚挚的谢意。

由于时间仓促、水平有限，书中缺点和错误在所难免，敬请广大读者批评指正。

编　者

目 录

Contents

第一章
概　论

学习目标

※ 了解技术经济学科的产生与发展过程
※ 了解技术与经济的概念及其相互关系
※ 了解技术经济学的研究对象和主要内容
※ 了解技术经济学的特点和研究方法
※ 掌握技术经济分析的一般步骤

第一节　技术经济学科的产生与发展

一、技术经济学产生的基础

技术经济学的产生与发展有其实践基础。人类在技术经济活动中遇到的很多实际问题都推动着该学科的发展。人们在实现各种经济目标的同时，还要受到自然资源、经济条件、社会环境等多种条件的限制，如何有效配置资源以取得最佳经济效果成为必须解决的问题。同时，技术与经济存在着密不可分的内在联系，彼此之间相互依存、相互促进、相互制约，工程技术是实现经济目标的重要手段，同时也受到经济目标的制约。技术与经济的这种本质联系促进了技术经济学的发展。而且，技术方案在实现一定经济目标的同时，还要满足安全可靠、环境保护、社会利益等方面的要求，技术方案的选择必须考虑技术、经济、社会等多方面的因素，这都为技术经济学提出了更为重要的课题。

技术经济学的发展也有其理论和方法基础。1886 年，美国的亨利·汤恩（Henley Town）在《作为经济学家的工程师》（*The Engineer as an Economist*）一书中，提出要把对经济问题的关注提高到与技术同等重要的地位。1887 年，美国建筑工程师威灵顿（A. M. Wellington）在《铁路布局的经济理论》（*The Economic Theory of Railway Location*）中，首次将成本分析方法应用于铁路的最佳长度和路线的曲率选择问题上，并提出了工程利息的概念，开创了工程领域的经济评价工作先河。1920 年，戈尔德曼

（O. B. Goldman）在《财务工程》（*Financial Engineering*）一书中，第一次提出用复利法确定方案的比较值、进行投资方案评价的思想，并且批评了当时研究工程技术问题不考虑成本、不讲究节约的错误倾向。1930 年，格兰特（E. L. Grant）出版了《工程经济学原理》（*Principles of Engineering Economy*）一书，这为工程经济学奠定了基础。在书中，格兰特比较系统地论述了工程经济分析的基本原理，指出了古典工程经济学的局限性，并以复利计算为基础，对固定资产投资的经济评价原理做了阐述，同时指出人的经验判断在投资决策中具有重要作用。由于对投资经济分析理论的重大贡献得到了社会的普遍认同，格兰特被誉为“工程经济之父”。20 世纪 30 年代，美国在开发西部的田纳西河流域中，创立了“可行性研究方法”。20 世纪 40 年代后期，美国通用电气公司组织如何开发物质替代、有效利用资源、降低成本的研究；1947 年，美国通用电气公司工程师迈尔斯（L. D. Miles）以“价值分析”为题发表其研究成果，提出了价值分析的一整套方法，20 世纪 50 年代，这一管理技术得到了极大发展，称为“价值工程”。同时，在前苏联，技术经济分析论证开始出现，并逐渐推广到规划、设计和工程建设项目中，之后被广泛应用于企业生产经营的各项活动中，逐渐形成了一套比较完整的技术经济论证程序与分析评价方法。1951 年，迪安（Joel Dean）在《投资预算》（*Capital Budgeting*）一书中具体阐述了贴现法（动态经济评价方法）以及合理分配资金的某些方法在工程投资分析中的应用，贴现法也成为投资项目技术经济分析所采用的主要方法。此后，风险与不确定性分析、设备更新的经济分析、多方案评价方法与决策、公用事业项目的费用效益分析等理论与方法相继出现和发展。这些都为技术经济学科的产生奠定了坚实的理论基础。

二、技术经济学科的创立

20 世纪 60 年代初，我国学者在前苏联技术经济分析的基础上，借鉴美国的工程经济、英国的业绩分析、法国的经济分析、日本的经济性工程等，形成了技术经济学这门具有显著中国特色的学科，并且，随着我国社会主义建设的实践，其理论与方法也在不断完善和发展。

新中国成立之初，在经济建设方面，除了引进前苏联的科学技术之外，同时还引进了前苏联的一整套技术经济分析方法，并应用到重点建设项目的论证上，这些重点建设项目在建成投产后取得了很好的经济效果。以 156 项重点工程项目建设为核心的“一五”计划，不仅从当时国家的人力、物力、财力状况，空间布局和技术选择等宏观方面进行了实事求是、周密细致的分析论证，而且对项目具体的选址、产品、规模、原料供应、劳动组织、工艺流程、工艺参数和设备等方面都做了可靠的技术经济分析评价，为“一五”计划的成功实施奠定了坚实的基础。在引进和应用技术经济理论方法的过程中，也培育了技术经济方面的人才，这都为我国技术经济学的创立提供了有利条件。但在 20 世纪 50 年代后期，我国的经济活动违背了经济规律，只算政治账，不算经济账，导致经济生活被破坏，经济发展停滞。人们深感发展生产技术必须考虑经济规律，技术和经济必须相结合，有必要建立一门专门研究技术和经济相结合的学科，研究技术方案的经济效果。在《1963—1972 年科学技术发展规划》中，把技术经济研究与工业科学技术、农业科学技术、资源科学技术、医学科学技术、基础科学技术和科学技术研究并列写进规划，这是技术经济学科发展史上的里程碑。在以后的几年时间里，具有中国特色的技术经济学科理论方法体系初步形成。在这一时期，主要研究经济效果问题，应该说这是为了使生产技术更好地服务并推动当时社会生产力的发展，以符合当时社会主义建设实践的需要。但由于当时的时代背景，其理论方法及应用研究的深度和广度还远远不够。例如，对项目进行经济效果评价时，基本出发点和核心是国家效益评价；在考虑投资效果时，更多地从静态出发，而没有考虑动态的时间因素。因此，随着国家经济建设的需要，技术经济学也需要不断发展。从 20 世纪 60 年代后期到 70 年代中期，由于我国特定的历史环境，技术经济学的发展受到了抑制。

三、技术经济学的发展

在十一届三中全会后，技术经济学进入了快速发展时期。在 1978 年的《技术经济和管理现代化理论和方法的研究规划（1978—1987）》中，明确提出了技术经济这门学科的性质，即技术经济学是一门介于自然科学和社会科学之间的边缘科学，是一个重要的科学技术研究领域；阐述了技术经济工作的概念，同时提出了技术经济工作的意义；分析了国内外技术经济研究工作现状和发展现状，也提出了技术经济研究工作的奋斗目标，确定了技术经济研究和应用的方法，明确了 15 个方面的重点研究课题；作为从组织上落实上述规划的具体工作，国务院成立了中国技术经济研究会，中国社会科学院建立了数量经济和技术经济研究所，中国科学院也建立了系统科学研究所，相关政府部门、企业、科研院所和高校等开展了学术活动、理论方法研究、人才培训及出版刊物等一系列工作，同时也引入和学习西方的技术经济分析方法，如可行性研究、价值工程等。

进入 20 世纪 90 年代后，我国经济体制改革不断深入，特别是“科教兴国”和“可持续发展”等战略的实施，为技术经济学科的发展提供了新的条件。高新技术产业化的战略地位的确定，更为技术经济学科的发展提供了良好的机遇，促使技术经济学科更加深入发展。特别是进入 21 世纪，信息技术和信息产业、网络经济等高速发展，又提出了许多新的技术经济问题。

可以说，随着我国经济体制改革的不断深入和科学技术的快速发展，技术经济学的理论方法及其应用也会不断丰富完善和发展，技术经济学在我国的经济建设和社会发展中将发挥越来越重要的作用。

第二节 技术经济学研究的对象和内容

一、技术经济学研究的对象

技术经济学是当代技术发展和社会经济发展密切结合的产物，是技术科学和经济科学交叉的边缘学科，也是现代管理学科中一门新兴的综合性学科。其研究对象随着国家经济建设和社会技术进步在不同时期不断进行演变，这也正是对技术经济学本身特定的研究对象和内容、范围、方法体系是什么以及学者意见不完全一致的主要原因。当然，在学科发展中总会有不同的、新的意见出现，也不可能要求完全一致。

综合有关学者的观点，可以说技术经济学是研究技术领域的经济问题和经济规律，以及技术领域内资源最佳配置的科学，是研究技术与经济的关系，寻求技术与经济最佳结合以求可持续发展的科学。

二、技术与经济的关系

"技术"这个词的定义，大致可以分为狭义和广义两种。狭义的技术一般是指生产资料或劳动工具；广义的技术是指人们认识自然、改造客观世界的知识、手段和技能，是劳动者、劳动工具和劳动对象的总称，是生产力各要素的有机结合。技术经济学里所说的"技术"是指广义的技术。

"经济"一词，在不同范畴有不同的含义。人们对经济的理解，主要有以下几种：①经济是指社会生产关系的总和。这种定义将经济当作生产关系或经济基础的同义语。②经济是指物质的生产、交换、分配、消费的总称。这个概念将经济视作生产力和生产关系结合的活动。③经济是指"节约""节省"。例如，通常说某项工程比较节省，就等于说该项工程比较经济。技术经济学中的"经济"主要是指"相对节约"或"相对节省"。

技术和经济虽然是两个不同的概念，但两者之间存在极为密切的辩证关系，两者相互联系、相互依存、相互促进，同时又相互制约。人们为了经济上的需要，必须进行劳动和生产，必须采用一定的技术，而任何技术在劳动和生产中采用，都必须消耗人力、物力、财力和自然资源。因此，在劳动和生产中，经济离不开技术，技术也离不开经济，孤立的技术和孤立的经济都是不存在的，它们始终是不可分割的统一体。在这个统一体中，技术和经济可以相互促进、共同发展。

经济发展的需要是技术进步的动力和方向。新技术的产生和发展大都是经济需要引起的。第一次产业革命正是发生在封建制度向资本主义制度过渡阶段，经济的发展要求迅速改变简单的手工劳动生产方式，以机器大工业代替工场手工业，因而出现了蒸汽机。此后，原子能技术、电子计算机技术、空间技术、生物工程技术等都是经济发展的需要而引起的技术进步的结果。反过来，技术进步又是推动经济发展的重要条件和手段。因为技术的不断发展为经济发展提供了新的生产工具；技术的不断发展提高了人们掌握现代化生产工具的水平；技术的不断发展还改变和扩大了劳动对象，使社会生产力水平得到了极大提高。此外，经济的发展也为技术的进步提供了物质保证，任何一项技术的产生、发展、应用和推广都不能脱离一定的经济基础。总之，随着技术的不断进步，先进的技术代替落后的技术，促使社会经济不断向前发展；反过来，社会经济发展也促进了技术水平的提高，两者实现了良性循环。由此可见，技术与经济之间是相互依存、相互促进的关系。这体现了技术的先进性与经济合理性之间的一致性。

技术与经济又是相互矛盾、相互制约的。技术与经济相互矛盾、相互制约的关系主要表现为：首先，技术的进步受到经济发展水平的制约，只有经济发展到一定水平，相应的技术才能有条件广泛地应用和进一步发展。高技术不一定最经济，并不先进的技术也可获得较好的经济效果。其次，落后的技术导致了经济的落后，经济的落后又限制了先进技术的采用，形成了技术与经济之间的恶性循环。

综上所述，一方面，发展经济必须依靠一定的技术，科学技术是第一生产力；另一方面，技术的进步受到经济条件的制约。技术与经济是相互促进、相互制约的。正确处理技术与经济的辩证关系，保证两者良性循环，对于做好各项工作都具有极为重要的意义。

三、技术经济学研究的内容

技术经济学研究的问题包含从微观到宏观的不同层面，既有工程项目层面、企业层面的技术经济问题，也有产业层面的技术经济问题，更有国家层面的技术经济问题。

国家层面的技术经济问题主要关注国家技术创新战略和技术创新体制、机制的建设问题等；产业层面关注的主要是技术预测和选择、关键共性技术、产业技术创新与技术扩散、产业技术标准制定、产业技术升级的路径和战略等；企业层面主要关注企业技术创新管理、知识产权管理、技术使用管理等；工程项目层面关注关键技术创新、技术方案经济评价和项目管理等。

本书研究的主要是工程项目层面和企业层面的问题，在具体应用中就是如何优化选择工程技术方案，进行工程投资、设备、产品等方面的选择，使其在技术上先进、经济上合理、生产上适用。本书研究的主要内容包括：

（1）经济效益评价原理。技术经济学研究的最基本问题就是具体技术方案如何决策的问题，即在多种方案中选择满意的方案。决策的前提是必须明确好方案的标准，即方案为什么好，这就是评价问题。评价原理是技术经济学的灵魂。

（2）经济效益评价方法。经济效益评价方法主要包括确定性评价方法、不确定性评价方法、单一方案评价方法、多方案评价方法等。技术经济学的实用价值就在于有一套比较完善的科学评价体系，这是技术经济学的核心。

（3）技术经济学原理与方法的应用。技术经济学原理与方法的应用主要包括可行性研究、价值工程、设备更新、技术改造、产品开发等方面的经济分析和评价。

第三节　技术经济学的特点和研究方法

一、技术经济学的特点

（1）实践性。技术经济学是一门应用科学，它所研究、解决的问题都是经济建设中的实际经济技术问题，它解决问题所依据的资料都是实际的（包括历史的和当时的）数据、资料、内外条件和各种技术经济信息。因此，它具有较强的实践性，既为实践服务，又接受实践的检验。

（2）预测性。技术经济学对技术方案的分析都是在方案实施之前对其进行预先的分析和评价，因而带有明显的预测性。尽管有一部分技术经济分析活动是实际结果的事后评价，但其目的也包含着验证事前的分析。因此，一方面，要充分掌握各种资料，运用科学方法尽可能准确地预见事物的发展趋向；另一方面，也说明其包含一定的假设性和近似性，所提供的分析结果只是接近实际的近似值，而不是实际值，不能苛求绝对准确。

（3）综合性。技术方案在多数情况下是多目标、多指标的组合，既包括技术因素的指标，又包括经济因素的指标，还涉及社会因素等方面的指标。诸多指标中有些是定量的，有些是定性的。对方案进行技术经济分析时，必须全面考虑方案的各种因素，综合运用各种学科的知识。

（4）系统性。现代技术经济的研究对象是多目标、多因素的集合体。在对方案进行技术经济分析时，只有运用系统的观点和系统工程的方法进行评价，才能保证系统的整体优化，避免或克服狭隘性与片面性。

（5）选优性。现代技术经济学的研究对象所涉及的因素具有一定复杂性，解决同一问题的技术方案往往不是一个，而是多个。对方案进行技术经济分析的直接目的就是要通过对各个可行方案的分析、比较和评价，从中选出一个最优的或满意的方案作为决策方案。

二、技术经济学的研究方法

（1）系统分析方法。现代技术经济学所研究的问题具有多方案、多因素、多目标、多指标的特点，分析评价程序也是多阶段的。因此，必须应用系统的观点与方法进行综合分析和评价，才能实现方案的最优化。

（2）费用效益对比方法。在进行方案选择时，要充分考虑费用（投入）与效益（产出）两个方面，所以，通过计算、分析与比较各方案费用与效益的比值来做出决策。费用效益对比方法是技术经济学中最常用的方法。

（3）定量分析与定性分析相结合的方法。在技术方案所涉及的因素中，有些是能用数量表示的，有些则不能用数量表示。在对方案进行技术经济分析时，虽然可以用某些方法把非定量因素数量化，尽量扩大定量分析的范围，但是还会有一些定性因素不能转化为定量因素。因此，在对方案进行分析、比较和选优时，要把定量分析和定性分析结合起来，不可只做定量分析，不做定性分析。

（4）不确定性分析方法。技术方案中的许多指标常受市场需求量、价格以及国家投资政策等因素变化的影响，使方案具有风险性。为了减少或避免风险，就需要选用不确定性分析方法，如敏感性分析法、概率分析法等，测定方案对不确定性因素变化影响的承受能力，以确保所选方案的可靠性。

第四节 技术经济分析的一般程序

技术方案在实施之前，应用技术经济学原理、方法进行技术经济分析评价、选优时，必须遵循科学的程序，才能够做出最佳选择，为决策提供依据。

1. 确定分析目标

技术经济分析的目的在于比较各方案的优劣，要比较就需要有共同的目标。目标是建立方案的基础，也是方案比较的依据。确定合适的目标是技术经济分析中非常关键的一步，如果目标设定错误，就会造成投资决策失误。

2. 调查研究，收集资料

根据所确定的目标进行调查研究，分析过去，总结现状，预测未来。重点收集与之有关的技术、资源、经济、市场、政策、法规等方面的资料。资料是分析的基础，资料正确与否会直接影响分析的质量。

3. 拟订备选方案

随着技术的不断发展，能够解决某一具体目标的问题，往往会有多种可能方案。例如，为了解决电力短缺问题，可采用建火电站、核电站、水电站等方案，而建核电站，又可有重水式、轻水式等方式。拟订备选方案，实际上是一项创新活动，应当根据所掌握的国内外技术经济情况，实事求是地进行全面考虑，尽可能多地列出各种可能的技术经济方案，以备比较，从中选优。

4. 建立技术经济分析评价指标体系

为了全面衡量各种可能技术方案的优劣，要建立一套评价指标体系，并规定这些指标的计算方法，同时还要处理好指标可比性问题。

5. 方案综合分析评价

依据国家政策法令和反映决策者意愿的指标体系，通过定量分析和定性分析，判断各种技术方案在技术经济方面的利弊得失，然后进行综合分析评价，淘汰不可行方案，保留可行方案。

6. 选择最优或满意方案

根据综合分析评价的结果，优选出技术上先进、经济上合理的最佳方案。若选优结果不满意，应重新开展上述工作，并检查评价工作的合理性。

7. 完善方案并付诸实施

根据综合评价选优的结果，在可能的条件下进一步对优选方案采取完善措施，使其更好地被应用，取得更大的经济效益。

上述分析程序只是技术经济分析的一般步骤，而不是唯一的、不能改变的程序，在实际工作中，要根据问题的复杂程度、所涉及的范围等进行调整。

技术经济分析的一般程序如图 1-1 所示。

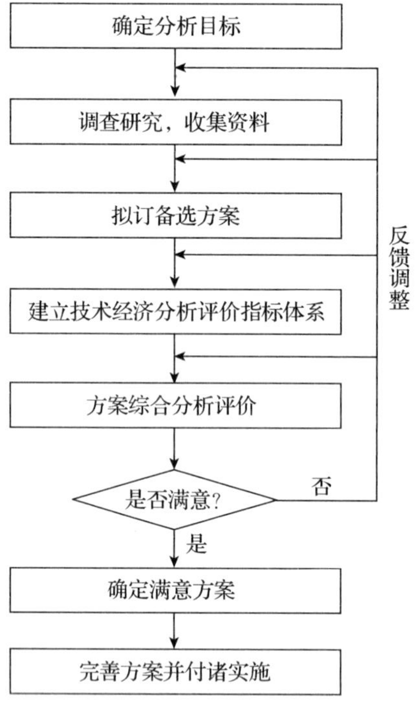

图 1-1　技术经济分析的一般程序

习　题

1. 技术经济学研究的对象和内容是什么？
2. 结合实例说明技术经济学的特点。
3. 结合实例阐述技术和经济之间的关系。
4. 结合案例阐述技术经济分析的方法和程序。

第二章
经济效果及其评价

学习目标

※ 掌握经济效果的概念及其表示形式

※ 掌握经济效果评价的可比原则

※ 了解经济效果评价要素

※ 了解经济效果评价指标体系的构成

第一节　经济效果的概念和评价标准

一、经济效果的概念

各种技术活动都需要投入，以最少的投入获取尽可能多的产出，是各种技术活动追求的经济目标。因此，在选择各种技术方案时，既不能仅用取得成果的大小来判断，也不能仅用投入的多少来判断，必须从投入和产出两个方面综合判断，才能得出科学的结论。经济效果就是经济活动中取得的劳动成果与劳动消耗的比较，或产出与投入的比较。

正确理解经济效果的概念，需要注意以下几点：

1. 劳动成果和劳动消耗的比较是经济效果的本质

在进行经济效果分析时，必须将技术方案的成果与消耗、产出与投入结合起来综合考虑，而不能仅使用单独的成果或消耗指标，不把成果与消耗、产出与投入结合起来，无法判断方案的优劣。当然，在投入一定时，也可以单独用产出衡量经济效果，产出越多效果越好；产出一定时，投入越少效果越好。

2. 劳动成果必须是有用的

技术方案实施后的效果有优劣之分。经济效果概念中的产出是指有效产出，是对社会有用的劳动成果，即对社会有益的产品或服务。对社会无用或有害的成果，不符合社会需要的产品或服务，生产越多、消耗越大，经济效果就越差。

3. 劳动消耗是全部消耗

经济效果概念中的劳动消耗，包括技术方案实施消耗的全部人力、物力、财力，即包括生产过程中的直接劳动消耗、劳动占用和间接劳动消耗三部分。直接劳动消耗是指技术方案实施中消耗的原材料、燃料、动力等物化劳动消耗和劳动力等活劳动消耗；劳动占用通常是指技术方案为正常进行生产而长期占用的厂房、设备、货币资金和各种物料等；间接劳动消耗是指与技术方案实施相关联的单位或部门发生的消耗，在衡量经济效果时，这部分消耗也是必须要考虑的。

二、经济效果的一般表示形式

经济效果体现了一种比较关系，这种比较关系可以用以下三种形式描述。

1. 差式经济效果

这种形式的经济效果表示的是劳动成果扣除劳动消耗的一种绝对量的经济效果，如利润、净产值、国民收入等指标。表达式为

$$经济效果 = 劳动成果 - 劳动消耗$$

这种表示方法的量纲不论是劳动成果还是劳动消耗，都必须以价值量表示。这种方法一般不宜用来直接衡量不同的技术方案。

2. 商式经济效果

这种形式的经济效果表示的是劳动成果与劳动消耗之比，以比值的多少来表示经济效果的大小。表达式为

$$经济效果 = \frac{劳动成果}{劳动消耗}$$

这种表示方法的最大特点是劳动成果、劳动消耗的计量单位可以不同，既适用于价值型指标的对比（如投资收益率），又适用于实物型指标的对比（如原材料消耗量），也适用于量纲不同的指标对比（如劳动生产率）。这种表示形式是最常见、使用最普遍的方法，具有广泛的适用性。

3. 差式与商式综合经济效果

这种形式的经济效果将差式和商式经济效果两种形式组合起来，能更准确地反映经济活动的经济效果的好坏。表达式为

$$经济效果 = \frac{劳动成果 - 劳动消耗}{劳动消耗}$$

这种表示方法是净收益与消耗的比值的形式，反映的是单位劳动消耗所取得的净收益，如资金利润率指标。这种形式的经济效果是评价经济效果最适用的表示方法。

三、经济效果的评价标准

确定经济效果的概念及表达式，是为了分析与评价技术政策、技术措施及技术方案的经济可行性。但经济效果本身并不能说明项目经济效果的好与坏，而只能通过对经济效果指标与所确定的经济效果评价标准进行比较来予以说明。通常所说的“以最少的劳动消耗和占用取得最大的劳动成果”，实际上就是一个经济效果的评价标准，而不是概念本身。

经济效果的评价标准就是经济效果要达到的目标。经济效果评价标准既包括评价单一项目自身的经济效果（如投资回收期、内部收益率等评价指标），又包括项目之间比较的经济效果（如增量内部收益率、增量投资回收期等评价指标），还可分为具体评价标准、综合评价标准等。其中综合评价标准的综合性较强，且范围较大。例如，工业投资效果系数评价标准比机械工业投资效果系数评价标准的综合性要强，因为它考虑了整个工业的情况。到底选择什么样的评价标准，要根据实际问题的具体情况确定。

一般情况下，评价经济效果的最起码的标准为劳动成果比劳动消耗要大，否则，生产和扩大再生产将无法进行，社会就不能发展。这就是说，在生产活动中所创造的价值必须大于投入的劳动价值。当然，劳动成果超出劳动消耗越多越好。

四、经济效果的分类

由于经济活动的复杂性和人类从事技术经济活动目的的多样性，经济效果具有不同类型。经济效果可以按不同标准进行分类：

1. 按经济效果评价的层次划分，可分为微观经济效果和宏观经济效果

微观经济效果是指从企业、单位或部门微观利益的角度来考察的经济效果；宏观经济效果是指从国民经济角度来考察的经济效果；对技术方案的分析比较，既要进行微观经济效果评价，又要进行宏观经济效果评价，特别是对国民经济全局有重大影响的技术方案更是如此。由于分析的角度不同，同一技术方案的微观经济效果和宏观经济效果可能不一致，因此，当两者结论不一致时，一般以宏观经济效果评价结论为主。

2. 按技术方案影响直接与否划分，可分为直接经济效果和间接经济效果

直接经济效果是指技术方案的采纳者从技术的实施中直接得到的经济效果；间接经济效果是指与技术方案的采纳者在经济上有联系的企业、单位或部门，可以从技术方案的实施中间接得到的经济效果。一般来说，前者比较容易识别，不易被忽略；后者的识别比较困难，需要视具体情况而定。在技术方案的选择中，既要分析计算直接经济效果，也不能忽视间接经济效果。

3. 按经济效果是否可以计量划分，可分为有形经济效果和无形经济效果

有形经济效果是指由技术项目创造的、可以用货币计量的经济效果；无形经济效果是

指由于技术的实施而带来的环境的改善、人体健康状况的改善、生产组织水平的改善等，产生的难以用货币计量的经济效果。在技术方案的评价中，既要重视有形经济效果的评价，也要重视无形经济效果的评价。

4. 按经济效果评价用途划分，可分为绝对经济效果和相对经济效果

绝对经济效果是指技术方案自身所取得的经济效果；相对经济效果是指一个方案与另一方案相对比所取得的经济效果。分析和比较技术方案时，只有在绝对经济效果可行的基础上，才可以比较其相对经济效果。

第二节 经济效果的评价原则

任何一项技术政策、技术措施或技术方案反映出来的效果都是多方面的。例如，有技术进步、经济效果、社会效果以及环境效果等各方面的反映，这些效果的好坏及其程度各不相同。因此，为了正确进行技术经济分析，就必须处理好某些关系，掌握技术经济分析的基本原则。

一、经济效果评价的基本原则

1. 正确处理微观效果与宏观效果的关系

企业的微观效果与国家的宏观效果既有统一的一面，也有矛盾的一面。提高企业或项目的微观经济效果是提高宏观经济效果的基础，而提高宏观经济效果是提高企业或项目微观经济效果的前提。一方面，国民经济活动按比例协调进行，既能提高宏观经济效果，又为提高微观经济效果创造条件，而如果国民经济比例关系不协调，产业间投入产出关系不适当，那么必然会有许多企业的产品因不符合社会需要而无法实现其价值；另一方面，国民经济效果并非企业经济效果的简单总和，在某些情况下，二者之间仍然存在矛盾，因此，必须在服从全局的前提下，充分兼顾各方面的利益，即不能空谈宏观经济效果而忽视和不顾企业经济效果的提高。一般说来，在市场经济的条件下，企业作为独立的商品生产者，应该把提高企业经济效果作为生产经营的主要目标，国家必须通过经济的、法律的以及行政的多种手段，促使企业自觉地把微观经济效果和宏观经济效果统一起来。

2. 正确处理近期经济效果与长远经济效果的关系

考虑整个社会的长远经济利益，近期经济利益要服从长远利益。但这不意味着可以借口长远利益而忽视近期利益，应该说，近期利益是长远利益的有机组成部分，只有不断提高近期的经济效果，才能逐步获得长远的经济效果。应以提高长远经济效果为目标，从提高近期的经济效果着手，脚踏实地，逐步达到提高全过程的长远经济效果的目的。

3. 正确处理直接经济效果与间接经济效果的关系

间接经济效果不像直接经济效果那样显而易见，因此，进行技术经济分析时，往往只重视直接经济效果的评价，而忽视间接经济效果的评价。技术经济效果是一个综合性概念，不仅反映在直接经济效果上，而且也反映在间接经济效果上，因此，真实的经济效果是两者的综合，即全面的经济效果。

4. 正确处理经济效果与社会环境的关系

正确处理经济效果与社会环境的关系是技术经济分析的一个重要原则。经济发展与社会环境存在相互依赖、相互促进和相互制约的关系。如果技术政策、措施、方案与社会环境相适应，经济效果与环境效果相一致，则能取得真正的经济效果；反之，则难以产生真正的经济效果。

二、经济效果的可比原则

技术经济分析的目的就是选出实现某一目标的最优或满意的技术方案，因此，就需要对各个技术方案的技术经济指标进行研究，确定其经济效果的大小，并与其他方案进行比较评价，以便从备选方案中选出具有最佳经济效果的方案，这就是比较问题。比较原则是技术经济分析应遵循的重要原则之一，没有比较就无从选优。要比较就必须建立共同的比较基础，使技术方案之间具有可比性。技术方案的比较通常可从满足需要上的可比、消耗上的可比、价格上的可比和时间上的可比四个方面进行。

1. 满足需要上的可比

任何一个技术方案都有一定的目的，都要满足一定的需要。从技术经济观点看，如果有若干种可行方案供选择，那么它们之间就必须进行比较优选。因此，各个方案都必须满足相同的需要，否则无法比较。满足同一需要上的可比是一个最重要的可比原则。各个技术方案一般都是以方案的产品数量、品种、质量等指标来满足社会需要的，所以，不同技术方案若要符合满足需要上的可比条件，就必须要求各技术方案的产量、质量和品种等指标可比。如果各对比方案的产品质量、品种、数量相同或基本相同，可直接比较各方案的经济效果；如果有显著差别，则不能直接比较，必须进行修正后才能比较。

2. 消耗上的可比

对技术方案进行比较，实际上要比较的是不同方案的经济效果。而在评价经济效果时，既要满足需要，又要考虑消耗。所以，在对比若干可行方案时，必须具有消耗上的可比条件。这也是技术经济比较中不可缺少的原则。

任何一个技术方案的具体实施都必须消耗一定的社会劳动和费用，但由于对比方案的技术特征和经济性质不同，因而它们的消耗也不相同，这时要正确进行各方案的经济效果对比，就必须对各方案的消耗进行合理计算。需要特别强调的是，在计算对比方案的消耗时，需要使用同一个原则、同一种计算方法，而且要计算到同一个范围和同一个程度。在考虑对比方案的消耗时，必须从整个社会和整个国民经济观点出发，从综合的观点、系统的观点上予以考虑，也就是说，必须考虑对比方案的社会全部消耗，而不能只考虑方案本身的消耗。

3. 价格上的可比

对技术方案进行经济效果评价时，无论是投入还是产出，都要借助价格这一尺度，所以要正确评价项目的经济效果，价格必须具有可比性。要使价格可比，技术方案所采用的价格体系应相同，在财务评价中采用现行市场价格，在国民经济评价中采用影子价格。

4. 时间上的可比

在对技术方案进行经济效果比较时，还应考虑时间这个因素。例如，有两个对比方案，其总投资、产量等条件均相同，但由于投资时间不相同或产出时间不相同，因而其经济效果就不相同。显然，时间对技术方案的经济效果有重要影响。比较不同方案的经济效果，时间可比要包含两方面的内容：一是评价不同使用寿命的方案的经济效果时，应采用相同的计算期作为比较基础；二是要考虑资金的时间价值，发生在不同时间的投入和产出，应根据资金时间价值进行折算后再比较。

第三节 经济效果评价要素

一、投资

投资是指人们一种有目的的经济行为，即以一定的经济资源投入某项计划，以获取所期望的报酬。投资可分为生产性投资和非生产性投资，所投入的资源可以是资金，也可以是人力、技术或其他经济资源。

对于一般的工业投资项目来说，项目投资包括从筹建开始到项目全部建成投产为止所发生的费用总和，由建设投资和流动资金投资两大部分组成。

1. 建设投资

建设投资包括建筑工程费、设备及工器具购置费、安装工程费、工程建设其他费用、基本预备费、涨价预备费和建设期贷款利息等。

上述投资在项目建成后，绝大部分形成固定资产，有一些费用将形成无形资产，还有一些费用被视为项目的递延资产，用投资垫付，在投产后分期摊销。

在不同的分析时期，固定资产具有不同的价值。在项目建成时核定的固定资产价值称为固定资产原值。项目投产以后，固定资产在使用过程中逐渐磨损和贬值，其价值逐步转移到产品中去，转移价值以折旧的形式计入产品成本，并通过产品销售以货币形式回到投资者手中。折旧是对固定资产磨损的价值损耗的补偿，固定资产使用一段时间后，其原值扣除累计的折旧额称为当时的固定资产净值。在许多情况下，由于各种原因，净值往往不能反映当时固定资产的真实价值，需要根据市场情况对固定资产重新估价，估得的价值称为固定资产重估值。项目寿命期结束时固定资产的残余价值称为期末残值，期末残值一般是指当时市场上可实现的价值。对于项目的投资者来说，固定资产期末残值是一项在期末可回收的现金流入。

2. 流动资金投资

流动资金是指在项目投产前预先垫付，在投产后的生产与经营过程中用于购买原材料、燃料和动力、备品备件、支付工资和其他费用，以及在制品、半成品、产成品和其他存货占用的周转资金。

在生产经营过程中，流动资金以现金及各种存款、存货、应收及预付款项等流动资产的不同形态出现，一个营业周期结束，其价值一次全部转移到产品中去，并在完成销售以后以货币形式得到补偿。每一营业周期流动资金完成一次周转，但在整个项目寿命期内始终被占用，到项目寿命期末，全部流动资金退出经营过程，以货币资金的形式被回收。

项目一旦建成，各类投资将转为资产。投资形成的资产一般包括固定资产、流动资产、无形资产、递延资产等。

（1）固定资产。固定资产是指使用年限在一年以上，单位价值在规定标准以上，并在使用过程中保持原有物质形态的资产。固定资产是企业经营和生产过程中不可缺少的物质条件（劳动资料）。在企业中，劳动资料的单项价值高低悬殊，使用时间也不相同，为了便于管理和核算，常常按照劳动资料的经济用途、单项价值、使用时间等标准进行划分。凡达到规定标准的，作为固定资产管理和核算；不够规定标准的，作为低值易耗品管理和核算。企业的固定资产包括使用年限在一年以上的房屋、建筑物、机械、运输设备和其他与生产经营有关的设备、器具、工具等。不属于生产经营主要设备的物品，单位价值在2 000元以上，使用年限超过两年的也作为固定资产管理和核算。

（2）流动资产。流动资产是指可以在一年内或超过一年的一个营业周期内变现或者耗用的资产，包括现金、各种存款、短期投资、应收预付款项、存货等。与流动资产相对应的一个概念是流动负债，流动负债是指偿还期在一年内或超过一年的一个营业周期以内的债务，包括短期借款、应付票据、应付预收款项、应交税费、应付职工薪酬、应付利息、应付股利等。

（3）无形资产。无形资产是指具有一定价值或可以为所有者或控制者带来经济利益，能在比较长的时期内持续发挥作用且不具有独立实体的权利和经济资源，包括专利权、专有技术、商标权和土地使用权等。无形资产通常以取得该资产的实际支出为原值。

（4）递延资产。递延资产是指不能全部计入当年的损益，应当在以后年度内分期摊销的各项费用，主要包括开办费、租入固定资产的改良支出、摊销期在一年以上的其他待摊销费用等。递延资产以形成该资产的实际支出为原值。

二、费用和成本

（一）总成本费用

在工业生产经营活动中，费用泛指企业在生产经营过程中发生的与本期营业收入相配比的各项耗费，直接计入当期损益；成本通常是指企业为生产商品和提供劳务所发生的各项费用，应当计入产品成本。在技术经济分析中对费用与成本的理解与企业财务会计中的不完全相同，技术经济分析不严格区分费用与成本，将它们均视为现金流出。

总成本费用是指项目在一定时期内（一般为一年）为生产和销售产品而花费的全部成本和费用。

总成本费用按其经济用途与核算层次可分为直接费用、制造费用和期间费用，或生产成本、管理费用、财务费用和销售费用。

总成本费用 = 生产成本 + 管理费用 + 财务费用 + 销售费用

生产成本由生产过程中消耗的直接材料、直接薪酬和制造费用构成。副产品回收可抵扣部分生产成本。

1. 直接费用

直接费用包括直接材料费用和直接薪酬。直接材料是指在生产中用来形成产品主要部分的材料；直接薪酬是指在产品生产过程中直接对材料进行加工使之变成产品的人员的工资、奖金、津贴和补贴等。

2. 制造费用

制造费用是指为组织和管理生产所发生的各项间接费用，包括生产单位（车间或分厂）管理人员薪酬、生产单位房屋、建筑物、机器设备等的折旧费、租赁费（不包括融资租赁费）、物料消耗、低值易耗品摊销、取暖费、水电费、办公费、差旅费、运输费、保险费、设计制图费、劳动保护费、在产品盘亏和毁损（减盘盈）、季节性和修理期间的停工损失以及其他制造费用等。

在构成产品生产成本的上述各项中，物料费按消耗定额及物料单价分项估算；工资按劳动定员及工资指标估算，职工福利费按对应工资总额的14%计取；修理费可按折旧费的一定比例计提；其他制造费用可分项详细估算，也可按工资及福利费的一定比例估算。

3. 期间费用

期间费用包括管理费用、财务费用和销售费用。

管理费用是指企业为组织和管理企业生产经营活动所发生的各项费用，包括企业的董事会和行政管理部门在企业的经营管理中发生的，或者应当由企业统一负担的公司经费。它包括公司经费、工会经费、职工教育经费、劳动保险费、待业保险费、董事会费、咨询费（含顾问费）、聘请中介机构费、诉讼费、排污费、绿化费、税金、土地使用费（海域使用费）、土地损失补偿费、技术转让费、研究开发费、无形资产摊销、业务招待费及按规定计入管理费用的存货盘亏或盘盈。

财务费用是指企业为筹集生产经营所需资金等而发生的各项费用。它包括企业生产经营期间发生的应作为期间费用的利息支出（减利息收入）、汇兑损溢、银行手续费以及为筹集资金发生的其他财务费用。

销售费用是指销售商品和材料、提供劳务的过程中发生的费用。它包括应由企业负担的运输费、装卸费、包装费、保险费、旅差费、广告费以及专设销售机构的人员薪酬、折旧费、修理费和其他费用。

在技术经济分析中，为了便于计算，通常按照各费用要素的经济性质和表现形态将其归并，把总费用分成以下九项：①外购材料（包括主要材料、辅助材料、半成品、包装费、修理用备件和低值易耗品等）；②外购燃料；③外购动力；④工资及福利费；⑤折旧费；⑥摊销费；⑦利息支出；⑧修理费；⑨其他费用。这里的“其他费用”是指在制造费用、管理费用、财务费用和销售费用中扣除工资及职工福利费、折旧费、修理费、摊销费、利息支出后的费用。由此

$$总成本费用=外购材料+外购燃料+外购动力+工资及福利费+折旧费+摊销费+利息支出+修理费+其他费用$$

估算时，要注意扣除原材料消耗中自产自用部分，以免重复计算。

为简化计算，扣除土地使用税后的“其他费用”部分，可按工资及职工福利费的某一比例进行估算。

（二）机会成本

机会成本是指将一种有多种用途的有限资源置于特定用途时所放弃的最大收益。当一种有限的资源具有多种用途时，可能有许多投入这种资源获取相应收益的机会，如果将这种资源配置于某种特定用途，必须放弃其他资源投入机会，同时也放弃了相应的收益。在所放弃机会中的最佳机会可能带来的收益，就是将这种资源置于特定用途的机会成本。例如，企业有一台设备，既可自用也可出租，自用每年可产生5万元的收益，出租每年可获得6万元的租金。当采用自用方案而舍弃出租方案时，其机会成本为6万元；当采用出租方案而舍弃自用方案时，其机会成本为5万元。

在经济分析中，只有考虑了某种资源用于其他用途的潜在收益，才能做出正确决策，使资源得到有效利用。

（三）沉没成本

沉没成本是指以往发生的与当前决策无关的费用。例如，已使用多年的设备，其沉没成本是指设备的账面净值与其现时市场价值之差。经济活动在时间上具有连续性，但从决

策的角度来看，以往发生的费用只是造成当前状态的一个因素。当前状态是决策的出发点，当前决策所要考虑的是未来可能发生的费用及所能带来的收益，不考虑以往发生的费用。例如，某企业一个月前以 3 500 元/t 的价格购入钢材 800t（这是不能改变的事实，3 500元/t 是沉没成本），现该规格的钢材市场价格仅为 3 000 元/t，该企业在决策是否出售这批钢材时，不应受 3 500 元/t 购入价格这一沉没成本的影响，而应分析钢材价格的走势。若预计价格将上涨，则继续持有，如有剩余资金，并可逢低吸纳；若预计价格将继续下跌，则应果断出货。

（四）边际成本

边际成本表示增加一单位的产量随即而产生的成本增加量，也就是当产量增加一个单位时，总成本的增加量。当增加一个单位产量所增加的收入（单位产量售价）高于边际成本时，是合算的；反之，就是不合算的。所以，任何增加一个单位产量的收入不能低于边际成本，否则必然会出现亏损；只要增加一个单位产量的收入能高于边际成本，即使高于总的平均单位成本，也会增加利润或减少亏损。

（五）固定成本与变动成本

按各种费用与产品产量的关系，产品成本可以划分为固定成本、变动成本和半变动（半固定）成本。

1. 固定成本

固定成本是指在一定生产规模范围内不随产量的变动而变动的成本费用。一般来讲，折旧费以及管理费用、财务费用和销售费用中有大部分项目都是不随产量的变动而变动的费用，故称为固定成本。应当指出，固定成本是指成本费用的总量而言是固定不变的，即固定成本的总额是不随产量变动的。但是，分摊到单位产品的单位固定成本却是变动的，同产品产量成反比变化，即产量增加则单位产品固定成本减少，反之亦然。固定成本包括资产折旧、职工薪酬、修理费、摊销费等。

2. 变动成本

变动成本是指产品成本费用中随产量的变动而变动的成本费用。一般来讲，构成产品实体的直接材料的费用，如原料费用、燃料费用以及促进产品形成的动力费用、职工薪酬等，就是随产品产量的变动而成比例的变动，故称为变动成本。应当指出，变动成本就其总量来说是变动的，即随着产量的增加，成本费用总额也成比例增加，反之亦然。但是，分摊到单位产品的单位变动成本却是不变的。变动成本包括直接原材料、直接人工费、直接燃料和动力费及包装费等。

还有一些费用，虽然也随着产量增减而变化，但非成比例变化，称为半变动（半固定）成本，如运输费、保管费等。通常可以用一定方法将其进一步分解为变动成本和固定成本。因此，总成本费用最终可划分为变动成本和固定成本。

将产品成本费用按其产品产量间的关系分为变动成本和固定成本，这是建设项目进行盈亏平衡分析、对技术方案进行技术经济分析计算和经济评价不可缺少的重要经济参数。

（六）经营成本

经营成本是技术经济分析中特有的概念，用于项目财务评价的现金流量分析。它是投资项目在运营期内生产和销售产品及提供服务而实际发生的现金流出。经营成本是从产品总成本费用中分离出来的一部分费用，不包括虽计入产品成本费用中，但实际未发生现金支出的费用项目。

经营成本 = 总成本费用 − （折旧费 + 摊销费 + 利息支出）

经营成本中不包括折旧费、摊销费和利息支出的原因是：首先，在对工程项目进行工程经济分析时，必须考察项目在寿命期内逐年发生的现金流量。由于项目总投资已在期初作为一次性支出被计入现金流出，所以不能再以折旧和摊销的方式计为现金流出，否则会发生重复计算。因此，作为经常性支出的经营成本中不包括折旧费和摊销费。其次，贷款利息是使用资金所要付出的代价，对于企业来说，是实际的现金流出。但是，在评价工程项目全部投资的经济效果时，并不考虑资金的来源问题，即在评价全部投资的经济效果时，全部投资现金流量表是以全部投资作为计算基础的，利息支出不作为现金流出；而自有资金现金流量表已将利息支出单列，因此，经营成本中也不包括利息支出。

三、财务收益

（一）销售收入

销售收入是指企业向社会出售商品或提供劳务等而取得的货币收入，包括产品销售收入和其他销售收入。产品销售收入包括销售产成品、自制半成品和提供工业性劳务取得的收入；其他销售收入包括材料销售、包装物出租、外购商品销售、承担运输等非工业性劳务取得的收入。

企业的销售收入与总产值是有区别的。同一时期企业的总产值是指企业生产的成品、半成品和在制品、工业性劳务的价值总和，可按市场价格或不变价格计算。而销售收入是企业出售商品的货币收入，是按出售时的市场价格计算的。企业生产的产品只有在市场上出售，才能成为给企业带来收益的有用的劳动成果。所以，技术经济分析中把销售收入作为现金流入的一个重要项目。

（二）利润

利润是企业经济目标的集中体现，也是企业在一定时期内全部生产经营活动的最终成果。利润的实现表明企业的生产耗费得到了补偿，并取得了盈利。

企业利润既是国家财政收入的基本来源，又是企业扩大再生产的重要资金来源。按有关规定，企业的利润按照国家规定做相应的调整后，必须依法缴纳所得税。缴纳所得税后的净利润，除国家另有规定外，按以下顺序分配：

（1）弥补企业以前年度亏损。

（2）提取法定公积金，用于弥补亏损，按照国家规定转增资本金等。

（3）提取公益金，主要用于企业职工福利设施支出。

（4）向投资者分配利润，企业以前年度未分配的利润，可以并入本年度向投资者分配。

衡量利润水平的指标主要是利润总额。

$$利润总额 = 营业利润 + 营业外收入 - 营业外支出$$

其中

$$\begin{aligned}营业利润 = {} & 营业收入 - 运营成本 - 营业税金及附加 - 销售费用 - \\ & 管理费用 - 财务费用 - 资产减值损失 + 公允价值变动收益 \\ & (-公允价值变动损失) + 投资收益(-投资损失)\end{aligned}$$

营业税金及附加包括营业税、消费税、城市维护建设税、资源税和教育费附加等。

投资收益是指企业对外投资取得的利润、股利、利息等，扣除发生的投资损失后的数额。

营业外收入包括固定资产盘盈、处理固定资产收益、罚款净收入等。营业外支出包括固定资产盘亏、处理固定资产损失、各项滞纳金和罚款支出、非常损失、职工劳动保险费支出等。

衡量利润水平的指标除了利润总额外，还有利润率指标等。

四、税金

税金是国家依据法律，对有纳税义务的单位和个人无偿征收的货币或实物。这是国家凭借政治权利参与国民收入分配与再分配以取得收入的主要手段，也是国家调节经济活动的重要杠杆。税收是国家取得财政收入的主要渠道。

税金对国家而言，是一种现金流入；对纳税人而言，是一种现金流出。在技术方案的经济分析中，必须正确计量项目的各种税金，才能科学、准确地进行评价。下面主要介绍与技术方案经济分析有关的常见税种。

（一）流转税类

流转税是以纳税人商品生产、流通环节的流转额或者数量以及非商品交易的营业额为征税对象的一类税收。它主要包括增值税、消费税、营业税、关税、流转税附加税（城市维护建设税与教育费附加）。

1. 增值税

增值税是指对纳税人生产经营活动的增值额征收的一种间接税，是以商品（含应税劳务）在流转过程中产生的增值额作为计税依据而征收的一种流转税。从计税原理上说，增值税是对商品生产、流通、劳务服务中多个环节的新增价值或商品的附加值征收的一种流转税。其纳税人为在我国境内销售货物或者提供加工、修理修配劳务和应税服务以及进口货物的单位和个人。

增值税的计征税率：对一般纳税人，目前有17%、13%、11%和6%四档税率；对小规模纳税人，统一按3%的征收率计征；对一些特定的一般纳税人，则适用6%、5%、4%、3%四档征收率。

2. 消费税

消费税是在对货物普遍征收增值税的基础上，选择少数消费品再征收的一个税种。它主要是为了调节产品结构，引导消费方向，保证国家财政收入而征收的。现行消费税的征收范围主要包括烟、酒、鞭炮、焰火、化妆品、成品油、贵重首饰及珠宝玉石、高尔夫球及球具、高档手表、游艇、木制一次性筷子、实木地板、摩托车、小汽车、电池、涂料等税目，有的税目还进一步划分若干子目。

消费税的计税依据分别采用从价和从量两种计税方法。实行从价计税办法征税的应税消费品，计税依据为应税消费品的销售额；实行从量定额办法计税时，通常以每单位应税消费品的重量、容积或数量为计税依据。

3. 营业税

营业税是对在我国境内提供应税劳务、转让无形资产或销售不动产的单位和个人，就其所取得的营业额征收的一种税。凡在我国境内从事交通运输、建筑业、金融保险业、邮电通信业、文化体育业、娱乐业、服务业、转让无形资产和销售不动产等业务，都属于营业税的征收范围。

营业税的计税依据是提供应税劳务的营业额、转让无形资产的转让额或销售不动产的销售额，统称为营业额。营业税实行比例税率，除娱乐业适用5%～20%的税率外，金融保险业、服务业、转让无形资产、销售不动产的税率均为5%，其余均为3%。计算公式为

$$应纳营业税税额 = 营业额 \times 适用税率。$$

4. 关税

关税是指国家授权海关对出入关境的货物和物品征收的一种税。关税采用比例税率，具体可分为进口货物税率、出口货物税率及入境物品税率三种。进口货物税率分设最低税率和普通税率两种。对原产于与我国未签订有关税互惠协议的国家或地区的进口货物，按照普通税率征税；对原产于与我国签订有关税互惠协议国家或地区的进口货物，按照最低税率征税。同时，按照我国对进口货物的需求程度，将进口税则中包括的全部商品归纳为

必需品、需用品、非必需品和奢侈品四大类，税率依次提高。

关税纳税额计算：①从价税，按进出口货物的价格为标准计征关税，应纳税额 = 应税进出口货物数量 × 单位完税价格 × 适用税率；②从量税，依据商品的数量、重量、容量、长度和面积等计量单位为标准来征收关税，应纳税额 = 应税进口货物数量 × 关税单位税额。

5. 城市维护建设税

城市维护建设税是我国为了加强城市的维护建设，扩大和稳定城市维护建设资金的来源，而对有经营收入的单位和个人征收的一个税种。

凡缴纳消费税、增值税、营业税的单位和个人，都是城市维护建设税的纳税人，都应当缴纳城市维护建设税。

以纳税人实际缴纳的消费税、增值税、营业税税额为计税依据。城市维护建设税税率分为：纳税人所在地在市区的，税率为7%；纳税人所在地在县城、镇的，税率为5%；纳税人所在地不在市区、县城或镇的，税率为1%。

6. 教育费附加

教育费附加是向缴纳增值税、消费税、营业税的单位和个人征收的一种费用。它主要作为教育专项基金，用于改善教学设施和办学条件。教育费附加以纳税人实际缴纳的上述三种税的税额为附征依据，税率为3%。

（二）所得税类

所得税是以纳税人的各种应纳税所得额为征税对象的税种。它主要包括企业所得税、外商投资企业和外国企业所得税、个人所得税等。

1. 企业所得税

企业所得税是对我国境内企业（不包括外资企业）的生产经营所得和其他所得征收的一种税。

我国企业所得税采用25%的比例税率；符合条件的小型微利企业和非居民企业按20%的税率征收；高新技术企业按15%的税率征收。其计算公式为

$$\text{应交所得税} = \text{应纳税所得额} \times \text{所得税税率}$$

$$\text{应纳税所得额} = \text{利润总额} \pm \text{税收调整项目金额}$$

2. 个人所得税

个人所得税是国家对本国公民和居住在本国境内的个人的所得以及境外个人来源于本国的所得征收的一种税。

个人所得税根据不同的征税项目，分别规定了三种不同的税率：

（1）工资、薪金所得适用7级超额累进税率，按月应纳税所得额计算征税。该税率按

个人月工资、薪金应税所得额划分级距，最高一级为45%，最低一级为3%，共7级。现在我国个税免征额为3 500元。

（2）个体工商户的生产、经营所得和对企事业单位适用5级超额累进税率。适用按年计算、分月预缴税款的个体工商户的生产、经营所得和对企事业单位的承包经营、承租经营的全年应纳税所得额划分级距，最低一级为5%，最高一级为35%，共5级。

（3）比例税率。对个人的稿酬所得，劳务报酬所得，特许权使用费所得，利息、股息、红利所得，财产租赁所得，财产转让所得，偶然所得和其他所得，按次计算征收个人所得税，适用20%的比例税率。其中，对稿酬所得适用20%的比例税率，并按应纳税额减征30%；对劳务报酬所得一次性收入畸高的，除按20%征税外，应纳税所得额超过2万~5万元的部分，依照税法规定，计算应纳税额后再按照应纳税额加征五成，超过5万元的部分，加征十成。

（三）资源税类

资源税是以自然资源和某些社会资源为征税对象的税种。我国现行的资源税、城镇土地使用税属于这一类。

1. 资源税

资源税是对在我国境内从事开采应税矿产品和生产盐的单位和个人，就其因资源条件差异而形成的级差收入征收的一种税。资源税实行差别税额从量征收。其计算公式为

$$应纳税额=课税数量\times单位税额$$

式中，课税数量是指纳税人开采或者生产应税产品的销售数量或自用数量；单位税额根据开采或生产的资源状况而定，具体按《资源税税目税额幅度表》执行。

2. 城镇土地使用税

城镇土地使用税是以开征范围的土地为征税对象，以实际占用的土地面积为计税标准，按规定税额对拥有土地使用权的单位和个人征收的一种资源税。

该税额计算以实际占用的土地面积为计税依据，采用定额税率，即采用有幅度的差别税额。按大、中、小城市和县城、建制镇、工矿区，分别规定每平方米城镇土地使用税年应纳税额。具体标准为：大城市1.5~30元；中等城市1.2~24元；小城市0.9~18元；县城、建制镇、工矿区0.6~12元。

其计算公式为

$$应纳税额=实际占用的土地面积\times适用税额$$

（四）财产与行为税类

财产税是以纳税人所有或属其支配的财产为课税对象的一类税收。它以财产为课税对象，向财产的所有者征收。我国现行的房产税、城市房地产税、车船税都属于这一类。

行为税也称为特定行为目的税类，它是国家为了实现某种特定的目的，以纳税人的某

些特定行为为征税对象的税种。我国现行的印花税、契税、土地增值税都属于这一类。

印花税是对经济活动和经济交往中书立、领受具有法律效力的凭证的行为所征收的一种税，因采用在应税凭证上粘贴印花税票作为完税的标志而得名。

印花税的税率有两种形式：比例税率和定额税率。其计算公式为

应纳税额 = 应纳税凭证记载的金额（费用、收入额）× 适用税率

应纳税额 = 应纳税凭证的件数 × 适用税额标准

第四节 经济效果评价指标体系

一、经济效果评价指标体系的概念与作用

评价任何技术方案的经济效果都很难用单一指标来衡量，而需要设置和运用一系列指标，从不同的方面全面、综合地反映其经济效果的大小。这些相互联系、相互补充、全面评价一个方案经济效果的一整套指标，就构成了经济效果评价指标体系。

经济效果评价指标体系具体有多种作用：

(1) 可以对技术方案的经济效果进行全面和综合的评价，保证评价的科学性和准确性。

(2) 不仅可以衡量技术方案经济效果的大小，而且可以揭示取得这种经济效果所需的物质技术要素和经济条件，直接反映技术方案投入和产出的成果之间的因果关系或函数关系。

(3) 有助于比较系统地认识各种指标在技术经济评价中所处的地位，以及各个指标之间的相互关系，以便于针对不同的评价对象和目的选择适当的评价指标。

(4) 建立合适的指标体系，能够使衡量和评价技术方案取得的经济效果有统一的标准和依据，有利于对技术经济理论和方法问题进行深入研究，拓展评价的视野和分析的深度，对提高技术方案的经济效果具有重要意义。

二、经济效果评价指标体系的种类

经济效果评价指标体系是由多种指标组成的指标体系，按各种指标形式的不同，可以分为以下六类：

（一）技术指标与经济指标

技术经济分析主要研究技术的先进性和经济的合理性，因此，设置的指标体系既要反映方案的技术特性，又要反映方案的经济特性。对方案进行评价时，技术指标和经济指标都是不可缺少的。

能够反映技术方案技术特性的指标称为技术指标。技术指标具有专业性，不同的技术

方案由于不同的技术特性，就有不同的技术指标。

能够反映技术方案经济特性的指标称为经济指标。例如，反映方案经济效果的指标有净现值、收益率、投资回收期等；反映定额的指标有单位产品原材料消耗量、原材料价格、工时定额等。经济指标具有通用性，不同的技术方案可以采用相同的经济指标。

（二）数量指标与质量指标

按照各种指标能否定量反映技术方案的技术经济特性，技术经济分析指标可以分为数量指标和质量指标。数量指标是以具体数值表示的指标，如成本、销售收入、利润、产量等，其特点是可以用来计算。质量指标是不能利用货币值表示的指标，如美观、舒适、清洁等。在进行技术经济分析时，要尽可能把质量指标转化为数量指标。

（三）价值指标与实物指标

按照各个指标的度量单位是货币单位还是实物单位，技术经济分析指标可以分为价值指标和实物指标。以货币作为度量单位的指标称为价值指标，例如，总产量、净产值、销售收入、成本等；以实物单位（如 t、kg、m 等）作为度量单位的指标称为实物指标。实物指标代表了各种对象的使用价值，是计算各种价值指标的基础。

（四）综合指标和专项指标

按照反映技术方案特性的范围不同，技术经济分析指标可以分为综合指标和专项指标。能够反映技术方案某个方面或某个部分技术经济特性的指标称为专项指标，它便于计算和反映某个方面或者某个部分的技术经济情况，是综合指标计算必备部分，但各个专项指标之间经常发生矛盾。能够综合反映技术方案经济情况的指标称为综合指标，它能够协调各种专项指标之间的矛盾，比较全面地反映整个方案的技术经济情况。综合指标和专项指标是相对的，在一定情况下可以互相转化。对于技术经济分析而言，两者都是不可缺少的。

（五）使用价值指标与劳动消耗指标

根据经济效果的含义，反映技术方案经济效果的指标可以进一步分解为使用价值指标和劳动消耗指标，以便于在消耗一定的情况下追求最大使用价值，或者在使用价值一定时耗费最低。

（六）总量指标与单位指标

技术经济分析指标按其表现形式的不同，可以分为总量指标和单位指标。采用绝对数表示的指标称为总量指标，如净产值、利润等；采用相对数表示的指标称为单位指标，如收益率指标等。这两种指标在技术经济分析中都是不可缺少的，起着相互补充的作用。

三、反映有用效果的指标

反映有用效果的指标包括产量指标、质量指标、品种指标、时间因素指标、劳动条件改善指标等。

（一）产量指标

任何使用价值都有量的规定性，离开它就无法判明使用价值的大小。产量指标有实物量指标和价值量指标。

实物量指标能够直接、具体地反映技术方案在一定时期内向社会提供的使用价值量的大小，如汽车多少辆、机床多少台等。有时，一个方案产出的几种产品虽然属于同一种类，但是它们的规格、性能却有所不同，这时，为了确定这个方案的实物总产量指标，可以按折合系数把不同规格或性能的产品折合为一种标准的实物产量，然后再相加得到总实物产量。计算标准实物产量时，先确定标准产品，然后再确定不同规格或性能的产品与标准产品之间的折合系数。折合系数通常可以根据使用价值的大小确定。

实物量指标能够反映每种产品的使用价值量，但不能反映一个方案所产生的多种产品的使用价值量，这是因为不同质的使用价值在数量上是不可能相加减的。为了在较大范围内反映和表示有用效果的总量，必须利用和计算产量的价值指标。产品产值是指方案在一定时期内的产品价值，表示在本期内进行的工作总量。它反映一定时期内的生产规模和水平，是分析生产发展变化的依据。

（二）质量指标

产品质量的经济含义是指产品符合消费者需要的程度。不同产品有不同的质量要素，属于生活资料的产品质量，主要从使用可靠性、使用范围、使用寿命、轻便灵巧程度、美观程度、保存和维修的难易程度等方面衡量；属于生产资料的质量，主要从生产率、工作速度效率、尺寸精度、表面粗糙度、物理化学性能、使用范围、使用可靠性、使用寿命、重量、体积、外观、标准化程度等方面衡量。由于生产资料用于生产性消费，所以许多决定生产资料产品质量的要素，又综合地反映在生产资料发挥作用时所发生的劳动耗费方面，如减少停工损失、减少修理费用等。产品质量指标是反映产品能否适合社会需要的一个十分重要的指标，是衡量技术水平的重要标志。

（三）品种指标

产品的品种指标是经济用途基本相同的一类产品，根据它们在具体使用价值上的差别程度划分的产品品名。在工业部门或企业中，可以用生产的产品品种总数、试制成功的新产品品种数、重要产品的品种数以及它们各自在产品品种总数中所占的比例等，作为主要的品种指标。品种指标表明产品在品种方面满足社会需要的程度，反映专业化、协作化程度和技术水平情况。

产品质量指标表明既定品种下产品质量的好坏。同一品种而质量不同的产品在结构、尺寸、功能和技术标准上一般是相同的；而不同产品品种在结构、尺寸、功能和技术标准等方面一般有显著区别。因此，产品质量和产品品种是两个不同的范畴。但是，产品品种和数量、质量有密切关系，开发新品种往往相当于增加了产品的产量或提高了产品的质量。

（四）时间因素指标

时间因素指标是表明使用价值需要多少时间可以试制和生产出来，从而发挥其使用价值的指标。例如，产品的生产周期、设备成套周期、基建工程的建设时间、新建或改建企业投入生产后达到设计能力的时间、货物运输时间、运输的正点率、生产的均衡率等。对于许多大量或经常需要的产品（如钢材、纸张、煤炭等），改善时间因素指标可以尽快发挥使用价值的作用，满足社会需要；对于供应时间要求严格的产品，生产的时间因素关系着使用价值的实现，因此，这种指标具有极其重要的作用；对于生产周期较长的产品（如轧钢机、重型机床、船舶等）和大型工业企业，缩短生产周期和建设时间，除了能提前发挥它的作用外，还可以减少由于技术进步而造成的无形磨损。

（五）劳动条件改善指标

人是最宝贵的财富，改善劳动条件是与其一致的。技术经济分析的任务不仅要着眼于提高劳动生产率、降低成本，而且要努力减轻工人的劳动强度，改善劳动条件。在设计和确定技术方案时，绝不允许为了节省费用而加大工人的劳动强度、危害工人的安全，甚至污染环境；相反，对于那些能够改善劳动条件、降低劳动强度和提高生产安全性的方案应予以高度重视。

四、反映劳动消耗的指标

劳动消耗是技术方案实施和投产后，在生产过程中所耗费的人力和物力的总和。劳动消耗包括物化劳动消耗和活劳动消耗两个方面。其中，物化劳动消耗可以分为直接的物化劳动消耗和间接物化劳动消耗；而直接物化劳动消耗又可分为各道工序的物化劳动消耗。

（一）反映物化劳动消耗的指标

在工业生产中，耗费的原材料、燃料、动力和需要占用的机器设备、厂房等，都是过去的劳动结晶，是凝结在产品中的劳动，即物化劳动。反映物化劳动的指标有原材料消耗量和生产设备消耗量等。

1. 原材料消耗量

工业生产中的原材料是工人进行生产活动的劳动对象。它的特点是在生产过程中全部消耗掉，将其价值一次或全部转移到新产品中，失去其原有的形态或原有的物理和化学性能，而转变为和原有使用价值性质、形态完全不同的新的使用价值。原材料消耗量可用实物指标和价值指标来反映。实物指标单位有 kg、m^3 等，用价值指标表示的原材料消耗量即材料费用。

2. 生产设备消耗量

生产设备的消耗过程与原材料不同，它是一个不断消耗（磨损）的过程。生产设备在它的整个使用期间，逐渐把其本身的社会必要劳动量转移到所生产的新产品中，成为它所生产的产品实体的不可分割的组成部分。生产设备消耗量可以用设备实际开动时间或年折旧费用表示。

除上述指标外，反映技术劳动物化劳动消耗的指标还有燃料消耗量、工具消耗量（以实物或货币单位衡量）、设备总台数、生产面积总数等。

（二）反映活劳动消耗的指标

活劳动消耗是指劳动者在物质资料生产过程中的脑力和体力的消耗。活劳动消耗可分为生产中直接的活劳动消耗与间接的活劳动消耗（如生产管理工作的活劳动消耗），而直接的活劳动消耗又可分为各道工序的活劳动消耗。各道工序的活劳动消耗通常可用工时这一指标来衡量，但对整个产品的活劳动消耗则需用工资费用间接衡量。此外，其实现方案所需的活劳动消耗的指标还有职工总数、生产工人总数、工资总额等。

（三）反映劳动消耗的综合性指标

综合反映劳动消耗的指标主要有投资、产品成本和经营费用等。

1. 投资

投资是从劳动占用方面反映技术方案消耗或资金占用的综合性价值指标。投资能否有保证是项目建设的前提。按用途不同，投资常可划分为固定资产投资和流动资金两部分。

2. 产品成本

产品成本是生产单位产品耗费的货币表现，其实质是反映活劳动消耗和物化消耗的综合指标。项目评价确定产品总成本费用时，一般可按会计核算计算生产费用的方法计算成本。

3. 经营费用

经营费用也称经营成本，是从项目总成本费用中扣除固定资产折旧费、无形及递延资产摊销费和利息支出的全部费用。经营费用是技术经济分析中为正确评价项目的经济效果而设置的指标。

五、反映综合经济效果的指标

衡量经济效果就是把生产中所获得的有用效果和为获得这种有用效果而消耗的劳动消耗相比较，因此，经济效果指标也就是由各种有用效果指标与各种劳动消耗指标相比较形成的。经济效果指标分为绝对经济效果指标和相对经济效果指标。而绝对经济效果指标根据劳动耗费的性质的不同，又划分为劳动消耗经济效果指标和劳动占用经济效果指标。

（一）绝对经济效果指标

1. 劳动消耗经济效果指标

劳动消耗经济效果指标表明了有用效果同创造有用效果时所发生的劳动消耗的比较。这类经济效果指标主要有如下几种：

（1）单位产品（零、部件）原材料消耗量。单位产品（零、部件）原材料消耗量是原材料消耗总量与产品产量的比值。在计算这个指标时，指标值越小，经济效果越好。

（2）劳动生产率。劳动生产率是指人们在生产中的劳动效率。它可以用单位时间内所生产的合格产品数量来表示，或者用生产单位产品所消耗的劳动时间来表示。它体现劳动者生产的产品数量与劳动消耗之间的对比关系，一般采用生产工人劳动生产率和全员劳动生产率两个指标。

（3）单位产品生产设备折旧。单位产品生产设备折旧是指单位产品平均分摊到的用价值表示的生产设备消耗量。

（4）产品单位成本。产品单位成本包括生产一个产品时的全部物化劳动消耗和一部分活劳动消耗。由于它反映了劳动生产率的高低、原材料消耗量的多少、生产设备利用的好坏以及其他各种生产费用支出的节约或浪费等，所以它是一个生产消耗的综合性经济效果指标。

（5）材料利用率。材料利用率是指有效产品中所包含的材料数量与生产该产品的材料消耗总量的比值。

（6）成本利润率。成本利润率是指产品利润额与产品成本的比值。

除上述劳动消耗的主要经济效果指标外，属于劳动消耗经济效果指标的还有单位产品燃料（动力）消耗量、工时利用率、单位产品工资费用等。

2. 劳动占用经济效果指标

劳动占用经济效果指标用来反映技术方案在劳动占用方面的节约程度。属于这方面的主要指标有如下几种：

（1）每百元固定资产提供的产值。每百元固定资产提供的产值是指报告期工业总产值与固定资产年平均值之比。每百元固定资产提供的产值指标表明了固定资产的利用程度，反映了资产占用的经济效果状况。

（2）流动资金周转次数。流动资金周转次数是指在一定时期内的产品销售收入和同一时期内占用的流动资金平均占用额的比值。流动资金周转次数指标反映了流动资金的利用情况，流动资金周转次数越多，在同样的流动资金数额下所制造和销售的产品也越多。

(3) 年度每百元产值占用的流动资金。年度每百元产值占用的流动资金是指定额流动资金本年平均占用额与本年工业总产值之比。它表示一定时期内生产单位价值（每百元）的产品所需要的流动资金平均占用额。该指标的数值越小，经济效果越好。

(4) 资金利润率。资金利润率是指年利润量与年平均占用资金的比值。

(5) 投资效果系数。投资效果系数是指国民收入或纯收入的增长额与基本建设投资的比值。投资效果系数是一个综合性指标，它反映了一定时期单位投资额带来的国民收入或纯收入的增长额。单位投资额带来的国民收入的增长额越大，投资效果越好；反之，投资效果越差。

(6) 投资回收期。投资回收期是指基本建设投资额与纯收入增加额的比值。投资回收期表明了建设项目投产以后，能够在多长时间内把投入的建设资金收回。投资回收期越短，经济效果越好。

除上述生产占用经济效果指标外，还有单台设备的产量、单位投资的产量、设备利用率、生产面积利用率、固定资产利用率、流动资金盈利率等。

3. 综合经济效果指标

(1) 净现值。净现值是指计算期内各年净现金流量的现值代数和。

(2) 内部收益率。内部收益率是指在考虑资金时间价值的基础上使方案现金流入等于现金流出的利率，反映了技术方案本身所能实现的最大收益率。

（二）相对经济效果指标

要从几种方案中找出最优方案，必须计算追加投资效果系数、增量投资回收期、增量内部收益率等相对经济效果指标。

1. 追加投资效果系数

追加投资效果系数是指一个方案相对于另一个方案的产品成本节约额或收入增加额和相对增加投资的比值。

2. 增量投资回收期

增量投资回收期是指一个方案相对于另一个方案多支出的投资，通过成本节约或收入增加回收多支出的投资所需的期限。

3. 增量内部收益率

增量内部收益率是指两个方案各年净现金流量差额的现值之和等于零时的折现率。它反映了一个方案相对于另一个方案多支出的投资能够获得的最大收益率。

用相对经济效果指标评价方案时，若追加投资效果系数大于标准投资效果系数，增量投资回收期小于标准投资回收期，增量内部收益率大于标准投资收益率，则选取投资较大的方案为较优方案；反之，则选取投资较小的方案。

习 题

1. 如何理解经济效果的概念?
2. 解释经济效果三种表达形式的经济含义。
3. 如何正确理解不同类型经济效果的经济含义?
4. 经济效果的可比原则包括哪些内容?
5. 对于某一投资项目,可以用哪些指标反映其经济效果?

第三章
资金时间价值

学习目标

※ 理解资金时间价值的概念

※ 了解现金流量的作用，掌握现金流量图的画法

※ 理解资金等值的含义，熟练运用各种形式的资金等值计算

※ 掌握利息与利率的计算，特别是名义利率与实际利率的计算

第一节　资金时间价值概述

资金时间价值是技术经济分析的重要概念和原则，也是采用动态方法对投资方案进行科学评价的基础。在进行技术经济分析时，为了保证各投资方案在不同时间发生的费用及收益具有可比性，需要考虑资金时间价值，消除各方案的费用及收益在时间上的差异，使之具有可比性。

一、资金时间价值的概念

资金时间价值是指资金在生产、流通的过程中，随着时间的推移，发生的增值。换句话说，资金时间价值就是不同时间发生的等额资金具有不同的价值。例如，现在的 1 万元比将来的 1 万元值钱。因为现在的 1 万元可以立即投入到某项经济活动中，并获得相应的收益；而将来的 1 万元则无法用于现在的投资活动，也就无法获得相应的收益；所以，现在的一笔资金要比未来同样数额的资金更值钱。

对资金时间价值可以从两个方面来理解：一是资金时间价值既不是货币本身产生的，也不是时间产生的，而是在资金运动过程中，经过劳动者的生产活动，伴随着时间推移，产生了资金的增值，这就是资金的“时间价值”；二是如果放弃了资金的使用权或将资金闲置，就相当于失去了收益的机会，也就相当于付出了一定代价，这种代价就是资金的“时间价值”。

资金时间价值是客观存在的，因此在各项经济活动中，必须充分认识资金时间价值的意义，缩短建设周期，加速资金周转，提高资金使用效果，提高投资决策水平。

二、衡量资金时间价值的尺度

资金时间价值的大小取决于多方面的因素，从投资的角度看，主要取决于投资收益率、通货膨胀率和项目风险等。衡量资金时间价值的尺度主要有利息、利率、盈利和盈利率等。

利息、盈利或净收益都可视为使用资金的报酬，都是投入的资金在一定时间内的增值。一般把资金存入银行获得的资金增值称作利息；把资金投入生产建设或其他方面产生的资金增值称作盈利或净收益。可见，利息、盈利或净收益都是资金运动增值的表现，也都是衡量资金时间价值的绝对尺度。

利率、盈利率或收益率是一定时间（通常为一年）的利息、盈利或净收益与原投入资金的比率，也有人称之为使用资金的报酬率。它反映了资金随时间变化的增值率，因此，它是衡量资金时间价值的相对尺度。

在技术经济分析中，利息与盈利、利率与盈利率或收益率是不同的概念，但都是反映资金不同使用方式产生时间价值的尺度。计算利息的一系列公式同样适用于不同投资方式资金时间价值的计算。

第二节　现金流量与资金等值

一、现金流量

（一）现金流量的概念

现金流量是特定经济系统在某一时间点现金的流入量和流出量的代数和。在技术经济分析中，把投资方案看作一个独立的系统，用现金流量反映技术方案在寿命期或计算期内，流入或流出系统的现金量。现金流量包括现金流入量、现金流出量和净现金流量。流入系统的实际资金收入称为现金流入（常用 CI 表示），一般包括销售收入、回收的固定资产残值、项目寿命期末回收的流动资金等；流出系统的实际资金支出称为现金流出（常用 CO 表示），一般包括固定资产投资、建设期利息、流动资金投资、经营成本、税金等。某一时间点的现金流入量与现金流出量之差称为这一时间点的净现金流量。现金流入是正现金流量，现金流出是负现金流量，净现金流量可正可负。现金流量的构成包括三项要素：大小、方向和时间点。

确定现金流量，要注意以下三点：

（1）每一笔现金流入和现金流出都应有明确的发生时间点。

（2）现金流量必须是实际发生的现金流动，像应收账款、应付账款、暂时不能兑现的有价证券等不能作为现金流量。

（3）对同一活动的现金流量，因所站立场和看问题的出发点不同，会产生不同的结果。例如，企业所支付国内银行贷款的利息，从企业角度看是现金支出，从银行角度看是现金流入，从整个国民经济角度看，既不是现金流入，也不是现金流出。

（二）现金流量的表示方式

对于一个经济系统，其不同时间点的现金流量的方向、时间点和数额不尽相同。为反映技术方案在建设和生产服务年限内现金流入和流出的情况，便于分析计算，在进行技术经济分析时，可通过现金流量图和现金流量表的形式来进行描述。

1. 现金流量图

现金流量图是反映经济系统现金流量运动状态的图，即把投资方案在寿命期内不同时间点发生的不同数量的现金流入和现金流出用箭头描绘在时间轴上的图形。如图 3- 1 所示。

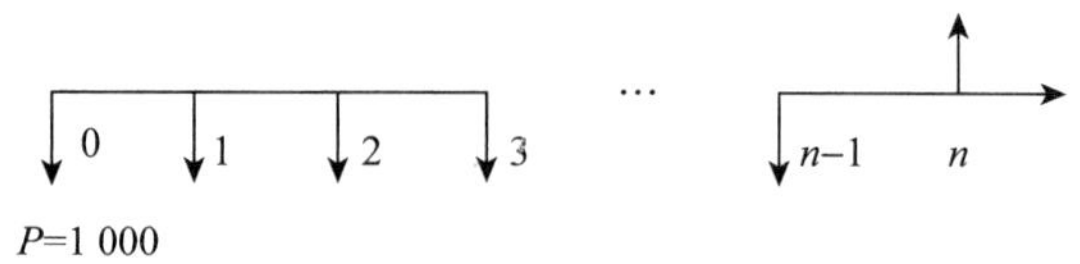

图 3-1　现金流量图

在图 3-1 中，横轴表示时间，等分成若干间隔，时间轴上每一单位长度表示一个计算的单位时间，也就是一个周期，可取年、半年、季、月等。时间轴上的 0 表示时间序列的始点，n 表示终点。箭线与时间轴的交点即为现金流量发生的时间点；箭头的指向表示现金流量的方向，一般来讲，箭头向下表示现金流出，箭头向上表示现金流入。由于经济系统各时间点的现金流量数额可能相差较大，箭线长短不能成比例反映现金流量的大小，只能适当体现各时间点现金流量值的差异。一般在箭线上方或下方注明现金流量的数值。

若没有明确指出现金流量发生的时间，为了便于分析计算，规定投资发生的时间点在发生期的期初，即投资发生在方案实施的开始时间；年收入、年支出、残值回收等现金流量发生的时间点在发生期的期末。

在现金流量图中，规定第 $n-1$ 个单位时间的终点也是第 n 个单位时间的起点。例如，若单位时间为年，则时间轴上的“3”这一点表示第 3 年年末，也是第 4 年年初。

现金流量图是对方案进行动态分析时一种很好的辅助工具，它非常直观、简便、形象，可以帮助进行资金等值计算。

2. 现金流量表

现金流量表是用表格形式反映项目寿命期内每年的现金流入量、现金流出量及净现金流量，它是分析、预测项目效益的重要动态报表。现金流量表的具体形式可参考项目财务评价部分。现金流量表既能够反映投资项目整个寿命周期内现金流量情况和基本数据，又包含了计算结果；既可纵向观察各年份资金流动情况，又可横向观察流动项目的变化情况，直观方便，综合性强，使用非常广泛。

二、资金等值

资金等值是指在一定利率条件下，不同时间点的不同金额可以具有相等的经济价值。我们知道，不同时间点上的现金流量是不可比的，必须根据资金的时间价值，把不同时间点上的现金流量折算为同一时间点的现金流量，这样才具有可比性。这种折算称为等值折算，即折算之前的现金流量与折算之后的现金流量是等值的。例如，在年利率为 10% 的条件下，现在的 100 元资金一年以后的本利和为 110 元，这时就不能认为现在的 100 元比一年后的 110 元少或多，因为它们在年利率为 10% 的条件下是等值的。

影响资金等值的因素有三个：金额的大小、金额发生的时间和利率的大小。其中利率是一个关键因素，一般等值计算中是以同一利率为依据的。

如果两个现金流量等值，则在任何时间其值必相等；但如果等值的三个因素中有一个不同，则不等值。

在技术经济分析中，资金等值是一个非常重要的概念。为了针对不同方案进行比较选优，需要将不同时间点发生的现金流量折算为同一时间点的现金流量，也就是进行资金等值换算后才能进行比较。

三、名义利率与实际利率

在技术经济分析中，复利计算通常以年为单位。但在实际经济活动中，计息周期有年、季、月、周、日等多种，这样就出现了不同计息周期的利率换算问题。

假如按月计算利息，且月利率为 1%，通常称为“年利率 12%，每月计息 1 次”，这个年利率 12% 称为“名义利率”。也就是说，名义利率等于每一计息周期的利率与每年的计息周期的乘积。若按单利计息，名义利率与实际利率是一致的。若按复利计息，上述“年利率 12%，每月计息一次”的实际利率则不等于名义利率。

例如，本金 1 000 元，年利率 12%，若每年计息一次，一年后本利和为

$$F = 1\ 000\text{ 元} \times (1 + 12\%) = 1\ 120\text{ 元}$$

按年利率 12%，每月计息一次，一年后本利和为

$$F = 1\ 000\text{ 元} \times \left(1 + \frac{12\%}{12}\right)^{12} = 1\ 126.8\text{ 元}$$

实际利率为

$$i = \frac{1\ 126.8\text{ 元} - 1\ 000\text{ 元}}{1\ 000\text{ 元}} \times 100\% = 12.68\%$$

这个“12.68%”就是实际利率。

设名义利率为 r，一年中计息次数为 m，则一个计息周期的利率为 r/m，一年后本利和为

$$F=P(1+r/m)^m$$

利息为

$$I=F-P=P(1+r/m)^m-P$$

按利率定义得实际利率为

$$i=\frac{p(1+r/m)^m-p}{p}=(1+r/m)^m-1$$

所以，名义利率与实际利率的换算公式为

$$i=(1+r/m)^m-1$$

当 $m=1$ 时，名义利率等于实际利率；

当 $m>1$ 时，实际利率大于名义利率；

当 $m\to\infty$ 时，即按连续复利计算时，i 与 r 的关系为 $i=e^r-1$。

第三节　资金时间价值的计算

计算资金时间价值的方法有两种，即单利法和复利法。

一、单利的计算方法

单利是指不管借款的期限长短，仅按本金计算利息，由其本金所生的利息不再加入本金重复计算利息。单利的计算方法比较简单，因为它不存在利生利的问题，所以用本金直接乘以利率和期数即可。

（一）单利未来值的计算

未来值是指投入或借贷一笔金额在一定时期后收回或偿还的金额。未来值也称终值，是本金加利息的到期本利和，通常用 F 表示。

设一次投入资金为 P，利率为 i，则在第 n 年年末一次收回本利和 F 的计算公式为

$$F=P(1+in)=P+Pin=P+I$$

式中　F——未来值；

P——现值或本金；

i——利率；

n——期数；

I——利息额；

$1+in$——单位本金到期本利和。

推导如下：

因为第 1 年　　$P+1Pi=F_1$

第 2 年　　$P+2Pi=F_2$

第 3 年　　$P+3Pi=F_3$

⋮

第 n 年　　$P+Pin=F_n$

所以

$$F=P+Pin=P(1+in)$$

例 3-1　某企业从银行取得临时贷款 100 万元，贷款利率为 12%，按单利计息，期限为 3 年。问：到期应付多少利息？到期应偿还本利和共为多少？

解：

$$I=Pin=100\text{万元}\times12\%\times3=36\text{万元}$$

$$F=P(1+in)=100\text{万元}\times(1+12\%\times3)=136\text{万元}$$

企业到期应付 36 万元利息，偿还本利和共计 136 万元。

（二）单利现值的计算

现值是指在今后一定时期收到或支付的一笔金额按规定利率折算的现在价值。现值是未来值（终值）的对称，是未来值的逆运算。现值通常用 P 表示。

现实经济活动中，现值的计算具有现实意义。它能使人们了解将来一笔资金的现在价值，从而对存贷款行为心中有数，对技术方案做出准确评价，这对提高资金使用效率和节约资金占用以及实现增值目标具有重要意义。

已知未来某一时间点的值为 F，利率为 i，求其现值。即已知 F，i，n，求 P。现值是未来值的逆运算。

单利现值的计算公式为

$$P=\frac{F}{1+in}$$

例 3-2　某企业取出三年期存款本利共 133 万元，已知年利率是 11%，当时存入多少钱？

解：

$$P=\frac{F}{1+in}=\frac{133}{1+11\%\times3}\text{万元}=100\text{万元}$$

当时企业存入 100 万元。

二、复利的计算方法

复利法是指把前期所得的本利和作为即期的本金，再投入资金流通中继续增值，所以也称利滚利。它反映了资金运动的客观规律，可以完全体现资金的时间价值，因此，在技术经济分析中，一般采用复利计息。

设期初投入资金 P，利率为 i，则第 n 年年末应得的本利和的计算公式为

$$F=P(1+i)^n$$

上式的推导如表3-1所示。

表3-1 复利法本利和公式的推导

计息期次	本金	本利和
1	P	$P(1+i)$
2	$P(1+i)$	$P(1+i)(1+i)=P(1+i)^2$
3	$P(1+i)^2$	$P(1+i)(1+i)(1+i)=P(1+i)^3$
⋮	⋮	⋮
$n-1$	$P(1+i)^{n-2}$	$P(1+i)^{n-2}(1+i)=P(1+i)^{n-1}$
n	$P(1+i)^{n-1}$	$P(1+i)^{n-1}(1+i)=P(1+i)^n$

复利的投资和回收的方法很多，下面分别加以介绍：

（一）一次支付

1. 期初一次投入计算本利和

已知期初一次投入的现值为 P，年利率为 i，求在第 n 年年末的未来值 F。即已知 P，i，n，求 F。其计算公式为

$$F=P(1+i)^n$$

式中 $(1+i)^n$——一次投入的终值系数，可用符号（F/P，i，n）表示。

上述公式可以表示为

$$F=P(F/P,\ i,\ n)$$

其现金流量图如图3-2所示。

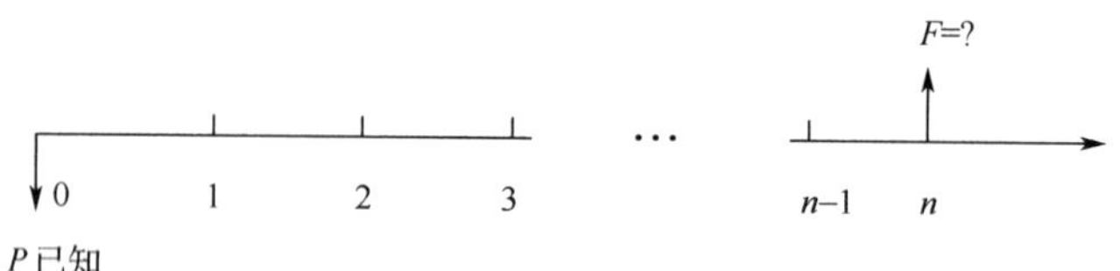

图3-2 一次投入未来值的现金流量图

例3-3 某项目投资1 000万元，年利率为12%，投资期限为6年，第6年年末回收全部投资，能收回多少元?

解： 已知 $P=1\,000$ 万元，$i=12\%$，$n=6$，$(F/P,\ 12\%,\ 6)=1.974$，求 F。

$$F=P(1+i)^n=P(F/P,\ 12\%,\ 6)=1\,000\text{万元}\times1.974=1\,974\text{万元}$$

2. 一次投入的现值

已知未来某一时间点的资金 F，利率为 i，n 为期次，求其现值。即已知 F，i，n，求 P。

由公式 $F=P(1+i)^n$ 可以推导出求 P 的计算公式

$$P=\frac{F}{(1+i)^n}$$

式中　$\frac{1}{(1+i)^n}$——一次投入的现值系数，可用符号（P/F，i，n）表示。

上述公式可以表示为

$$P=F(P/F,\ i,\ n)$$

其现金流量图如图 3-3 所示。

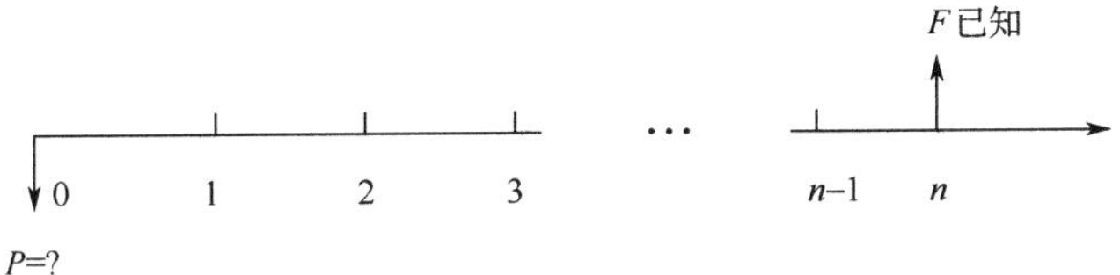

图 3-3　一次投入现值的现金流量图

例 3-4　如果已知年利率为 10%，希望第 10 年年末能积累 10 000 元以备他用，现在一次需存多少钱?

解：已知 $F=10\,000$ 元，$i=10\%$，$n=10$，$(P/F,\ 10\%,\ 10)=0.386$，求 P。

$$P=\frac{F}{(1+i)^n}=F(P/F,\ 10\%,\ 10)=10\,000\ 元\times 0.386=3\,860\ 元$$

（二）等额分付

1. 等额序列投入未来值

在技术经济分析中，经常需要计算连续若干期的期末支付等额资金，而在最后积累起来的资金，相当于定期存入银行的等额资金在若干年后一次取出的本利和。

已知每年投入的等额为 A，年利率为 i，求第 n 年年末的未来值 F。即已知 A，i，n，求 F。其现金流量图如图 3-4 所示。

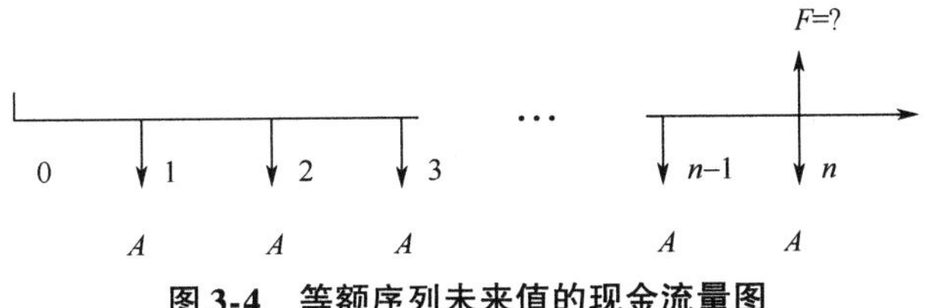

图 3-4　等额序列未来值的现金流量图

计算公式的推导如下：

第 1 年年末的 A 折算到第 n 年年末的本利和为 $A(1+i)^{n-1}$

第 2 年年末的 A 折算到第 n 年年末的本利和为 $A(1+i)^{n-2}$

第 3 年年末的 A 折算到第 n 年年末的本利和为 $A(1+i)^{n-3}$

⋮

第 $n-1$ 年年末的 A 折算到第 n 年年末的本利和为 $A(1+i)^1$

第 n 年年末的 A 折算到第 n 年年末的本利和为 $A(1+i)^0$

因此

$$F=A(1+i)^{n-1}+A(1+i)^{n-2}+\cdots+A(1+i)^0$$

按等比数列求和公式得

$$F=A\left[\frac{(1+i)^n-1}{i}\right]$$

式中 $\left[\frac{(1+i)^n-1}{i}\right]$——等额序列的终值系数，可用符号（$F/A$，$i$，$n$）表示。

等额序列的未来值的计算公式也可以表示为

$$F=A(F/A,\ i,\ n)$$

例 3-5 某企业每年年终提取 3 万元更新改造基金，存入专门账户，年利率为 10%，连续提存 5 年，则第 5 年年末可得多少更新改造基金？

解：已知 $A=3$ 万元，$i=10\%$，$n=5$，（F/A，10%，5）=6.105，求 F。

$$F=A\left[\frac{(1+i)^n-1}{i}\right]=A\ (F/A,\ 10\%,\ 5)=3\text{ 万元}\times 6.105=18.315\text{ 万元}$$

2. 等额序列现值

已知若干年中每年以等额支出或回收的金额，利率为 i，求现在必须投入多少资金。即已知 A，i，n，求 P。

将公式 $F=P(1+i)^n$ 代入公式 $F=A\left[\frac{(1+i)^n-1}{i}\right]$中，得出

$$P=A\left[\frac{(1+i)^n-1}{i\ (1+i)^n}\right]$$

式中 $\left[\frac{(1+i)^n-1}{i\ (1+i)^n}\right]$——等额序列的现值系数，可用符号（$P/A$，$i$，$n$）表示。

等额序列的现值的计算公式也可以表示为

$$P=A(P/A,\ i,\ n)$$

其现金流量图如图 3-5 所示。

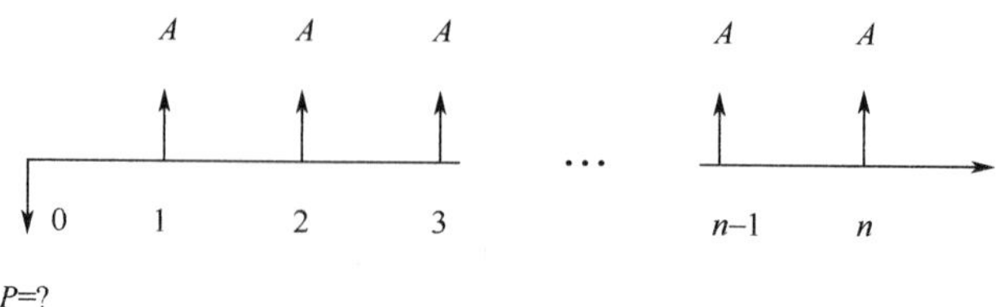

图 3-5 等额序列现值的现金流量图

例 3-6 某企业计划实施一项新工程，可在今后每年得到净收益为 20 万元，若希望在

8 年内把投资全部收回。若利率为 12%，则该企业在工程开始时最多可筹划多少投资？

解：已知 $A=20$ 万元，$i=12\%$，$n=8$，$(P/A,\ 12\%,\ 8)=4.968$，求 P。

$$P=A\left[\frac{(1+i)^n-1}{i(1+i)^n}\right]=A(P/A,\ 12\%,\ 8)=20\text{ 万元}\times4.968=99.36\text{ 万元}$$

3. 等额存储偿债基金

已知一笔贷款的未来值 F，拟在贷款期 n 年内每年等额存储一笔资金作为偿还贷款的本利基金，则每年应存储多少资金？即已知 F，i，n，求 A。

因为
$$F=A\left[\frac{(1+i)^n-1}{i}\right]$$

所以
$$A=F\left[\frac{i}{(1+i)^n-1}\right]$$

式中 $\left[\frac{i}{(1+i)^n-1}\right]$——等额存储偿债基金系数，可用符号 $(A/F,\ i,\ n)$ 表示。

等额存储偿债基金的计算公式也可以表示为

$$A=F(A/F,\ i,\ n)$$

其现金流量图如图 3-6 所示。

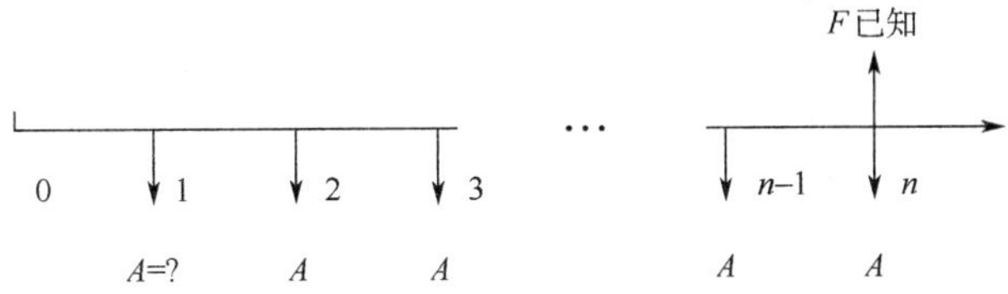

图 3-6　等额存储偿债基金的现金流量图

例 3-7　如果某企业 10 年后要偿还银行 10 000 元，年利率为 8%，则该企业 10 年内每年年末应存储多少资金？

解：已知 $F=10\,000$ 元，$i=8\%$，$n=10$，$(A/F,\ 8\%,\ 10)=0.069$，则

$$A=F\left[\frac{i}{(1+i)^n-1}\right]=F(A/F,\ 8\%,\ 10)=10\,000\text{ 元}\times0.069=690\text{ 元}$$

4. 等额序列资金回收

一次投资后，规定按利率在若干年内逐年等额偿还其本利，求每年应偿还多少。即已知 P，i，n，求 A。

因为

$$A=F\left[\frac{i}{(1+i)^n-1}\right],\quad F=P(1+i)^n$$

所以

$$A=P\left[\frac{i\ (1+i)^n}{(1+i)^n-1}\right]$$

式中 $\left[\frac{i\ (1+i)^n}{(1+i)^n-1}\right]$——等额序列资金回收系数，可用符号（$A/P$，$i$，$n$）表示。

等额序列资金回收的计算公式也可以表示为

$$A=P(A/P,\ i,\ n)$$

其现金流量图如图 3-7 所示。

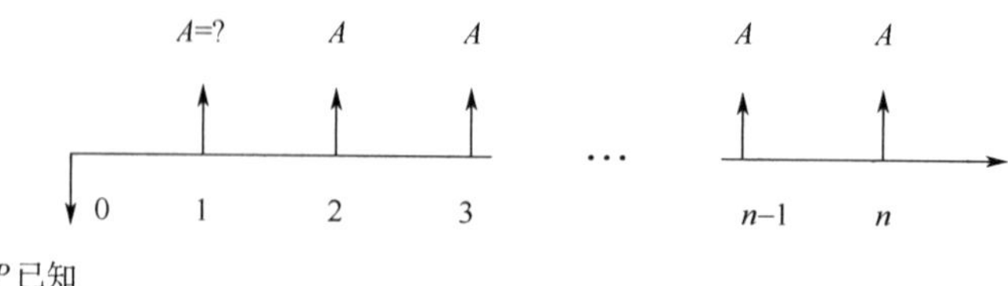

图 3-7　等额序列资金回收的现金流量图

例 3-8　如果某企业以年利率 8% 投资 1 000 万元，并在 5 年内逐年等额回收其本利，则该企业在今后 5 年内每年年末可提取多少资金?

解：已知 $P=1\ 000$ 万元，$i=8\%$，$n=5$，（A/P，8%，5）$=0.250$，求 A。

$$A=P\left[\frac{i(1+i)^n}{(1+i)^n-1}\right]=P(A/P,\ 8\%,\ 5)=1\ 000\ 万元\times0.250=250\ 万元$$

5. 有残值情况下的等额序列资金回收

已知一次投资现值 P，n 年末残值为 S，利率为 i，求投资本利和在 n 年中转化成的等额年收入 A 为多少。即已知 P，i，n，S，求 A。

其计算公式为

$$A=(P-S)(A/P,\ i,\ n)+Si$$

推导过程如下：

因为，投资 P 是现值，残值 S 是未来值，所以

$$A=P(A/P,\ i,\ n)-S(A/F,\ i,\ n)$$

又因为

$$\frac{i(1+i)^n}{(1+i)^n-1}-i=\frac{i(1+i)^n-i[(1+i)^n-1]}{(1+i)^n-1}=\frac{i}{(1+i)^n-1}$$

所以

$$(A/F,\ i,\ n)=(A/P,\ i,\ n)-i$$

$$\begin{aligned}A&=P(A/P,\ i,\ n)-S[(A/P,\ i,\ n)-i]=P(A/P,\ i,\ n)-S(A/P,\ i,\ n)+Si\\&=(P-S)(A/P,\ i,\ n)+Si\end{aligned}$$

例 3-9　如果某企业建造厂房一座，投资 30 万元，10 年后残值为 10 万元，年利率为 10%，则该企业每年应提多少折旧费?

解：已知 $P=30$ 万元，$i=10\%$，$n=10$，（A/P，10%，10）$=0.162\ 7$，则

$$A=(P-S)(A/P,\ i,\ n)+Si=(30-10)万元\times0.162\ 7+10\ 万元\times10\%=3.34\ 万元$$

（三）不等额序列

1. 不等额序列的未来值

若每期投入额（或净现金流量）不相等，而为 A_1，A_2，A_3，…，A_n，则 n 期末的未来值 F 的计算公式为

$$
\begin{aligned}
F &= A_1(1+i)^{n-1} + A_2(1+i)^{n-2} + A_3(1+i)^{n-3} + \cdots + A_{n-1}(1+i)^1 + A_n \\
&= \sum_{t=1}^{n} A_t(1+i)^{n-t} \qquad (t=1,\ 2,\ 3,\ \cdots,\ n)
\end{aligned}
$$

2. 不等额序列的现值

$$
\begin{aligned}
P &= \frac{A_1}{1+i} + \frac{A_2}{(1+i)^2} + \frac{A_3}{(1+i)^3} + \cdots + \frac{A_n}{(1+i)^n} \\
&= \sum_{t=1}^{n} \frac{A_t}{(1+i)^t} \qquad (t=1,\ 2,\ 3,\ \cdots,\ n)
\end{aligned}
$$

上述各种形式的资金时间价值计算公式的总结如表 3-2 所示。

表 3-2　资金时间价值公式汇总表

类别		已知	求解	公式	系数名称及符号	现金流量图
一次支付	终值公式	现值 P	终值 F	$F=P(1+i)^n$	一次支付终值系数 $(F/P,\ i,\ n)$	
	现值公式	终值 F	现值 P	$P=F(1+i)^{-n}$	一次支付现值系数 $(P/F,\ i,\ n)$	
等额分付	终值公式	年值 A	终值 F	$F=A\left[\frac{(1+i)^n-1}{i}\right]$	等额分付终值系数 $(F/A,\ i,\ n)$	
	偿债基金公式	终值 F	年值 A	$A=F\left[\frac{i}{(1+i)^n-1}\right]$	等额分付偿债基金系数 $(A/F,\ i,\ n)$	
	现值公式	年值 A	现值 P	$P=A\left[\frac{(1+i)^n-1}{i(1+i)^n}\right]$	等额分付现值系数 $(P/A,\ i,\ n)$	
	资金回收公式	现值 P	年值 A	$A=P\left[\frac{[i\ (1+i)^n]}{(1+i)^n-1}\right]$	等额分付资本回收系数 $(A/P,\ i,\ n)$	

复利系数之间的数量关系如下：

倒数关系
$$(F/P,\ i,\ n)=1/(P/F,\ i,\ n)$$
$$(A/P,\ i,\ n)=1/(P/A,\ i,\ n)$$
$$(F/A,\ i,\ n)=1/(A/F,\ i,\ n)$$

乘积关系
$$(F/P,\ i,\ n)=(A/P,\ i,\ n)(F/A,\ i,\ n)$$
$$(F/A,\ i,\ n)=(P/A,\ i,\ n)(F/P,\ i,\ n)$$

其他关系 $(A/F, i, n) = (A/P, i, n) - i$

基本公式相互之间的关系如图3-8所示。

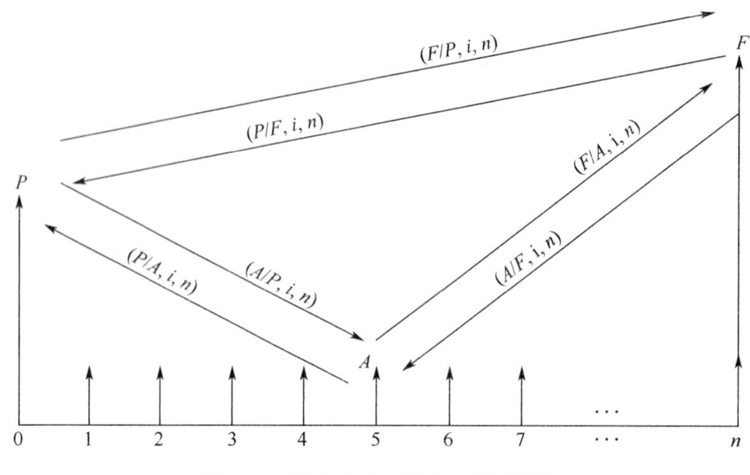

图3-8 基本公式相互关系示意图

(四) 需要注意的问题

特别要注意的是，只有当所给现金流量符合上述推导公式的现金流量图形式时，才能够直接利用上述公式，否则需要进行处理使之符合条件，然后才能应用。

(1) 注意现金流动形式是否与变换公式所对应的现金流量图形式一致。

例3-10 某人每年年初存入银行5 000元，年利率为10%，8年后的本利和是多少?

本题看似与等额序列本利和公式所需条件相同，但实际上本题等额发生的时间点是年初，公式中发生时间点是年末，不能直接应用公式，需要把年初的发生额转化为年末后，才能应用公式。

解：$F = 5\,000$ 元 $\times (1 + 10\%)(F/A, 10\%, 8) = 62\,897.45$ 元

例3-11 某公司租一仓库，租期5年，每年年初需付租金12 000元，贴现率为8%，该公司现在应筹集多少资金?

解法1：把年初的现金流量转化为年末的，直接应用公式

$$P = 12\,000\text{元} \times (1 + 8\%)(P/A, 8\%, 5) = 51\,745.39\text{元}$$

解法2：把第2年年初到第5年年初看作第1年年末到第4年年末，直接应用公式计算现值后加上第1年年初的现金流量

$$P = 12\,000\text{元} + 12\,000\text{元} \times (P/A, 8\%, 4) = 51\,745.39\text{元}$$

解法3：把第1年年初到第5年年初的发生额看作0到第4年年末的发生额，计算其终值，时间点为第4年年末，然后把此终值转化为起点初值

$$P = 12\,000\text{元} \times (F/A, 8\%, 5)(P/F, 8\%, 4) = 51\,745.39\text{元}$$

(2) 注意资金支付期与计息周期是否一致。

例 3-12　每半年存款 1 000 元，年利率 8%，每季计息一次，复利计息（见图 3-9），第 5 年年末存款金额为多少？

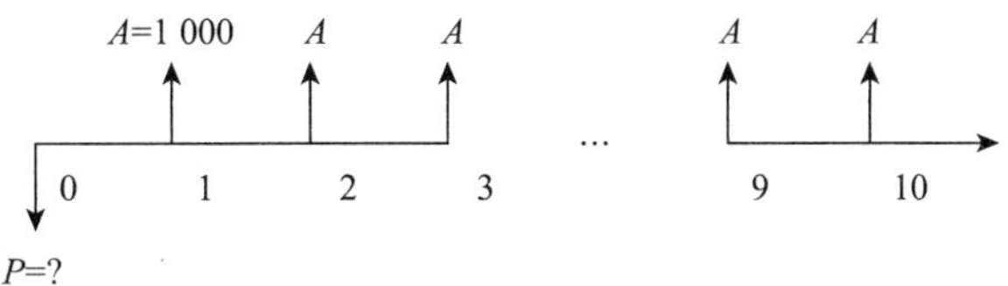

图 3-9　例 3-12 的现金流量图

解法 1：按收付周期实际利率计算，半年期实际利率 $i=(1+8\%/4)^2-1=4.04\%$

$F=1\ 000$ 元 $\times(F/A,\ 4.04\%,\ 2\times5)=1\ 000$ 元 $\times12.029=12\ 029$ 元

解法 2：按计息周期利率，且把每一次收付看作一次支付来计算

$F=1\ 000$ 元 $\times(1+8\%/4)^{18}+1\ 000$ 元 $\times(1+8\%/4)^{16}+\cdots+1\ 000$ 元 $=12\ 029$ 元

解法 3：按计息周期利率，且把每一次收付变为等值的计息周期期末的等额年金来计算

$A=1\ 000$ 元 $\times(A/F,\ 2\%,\ 2)=495$ 元

$F=495$ 元 $\times(F/A,\ 2\%,\ 20)=12\ 029$ 元

习　题

1. 如何理解资金时间价值？
2. 为什么在技术经济分析中要用到现金流量？
3. 名义利率与实际利率之间有什么关系？
4. 为什么方案比较要进行资金等值换算？
5. 某工程项目预计初始投资 1 000 万元，第 3 年开始投产后，每年的销售收入抵消经营成本后为 300 万元，第 5 年追加投资 500 万元，当年见效且每年销售收入抵消经营成本后为 750 万元，该项目的经济寿命约为 10 年，残值为 100 万元，试绘制该项目的现金流量图。
6. 某公司欲引进一套设备，价值为 500 万元，有两种还款方式可供选择：一种是一次性付款，优惠 12%；另一种是分期付款，不享受优惠，首次支付为 40%，第 1 年年末付 30%，第 2 年年末付 20%，第 3 年年末付 10%。假设购买设备所用资金是自有资金，自有资金的年机会成本为 10%，企业应选择哪种付款方式？假如企业用贷款购买设备，贷款年利率为 16%，企业应选择哪种付款方式？
7. 某企业获得 8 万元贷款，偿还期为 4 年，按 10% 的年利率计息。有四种还款方式，分别计算采用以下不同方式 4 年总的还款额。

（1）每年年末还2万元本金和所欠利息。

（2）在4年中每年年末还相等款额。

（3）每年年末只付所欠利息，本金在第4年年末一次还清。

（4）第4年年末一次还本付息。

8. 某人从25岁参加工作起至59岁止，每年存入养老金5 000元，若年利率为6%，则他从60岁起至74岁止领取养老金，每年可领取多少？

9. 某学校拟设立一项永久奖学金，每年计划发放奖学金50 000元。若年利率为10%，现在应一次性存入多少钱？

10. 企业需用一台设备10年，可租用也可购买。如租用的话，第1年年租金为23 000元，今后10年内每年上涨5%；如购买的话，需一次性支付20万元，10年后估计可以20万元的价格售出。按年利率15%计算，应该租用还是购买？

第四章
技术经济确定性评价方法

学习目标

※ 掌握各种经济评价指标的概念和计算方法
※ 掌握各种方法的评价准则及优缺点
※ 掌握互斥型方案、独立型方案比较选优的方法
※ 了解混合型方案比较选优的方法

对工程技术方案进行经济性评价，其核心内容是经济效果的评价。用于经济效果评价的指标有多种，它们从不同角度反映工程技术方案的经济性。这些指标主要可以分为三大类：第一类是以时间单位计量的时间型指标，如投资回收期、借款偿还期等；第二类是以货币单位计量的价值型指标，如净现值、净年值、费用现值等；第三类是反映资金利用效率的效率型指标，如内部收益率、净现值率、投资利润率等。这三类指标从不同角度考察项目的经济性，在对技术方案进行经济效果评价时，应当尽量同时选用这三类指标，以利于全面地反映技术方案的经济性。

在利用这些指标对技术方案进行经济评价时，通常采用两种基本方法：一种方法是用来评价方案自身的绝对经济效果，即通过对项目自身的收益和费用计算比较来评价和选择方案，这种方法也称为绝对经济效果检验；另一种方法是评价方案之间的相对经济效果，即通过方案对比来考察哪个方案相对最优，从而做出相应选择，这种方法也称为相对经济效果检验。这两种方法的目的和作用不同，前者是筛选方案，后者是优选方案，两种方法是相辅相成的。一般情况下，独立型方案或单一方案采用前一种方法，而互斥型方案及相关方案评价通常两种方法都要采用。

根据是否考虑资金的时间价值，技术方案的评价方法可分为两大类：静态评价方法和动态评价方法。静态评价方法是指在对技术方案的效益和费用计算时，不考虑资金的时间价值。一般来讲，静态评价方法比较简单、直观，使用方便，但不够准确，经常用于方案的初选阶段。动态评价方法是指在进行技术方案的效益和费用计算时，考虑资金的时间价值，要采用复利计算方法，把不同时间点的效益和费用折算为同一时间点的等值价值，为

技术方案的比较确立相同的时间基础，并能反映未来时期的发展变化趋势。该类方法主要应用于技术方案的最后决策阶段，是经济效果评价的主要评价方法。

第一节 时间型经济评价方法

时间型评价指标主要包括投资回收期和增量投资回收期，它们都是反映投资回收速度的经济效益指标。

投资回收期（Payback Period）是以项目的净收益回收初始全部投资所需的时间，它是反映项目投资回收能力的重要指标。根据是否考虑资金的时间价值，投资回收期又可分为静态投资回收期和动态投资回收期。增量投资回收期是投资增量的回收期，适用于项目之间的比较和选择。

投资回收期一般从工程项目开始投入之日算起，即包括建设期，常以“年”为单位表示。对于投资者来说，投资回收期越短越好，能够减少投资风险。

一、静态投资回收期法

静态投资回收期法就是根据静态投资回收期的长短进行方案选择的方法。静态投资回收期是在不考虑资金时间价值的条件下，以项目的净收益回收初始全部投资所需的时间，通常用“P_t”表示。

如果以横坐标表示时间，纵坐标表示净现金流量累计值，则项目的净现金流量累计曲线如图 4-1 所示。

图 4-1 反映了一般投资项目从投资到项目结束全过程的资金运动状况。OA 为前期费用支出阶段，如市场调查、设计、可行性研究支出等；AB 为主要投资阶段，如厂房建设、设备购置等；BC 为后期投资阶段，如设备安装调试、流动资金投资等；$CDTE$ 为生产阶段。曲线上的一些点和线段均有明确的经济含义：GC——投资总额；EF——累计净现金流量；OG——建设期；GH——投产期；HF——稳产期；OT——静态投资回收期 P_t（从开始投资的时间算起）。

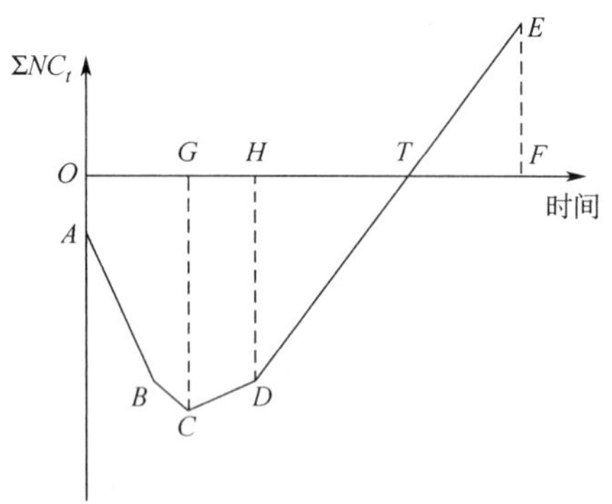

图 4-1 净现金流量累计曲线

根据图 4-1 可知，静态投资回收期是指从项目投资开始到净现金流量累计值为零所对应的时间。则 P_t 的定义表达式为

$$\sum_{t=0}^{P_t}(\mathrm{CI}-\mathrm{CO})_t=0 \tag{4-1}$$

式中　CI——现金流入量；

CO——现金流出量；

$(\mathrm{CI}-\mathrm{CO})_t$——第 t 年的净现金流量。

在实际计算 P_t 时，通常是采用列表法求得，其公式为

$$P_t = \text{累计净现金流量开始出现正值的年份} - 1 + \frac{\text{上年累计净现金流量的绝对值}}{\text{当年净现金流量}} \tag{4-2}$$

项目评价求出的投资回收期（P_t）应与部门或行业的基准投资回收期（P_c）比较：

当 $P_t \leqslant P_c$ 时，应考虑项目在投资回收能力上是可以接受的；

当 $P_t > P_c$ 时，应该考虑拒绝该项目。

如果投资在期初一次投入 I_0，当年受益且收入与费用从开始起每年保持不变，则

$$P_t = I_0/(\mathrm{CI}-\mathrm{CO})$$

式中　I_0——一次投资额。

静态投资回收期法概念清晰，反映问题直观，计算方法简单，不仅能在一定程度上反映技术方案的经济性，而且能反映技术方案的风险大小。作为能够反映一定经济性和风险性的回收期指标，它在评价中具有独特的地位与作用，被广泛用作方案评价的辅助性指标。

但静态投资回收期的一个最大缺点是没有考虑资金的时间价值，因此用它来决定项目的取舍，有时会得出错误的判断。

例如，某水利项目需 2 年建成，每年年末投资 50 亿元，投产后每年可回收资金 7.5 亿元，项目建成后的寿命期为 50 年。投资费用全部来自贷款，贷款利率为 10%。如按静态投资回收期来计算 $P_t = (2 \times 50/7.5)$ 年 $= 13.3$ 年，即建成后经过 13.3 年就可回收全部投资，此后的 36.7 年可赚 275.25 亿元（7.5 亿元 ×36.7），可以说是一个不错的投资项目。但实际上如果考虑了资金的时间价值，项目在建成投产年初欠款金额为 105 亿元 [50×(1+0.1)亿元+50 亿元]，因此，投产后当年利息支出需 10.5 亿元（105 亿元 × 0.1）。当时实际收入为 7.5 亿元，即收支相抵后年亏损为 3 亿元（10.5 亿元 −7.5 亿元），因此，到年底亏欠总金额增加为 108 亿元，再过一年则年底亏欠总金额会升至 111.3 亿元 [108×(1+0.1) 亿元 −7.5 亿元]。这样欠款金额将逐年上升，经 50 年到项目寿命终结时，净欠款达到 3 596.73 亿元之多！显然这是一个极不可取的项目。

静态投资回收期的另一个缺点是，没有考虑资金回收之后的现金流量，不能全面反映技术方案在寿命期内的真实效益，对不同方案进行比较之后，难以做出正确选择。

二、动态投资回收期法

为了克服静态投资回收期未考虑资金时间价值的缺点，可采用动态投资回收期 P_t'。从投资开始的年份算起的动态投资回收期的计算公式为

$$\sum_{t=0}^{P_t'} (CI - CO)_t (1 + i)^{-t} = 0 \tag{4-3}$$

式中 i——行业的基准折现率或企业的最具有吸引力的投资收益率。

与项目的静态投资回收期的计算方法类似，在已知投资项目各年的现金流量和要求的利率 i 条件下，动态投资回收期可用累计法结合下述公式求解

$$P_t' = \text{净现金流量折现累计值出现正值的年份数} - 1 + \frac{\text{上年净现金流量折现累计值的绝对值}}{\text{当年净现金流量折现值}} \tag{4-4}$$

当仅零年有一个投资 I_0，以后各年的净现金流量（净效益）均为 A 时，在折现率为 i 的情况下，动态投资回收期 P_t' 的计算公式为

由
$$P = A(P/A,\ i,\ P_t') = A\left[\frac{(1+i)^{P_t'} - 1}{i\ (1+i)^{P_t'}}\right]$$

解得
$$P_t' = \frac{-\ln\left(1 - \dfrac{I_0 \times i}{A}\right)}{\ln(1+i)} \tag{4-5}$$

动态投资回收期的评价准则是：

当 $P_t' \leqslant P_c'$ 时，考虑接受该项目；否则，拒绝该项目（P_c' 为项目的基准投资回收期）。

例 4-1 某建设项目的投资，各年的纯收入如表 4-1 所示，期末固定资产的残值可忽略不计，$i=10\%$，折旧自投产后计提，共 10 年，每年折旧费为 7 万元。试计算：①静态投资回收期；②动态投资回收期。

表 4-1 某项目的投资及纯收入表 （单位：万元）

项目＼年份	0	1	2	3	4	5	6	7	8	9	10	11	12
固定资产投资	20	30	20										
流动资产投资			30										
纯收入				10	15	20	20	20	20	20	20	20	20

将有关现金流量累计，得到项目的累计现金流量表（见表 4-2）和项目的累计折现现金流量表（见表 4-3）。

表 4-2 项目的累计现金流量表 （单位：万元）

项目＼年份	0	1	2	3	4	5	6	7	8	9	10	11	12
固定资产投资	−20	−30	−20										
流动资产投资			−30										
纯收入加折旧				17	22	27	27	27	27	27	27	27	27
回收流动资产投资													30
$\sum(CI-CO)_t$	−20	−50	−100	−83	−61	−34	−7	20	47	74	101	128	185

由表 4-2 的有关数据，根据式（4-2），可得该项目的静态投资回收期为：

$$P_t = \left[7 - 1 + \frac{|-7|}{27}\right]\text{年} = 6.26\text{ 年}$$

表 4-3 项目的累计折现现金流量表 （单位：万元）

年份	0	1	2	3	4	5	6	7	8	9	10	11	12
净现金流量	-20	-30	-50	17	22	27	27	27	27	27	27	27	57
折现值	-20	-27.27	-41.32	12.77	15.03	16.76	15.24	13.86	12.60	11.45	10.41	9.46	18.16
累计折现现金流量	-20	-47.27	-88.59	-75.82	-60.79	-44.03	-28.79	-14.93	-2.33	9.12	19.53	28.99	47.15

由表 4-3 的有关数据，根据式（4-3），可得该项目的动态投资回收期为

$$P_t' = \left[9 - 1 + \frac{|-2.33|}{11.45}\right]\text{年} = 8.20\text{ 年}$$

动态投资回收期法也没有考虑回收期后的经济效果，因此不能全面反映方案在寿命期内的真实效益；同时，该方法有利于早期效益高的项目，可能使具有战略意义的长期项目被拒绝，所以单独使用回收期法容易产生短期决策行为。因此，该方法通常只适用于辅助性评价。

三、增量投资回收期法

当投资回收期指标用于评价两个方案的优劣时，通常采用增量投资回收期指标。所谓增量投资回收期，是指一个方案比另一个多增加的投资，用超额年收益去补偿所需要的时间。当方案 1 和方案 2 的产出和寿命期相同时，I_2 和 I_1 分别为方案 2 和方案 1 的投资，C_2 和 C_1 则为相应年收益。增量投资回收期的计算公式为

$$P_a = \frac{I}{C} = \frac{I_2 - I_1}{C_2 - C_1} \tag{4-6}$$

得出的增量投资回收期 P_a 也应与各部门、各行业的标准投资回收期 P_c 比较，若 $P_a \leqslant P_c$，投资多的方案较好；否则投资少的方案较好。因为若 $P_a \leqslant P_c$，说明投资大的方案多增加的投资，通过年收益的增加，在规定的时间内可以全部收回，增加投资是合适的，所以投资大的方案好；反之亦然。

需要注意的是，增量投资回收期只能用于相对效果检验，即只能用于比较方案的优劣，也就是哪个方案更好，但较优方案是否可行还不能确定，需通过绝对效果检验。

第二节 价值型经济评价方法

价值型评价方法是比较各个项目或技术方案在整个寿命期内的价值，来进行方案的选

择。常用的反映技术方案的价值型经济评价指标有净现值（NPV）、净年值（NAV）、费用现值（PC）、费用年值（AC）等，这些指标均为动态评价指标。用这些指标进行项目评价，通常首先要确定项目要求达到的最低收益率（行业的基准收益率或企业的最低收益率），即所谓最具有吸引力的投资收益率（Minimum Attractive Rate of Return，MARR），或简记为 i_0。用 NPV、NAV 或 PC、AC 值可以决定一个项目是否可取，或在不同的互斥型方案间进行比较和择优。

一、净现值法

净现值（Net Present Value，NPV）是指把项目各年的净现金流量 $(CI-CO)_t$ 按基准收益率（i_0）折现到期初时的现值之和。其表达式为

$$\mathrm{NPV}(i_0)=\sum_{t=0}^{n}(CI-CO)_t(1+i_0)^{-t} \tag{4-7}$$

若投资项目只有初始投资 I_0，以后各年末均获相等的净收益 R，则

$$\mathrm{NPV}(i_0)=R(P/A,\ n,\ i_0)-I_0 \tag{4-8}$$

根据上述定义，显然，若 $\mathrm{NPV}(i_0)=0$，表示项目达到所预定的收益率水平，而不是投资盈亏平衡；若 $\mathrm{NPV}(i_0)>0$，则意味着除保证项目可实现预定的收益率外，还能获得超额收益；若 $\mathrm{NPV}(i_0)<0$，仅表示项目未能达到所预定的收益率水平，但不能确定项目是否亏损。

因此，用净现值指标评价单一方案的准则是：若 $\mathrm{NPV}\geqslant 0$，则可以考虑接受项目；若 $\mathrm{NPV}<0$，则该项目不可行。多方案比较时，以净现值大的方案为优。

例 4-2 某设备的购置价为 400 万元，每年的运行收入为 150 万元，年运行费用为 35 万元，4 年后该设备可按 50 万元转让，如果要求的投资收益率 i 为 20%，是否值得对此项设备投资？

解： 按净现值指标进行评价

$$\begin{aligned}\mathrm{NPV}(20\%)=&-400\text{万元}+(150-35)\text{万元}\times(P/A,\ 20\%,\ 4)\\&+50\text{万元}\times(P/F,\ 20\%,\ 4)=-78.185\text{万元}\end{aligned}$$

由于 $\mathrm{NPV}(20\%)<0$，故此投资经济上不合理。

例 4-3 在例 4-2 中，若其他情况相同，如果要求的投资收益率 i 为 5%，此项投资是否值得？

解：

$$\begin{aligned}\mathrm{NPV}(5\%)=&-400\text{万元}+(150-35)\text{万元}\times(P/A,\ 5\%,\ 4)+\\&50\text{万元}\times(P/F,\ 5\%,\ 4)=48.925\text{万元}\end{aligned}$$

由于 $\mathrm{NPV}(5\%)>0$，故此项投资是值得的。

显然，净现值（NPV）的大小与要求的收益率（折现率）i 有很大关系。当 i 变化时，NPV 随之变化，呈非线性关系：$\mathrm{NPV}(i)=f(i)$。

一般情况下，同一净现金流量的净现值（NPV）随着折现率 i 的增大而减小，故基准折现率 i_0 定得越高，能被接受的方案越少，如图 4-2 所示。因此，在经济发展中，国家把行业的基准收益率作为投资调控的手段。

图 4-2 中，在某一个 i^* 值上，净现值曲线与横坐标相交，表示该折现率下的净现值 NPV = 0，当 $i < i^*$ 时，$NPV(i) > 0$；当 $i > i^*$ 时，$NPV(i) < 0$。i^* 是一个具有重要经济意义的折现率临界值，称为内部收益率，下一节将做详细分析。

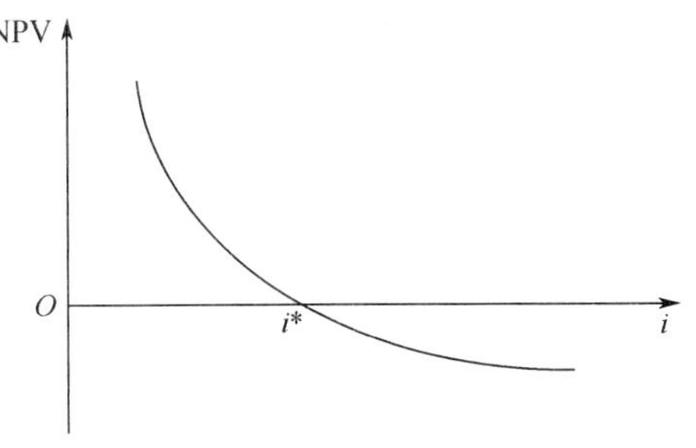

图 4-2　净现值与折现率的关系

NPV 之所以随着 i 的增大而减小，是因为一般投资项目正的现金流入总是发生在负的现金流出之后，随着折现率的增加，使正的现金流入折现到期初的时间上，其现值减少得多，而负的现金流出折现到期初的时间短，相应现值减少得少，这样现值的代数和就减小。

另外要注意的一点是，当 i 从某一值变为另一值时，若按净现值最大的原则优选项目时，可能会出现前后结论不一致的情况。两个互斥型方案 A、B 的净现金流量及其在折现率分别为 10% 和 20% 时的净现值如表 4-4 所示。

表 4-4　方案 A、B 在不同折现率下的净现值　　（单位：万元）

年份 方案	0	1	2	3	4	5	NPV(10%)	NPV(20%)
A	-230	100	100	100	50	50	83.91	24.81
B	-100	30	30	60	60	60	75.40	33.58

从表 4-4 可知，在 i 为 10% 和 20% 时，两个方案的净现值均大于零。根据净现值法的选优准则，当 i 为 10% 时，$NPV_A > NPV_B$，说明方案 A 优于方案 B；当 i 为 20% 时，$NPV_B > NPV_A$，说明方案 B 优于方案 A。折现率发生变化，方案的选择顺序也发生了变化。

因此，在投资决策中，若投资额度减少，为了减少被选取的方案数（准确地说，是为了减少被选取项目的投资总额），应当提高基准收益率；但由于各方案的净现值随折现率变化的幅度不同，原先净现值小的方案随着折现率的变化，其净现值现在可能大于原来净现值大的方案。在折现率随着投资总额变动的情况下，按净现值法选择项目不一定遵循原有项目排列顺序。

净现值是一个总量价值指标，它不仅考虑了资金的时间价值，而且可以反映方案在其整个寿命期内的收益情况，因而能全面反映方案的经济效果。该指标不仅可以用于判断独立型方案是否可行，进行绝对经济效果检验，还可以用于互斥型方案选优，进行相对经济效果检验。但采用该指标时，需要预先确定基准收益率使项目决策比较困难；同时，由于净现值是一个总量价值指标，没有考虑各方案投资额的大小，不能反映单位投资效率，因而不能直接反映资金的利用效率，容易选中投资大的方案，漏选投资小但投资效率高的方案。为了考虑资金的利用效率，通常用净现值率作为净现值的辅助指标。同时，该指标在进行多方案比较时，也没有考虑方案寿命期不同的问题。在此情况下，一般用净年值来进行选择。

二、净年值法

净年值（Net Annual Value，NAV）是与净现值指标类似的一个评价指标，它是通过资金等值计算的，将项目的净现值分摊到寿命期内各年的等额年值。由于换算后的年现金流量在寿命期内各年相同，所以有了时间上的可比性，因此可进行不同寿命期方案的比较选优。

其表达式为

$$NAV = NPV(A/P, i, n) = \sum_{t=0}^{n} (CI - CO)_t (1+i)^{-t} (A/P, i, n) \tag{4-9}$$

在进行独立型方案比较时，NAV≥0，方案可行；在进行多方案比较时，净年值大的方案为优。

例 4-4 试用净年值评价例 4-2 中的设备投资是否值得。

解： NAV = NPV(A/P, 20%, 4) = −78.185 万元×0.386 29 = −30.20 万元

因为 NAV<0，所以应放弃该方案。

由于（A/P, i, n）>0，且当折现率 i 与寿命期 n 一定时，（A/P, i, n）为一个常数，若 NPV≥0，则 NAV≥0；若 NPV<0，则 NAV<0。因此，净年值与净现值在方案的评价结论上是一致的，可以说两者是等效指标。但两者给出的信息不同：净现值给出的信息是方案在整个寿命期内获取的超出最低期望盈利的超额收益的现值；而净年值是表明方案在寿命期内每年获得按基准收益率应得的收益外，所获得的等额超额收益。在某些情况下，采用净年值比净现值更为简便和易于计算，特别是净年值指标可直接用于寿命期不同的多方案比较。

三、费用现值法与费用年值法

在对方案比较选优时，如果多方案的产出价值相同，或者多方案能够满足相同的需要，但其产出效果难以用价值形态（货币）计量时，如环保效果、教育效果等，可以通过对各方案费用现值或费用年值的比较进行选择。例如，在城市交通拥挤处，为实现人车分流，减少交通事故的发生，可架设过街天桥，也可开通地下通道。对这两个互斥型方案来说，其收益难以确定，不能用前述方法评价这两个方案；但这两个方案都提供了相同功能，满足了相同需求，因此，可通过比较两种方案的费用进行评价和选择。

费用现值是把不同方案计算期内的投资和各年费用按一定折现率折算成基准年的现值

和。其表达式为

$$PC = \sum_{t=0}^{n} CO_t (P/F, i, t) \tag{4-10}$$

费用年值是将方案计算期内不同时间点发生的所有费用支出，按一定折现率折算成与其等值的等额支付序列年费用。其表达式为

$$AC = PC (A/P, i, n) = \sum_{t=0}^{n} CO_t (P/F, i, t)(A/P, i, n) \tag{4-11}$$

式中　PC——费用现值；

AC——费用年值；

CO_t——第 t 年的现金流出；

n——方案寿命年限；

i——基准收益率（基准折现率）。

费用现值和费用年值用于多方案的比选。其判别准则是：费用现值或费用年值最小的方案为最优方案。

例 4-5　某项目有三个可选方案 A、B、C，三个可选方案均能满足同样的需要，但各个方案的投资及年运营费用不同，如表 4-5 所示。若最低希望收益率为 15%，试采用费用现值与费用年值选优。

表 4-5　三个方案的费用数据表　　（单位：万元）

方　案	期初投资	1～5 年运营费用	6～10 年运营费用
A	70	13	13
B	100	10	10
C	110	5	8

解：各方案的费用现值为

$$PC_A = 70\text{ 万元} + 13\text{ 万元} \times (P/A, 15\%, 10) = 135.2\text{ 万元}$$

$$PC_B = 100\text{ 万元} + 10\text{ 万元} \times (P/A, 15\%, 10) = 150.2\text{ 万元}$$

$$PC_C = 110\text{ 万元} + 5\text{ 万元} \times (P/A, 15\%, 5) + 8\text{ 万元} \times (P/A, 15\%, 5)(P/F, 15\%, 5) = 140.1\text{ 万元}$$

各方案的费用年值为

$$AC_A = 70\text{ 万元} \times (A/P, 15\%, 10) + 13\text{ 万元} = 26.9\text{ 万元}$$

$$AC_B = 100\text{ 万元} \times (A/P, 15\%, 10) + 10\text{ 万元} = 29.9\text{ 万元}$$

$$AC_C = [110 + 5 \times (P/A, 15\%, 5) + 8 \times (P/A, 15\%, 5)(P/F, 15\%, 5)]\text{万元} \times (A/P, 15\%, 10) = 27.9\text{ 万元}$$

根据费用最小的选优原则，费用现值与费用年值的计算结果都表明，方案 A 最优，方案 C 次之，方案 B 最差，即方案的优先顺序为 A—C—B。

费用现值与费用年值也是等效指标，二者除了指标含义不同外，使用时各有所长。例如，费用现值适用于多个方案寿命期相同情况的比选，当各方案寿命期不等时，则可采用费用年值指标进行比选。

在采用上述两个指标时，要注意以下两点：

（1）除费用指标外，各方案的其他指标和有关要素应基本相同，如产量、质量等应基本相同，在此基础上比较费用的大小。

（2）被比较的方案，特别是费用现值最小的方案，应是能够达到盈利目的的方案。因为费用现值只能反映费用的大小，而不能反映净收益的情况，所以这种方法只能比较方案的优劣，而不能用于判断方案是否可行。

第三节　效率型经济评价方法

效率型评价指标是反映投资使用效率的评价指标，这类指标主要有净现值率、内部收益率、增量内部收益率、外部收益率、效益—费用比、投资收益率等。

一、净现值率法

净现值指标用于多个方案比较时，没有考虑各方案投资额的大小，因而不能直接反映资金的利用效率。为了考察资金的利用效率，通常用净现值率（Net Present Value Rate，NPVR）作为净现值的辅助指标。净现值率是项目净现值（NPV）与项目总投资现值（I_P）之比，是一种效率型指标，其经济含义是单位投资现值所能带来的净现值。其计算公式为

$$\mathrm{NPVR}=\frac{\mathrm{NPV}}{I_P}=\frac{\sum_{t=0}^{n}(\mathrm{CI}-\mathrm{CO})_t(1+i)^{-t}}{\sum_{t=0}^{n}I_t(1+i)^{-t}} \tag{4-12}$$

式中　I_t——第 t 年的投资额。

净现值率与净现值是等效指标，若 NPV≥0，则 NPVR≥0（因为 $I_P>0$），方案可行；若 NPV<0，则 NPVR<0（因为 $I_P>0$），方案不可行；在进行多方案比较时，以净现值率较大的方案为优。该方法主要用于多方案的优劣排序。有时采用净现值法与净现值率法结论不一致，应根据资金充足程度选择具体方法。

二、内部收益率法

内部收益率（Internal Rate of Return，IRR）是与 NPV 密切相关的经济评价指标，二者都是项目评价中应用广泛的评价指标，但与 NPV 不同的是，IRR 不需要预先设定一个利率，它是通过项目现金流量本身计算出来的，它求出的是项目实际所能达到的投资效率，与其他外部条件无关。

内部收益率（IRR），简单地说就是项目的净现值为零时的折现率。在图4-2中，随着折现率的不断增大，项目的净现值不断减小，当折现率取 i^* 时，净现值为零，此时的折现率 i^* 即为内部收益率。

内部收益率的一般表达式为

$$\sum_{t=0}^{n}(\mathrm{CI}-\mathrm{CO})_t(1+\mathrm{IRR})^{-t}=0 \tag{4-13}$$

式中　IRR——内部收益率。

若初始投资 I_0 后，每年年末获得相等的净收益，则内部收益率可用下式确定

$$(P/A,\ \mathrm{IRR},\ n)=\frac{I_0}{\mathrm{CI}-\mathrm{CO}} \tag{4-14}$$

式（4-13）是一个高次方程，不容易直接求解，通常采用“试算内插法”求IRR的近似解，其原理如图4-3所示。

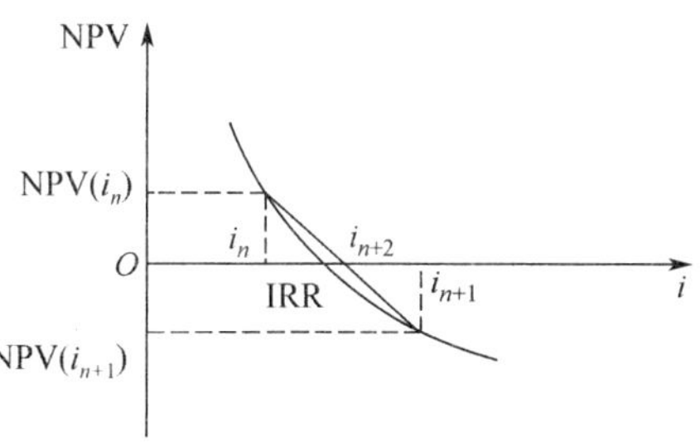

图4-3　试算内插法求IRR图解

从图4-3可以看出，IRR在 i_n 与 i_{n+1} 之间，用 i_{n+2} 近似代替IRR，当 i_{n+1} 与 i_n 的距离控制在一定范围内，可以达到要求的精度。具体步骤如下：

（1）设初始折现率 i_1，一般可以先取最低收益率MARR作为 i_1，并计算对应的净现值 NPV(i_1)。

（2）若 NPV(i_1)≠0，则根据 NPV(i_1) 是否大于零，再设 i_2。若 NPV(i_1)>0，则设 $i_2>i_1$；若 NPV(i_1)<0，则设 $i_2<i_1$。i_2 与 i_1 差距取决 NPV(i_1) 绝对值的大小，较大的绝对值可以取较大的差距；反之，取较小的差距。计算对应的 NPV(i_2)。

（3）重复步骤（2），直到出现 NPV(i_n)>0，NPV(i_{n+1})<0（或 NPV(i_n)<0，NPV(i_{n+1})>0）时，用线性内插法求得IRR近似值。即

$$\mathrm{IRR}=i_n+\frac{\mathrm{NPV}(i_n)}{|\mathrm{NPV}(i_{n+1})|+\mathrm{NPV}(i_n)}(i_{n+1}-i_n) \tag{4-15}$$

（4）计算的误差取决于（$i_{n+1}-i_n$）的大小，一般将计算的误差控制在（$i_{n+1}-i_n$）<0.05范围内。

设最低收益率为MARR，用内部收益率指标（IRR）评价单个方案的判别准则是：若IRR≥MARR，则项目在经济效果上可以接受；若IRR<MARR，则项目在经济效果上应予以否定。

一般情况下，当IRR≥MARR，则 NPV(i)≥0；反之，当IRR<MARR时，则 NPV(i)<0。因此，对单个方案的评价，内部收益率准则与净现值准则的评价结论是一致的；但在进行多方案比较时，内部收益率法与净现值法可能出现结论不同的情况。

例4-6　某企业有一个投资计划，该投资计划的现金流量情况是，初始投资为2 000万元，第1年年末净收益为300万元，第2年到第4年年末净收益为500万元，第5年年

末净残值为 1 200 万元。该企业的最低希望收益率为 10%，试用内部收益法评价该投资计划是否可采用。

解：由式（4-13）得

$$\begin{aligned}\text{NPV (IRR)} &= -2\,000\text{ 万元} + 300\text{ 万元} \times (P/F, \text{IRR}, 1) + 500\text{ 万元} \\ &\quad \times (P/A, \text{IRR}, 3)(P/F, \text{IRR}, 1) + 1\,200\text{ 万元} \times (P/F, \text{IRR}, 5) \\ &= 0\end{aligned}$$

设 $i_1 = 12\%$，$\text{NPV}(12\%) = 21$ 万元 >0；设 $i_2 = 14\%$，$\text{NPV}(14\%) = -94$ 万元 <0

因此，$\text{IRR} = 12\% + \dfrac{21}{21 + |-94|} \times (14\% - 12\%) = 12.4\% > 10\%$

因此，该投资计划是可行的。

内部收益率是项目投资的盈利率，由项目现金流量决定，即是内生决定的，反映了投资的使用效率。但是，内部收益率反映的是项目寿命期内没有回收的投资的盈利率，而不是初始投资在整个寿命期内的盈利率。因为在项目的整个寿命期内按内部收益率 IRR 折现计算，见式（4-13），始终存在未被回收的投资，而在寿命结束时，投资恰好被全部收回。也就是说，在项目寿命期内，项目始终处于“偿付”未被收回的投资的状况。内部收益率正是反映了项目“偿付”未被收回投资的能力，它取决于项目的内部。因此，内部收益率正确的经济含义应该是：项目在这样的利率下，在项目寿命终了时，每年的净收益恰好把投资全部回收，即内部收益率是指项目对初始投资的偿还能力或项目对贷款利率的最大承担能力。

根据上例中的净现金流量及计算所得的内部收益率 IRR = 12.4% 计算项目收回投资的过程如表 4-6 所示。

表 4-6　以 IRR = 12.4%收回全部投资过程计算表　　（单位：万元）

年　份	净现金流量①（年末发生）	年初未收回的投资②	年初未收回的投资到年末的金额③ = ② × (1 + IRR)	年末未收回的投资 ④ = ③ − ①
0	−2 000			
1	300	2 000	2 248	1 948
2	500	1 948	2 189	1 689
3	500	1 689	1 897	1 397
4	500	1 397	1 569	1 069
5	1 200	1 069	1 200	0

由表 4-6 可知，从 0 到第 5 年年末的整个寿命期内，每年均有尚未收回的投资，只有到了第 5 年年末，即寿命期结束时，才收回全部投资。这个收回全部投资过程的现金流量变化情况如图 4-4 所示。

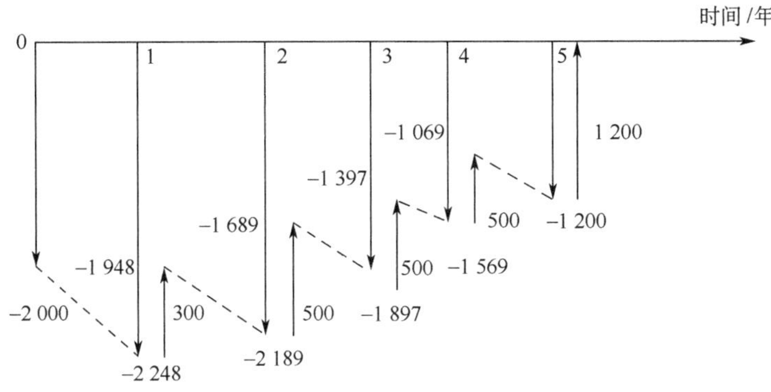

图 4-4　反映 IRR 经济含义的现金流量图（单位：万元）

由于利率 $i = \mathrm{IRR}$ 收回全部投资符合内部收益率的经济含义，所以 IRR = 12.4% 是该项目的内部收益率。由表 4-6 和图 4-4，不难理解内部收益率经济含义的另一种表述：内部收益率是项目寿命期内没有回收投资的盈利率，它不是初始投资在整个寿命期内的盈利，因此它不仅受项目初始投资规模的影响，而且受项目寿命期内各年净收益大小的影响。

需要指出的是，内部收益率计算适用于常规投资方案。常规投资方案是在寿命期内，除建设期或者投产初期的净现金流量为负值之外，其余年份均为正值，寿命期内净现金流量的正负号只从负到正变化一次，且所有负现金流量都出现在正现金流量之前。

净现金流量序列符号变化多次的项目称为非常规项目。非常规项目内部收益率方程可能有多个正实根，这些根中是否有真正的内部收益率，需要按照内部收益率的经济含义进行检验，即以这些根作为盈利率，看项目寿命期内是否始终存在未收回的投资。

设某一项目的净现金流量如表 4-7 所示。

表 4-7　正负号变化多次的净现金流量序列　　　（单位：万元）

年　份	0	1	2	3
净现金流量	-100	470	-720	360

经计算可知，使该项目净现值为零的折现率有三个：$i_1 = 20\%$，$i_2 = 50\%$，$i_3 = 100\%$。

按照内部收益率的经济含义进行检验，就会发现寿命期内存在的初始投资不但全部收回且有盈余的情况，因此，它们都不是项目的内部收益率。

可以证明，对于非常规项目，只要内部收益率方程存在多个正根，则所有的根都不是真正的项目内部收益率。但若非常规项目的内部收益率方程只有一个正根，则这个根就是项目的内部收益率。

内部收益率指标考虑了资金的时间价值，并考察了项目在整个寿命期内的全部收益情况；同时概念明确，反映了资金的使用效率；并且，内部收益率的计算不需要事先确定基准收益率。但该指标计算烦琐，非常规项目有多解的现象，分析、检验和判别比较复杂。尽管如此，但该指标在进行投资方案评价时仍是一项重要指标，被广泛使用。

三、增量内部收益率法

当内部收益率指标用于两个方案的比选时，通常采用增量内部收益率（ΔIRR）指标。增量内部收益率，简单地说就是使增量净现值等于零的折现率。增量净现值是根据两个方案的增量现金流量计算的。增量内部收益率的计算表达式为

$$\Delta NPV(\Delta IRR) = \sum_{t=0}^{n}(\Delta CI - \Delta CO)_t(1 + \Delta IRR)^{-t} = 0 \tag{4-16}$$

式中 ΔNPV——增量净现值；

ΔIRR——增量内部收益率；

ΔCI——方案 A 与方案 B 的增量现金流入，即 $\Delta CI = CI_A - CI_B$；

ΔCO——方案 A 与方案 B 的增量现金流出，即 $\Delta CO = CO_A - CO_B$。

将式（4-16）变换，即

$$\sum_{t=0}^{n}(CI_A - CO_A)_t(1 + \Delta IRR)^{-t} = \sum_{t=0}^{n}(CI_B - CO_B)_t(1 + \Delta IRR)^{-t} \tag{4-17}$$

或者

$$NPV_A(\Delta IRR) = NPV_B\ (\Delta IRR) \tag{4-18}$$

式中 NPV_A——方案 A 的净现值；

NPV_B——方案 B 的净现值。

因此，增量内部收益率计算的另一表达式是：两个方案净现值（净年值）相等时的折现率。利用式（4-16）和式（4-17）求解 ΔIRR 的结果是一样的。

用增量内部收益率比选两个方案的准则是：若 ΔIRR ≥ MARR，则增量投资部分达到了规定的要求，增加投资有利，投资大的方案为优；若 ΔIRR < MARR，则投资小的方案为优。用 ΔIRR 与 NPV 比选方案，其评价结论是一致的。

需要注意的是，增量内部收益率只能反映比较的两个方案之间的增量现金流的经济性（相对经济效果），而不能反映方案自身的经济效果，所以只适用于方案间的比较。

四、外部收益率法

内部收益率的经济含义，实际上是假定项目寿命期内所获得的净收益全部可用于再投资，再投资的收益率等于项目的内部收益率。但是，这种假定往往难以与实际情况相符，通常情况下，已回收资金再投资的收益率低于初始投资的收益率，主要是因为已回收资金总是比期初投资少，并且使用时间短。这种假定也是造成非常规投资项目 IRR 方程可能出现多个解的原因。

外部收益率（External Rate of Return，ERR）实际上是对内部收益率的一种修正。计算外部收益率时，也假定项目寿命期内所获得的净收益全部可用于再投资，所不同的是假定再投资的收益率等于基准收益率（i_0），即外部收益率是方案在寿命期内各年支出（负的现金流量）的终值（按 ERR 折算成终值）与各年净收益（正的现金流量）再投资的终

值（按基准收益率 i_0 折算成终值）相等时的折现率。

其表达式为

$$NFV = \sum_{t=0}^{n} NB_t (1 + i_0)^{n-t} - \sum_{t=0}^{n} K_t (1 + ERR)^{n-t} = 0 \tag{4-19}$$

式中　NFV——净终值；

ERR——外部收益率；

NB_t——第 t 年正的现金流量；

K_t——第 t 年负的现金流量。

外部收益率 ERR 的求法与内部收益率 IRR 相似，也可用“内插法”求其近似解。

该指标用于评价方案经济效果评价时，需要将 ERR 与基准收益率（i_0）比较。若 $ERR \geqslant i_0$，则项目是可行的；若 $ERR < i_0$，则项目不可行。

例 4-7　某一技术方案各年的净现金流量如表 4-8 所示，基准收益率为 10%，试用外部收益率指标评价该项目是否可行。

表 4-8　技术方案现金流量表　（单位：万元）

年份	0	1	2	3	4	5
净现金流	1 900	1 000	-5 000	-5 000	2 000	6 000

解：该项目是一非常规投资项目，其内部收益率 IRR 有两个解：$i_1 = 10.3\%$，$i_2 = 47.3\%$，不能用内部收益率指标选择项目。下面计算其外部收益率。

设 $i_1 = 10\%$，$i_2 = 12\%$，分别计算其净终值。

$$\begin{aligned} NFV_1 = {} & 1\,900 \text{ 万元} \times (F/P,\ 10\%,\ 5) + 1\,000 \text{ 万元} \times (F/P,\ 10\%,\ 4) - \\ & 5\,000 \text{ 万元} \times (F/P,\ 10\%,\ 3) - 5\,000 \text{ 万元} \times (F/P,\ 10\%,\ 2) + \\ & 2\,000 \text{ 万元} \times (F/P,\ 10\%,\ 1) + 6\,000 \text{ 万元} = 19.9 \text{ 万元} \end{aligned}$$

$$\begin{aligned} NFV_2 = {} & 1\,900 \text{ 万元} \times (F/P,\ 10\%,\ 5) + 1\,000 \text{ 万元} \times (F/P,\ 10\%,\ 4) - \\ & 5\,000 \text{ 万元} \times (F/P,\ 12\%,\ 3) - 5\,000 \text{ 万元} \times (F/P,\ 12\%,\ 2) + \\ & 2\,000 \text{ 万元} \times (F/P,\ 10\%,\ 1) + 6\,000 \text{ 万元} = -532.45 \text{ 万元} \end{aligned}$$

利用插值法计算外部收益率 ERR，则

$$ERR = 10\% + \frac{19.9 \text{ 万元}}{19.9 \text{ 万元} + |-532.45 \text{ 万元}|} \times (12\% - 10\%) = 10.1\%$$

$ERR > 10\%$，方案可行。

外部收益率 ERR 指标既反映未收回投资的收益率，又反映已收回投资再投资时的收益率，而且有唯一解，不像 IRR 出现多解或无解的情况。外部收益率 ERR 的值一般在内部收益率 IRR 与基准收益率（i_0）之间。

五、投资收益率法

投资收益率是指项目在正常生产年份的净收益与投资总额的比值。其具体指标有投资利润率和投资利税率。它们是反映项目静态获利能力的重要指标。

1. 投资利润率

投资利润率是指项目达到设计生产能力后的一个正常年份的年利润总额与项目总投资的比率，生产期内各年的利润总额变化幅度较大的项目，应计算生产期间年均利润总额与总投资的比率。计算公式为

$$投资利润率=\frac{年利润总额或年平均利润总额}{总投资}\times 100\% \tag{4-20}$$

其中 年利润总额 = 年销售收入 − 年销售税金及附加 − 年总成本费用

2. 投资利税率

投资利税率是指项目达到设计生产能力后的一个正常生产年份的利润和税金总额或项目生产期内的平均利税总额与总投资的比率。计算公式为

$$投资利税率=\frac{年利税总额或年平均利税总额}{总投资}\times 100\% \tag{4-21}$$

其中 年利税总额 = 年销售收入 − 年总成本费用

或 年利税总额 = 年利润总额 + 年销售税金及附加

项目的投资利润率和投资利税率可根据损益表中的有关数据计算得到。

六、效益—费用比

如前所述，用动态投资回收期、净现值或者内部收益率等指标评价技术方案（项目）的经济效果时，都要求达到或超过标准的收益率。这对于以营利为目的的营利性企业或投资者来说，是方案经济决策的基本前提。

但是，对于一些非营利性的机构或投资者，投资的目的是为公众创造福利或效果，并非一定要获得直接的超额收益。例如，不以营利为目的的公路建设，对使用该公路的公众产生效果。这种效果可以包括：由于汽车速度加快和公交设施的建设而节省运输时间；由于路线变直而缩短运输距离；由于路面平整而节约燃料；由于路面光滑而节省汽车维修费用和燃料费用；由于达到安全标准而减少事故等。

评价公用事业投资方案的经济效果，一般采用效益—费用比（$B-C$ 比），其表达式为

$$效益—费用比（B-C比）=\frac{净效益（现值或年值）}{净费用（现值或年值）}$$

$$\frac{B}{C}=\frac{\sum_{t=0}^{n}\mathrm{CI}_t(1+i)^{-t}}{\sum_{t=0}^{n}\mathrm{CO}_t(1+i)^{-t}} \tag{4-22}$$

计算 $B-C$ 比时，需要分别计算净效益和净费用。净效益包括投资方案对承办者和社会带来的收益，并减去方案实施给公众带来的损失；净费用包括方案投资者的所

有费用支出，并扣除方案实施对投资者带来的所有节约。实际上，净效益是指公众得益的累计值，净费用是指公用事业部门净支出的累计值，因此，$B-C$ 比是针对公众而言的。

净效益和净费用的计算，常采用现值或年值表示，计算采用的折现率应该是公用事业资金的基准收益率或基金的利率。若方案的净效益大于净费用，即 $B-C$ 比 >1，则这个方案在经济上认为是可以接受的；反之，则是不可取的。因此，效益—费用比的评价标准是 $B-C$ 比 >1。

对于互斥项目，$B-C$ 比的大小不能直接用来比较和排序。此时需要用增量成本的效益—费用比方法，其表达式为

$$\frac{\Delta B}{\Delta C}=\frac{\sum_{t=0}^{n}(B_2-B_1)_t(1+i)^{-t}}{\sum_{t=0}^{n}(C_2-C_1)_t(1+i)^{-t}} \tag{4-23}$$

$B-C$ 比 $\geqslant 1$，说明增加投资是合适的，投资大的方案更好；$B-C$ 比 <1，说明增加投资不合适的，投资小的方案更好。

例 4-8　建设一条高速公路有 A 和 B 两个备选方案。两个方案的平均车速都提高了 50km/h，日均流量都是 5 000 辆，寿命均为 30 年，且无残值。基准收益率为 7%，其他相关数据如表 4-9 所示，试用效益—费用比方法来比较两个方案的优劣。

表 4-9　方案的效益和费用

方案	A	B
全长/km	20	15
初始投资/万元	475	637.5
每年维护费用/（万元/km）	0.2	0.25
大修费用/（万元/10 年）	85	65
运输费用节约/［元/(km · 辆)］	0.098	0.112 7
时间费用节约/［元/(h · 辆)］	2.6	2.6

解：从公路建设的目的看，方案的净收益表现为运输费用的节约和时间的节约，方案的净费用表现为初始投资费用、大修费用以及维护运行费用。

用年值分别计算两个方案的净收益和净费用。

方案 A

净收益 B_A = 运输费用节约 + 时间费用节约

$= (5\,000\times365\times20\times0.098+5\,000\times365\times30/50\times2.6)$ 万元/年

$= (357.7+189.8)$ 万元/年 $=547.5$ 万元/年

净费用 C_A = 年维护费用 + 投资及大修费用年值

$$= [0.2\times 20 + (475 + 85(P/F, 7\%, 10) + 85(P/F, 7\%, 20))(A/P, 7\%, 30)] \text{万元/年} = 47.5 \text{万元/年}$$

方案 A 的净效益大于净费用，即 $B-C$ 比 >1，故方案 A 可行。

同理，方案 B 计算可得净收益 B_B = 450.9 万元/年，净费用 C_B = 59.1 万元/年

方案 B 的净效益大于净费用，即 $B-C$ 比 >1，故方案 B 可行。

方案 A 和 B 的增量 $B-C$ 比 = −8.32，说明费用的增加不值得，因此方案 A 更优。

第四节　多个项目的投资决策

技术方案经济性评价，除了采用前述评价指标（如投资回收期 P_t、净现值 NPV、内部收益率 IRR）分析该方案评价指标值是否达到标准要求（如 $P_t \leqslant P_c$，$NPV(i) \geqslant 0$，$\Delta IRR \geqslant i$）之外，往往需要在多个备选方案中进行比选。多方案比选的方法与备选方案之间的关系类型有关，因此，本节在分析备选方案之间关系类型的基础上，讨论如何正确运用各种评价指标进行备选方案的评价与选择。

一、备选方案的类型

方案选优方法的选择与比较方案的不同类型，即方案之间的相互关系有关。按方案之间的经济关系，备选方案可分为相关方案和非相关方案。如果采纳或放弃某一方案不影响另一方案，则认为这两个方案在经济上是不相关的；如果采纳或放弃某一方案影响另一方案，则认为这两个方案在经济上是相关的。

通常，根据备选方案的性质可分为以下三种类型：

1. 互斥型方案

互斥型方案是指方案之间的关系具有互不相容性，即在多个方案中，能够选择并且只能选择其中之一，一旦选中某一方案，则必须放弃其他方案。

互斥型方案选优可表示为

$$\sum_{j=1}^{N} X_j \leqslant 1$$

式中　$X_j = 1$——选择第 j 个方案；

$X_j = 0$——不选择第 j 个方案；

N——方案序号，表示有 N 个备选方案。

例如，厂址的选择问题是最典型的互斥型方案的选择。

2. 独立型方案

独立型方案是指各方案的现金流量是相互独立的，任一方案是否被采用，都不影响其

他方案是否被采用的决策，且各方案之间具有相容性，只要条件允许，就可以在方案群中任意选择有利方案并将其加以组合。这些方案可以共存，并且在费用和收益方面具有可加性，即

$$\sum_{j=1}^{N} X_j \leqslant N,\ \sum_{j=1}^{N} C_j = C_{总},\ \sum_{j=1}^{N} B_j = B_{总}$$

式中　C_j——第 j 个方案的费用；

B_j——第 j 个方案的收益。

3. 混合型方案

混合型方案是指独立型方案与互斥型方案混合的情况。例如，在有限的资源制约条件下有几个独立的投资方案，在这些独立型方案中又分别包含若干互斥型方案，那么所有方案之间就是混合的关系。例如，某公司有两个投资领域，一个是现有工厂的技术改造，另一个是新建一家企业，这两个投资领域是互相独立的。但是，现有工厂技术改造有两个互斥型的工艺方案，新建的企业也有三个厂址可供选择。因此，组合起来的方案就是混合型方案。

二、互斥型方案的投资决策

对于互斥型方案的投资决策，要求选择方案组中的最优方案，并且最优方案要达到要求的收益率，这就需要进行方案的比选。

在对互斥型方案进行比较时，对其经济效果的评价包括两个方面：一方面考察各个方案自身的经济效果，即进行绝对经济效果检验，用经济效果评价标准（如 $\mathrm{NPV} \geqslant 0$，$\mathrm{NAV} \geqslant 0$，$\mathrm{IRR} \geqslant i$，$P'_t \leqslant n$）检验方案自身的经济性。凡是通过绝对效果检验的方案，就认为它在经济效果上是可以接受的，否则应予以拒绝。另一方面考察哪个方案相对最优，即进行相对经济效果检验。一般是先以绝对经济效果检验方法筛选方案，然后以相对经济效果检验方法优选方案。

互斥型方案的选择可以根据各方案的寿命期是否完全相等分为两种情况：一种是各方案的寿命期相等；另一种是各方案的寿命期不完全相等。前者自动满足时间可比性的要求，因此可直接进行比较；后者需要借助某些方法进行时间上的变换，在保证时间可比性之后进行选择。

（一）寿命期相同的互斥型方案的比选

寿命期相同的互斥型方案比选的基本步骤如下：

（1）把各方案按投资额从小到大排列，然后依次两两比较。

（2）若追加投资被证明是合理时，即当 $\Delta\mathrm{NPV}(i) \geqslant 0$，$\Delta\mathrm{IRR} \geqslant i$ 或 $\Delta P'_t \leqslant n$ 时，则选择投资额较大的方案而淘汰投资额较小方案；反之，当 $\Delta\mathrm{NPV}(i) < 0$，$\Delta\mathrm{IRR} < i$ 或 $\Delta P'_t > n$ 时，则应选择投资额较小的方案而淘汰投资较大的方案，将选择的方案再与邻接的下一个

方案比较，直到最后一个方案。

（3）评价最后选择方案的经济效益是否合理。若该方案经济效益合理，则该方案为最优方案；否则，拒绝该互斥型方案群中的所有方案。

上述比选步骤如图4-5所示。

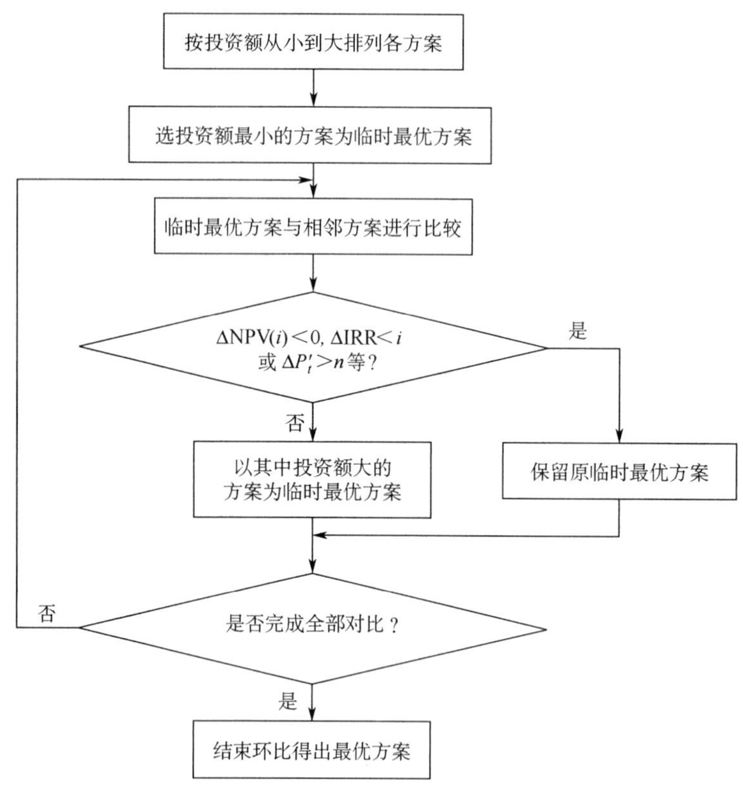

图4-5 用环比法优选寿命期相同的互斥型方案的程序框图

现举例说明怎样用ΔNPV、ΔIRR、$\Delta P_t'$指标采用环比法对互斥型方案进行比选。

例4-9 表4-10所示为A、B、C三个互斥型方案及其现金流量，已知$i=12\%$。

表4-10 互斥型方案的现金流量及净现值 （单位：万元）

方案 \ 现金流量	0年投资额	1~10年的净收益	计算得出的NPV（12%）值
A	-105	18	-3.30
B	-120	21	-1.35
C	-140	25	1.26

解：

1. 用增量净现值ΔNPV作为比选准则

（1）比较A、B两种方案可得

$$\Delta NPV(12\%)_{B-A} = -120\text{万元} - (-105)\text{万元} + (21-18)\text{万元} \times (P/A, 12\%, 10)$$
$$= 1.95\text{万元} > 0$$

保留投资额大的方案 B，淘汰方案 A。

（2）比较 B、C 两种方案可得

$$\Delta NPV(12\%)_{C-B} = -140\text{万元} - (-120)\text{万元} + (25-21)\text{万元} \times (P/A, 12\%, 10)$$
$$= 2.60\text{万元} > 0$$

选择投资额大的方案 C，淘汰方案 B。由于方案 C 是最后一个方案，因此结束环比，且由表 4-8 可知，方案 C 的净现值大于零，即方案 C 为最优方案。

2. 用增量内部收益率 ΔIRR 作为比选准则

（1）比较 A、B 两种方案可得

$$-120\text{万元} - (-105)\text{万元} + (21-18)\text{万元} \times (P/A, \Delta IRR_{B-A}, 10) = 0$$

解得

$$\Delta IRR_{B-A} = 15.10\% > i = 12\%$$

因此，保留投资额大的方案 B，淘汰方案 A。

（2）比较 B、C 两种方案可得

$$-140\text{万元} - (-120)\text{万元} + (25-21)\text{万元} \times (P/A, \Delta IRR_{C-B}, 10) = 0$$

解得

$$\Delta IRR_{C-B} = 15.10\% > i = 12\%$$

因此，保留投资额大的方案 C，淘汰方案 B。同理，由于方案 C 是最后一个方案，因此结束环比，且由表 4-8 可知，方案 C 的净现值大于零，即方案 C 为最优方案。

3. 用增量动态投资回收期 $\Delta P'_t$ 作为比选准则

（1）比较 A、B 两种方案。由式（4-5）可得

$$\Delta P'_{t(B-A)} = \frac{-\ln\left[1 - \frac{(I_2 - I_1)i}{A_2 - A_1}\right]}{\ln(1+i)} = \frac{-\ln\left[1 - \frac{(120-105)\times 0.12}{21-18}\right]}{\ln(1+0.12)}\text{年} = 8.09\text{年} < 10\text{年}$$

因此，应选择方案 B，淘汰方案 A。

（2）比较 B、C 两种方案可得

$$\Delta P'_{t(C-B)} = \frac{-\ln\left[1 - \frac{(140-120)\times 0.12}{25-21}\right]}{\ln(1+0.12)}\text{年} = 8.09\text{年} < 10\text{年}$$

因此，应选择方案 C，淘汰方案 B，即方案 C 为最优方案。

实际上，由于

$$\begin{aligned}\Delta NPV(i)_{B-A} &= \sum_{t=0}^{n}[(CI_B - CI_A) - (CO_B - CO_A)]_t(1+i)^{-t} \\ &= \sum_{t=0}^{n}(CI_B - CO_B)_t(1+i)^{-t} - \sum_{t=0}^{n}(CI_A - CO_A)_t(1+i)^{-t} \\ &= NPV(i)_B - NPV(i)_A\end{aligned}$$

因此当 $\Delta NPV(i)_{B-A}\geqslant 0$ 时，必有 $NPV(i)_B\geqslant NPV(i)_A$ 成立，其结论都是方案B优于方案A。

4. 直接用方案的 NPV(i)作为比选准则

$$NPV(12\%)_A = -105\text{万元}+18\text{万元}\times(P/A, 12\%, 10) = -3.30\text{万元}$$

$$NPV(12\%)_B = -120\text{万元}+21\text{万元}\times(P/A, 12\%, 10) = -1.35\text{万元}$$

$$NPV(12\%)_C = -140\text{万元}+25\text{万元}\times(P/A, 12\%, 10) = 1.26\text{万元}$$

方案C的净现值最大且大于零，因此为最优方案。

因此，对于寿命期相等的互斥型方案的选优，直接用净现值指标最为简捷。通过它不仅可以从方案群中找出最优方案，而且还可以得出经济上是否可行的结论。

类似等效的指标有净年值，即净年值最大且大于零的方案为最优方案。当互斥型方案的效果一样或者满足相同的需要时，仅需计算费用现金流，采用费用现值或费用年值指标。其判别准则为：费用现值或费用年值最小的方案为最优方案。

（二）寿命期不等的互斥型方案的比选

以上分析互斥型方案的评价方法，都是在各方案寿命期相等的情况下进行的，各方案的经济效果在时间上具有可比性。但在实际工作中，常会遇到计算期不等的方案的比较问题。例如，设备经济寿命的确定就是通过比较设备使用不同年限的经济性后得出的。投资较大的设备常比投资较小的设备的使用期长，进行技术改造的设备比不进行技术改造的设备寿命期要久。当各方案的寿命期不等时，要采用合理的评价指标和方法，使之具有时间上的可比性。

1. 年值法

在对寿命期不等的互斥型方案进行比选时，年值法是最为简便的方法。特别是当备选方案数目众多时，尤其如此。年值法使用的评价指标有净年值和费用年值，净年值最大或费用年值最小的方案为最优方案。

用年值法进行寿命期不等的互斥型方案的比选，实际上隐含着一种假定：各备选方案在其寿命结束时，均可按原方案重复实施，或以与原方案经济效果水平相同的方案接续。因为一个方案无论重复多少次，其年值都是不变的，所以年值法实际上假定了各方案可以无限多次重复实施。在这一假定前提下，年值法以“年”为时间单位比较各方案的经济效果，从而使得寿命期不等的互斥型方案具有可比性。

2. 最小公倍数法

最小公倍数法是以各备选方案寿命期的最小公倍数作为各个方案的共同分析期，在此期间内各方案分别考虑以同样规模重复投资多次，据此计算出各方案的净年值或费用年值，然后进行方案的选优。

3. 研究期法

上述年值法和最小公倍数法的本质都是假定方案重复发生，以达到可比的要求，这有一定的合理性。但在某些情况下，这种假定并不符合实际。例如，因为技术进步，往往使得方案完全重复是不经济的，对于某些储量有限且不可再生的资源开发项目、发生无形磨损设备的更新等问题，在各自的寿命期期末不可能重复发生。针对上述方法的不足，对寿命期不等的互斥型方案的选择，可以采用另外一种确定共同计算期的方法——研究期法。这种方法是根据市场发展和技术前景的预测，直接选取一个适当的分析期作为各方案共同的计算期，这样不同期限的方案就转化为相同期限的方案，可以直接进行比较。

研究期的确定可以互斥型方案中寿命期最短或最长的方案的计算期作为互斥型方案评价的研究期，也可以某一个期望的计算期作为研究期。然后，通过比较各方案在该研究期内的净现值或费用现值来确定最优方案。

对于计算期短于研究期的方案，仍可假定其计算期完全相同地重复延续或者按新的不同现金流序列延续。对于计算期比共同研究期长的方案，要对其在研究期以后的现金流量余值进行估算，回收余值。该项余值估算和处理的合理性及准确性，对方案的选择结论有重要影响。

（1）以最短方案寿命期作为比较的研究期。这种方法仅比较方案在某一期间内的经济效果。对于寿命期较长的方案，在研究期结束时涉及未使用价值的处理，有三种方式：①认为研究期期末不存在使用价值，即只承认使用到研究期期末，不承认使用到该方案的寿命期期末；②承认未使用价值但没有必要回收，即承认该方案能使用到其寿命期期末，但在研究期后就停止使用，故将其投资折算到其寿命期内，但仅就其研究期内的净现值或费用现值比较；③预测方案未使用价值在研究期末的价值（残值），并作为现金流入量处理。当对残值预测困难时，可用回收固定资产余值（净值）来处理。

（2）以最长的方案寿命期作为比较的研究期。寿命期短的方案在寿命期终了时仍然继续用同一方案更替，直到研究期年限为止。如果研究期结束时涉及未使用价值问题，处理方法同上。

（3）规定统一的研究期。对各种方案规定一个统一年限作为研究期，在达到统一研究期前，有的方案可能重复更替，有的方案在期满时仍有一定的未使用价值。

现举例说明上述方法的应用。

例 4-10　A、B 两个互斥型方案各年的现金流量如表 4－11 所示，$i=10\%$，试比选方案。

表 4-11　寿命期不等的互斥型方案的现金流量

方　案	投资/万元	年净现金流量/万元	残值/万元	寿命/年
A	10	3	1.5	6
B	15	4	2	9

解：（1）年值法。用年值法进行比选，此时用净年值（NAV）作为评价指标，则各方案的 NAV 为

NAV_A = 3 万元 + 1.5 万元 × (*A/F*, 10%, 6) − 10 万元 × (*A/P*, 10%, 6) = 0.90 万元

NAV_B = 4 万元 + 2 万元 × (*A/F*, 10%, 9) − 15 万元 × (*A/P*, 10%, 9) = 1.54 万元

因为 $NAV_B > NAV_A > 0$，故方案 B 较优。

年值法实际上假定了各方案可以无限多次重复实施，使其年值不变。

（2）寿命期最小公倍数法。以各方案寿命期的最小公倍数作为计算期，采用方案重复性假设。以方案 A 与方案 B 的最小公倍数 18 年作为计算期，方案 A 重复实施三次，方案 B 重复实施两次。此时，如果以净现值为评价指标，则各方案净现值为

NPV_A = −10 万元 × [1 + (*P/F*, 10%, 6) + (*P/F*, 10, 12)] + 3 万元 × (*P/A*, 10%, 18) + 1.5 万元 × [(*P/F*, 10%, 6) + (*P/F*, 10%, 12) + (*P/F*, 10%, 18)] = 7.37 万元

NPV_B = −15 万元 × [1 + (*P/F*, 10%, 9)] + 4 万元 × (*P/A*, 10%, 18) + 2 万元 × [(*P/F*, 10%, 9) + (*P/F*, 10%, 18)] = 12.65 万元

因为 $NPV_B > NPV_A > 0$，故方案 B 较优。

（3）研究期法。以选择方案 A 的使用寿命 6 年作为研究期，对两个方案比较选优。

1）不考虑研究期结束后方案 B 的未使用价值，

$NPV_A(10\%)$ = −10 万元 + 3 万元 × (*P/A*, 10%, 6) + 1.5 万元 × (*P/F*, 10%, 6) = 3.9 万元

$NPV_B(10\%)$ = −15 万元 + 4 万元 × (*P/A*, 10%, 6) = 2.42 万元

因为 $NPV_A > NPV_B > 0$，故方案 A 较优。

2）考虑研究期结束后方案 B 的未使用价值。

$NPV_A(10\%)$ = −10 万元 + 3 万元 × (*P/A*, 10%, 6) + 1.5 万元 × (*P/F*, 10%, 6) = 3.9 万元

$NPV_B(10\%)$ = −15 万元 × (*A/P*, 10%, 9)(*P/A*, 10%, 6) + 4 万元 × (*P/A*, 10%, 6) + 2 万元 × (*A/F*, 10%, 9)(*P/A*, 10%, 6) = 6.7 万元

因为 $NPV_B > NPV_A > 0$，故方案 B 较优。

3）预测方案 B 未使用价值在研究期期末的价值。

L_B = 15 万元 × (*A/P*, 10%, 9)(*P/A*, 10%, 3) = 6.48 万元

即 B 方案在第 6 年年末还有 6.48 万元的未使用价值，相当于 B 方案在第 6 年年末的残值。考虑此残值，比较两个方案在研究期内的净现值。

$NPV_A(10\%)$ = −10 万元 + 3 万元 × (*P/A*, 10%, 6) + 1.5 万元 × (*P/F*, 10%, 6) = 3.9 万元

$NPV_B(10\%)$ = −15 万元 + 4 万元 × (*P/A*, 10%, 6) + 6.48 万元 × (*P/F*, 10%, 6) = 6.08 万元

因为 $NPV_B > NPV_A > 0$，故 B 方案较优。

三、独立型方案的投资决策

（一）无资源约束条件下的独立型方案的投资决策

由于独立型方案的采用与否只取决于方案自身的经济性，而不影响其他方案的采用与

否，因此，在无其他条件制约情况下，多个独立型方案的比选与单一方案的评价方法是相同的，即用经济效果评价标准（如 NPV≥0，NAV≥0，IRR≥i，P'_t≤n）直接判断该方案是否被接受。

例 4-11　某公司做设备投资预算，有六个独立型方案 A、B、C、D、E、F 可供选择，寿命均为 8 年，各方案的现金流量如表 4-12 所示，i = 12%，判断其经济性。

表 4-12　独立型方案的现金流量　（单位：万元）

方案 \ 年份	第 0 年	第 1～8 年	IRR（%）
A	-100	34	29.7
B	-140	45	27.6
C	-80	30	33.9
D	-150	34	15.5
E	-180	47	20.1
F	-170	32	10.1

解：如果以 IRR 作为评价指标，各方案的 IRR 计算结果如表 4-10 所示。

如对方案 E 而言，有方程式

$$-180\text{ 万元} + 47\text{ 万元} \times (P/A,\ \mathrm{IRR}_E,\ 8) = 0$$

解得 $\mathrm{IRR}_E = 20.1\%$。其他方案的 IRR 由同样方法求得。从表 4-10 中可见，$\mathrm{IRR}_F < i$（12%），其他方案的 IRR 均大于 i，由于各方案独立，所以应拒绝方案 F，可以接受其他五个方案。

（二）资源约束条件下的独立型方案的投资决策

最常见的是由于投资的限制，不可能采用所有经济合理的方案，这时存在资金的最优分配问题，既要考虑资金利用效率，也要考虑资金数量限制。此时独立型方案群中入选的方案，首先要满足 NPV≥0 或 IRR≥i，也就是要通过绝对效果检验，所选方案是可行的；此外，在可行的方案中，要根据资金限额进行方案的组合，并使最后入选的方案群的经济效益最大。

资源约束条件下独立型方案的选择主要有两种方法：一是方案组合法；二是效率指标排序法。

1. 方案组合法

当存在着资源约束的条件时，对各个独立型方案的选择就不能简单地用一个评价准则（如 NPV、IRR）等来选择方案，这是由方案的不可分割性（即一个方案只能作为一个整体而发挥效益）决定的。

例如，独立型方案 A、B、C 的投资分别为 I_A、I_B、I_C，且 $I_B = I_A + I_C$，而方案的净现值大小顺序依次是 $NPV_A > NPV_B > NPV_C$，如果投资约束不超过 I_B，那么决策只能在 B 和 A + C（即同时选择方案 A 和 C）两个互斥型方案之间选择，要么接受 B 而放弃 A + C，要么接受 A + C 而放弃 B，而不能按 NPV 的大小次序，先接受 A，再选择部分 B，因为 B 是不可分的。

从中可以受到启发，在有资源约束条件下独立型方案的比选，可将可行的方案组合列出来，每个方案组合可以看成是一个满足约束条件的互斥型方案，这样按互斥型方案的经济评价方法，可以选择一个符合评价准则的方案组合，该方案组合就是独立型方案的一个选择。因此，有资源约束条件的独立型方案的选择可以通过方案组合转化为互斥型方案的比选。

首先列出独立型方案的各种组合。例如，三个独立型方案的各种组合是 A、B、C、A + B、A + C、B + C 和 A + B + C。当然，还有一种方案组合是什么也不做，即不进行投资。不难证明，如果独立型方案总数为 N，则存在（$2^N - 1$）个方案组合。

在列出方案组合的基础上，可以采用互斥型方案的经济评价方法来选优。具体步骤如下：

（1）形成所有可能的互斥型方案组合。

（2）除去那些不能满足约束条件的方案组合。

（3）留待考虑的互斥型方案组合，可选用适当的评价指标（通常为 NPV 或 NAV），从中选优。

例 4-12　有三个独立型方案 A、B、C，各方案的投资、年净收益和寿命如表4-13所示。已知最低希望收益率为 15%，总投资限额为 30 000 元。

表 4-13　各方案的投资、收益及寿命数据

方　案	投资（生产期初）/元	年净收益/元	寿命期/年
A	12 000	4 300	5
B	10 000	4 200	5
C	17 000	5 800	5

解： 以净现值 NPV 为评价指标判断方案的经济性。

$$NPV_A = -12\ 000 \text{元} + 4\ 300 \text{元} \times (P/A,\ 15\%,\ 5) = 2\ 414.27 \text{元}$$

$$NPV_B = -10\ 000 \text{元} + 4\ 200 \text{元} \times (P/A,\ 15\%,\ 5) = 4\ 079.05 \text{元}$$

$$NPV_C = -17\ 000 \text{元} + 5\ 800 \text{元} \times (P/A,\ 15\%,\ 5) = 2\ 442.50 \text{元}$$

三个方案均可行，因此可能的方案组合数为 $2^3 - 1 = 7$ 个，如表 4-14 所示。表中还列出了方案组合后的现金流量。在方案组合中，1 表示该方案接受，0 表示拒绝（项目不进入组合）。

表 4-14　方案组合的净现值　　　　　　　　　　　　　　　　（单位：元）

组合序号	方案			现金流量		组合的 NPV (15%)
	A	B	C	0年	1～5年	
1	1	0	0	-12 000	4 300	2 414.27
2	0	1	0	-10 000	4 200	4 079.05
3	0	0	1	-17 000	5 800	2 442.50
4	1	1	0	-22 000	8 500	6 493.32
5	1	0	1	-29 000	10 100	4 856.77
6	0	1	1	-27 000	10 000	6 521.55
7	1	1	1	-39 000	14 300	8 935.82

如选用净现值作评价指标，可计算出各组的净现值，计算所得的结果也一并列入表4-12中。从表4-12中可以得出结论，在资金约束条件下（上例为30 000元），最优方案是组合净现值最大的方案，因此应选组合6，即B+C组合方案。

上述方法即在有约束条件下，独立型方案选优的互斥化法：列出所有可能的互斥型方案组合，计算出它们的评价指标值，如NPV(*i*)值，从中选出最优（NPV(*i*)最大值）方案。

方案组合法的思想是从可行的组合方案中选取经济效果最好的方案组合，这也是一个典型的0-1整数规划问题。该模型以净现值最大为目标函数，在该目标函数及资源约束条件下，力图寻找某个组合方案，使其净现值比其他任何可能的方案组合的净现值都大。

目标函数：所选方案组合的净现值最大，即

$$\max Z = \max \sum_{j=1}^{n} \mathrm{NPV}_j X_j$$

约束条件

$$\sum_{j=1}^{n} C_{jt} X_j \leqslant b_t (t = 1,2,3,\cdots,n)$$

式中　j——方案序号，$j=1, 2, \cdots, m$；

X_j——决策变量，$X_j=0$，拒绝j项目，$X_j=1$，接受j项目；

C_{jt}——方案j在第t年的资源需要量；

b_t——某种资源在第t年的可用量。

0-1整数规划模型不仅能简便地处理数量较多的独立型方案的比选问题，而且能解决混合型方案的比选问题，特别是在技术方案除受资金限制外，还受人力、物力等资源限制的情况下，优势更为突出。

方案组合法的特点是简单、实用、有效，可以保证得到已知条件下最优的方案组合。但当独立型方案个数增多时，组合方案数将快速增多，若有n个独立型方案，则可组成2^n-1个互斥型方案组合。例如，$n=20$，则组合方案数将达到$2^{20}-1=1\ 048\ 575$个，若采用常规的互斥型方案组合法选择由这20个方案组成的方案群，就要穷举100多万个方案组合，并逐一进行计算、比较，工作量非常大。另一方面，当方案之间在生产运行上具有关联性或市场需求具有关联性时，由于生产状态和市场状态的连续性，实际上有无穷多个组合，限制了该方法的使用。此时可利用日本学者在20世纪50年代提出的一种用于独立型方案的优化组合方法——效率指标排序法。

2. 效率指标排序法

该方法的主要思想是：首先计算反映各方案的投资效率指标（如内部收益率或净现值率），将效率指标从大到小排序，并依此次序选择方案，直到所选方案的总投资额最大限度地接近或等于投资限额为止。

例4-13　六个独立型方案A、B、C、D、E、F，寿命期均为6年，各方案的现金流量如表4-15所示。

表4-15　各方案的现金流量　（单位：万元）

项目＼方案	A	B	C	D	E	F
初始投资	60	55	45	80	75	70
年净收益	18	11.9	15.2	21.7	28.3	17

请问：（1）$i=10\%$，总投资限额为250万元，选择哪些投资方案最有利？

（2）$i=10\%$，总投资限额为300万元，选择哪些投资方案最有利？

（3）投资资金在100万元内，$i=10\%$；投资每增加100万元，i 提高4%，这时选择哪些方案最有利？

解：第一步，计算各投资方案的内部收益率IRR，由大到小排序并绘图，如图4-6所示。

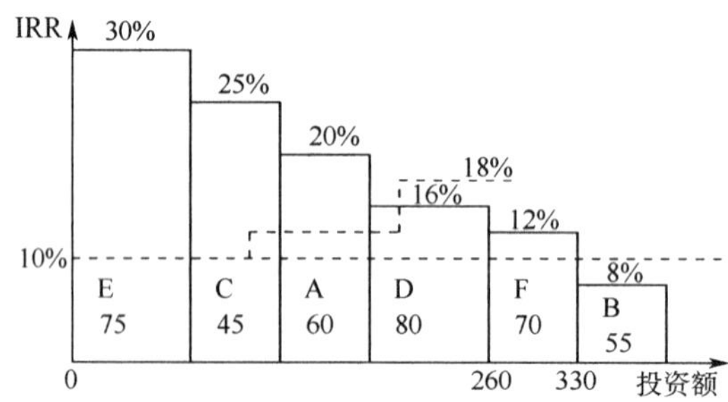

图4-6　独立型方案排序

$$NPV(IRR) = -I_0 + A(P/A, IRR, n) = 0$$

A 方案：-60 万元 $+18$ 万元 $\times (P/A, IRR_A, 6) = 0$，可得 $IRR_A = 20\%$。

同理可得，$IRR_B = 8\%$，$IRR_C = 25\%$，$IRR_D = 16\%$，$IRR_E = 30\%$，$IRR_F = 12\%$。

则排序为：方案 E、C、A、D、F、B。

第二步，标注资金限制和利率限制。

第三步，根据资源条件选择方案。

(1) 资金总限额为 250 万元。依据 IRR 从大到小选择方案，依次可选择方案 E、C、A；此时还剩余 70 万元，由于项目的不可分割性，方案 D 不能选择；可继续判断 IRR $\geqslant i$ 的方案是否满足资金约束条件，方案 F 所需的投资额为 70 万元且内部收益率为 12%，刚好满足约束条件，即方案 F 也可入选。因此，最优方案组合为 A + C + E + F。

(2) 资金限额为 300 万元。依据 IRR 从大到小选择方案，依次可选择方案 E、C、A、D，剩余 40 万元资金，同理方案不可分割，则 F 方案不能选择。此时还剩余方案 B，由于 B 方案所需的投资额为 55 万元，且内部收益率为 8%，所以不满足约束条件。即最优方案组合为 A + C + E + D。

(3) 当投资资金为 100 万元以内时，$i = 10\%$；当投资资金为 100 万 ~ 200 万元时，$i = 14\%$；当投资资金为 200 万 ~ 300 万元时，$i = 18\%$，依次类推。此时利率限制线是一条变动的曲线，且该限制线与 D 方案的直方图相交。同理，依据 IRR $\geqslant i$，可依次选择 E、C、A，即 E + C + A 为满足约束条件的方案组合。

效率指标排序法所要求实现的目标是在一定的投资限额约束下使所选方案的净现值最大。其基本思想是单位投资的净现值越大，在一定投资限额内所能获得的净现值总额就越大。但由于投资方案的不可分割性，将各方案按效率指标顺序从高到低顺序选取，所选方案不一定能保证资金的充分利用，因而达不到净现值最大的目标。只有在下列情况下，该方法才能实现或接近实现净现值最大的目标：各投资方案占投资预算比例小；各方案投资额相差无几；各入选方案投资累加额与投资预算额相差无几。

例 4-14　某企业有三个独立投资方案，有关数据如表 4-16 所示，基准收益率为 8%，资金限额为 450 万元，请确定所选项目。

表 4-16　项目投资数据

方案	第 0 年投资/万元	1 ~ 10 年每年净收益/万元	净现值/万元	净现值率
A	100	23	54. 33	0. 543
B	300	58	89. 18	0. 297
C	250	49	78. 79	0. 315

各方案的净现值和净现值率都大于零，故都是可行的。按净现值率由大到小排序，应选方案 A 和方案 C，投资额为 350 万元，净现值为 54. 33 万元 + 78. 79 万元 = 133. 12 万元。

但若按方案组合法进行选择，最优方案选择为方案 A 和方案 B，投资额为 400 万元，净现值为 143. 51 万元。可见，按净现值率排序法的选择不是最优结果。

实际上，在各种情况下都能保证实现净现值最大的最可靠的方法是方案组合法。

四、混合型方案的投资决策

混合型方案的选择是实际工作中经常遇到的一类问题。例如，某些公司实行多种经营，投资方向较多，这些投资方向就业务内容而言，是互相独立的，而对每个投资方向可能有几个可供选择的互斥型方案，这样就构成了混合型方案的选择问题。这类问题选择方法复杂。下面通过设备投资预算分配问题加以说明。

例4-15 某公司有三个下属部门分别是A、B、C，各部门提出了若干投资方案，如表4-17所示。三个部门之间是独立的，但每个部门内的投资方案之间是互斥的，寿命均为10年，最低希望收益率为10%。请问：

（1）当资金供应没有限制时，如何选择方案？

（2）当资金限制在500万元之内时，如何选择方案？

（3）当B部门的投资方案是与安全有关的设备更新时，不管效益如何，B部门必须优先投资且资金限额在500万元之内，此时应如何选择方案？

表4-17 混合型方案的现金流量 （单位：万元）

部门	方案	第0年	第1～10年
A	A_1	-100	27.2
	A_2	-200	51.1
B	B_1	-100	12.0
	B_2	-200	35.4
	B_3	-300	51.4
C	C_1	-100	50.9
	C_2	-200	63.9
	C_3	-300	87.8

解：上述问题采用增量内部收益率指标ΔIRR来分析。

（1）因为资金供应没有限制，A、B、C部门之间相互独立，此时实际上是各部门内部互斥型方案的比选，分别计算ΔIRR。

对于A部门，由方程

$$-100\text{万元}+27.2\text{万元}\times(P/A,\ \mathrm{IRR}_{A_1},\ 10)=0$$

$$-100\text{万元}+(51.1-27.2)\text{万元}\times(P/A,\ \Delta\mathrm{IRR}_{A_2-A_1},\ 10)=0$$

解得

$$\mathrm{IRR}_{A_1}=24\%>i,\ \Delta\mathrm{IRR}_{A_2-A_1}=20\%>i$$

所以方案A_2优于A_1，应选择方案A_2。

对于B部门，用同样方法可求得$\mathrm{IRR}_{B_1}=3.5\%<i$，所以方案$B_1$无资格；$\mathrm{IRR}_{B_2}=12\%>i$，$\Delta\mathrm{IRR}_{B_3-B_2}=9.1\%<i$。所以方案$B_2$优于方案$B_3$，应选择方案$B_2$。

对于C部门，同理可求得$\mathrm{IRR}_{C_1}=50\%>i$，$\Delta\mathrm{IRR}_{C_2-C_1}=5\%<i$，所以方案$C_1$优于方

案 C_2；$\Delta IRR_{C_3-C_1}=13.1\%>i$，所以方案 C_3 优于方案 C_1，应选择方案 C_3。

因此，当资金供应没有限制时，三个部门应分别选方案 A_2 + 方案 B_2 + 方案 C_3，即 A 与 B 部门分别投资 200 万元，C 部门投资 300 万元。

（2）由于存在资金限制，三个部门投资方案的选择过程如图 4-7 所示。

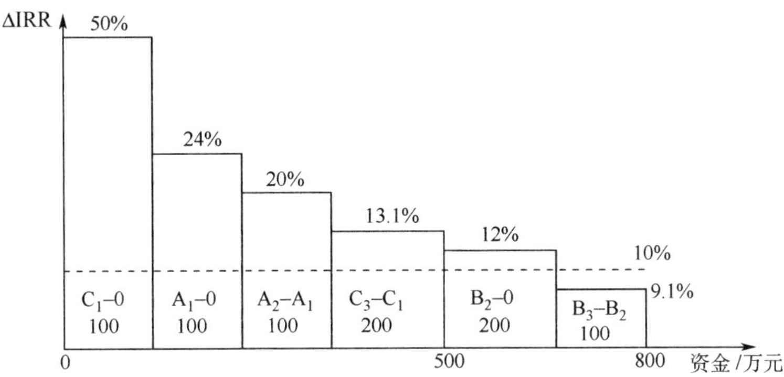

图 4-7　混合型方案的 ΔIRR

从图 4-7 可知，当资金限制在 500 万元之内时，可接受的方案包括 C_1-0，A_1-0，A_2-A_1，C_3-C_1，因为这四个增量投资方案的 ΔIRR 均大于 i，且投资额为 500 万元。因此，三个部门应选择的方案为 A 部门的 A_2 和 C 部门的 C_3，即 A_2+C_3（A 部门投资 200 万元，C 部门投资 300 万元，B 部门不投资）。

（3）B 部门必须投资，即 B_2 必须优先选择（此时图 4-7 变成图 4-8）。

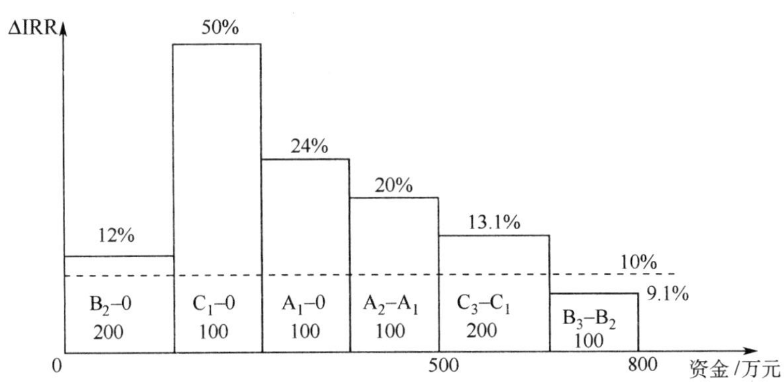

图 4-8　有优先选择的混合型方案的 ΔIRR

从图 4-8 可见，当资金限制在 500 万元之内时，可接受的方案包括 B_2-0，C_1-0，A_1-0，A_2-A_1，因为这四个增量投资方案的 ΔIRR 均大于 i，且投资额为 500 万元。因此，三个部门应选择的方案为 A 部门的 A_2、B 部门 B_2 和 C 部门的 C_1 方案，即 $A_2+B_2+C_1$（A 部门投资 200 万元，B 部门投资 200 万元，C 部门投资 100 万元）。

习 题

1. 什么是投资方案的投资回收期、净现值、内部收益率?

2. 简述并比较投资回收期、净现值、内部收益率法的判断标准及其优缺点。

3. 某一方案的计算期为10年，经计算其内部收益率恰好等于基准收益率，该方案的净现值和动态投资回收期分别是多少?为什么?

4. 对一个投资项目，如何选择不同的指标进行评价?

5. 互斥型方案A、B、C各年的净现金流量如表4-18所示，$i_0=15\%$。试用内部收益率法选择最优方案。

表4-18 互斥型方案A、B、C各年的净现金流量 （单位：万元）

方案	第0年年末的投资	第1~10年年末的净收益
A	500	140
B	1 000	230
C	800	210

6. 某项目有A和B两个方案均能满足同样的需要，使用期限均为10年。方案A初始投资200万元，年运用费用为80万元；方案B初始投资500万元，年运用费用为20万元。基准折现率为10%，试用费用现值法和费用年值法确定最优方案。

7. 已知某一项目期初投资1 200万元，寿命期3年内，各年的现金净流量分别为700万元、640万元和560万元。基准收益率i_0为10%。计算其ERR，并判断项目经济可行性。

8. 工厂拟建一个车间，有两个方案可以选择：甲方案投资240万元，年生产成本140万元；乙方按投资390万元，年生产成本90万元。若基准增量投资回收期为5年，应采取哪种该方案?

9. 有两个互斥型方案A和B，其初始投资、年净现金流量及寿命等数据如表4-19所示，基准收益率为10%。使用最小公倍数法、年值法和研究期法（以4年为研究期，分别考虑期末不存在使用价值、期末存在使用价值但不收回和B方案在研究期期末可收回60万元残值三种形式）确定最优方案。

表4-19 互斥型方案数据表

方案	初始投资/万元	年净现金流量/万元	寿命/年
A	100	40	4
B	200	53	6

10. 某企业下设三个分厂 A、B、C，各厂都有几个互斥型技改方案，有关数据如表4-20所示，寿命期为 10 年，基准收益率为 10%。试确定：

（1）假如投资限额为 4 000 万元，如何选择方案？

（2）如果 B 厂方案必须投资，那么投资额分别为 3 000 万元和 4 000 万元时应如何选择？

表 4-20　方案数据表　　（单位：万元）

分厂	A		B			C		
方案	A_1	A_2	B_1	B_2	B_3	C_1	C_2	C_3
初始投资	1 000	2 000	1 000	2 000	3 000	1 000	2 000	3 000
净增收益	272	511	200	326	456	509	639	878

第五章
技术经济不确定性评价方法

学习目标

※ 理解不确定性评价的重要性
※ 掌握盈亏平衡分析法的原理及有关指标的计算
※ 掌握敏感性分析法的步骤
※ 掌握概率分析法的基本原理
※ 了解完全不确定性决策准则

第一节　不确定性方法概述

由于影响技术方案经济效果的各种因素（如价格、折现率等）的未来变化带有不确定性，同时，测算技术方案现金流量时各种数据（如投资额、产量等）缺乏足够的信息或在测算方法上存在误差，都会使方案经济效果评价指标值带有不确定性。不确定性的直接后果是技术方案经济效果的评价值与实际值相偏离，从而按评价值做出的决策带有风险。因此，为提高投资决策的可靠性，避免投资决策失误，必须进行不确定性分析与评价。

一、不确定性评价的重要性

不确定性评价主要分析各种影响方案经济效果的因素发生变化或者测算数据误差对方案经济效果的影响程度，以及方案本身对不确定性的承受能力。

技术方案的经济分析中存在许多不确定性。技术方案评价所面临的问题都是项目“未来”的问题，未来总是不确定的，影响方案选择的多种因素对技术方案的实施带来各种多变的影响，例如，通货膨胀和物价的变动、技术进步和工艺装备的变革、建设资金和工期的变化、生产能力的变化、国家政策法规的变化等，这些因素几乎无法准确地加以预测；同时，对技术方案的评价一般是在资料或手段不完善的情况下进行的，很难取得完整、全面的参数和数据，在此基础上进行推断、预测并得出结论，需要对有关条件做一些假设，对一些基本数据（如投资成本、建设工期、产品数量、价格、产品生产成本、市场前景、环境条件等）则是通过预测和估算确定的，这也增加了项目分析中的不确定性。并且，有许多不可用货币计量的成本、收益的分析评价，要靠评价者个人主观判断，而主观判断总是因人而异，难以准确确定。

由于以上原因，技术方案的经济评价具有不确定性，在此基础上进行的决策显然带有一定的风险。这就迫切需要进行不确定评价，研究、分析不确定性因素的存在、存在范围及其对项目效益的影响程度等，制定预防和应变措施，减少并消除对项目的不利影响，以达到项目的预期效果。

二、不确定性评价的步骤

（一）鉴别关键变量

虽然未来事物都具有不确定性，但不同事物在不同条件下的不确定程度是不同的。因此，在开始分析时，首先要从各个自变量及其相关因素中找出不确定程度较大的关键变量或因素，这些变量或因素一般数值较大或变动幅度较大，所以对因变量数值的影响也较大，是不确定性分析的重点。其中要特别注意销售收入、生产成本、投资支出和建设周期这四个变量及其相关因素，引起它们变化的原因一般为：物品价格上涨；工艺技术改变导致产品数量和质量发生变化；未能达到设计能力；投资超出计划；建设期延长等。

（二）估计关键变量变化范围或直接进行风险分析

找出关键变量之后，就要估计关键变量的变化范围，确定其边界值或原预测值的变化率，也可直接对关键变量进行风险分析或盈亏平衡分析。

（三）估计关键变量的可能值及其概率或直接进行敏感性分析

对每个关键变量，在已确定的变化范围内，估计其出现机会较多的各可能值及每个可能值的出现概率。这一步是将上一步确定的变化范围缩小为几个可能值，也可以直接利用上一步所估计的关键变量预测值的变动率对因变量进行敏感性分析。

（四）进行概率分析

用上一步确定的可能值及其发生概率，求关键变量的期望值，并以期望值代替原预测值，计算因变量的数值，然后将新求出的因变量数值与原来的数值对比，观察第一阶段确定性分析结果的误差，并把概率分析后的数值作为原数值的修正值。

三、不确定性评价方法

不确定性分析方法一般包括敏感性分析法、盈亏平衡分析法和概率分析法等。通过盈亏平衡分析，可以掌握不确定因素对项目盈亏的影响程度，在保证项目不发生亏损的情况下，允许各种不确定因素的最大变动范围，为决策者提供一个数量界限。通过敏感性分析，可以知道哪些不确定因素是影响项目效益变化的最敏感因素，为决策者提出重点控制方向；概率分析是在盈亏平衡分析和敏感性分析的基础上，不仅了解哪些因素可能变化，而且进一步估计各种因素发生的概率大小，以此估算出项目取得一定经济效益的概率大小，为决策者提供科学决策的依据。

盈亏平衡分析一般只用于财务评价；敏感性分析和概率分析既可用于财务评价，也可用于国民经济评价。

第二节　盈亏平衡分析法

各种不确定性因素（如投资、成本、销量、产品价格、项目寿命期等）的变化会影响投资方案的经济效果，当这些因素的变化达到某一临界值时，会影响到方案的取舍。盈亏平衡分析的目的就是找出这个临界值，以判断投资方案对不确定因素变化的承受能力，为决策提供依据。

盈亏平衡分析既可对单个方案进行分析，也可用于对多个方案进行比较。

一、单个方案的盈亏平衡分析

盈亏平衡分析法是通过分析产品产量、成本和盈利之间的关系，找出方案盈利和亏损在产量、单价、成本等方面的临界点，以判断不确定性因素对方案经济效果的影响程度，说明方案实施的风险大小。这个临界点被称为盈亏平衡点（BEP）。

盈亏平衡点（BEP）有多种表达，一般是从销售收入等于总成本费用，即盈亏平衡方程式中导出。

设企业的销售价格（P）不变，则

$$B = PQ \tag{5-1}$$

式中　B——税后销售收入（从企业角度看）；

P——单位产品价格（完税价格）；

Q——产品销售量。

企业的总成本费用 C 包括固定成本（C_f）和变动成本（C_vQ），即

$$C = C_f + C_vQ \tag{5-2}$$

式中　C_v——单位产品变动成本；

C_f——固定成本。

当盈亏平衡时，则有

$$PQ^* = C_f + C_vQ^* \tag{5-3}$$

式中　Q^*——盈亏平衡点对应的产量。

将式（5-1）、式（5-2）和式（5-3）在同一坐标上表达，如图 5-1 所示。

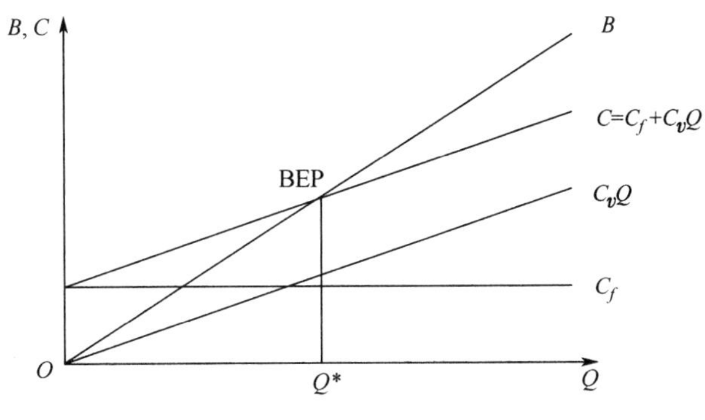

图 5-1　盈亏平衡分析图

由图 5-1 可知，当企业在小于 Q^* 的产量下组织生产，则项目亏损；当企业在大于 Q^* 的产量下组织生产，则项目盈利。显然，Q^* 是 BEP 的一个重要表达。

由式（5-3）可知

$$Q^* = \frac{C_f}{P - C_v} \tag{5-4}$$

式中，$P - C_v$ 表示每销售一个单位产品补偿了单位变动成本之后的所有剩余，被称为单位产品的边际贡献。

若项目设计生产能力为 Q_o，BEP 也可以用生产能力利用率 E 来表达，即

$$E = \frac{Q^*}{Q_o} \times 100\% = \frac{F}{(P - C_v)Q_o} \times 100\% \tag{5-5}$$

E 越小，也就是 BEP 越低，说明项目盈利的可能性越大，造成亏损的可能性越小。

如果按设计生产能力进行生产和销售，BEP 还可以由盈亏平衡价格 P^* 来表达，即由式（5-3）可知

$$P^* = C_v + \frac{C_f}{Q_o} \tag{5-6}$$

与生产能力利用率相对应的另一个反映企业经营状况的指标是经营安全率，常用 r 表示。经营安全率是设计生产能力超出盈亏平衡点销量的部分与设计生产能力的比值。其表达式为

$$r = \frac{Q_o - Q*}{Q_o} \times 100\% \tag{5-7}$$

经营安全率越大，说明项目亏损的可能性越小，安全度越高。

例 5-1　某工程方案设计生产能力 120 000t/年，单位产品售价 510 元/t，总固定成本为 1 500 万元，单位变动成本 250 元/t，并与产量成正比例关系，求以产量、生产能力利用率以及价格表示的盈亏平衡点。

解：由式（5-4）、式（5-5）和式（5-6）得

$$Q^{*}=\frac{1\ 500\times10^{4}}{510-250}\text{t}=5.77\times10^{4}\text{t}$$

$$E=\frac{5.77\times10^{4}\text{t}}{12\times10^{4}\text{t}}\times100\%=48\%$$

$$P^{*}=250\ \text{元/t}+\frac{1\ 500\times10^{4}}{12\times10^{4}}\text{元/t}=375\ \text{元/t}$$

通过计算BEP，可以对方案发生亏损的可能性做出大致的判断，如产量和价格允许的变化率。

产量允许的降低率为

$$1-\frac{Q^{*}}{Q_{o}}=1-\frac{5.77\times10^{4}}{12\times10^{4}}=52\%$$

价格允许的降低率为

$$1-\frac{P^{*}}{P}=1-\frac{375}{510}=26\%$$

也就是说，在其他条件不变的情况下，只要产量降低幅度不超过生产能力的52%，项目就不会发生亏损；同样，在售价上最多可以降低26%而不致亏损。

上述分析实际上是有前提假设的：企业只生产和销售一种产品，产量等于销量，产品销售价格不变，固定成本和单位变动成本不变等。但在实际工作中，许多情况下，销售收入曲线、成本曲线为非线性的。例如，产品价格受市场供求变化和批量大小的影响，销售收入与产量呈非线性关系；由于加工方法的改变，单位成本发生变化；产量超出一定生产能力范围时需增加设备，引起固定成本相应增加等。这时就要采用非线性盈亏平衡分析。同时，很多技术方案生产和销售多种产品，由于生产中的总固定成本很难准确地分摊到每一种产品上，并且确定每一种产品的盈亏平衡点并不能说明技术方案总体的盈亏平衡情况，此时需要进行多品种的盈亏平衡分析。关于非线性盈亏平衡分析和多品种的盈亏平衡分析，可参考其他相关课程。

二、优劣平衡分析

当不确定性因素同时对两个以上方案，如对于互斥型方案的经济效果产生不同的影响程度时，可以通过盈亏平衡分析方法，进行互斥型方案在不确定性条件下的比选，有的也称为优劣平衡分析。

例5-2 某企业生产两种产品X与Y，可以使用三种设备A、B、C进行生产，三种设备可视为三个互斥型方案，其每月生产的费用如表5-1所示，产品X的单价为12元，Y的单价为16元。假设产品X与Y的月销售量是不确定性因素，如何选择生产设备？

表 5-1　互斥型方案的生产费用　　（单位：元）

设备	固定费用	单位变动费用		设备	固定费用	单位变动费用	
		X	Y			X	Y
A	20 000	7	11	C	70 000	3	5
B	30 000	3	11				

解： 采用优劣平衡分析方法比选互斥型方案，设 x 与 y 分别是产品 X 和 Y 的月销售量，各设备生产的平均每月盈利分别为 G_A、G_B、G_C，则

$$G_A = (12-7)x + (16-11)y - 20\ 000$$

$$G_B = (12-3)x + (16-11)y - 30\ 000$$

$$G_C = (12-3)x + (16-5)y - 70\ 000$$

从三个方案中选两个任意组合并分别进行比较，当方案优劣平衡时，即两个方案设备生产的月平均盈利相等时，可以求得两个方案的优劣平衡方程

$$G_A = G_B,\ G_B = G_C,\ G_A = G_C$$

把 G_A、G_B、G_C 代入并简化，得

$$\begin{cases} x = 2\ 500 \\ y = 6\ 667 \\ 4x + 6y = 50\ 000 \end{cases}$$

上述方程可作成优劣平衡线，如图5-2所示。

图 5-2 分成 A、B、C、三个区域：B 有利区域是指当不确定性因素 x 与 y 落在该区域时，由于此时 $G_B > G_C$，$G_B > G_A$，所以采用 B 设备最优；同样道理，A 有利区域是指采用 A 设备最优；C 有利区域是指采用 C 设备最优。因此，有了优劣平衡图，当产品 X 与 Y 的销售量互相独立时，对不同的销售量 x 和 y，采用何种设备便可以一目了然。

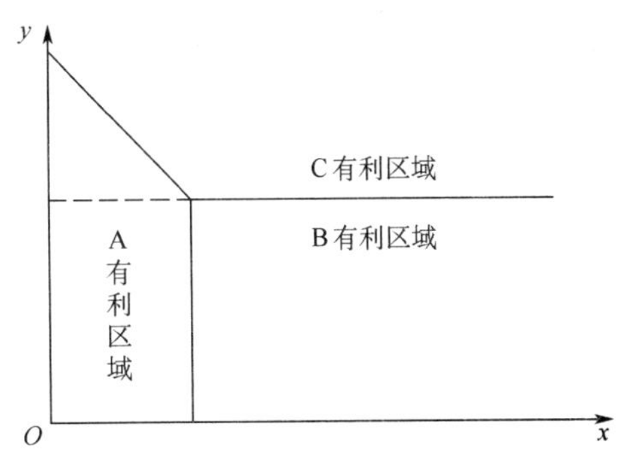

图 5-2　优劣平衡线

第三节　敏感性分析法

盈亏平衡分析法是通过盈亏平衡点 BEP，分析不确定性因素对方案经济效果的影响程度。敏感性分析法则是分析各种不确定性因素变化一定幅度时（或者变化到何种幅度），对方案经济效果的影响程度（或者改变对方案的选择），而把不确定性因素中对方案经济效果影响程度较大的因素，称为敏感性因素。显然，投资者有必要及时把握敏感性因素，

确定其敏感程度，从而对外部条件发生不利变化时投资方案的承受能力做出判断。

敏感性分析可以分为单因素敏感性分析和多因素敏感性分析。单因素敏感性分析是假定只有一个不确定性因素发生变化，其他因素不变；多因素敏感性分析则是在两个或两个以上不确定性因素同时变化时，分析对方案经济效果的影响程度。

一、敏感性分析法的步骤

一般来说，敏感性分析是在确定性分析的基础上，进一步分析不确定性因素变化对方案经济效果的影响程度。

1. 确定敏感性分析的评价指标

敏感性分析的评价指标是指敏感性分析的具体对象，即方案的经济效果指标，如净现值、净年值、内部收益率、投资回收期等。各种经济效果指标都有其特定的含义，分析和评价所反映的问题也有所不同。对于特定方案的经济分析而言，不可能也不需要把所有经济效果指标都作为敏感性分析指标，而应根据方案特点、研究目的等进行选择。

敏感性分析评价指标一般与确定性分析所使用的经济效果评价指标相一致，如 P_t'、NPV、IRR 等，确定其中一个或者两个指标进行。确定分析指标的原则有：①与经济效果评价指标具有的特定含义有关。如果主要分析方案状态和参数变化对方案投资回收快慢的影响，则可选用投资回收期作为分析指标；如果主要分析产品价格波动对方案超额净收益的影响，则可选用净现值作为分析指标；如果主要分析投资大小对方案资金回收能力的影响，则可选用内部收益率指标等。②与方案评价的要求深度和方案的特点有关。如果在方案机会研究阶段，研究深度要求不高，可选用静态的评价指标；如果在详细可行性研究阶段，则需选用动态的评价指标。

2. 选择主要的不确定性因素，并设定它们的变化范围

不确定性因素有很多，与方案现金流量及其折现有关的因素都在不同程度上具有不确定性，因而影响方案经济效果的评价。这些因素，从收益方面来看，主要包括销售量与价格；从费用方面来看，包括人工费、材料费及与技术水平有关的费用、建设投资、方案寿命期、折现率等。

选择敏感性分析的主要不确定性因素，主要考虑：①选择的因素要与确定的分析指标相联系。否则，当不确定性因素变化一定幅度时，并不能反映评价指标的相应变化，达不到敏感性分析的目的。例如，折现率因素对静态评价指标不起作用。②根据方案的具体情况，选择在确定性分析中采用的预测准确性把握不大的因素，或者未来变动的可能性较大，且其变动会比较强烈地影响评价指标的因素，作为主要的不确定性因素。例如，高档消费品的销售受市场供求关系变化的影响较大，而这种变化不是项目本身所能控制的，因此，销售量是主要的不确定性因素；生活必需品如果处于成熟阶段，产品售价直接影响其竞争力，能否以较低的价格销售，主要决定于方案的变动成本，因此，变动成本应作为主

要的不确定性因素加以分析；对高耗能产品来说，燃料、动力等价格是能源短缺地区投资方案或能源价格变动较大方案的主要不确定性因素。

3. 将选择的不确定性因素按一定幅度变化，计算相应的评价指标的变动结果

对于各个不确定因素的各种可能变化幅度，分别计算其对分析指标影响的具体值；在此基础上，建立不确定性因素与分析指标之间的对应关系，并可用图或表的形式表示。

4. 确定敏感性因素，并对风险情况做出大致判断

敏感性因素是指能引起分析指标产生较大变化的因素。确定某因素敏感与否，可采用两种方式进行：①相对测定法，即设定要分析的因素均从基准值开始变动，并且各因素每次变动幅度相同，比较在同一变动幅度下各因素的变动对经济效果分析指标的影响，就可以判断出各因素的敏感程度。②绝对测定法，即设各因素均向降低投资效果的方向变动，并设该因素达到可能的“最坏值”，然后计算在此条件下的经济评价指标，看其是否已经达到使该项目在经济上不可行的程度。如果项目已不能接受，则该因素就是敏感因素。通常先设定有关经济评价指标达到其临界值，如令净现值等于零，内部收益率为基准折现率，然后计算待分析因素的最大允许变动幅度，并与其可能出现的最大变动幅度相比较，如果某因素可能出现的变动幅度超过最大允许变动幅度，则表明该因素是敏感性因素。

在技术方案的比较中，对主要不确定性因素变化不敏感的方案，其抵抗风险能力比较强，获得满意经济效果的可能性较大，优于敏感方案，应优先考虑接受。

二、单因素敏感性分析

单因素敏感性分析是假定其他因素不发生变化，只有一个不确定因素发生变化，分析这一因素变化对方案评价指标的影响程度。

例 5-3　有一投资项目，用于确定性分析的现金流量数据如表 5-2 所示，所采用的数据是预测得到的。由于对未来不确定性因素的把握不大，投资额、经营成本和产品价格均有可能在 ±20% 的范围内波动。设基准收益率为 10%，不考虑税收因素，试就上述三个因素对净现值指标进行敏感性分析。

表 5-2　投资项目现金流量数值表　（单位：万元）

年份	第 0 年	第 1 年	第 2 ~ 10 年	第 11 年
投资额	15 000			
销售收入			19 800	19 800
经营成本			15 200	15 200
残值				2 000
净现金流量	−15 000	0	4 600	4 800

解：设投资额为 K，年销售收入为 B，年经营成本为 C，残值为 S，则项目的净现值

$$NPV=-K+(B-C)(P/A,10\%,10)(P/F,10\%,1)+S(P/F,10\%,11)$$

把相关数据代入，得 NPV = 11 394 万元，方案可行。

设投资额变动百分比为 x，则投资额变动对净现值影响的计算公式为

$$NPV=-K(1+x)+(B-C)(P/A,10\%,10)(P/F,10\%,1)+S(P/F,10\%,11)$$

设经营成本变动百分比为 y，则经营成本变动对净现值影响的计算公式为

$$NPV=-K+[B-C(1+y)](P/A,10\%,10)(P/F,10\%,1)+S(P/F,10\%,11)$$

设价格变动百分比为 z，价格的变动将导致销售收入的同比例变动，则价格变动对净现值影响的计算公式为

$$NPV=-K+[B(1+z)-C](P/A,10\%,10)(P/F,10\%,1)+S(P/F,10\%,11)$$

按照上述三个因素变动对净现值影响的公式，分别计算三个不确定因素在不同变动幅度下方案的净现值，结果如表5-3所示。根据表中数据可以绘制出敏感性分析图，如图5-3所示。

表5-3　不确定性因素的变动对净现值的影响

变动幅度	+20%	+15%	+10%	+5%	0	−5%	−10%	−15%	−20%
投资额/万元	8 394	9 144	9 894	10 644	11 394	12 144	12 894	13 644	14 394
经营成本/万元	−5 586	−1 341	2 904	7 149	11 394	15 864	19 884	24 129	28 374
价格/万元	33 513	27 983	22 453	16 924	11 394	5 639	335	−5 195	−10 725

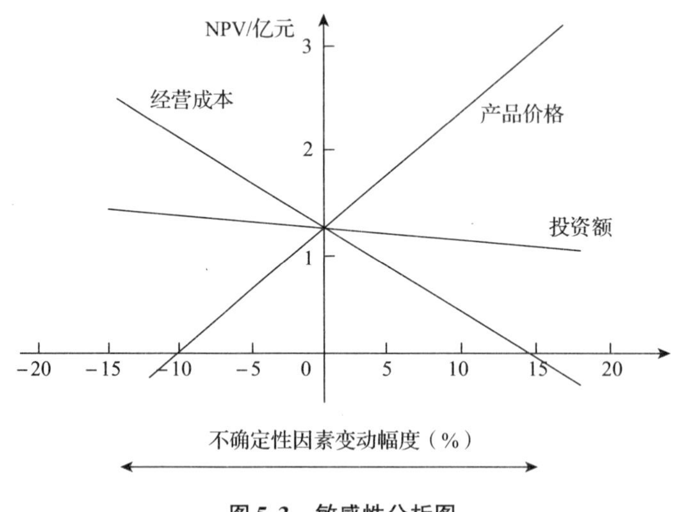

图5-3　敏感性分析图

由表5-3和图5-3可以看出：

（1）在同样的变动幅度下，产品价格变动对净现值影响最大，经营成本变动的影响次之，投资额变动的影响最小。对该方案，产品价格和经营成本是敏感因素，需对这两个因素进行重点分析和控制。

（2）当 NPV = 0 时，三个不确定因素的临界变化率分别为 $x=76.0$，$y=13.4\%$，$z=$

-10.3%。即如果其他两个因素不变，投资额增加 76% 以上，或经营成本增加 13.4% 以上，或产品价格降低 10.3% 以上，方案将不可行。

（3）如果产品价格降低 10.3% 或经营成本提高 13.4% 的可能性较大，则项目有较大风险。

三、多因素敏感性分析

单因素敏感性分析适合分析技术方案的最敏感因素，但忽略了各个变动因素综合作用的可能性。无论是什么类型的技术方案，各种不确定性因素对方案经济效果的影响，都是相互交叉综合发生的，而且各因素的变化率和发生概率是随机的。因此，研究分析经济评价指标受多个影响因素同时变化的综合影响，研究多因素的敏感性分析更具有实用价值。

多因素敏感性分析是将两个或两个以上不确定性因素同时变化一定的幅度，分析对评价指标的影响程度。多因素敏感性分析一般是在单因素敏感性分析的基础之上进行的，分析的基本原理与单因素敏感性分析基本相同。

假定其他因素保持不变，仅考虑两个因素同时变化对经济效果的影响，也称为双因素分析；若有三个因素同时发生变化，称为三因素分析。如果需要分析的不确定因素不超过三个，可以用解析法和作图法相结合的方法进行分析；如果不确定因素超过三个，可以参考采用正交试验设计的方法。

例 5-4 根据例 5-3 给出的数据进行多因素敏感性分析。

解：如果同时考虑投资额与经营成本的变动，分析这两个因素同时变动对方案净现值的影响，计算公式为

$$\mathrm{NPV} = -K(1+x) + [B - C(1+y)](P/A, 10\%, 10)(P/F, 10\%, 1) + S(P/F, 10\%, 11)$$

将有关数据代入，经过整理得

$$\mathrm{NPV} = 11\,394 - 15\,000x - 84\,900y$$

取 NPV 的临界值，即令 NPV = 0，则有

$$11\,394 - 15\,000x - 84\,900y = 0$$

$$y = -0.176\,7x + 0.134\,2$$

这是一个直线方程，将其在坐标图上表示出来如图 5-4 所示。

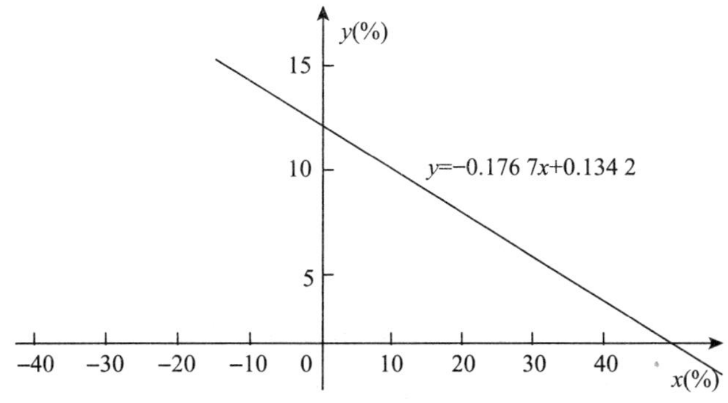

图 5-4 双因素敏感性分析图

方程 $y=-0.1767x+0.1342$ 为临界线。在临界线上，NPV =0；在临界线的左下方区域，NPV >0；在临界线的右上方区域，NPV <0。也就是说，如果投资额与经营成本同时变动，只要变动范围不超出临界线的方案都是可行的。

如果考虑投资额、经营成本和产品价格三个因素同时变动，分析其对净现值影响的公式为

$$NPV=-K(1+x)+[B(1+z)-(1+y)](P/A,\ 10\%,\ 10)\\(P/F,\ 10\%,\ 1)+S(P/F,\ 10\%,\ 11)$$

代入相关数据，整理得

$$NPV=11\,394-15\,000x-84\,900y+110\,593z$$

取不同的产品价格变动幅度代入，可以得到一组 NPV =0 的临界线方程。

当 $z=+20\%$ 时，$y=-0.1767x+0.3947$；

当 $z=+10\%$ 时，$y=-0.1767x+0.2645$；

当 $z=-10\%$ 时，$y=-0.1767x+0.0039$；

当 $z=+20\%$ 时，$y=-0.1767x-0.1263$。

在坐标图上，这是一组平行线，如图 5-5 所示。

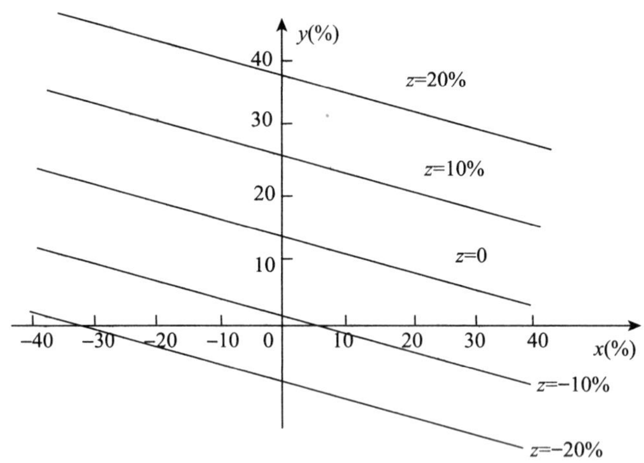

图 5-5 三因素敏感性分析图

由图 5-5 可看出，产品价格上升，临界线向右上方移动；产品价格下降，临界线向左下方移动。根据此图，可以直观地了解投资额、经营成本和产品价格三个因素同时发生变动对方案净现值进而对决策的影响。

四、敏感性分析法的局限性

敏感性分析法能够指明因素变动对项目经济效益的影响，从而有助于搞清项目对因素的不利变动所能允许的风险程度，有助于鉴别哪些是敏感因素，从而能够及时转移对那些无足轻重的变动因素的注意力，把进一步深入调查研究的重点集中在那些敏感因素上，在

方案的决策过程中和方案的实施过程中，对敏感性因素进行重点控制和防范，以尽可能减少方案的风险。但是，敏感性分析法没有考虑各种不确定性因素在未来发生变动的概率，这可能也会影响分析结论的准确性。实际上，各种不确定性因素在未来发生某一幅度变动的概率一般是不同的。可能有这样的情况：通过敏感性分析法确定的某一敏感性因素未来发生不利变动的概率很小，因而实际上所带来的风险并不大，以至于可以忽略不计；而另一不太敏感的因素未来发生不利变动的概率却很大，实际上所带来的风险比敏感因素更大。这种问题是敏感性分析法无法解决的，必须借助概率分析法。

第四节　概率分析法

项目的风险来自影响经济效益的各种因素的不确定性，敏感性分析只能说明某种因素变动对经济指标的影响，而并不能说明这种影响的可能性有多大。如果对于各因素发生某种变动的概率，事先能够客观或主观地给出，那么就可以借助概率分析法帮助决策。

概率分析法也称风险分析法，是指在对不确定性因素的概率大致可以估计的情况下，确定方案经济效益指标的期望值和概率分布，从而对方案的风险情况做出判断的一种方法。

通过概率分析，可以弄清各种变量出现某种变化时，技术方案获得某种利益或达到某种目的的可能性大小，同时借助这种分析还可以把不确定性变量变为具体数字，把“定性”因素“定量化”，把“不确定”变为“确定”。

一、概率分析法的步骤

1. 主观估计不确定性因素的概率分布

这项工作关系到概率分析结果的正确性，非常重要但又不容易确定，必须请有丰富经验的专家，收集大量的有关资料和数据，并进行整理和统计，根据过去和未来的状态，确定一个比较合理的主观概率分布。

2. 计算方案经济效益指标的期望值

计算期望值的公式为

$$E(X)=\sum_{j=1}^{m} X_j P(X_j)$$

式中　X_j——在第 j 个状态下不确定因素的值，$j=1，2，\cdots，m$；

m——不确定因素出现状态的个数；

$P(X_j)$——不确定性因素出现第 j 个状态的概率；

$E(X)$——不确定性因素的期望值。

3. 计算方案经济效益的方差或标准差

方差的计算公式为

$$V(X_t)=\sum_{j=1}^{m}[X_j-E(X_j)]^2P_j \quad 或 \quad \sigma^2(X)=E(X^2)-[E(X)]^2$$

式中 $V(X_t)$，$\sigma^2(X)$ ——方差；

σ——标准差。

4. 对方案效益指标的概率分布做评价

这一步是在前面工作的基础上，对方案的经济指标在不确定性条件下出现的可能性进行评价，以便为项目的投资决策提供依据。

二、投资方案的概率分析

通常采用的分析投资方案风险的概率分析法有解析法与模拟法两种，下面分别举例说明。

（一）解析法

在方案经济效益指标（如净现值）服从某种典型概率分布的情况下，如果已知其期望值与标准差，可以用解析法进行方案的风险分析。

例5-5 设一企业的产品价格及单位产品成本概率分布如表5-4所示。

表5-4 产品价格及单位产品成本概率分布表

单价/元	概率	单位变动成本/元	概率
50	0.3	30	0.5
60	0.4	40	0.5
70	0.3		

据上述数据可知，产品价格的期望值为60元，单位成本的期望值为35元，得到单位产品期望利润为25元。

单位产品利润概率分布如表5-5所示。

表5-5 单位产品利润概率分布表

<table>
<tr><th>单价/元</th><th>概率</th><th>单位变动成本/元</th><th>概率</th><th>单位产品利润/元</th><th>概率</th></tr>
<tr><td rowspan="2">50</td><td rowspan="2">0.3</td><td>30</td><td>0.5</td><td>20</td><td>0.15</td></tr>
<tr><td>40</td><td>0.5</td><td>10</td><td>0.15</td></tr>
<tr><td rowspan="2">60</td><td rowspan="2">0.4</td><td>30</td><td>0.5</td><td>30</td><td>0.20</td></tr>
<tr><td>40</td><td>0.5</td><td>20</td><td>0.20</td></tr>
<tr><td rowspan="2">70</td><td rowspan="2">0.3</td><td>30</td><td>0.5</td><td>40</td><td>0.15</td></tr>
<tr><td>40</td><td>0.5</td><td>30</td><td>0.15</td></tr>
</table>

整理上表得到单位产品利润概率表，如表 5-6 所示。

表 5-6　单位产品利润概率表

单位产品利润/元	概率	累计概率	$P(r \geqslant x)$
10	0.15	0.15	1.00
20	0.35	0.50	0.85
30	0.35	0.85	0.50
40	0.15	1.00	0.15

表中 $P(r \geqslant x)$ 是指单位产品利润大于等于 x 的概率，或单位产品利润至少为 x 的可靠性。

例 5-6　根据对未来经济技术环境的判断，有一技术方案在其寿命期内可能出现的五种状态的净现金流序列及其发生概率如表 5-7 所示。假定各年份净现金流之间互不相关，基准折现率为 10%，净现值服从正态分布。

表 5-7　不同状态净现金流序列及发生概率　　（单位：万元）

状态 / 概率 / 年末	A	B	C	D	E
	$P_1=0.1$	$P_2=0.2$	$P_3=0.4$	$P_4=0.2$	$P_5=0.1$
0	-15 000	-15 000	-15 000	-16 500	-18 000
1	0	0	0	0	0
2 ~ 10	1 630	2 620	4 600	5 060	5 290
11	3 630	4 620	6 600	7 060	7 290

求：（1）方案净现值的期望值、方差与标准差。

（2）分别计算：净现值大于或等于 0 的概率；净现值小于 -500 万元的概率；净现值大于或等于 1 亿元的概率。

解：（1）计算方案净现值的期望值、方差、标准差。

对于 A 状态而言

$$\begin{aligned}\text{NPV}_1 =& 15\,000\text{ 万元} + 1\,630\text{ 万元} \times (P/A,\ 10\%,\ 9)(P/F,\ 10\%,\ 1) \\ &+ 3\,630\text{ 万元} \times (P/F,\ 10\%,\ 11) = -5\,194\text{ 万元}\end{aligned}$$

同理，对于 B、C、D、E 状态而言

$$\text{NPV}_2 = 336\text{ 万元；}\ \text{NPV}_3 = 11\,397\text{ 万元}$$

$$\text{NPV}_4 = 12\,466\text{ 万元；}\ \text{NPV}_5 = 12\,251\text{ 万元}$$

净现值的期望值

$$E(\text{NPV}) = P_1\text{NPV}_1 + P_2\text{NPV}_2 + P_3\text{NPV}_3 + P_4\text{NPV}_4 + P_5\text{NPV}_5 = 7\,825\text{ 万元}$$

净现值的方差

$$
\begin{aligned}
V(\mathrm{NPV}) &= \sum [\mathrm{NPV}_J - E(\mathrm{NPV})]^2 P_j \\
&= [\mathrm{NPV}_1 - E(\mathrm{NPV})]^2 P_1 + [\mathrm{NPV}_2 - E(\mathrm{NPV})]^2 P_2 + \\
&\quad [\mathrm{NPV}_3 - E(\mathrm{NPV})]^2 P_3 + [\mathrm{NPV}_4 - E(\mathrm{NPV})]^2 P_4 + \\
&\quad [\mathrm{NPV}_5 - E(\mathrm{NPV})]^2 P_5 \\
&= 39\ 536\ 857.7 \text{ 万元}
\end{aligned}
$$

方案净现值的标准差

$$\sigma(\mathrm{NPV}) = \sqrt{V(\mathrm{NPV})} = 6\ 287.8$$

（2）计算 NPV 满足不同条件的概率。根据概率论的有关知识可知，若连续随机变量 X 服从参数 μ、σ 的正态分布，则 X 具有的分布函数为

$$F(X) = \frac{1}{\sqrt{2\pi\sigma}}\int_{-\infty}^{X} \mathrm{e}^{-\frac{(t-\mu)2}{2\sigma2}}\mathrm{d}t$$

令 $u = \dfrac{t-\mu}{\sigma}$，上式可化为标准正态分布函数

$$F(X) = \frac{1}{\sqrt{2\pi}}\int_{-\infty}^{\frac{x-\mu}{\sigma}} \mathrm{e}^{-\frac{\mu2}{2}}\mathrm{d}u = \phi\left(\frac{x-\mu}{\sigma}\right)$$

令 $Z = \dfrac{t-\mu}{\sigma}$，由标准正态分布表可直接查出 $x < x_0$ 的概率值。

$$P(x < x_0) = P\left(z < \frac{x_0-\mu}{\sigma}\right) = \phi\left(\frac{x_0-\mu}{\sigma}\right)$$

在本案例中，把方案净现值 NPV 看作是连续型随机变量，已知

$$\mu = E(\mathrm{NPV}) = 7\ 825$$

$$\sigma = \sigma(\mathrm{NPV}) = 6\ 287.8$$

则

$$Z = \frac{\mathrm{NPV} - E(\mathrm{NPV})}{\sigma(\mathrm{NPV})} = \frac{\mathrm{NPV} - 7\ 825}{6\ 287.8}$$

由此可以计算出各项待求概率。

（1）净现值大于或等于 0 的概率。

$$
\begin{aligned}
P(\mathrm{NPV} \geqslant 0) &= 1 - P(\mathrm{NPV} < 0) = 1 - P\left(Z < \frac{0-7\ 825}{6\ 287.8}\right) \\
&= 1 - P(Z < -1.24) = 1 - 0.107\ 5 = 0.892\ 5
\end{aligned}
$$

（2）净现值小于 −500 万元的概率。

$$P(\mathrm{NPV} < -500) = P\left(Z < \frac{-500-7\ 825}{6\ 287.8}\right) = P(Z < -1.32) = 0.093\ 4$$

（3）净现值大于或等于 1 亿元的概率。

$$P(\mathrm{NPV} \geqslant 10\,000) = 1 - P(\mathrm{NPV} < 10\,000) = 1 - P(Z < 0.35) = 1 - 0.636\,8 = 0.363\,2$$

由以上计算可以得知，本方案能够取得满意经济效果（NPV≥0）的概率为89.25%，不能取得满意经济效果（NPV<0）的概率为10.75%，净现值小于−500万元的概率为9.34%，净现值大于或等于1亿元的概率为36.32%。

对于随机净现值服从正态分布的投资方案，只要计算出净现值的期望值与标准差，即使不进行如本例的概率计算，也可以根据正态分布的特点，对方案的风险情况做出大致判断。在正态分布条件下，随机变量的实际取值在$\mu+\sigma$（μ为期望值，σ为标准差）范围内的概率为68.3%，在$\mu+2\sigma$范围内的概率为95.4%，在$\mu+3\sigma$范围内的概率为99.7%。

多方案的风险分析是通过比较各方案的期望值大小来确定方案的优劣顺序，当几个比较方案指标的期望值相同或接近时，要通过比较这项指标的方差进行决策，因为方差反映了指标对期望值的散布程度，方差越小，方案的风险越小。

（二）模拟法

在实际工作中，用解析方法进行风险分析时会遇到困难。例如，可能遇到现有的参数计算公式不适用，没有足够的根据对方案经济效益指标的概率分布类型做出明确判断，或者这种分布无法用典型分布来描述等问题。在这种情况下，如果已知影响方案经济效果的不确定因素的概率分布，可以采用风险模拟的方法进行方案的风险分析。

模拟法也称蒙特卡洛方法（Monte Carlo Method）是用反复进行随机抽样的方法模拟各种随机变量的变化，进而通过计算了解方案经济效果指标的概率分布的一种分析方法。

例5-7 对于某拟建的工业投资项目，可以比较准确地估计出其初始投资为150万元，投资当年就可获得正常收益。项目寿命期估计为12～16年，呈均匀分布。年净收益估计是呈正态分布，年净收益的期望值为25万元，标准差为3万元。设期末残值为零，用风险模拟法描述该方案内部收益率的概率分布。

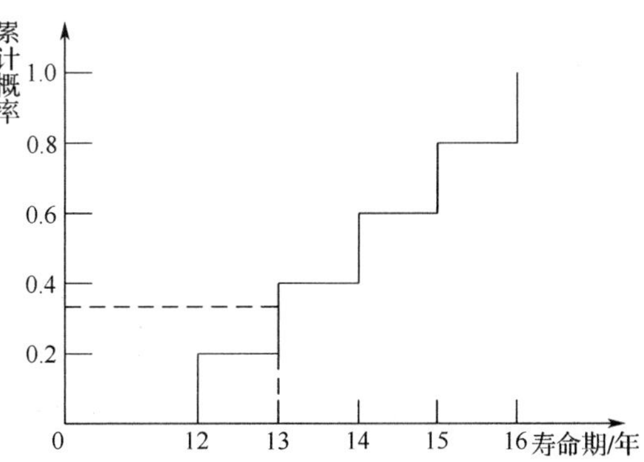

图5-6 项目寿命期的累计概率分布图

解：在本项目利用蒙特卡洛法分析时，需要模拟的随机变量有项目寿命期和年净收益。

项目寿命期呈均匀分布，为便于计算只取其整数值，根据均匀分布的特点画出其累计概率分布图，如图5-6所示。图中横坐标表示项目寿命期，纵坐标表示项目寿命期的取值从 12 ~ 16 年发生概率的累计值。

年净收益呈正态分布，根据正态分布函数画出其累计概率分布图如图 5-7 所示，图中横坐标为参数 $z=\frac{x-\mu}{\sigma}$（x 为年净收益的随机值，μ 为期望值，σ 为标准差），纵坐标为 z 值从 -3.0 到 3.0 发生概率的累计值。

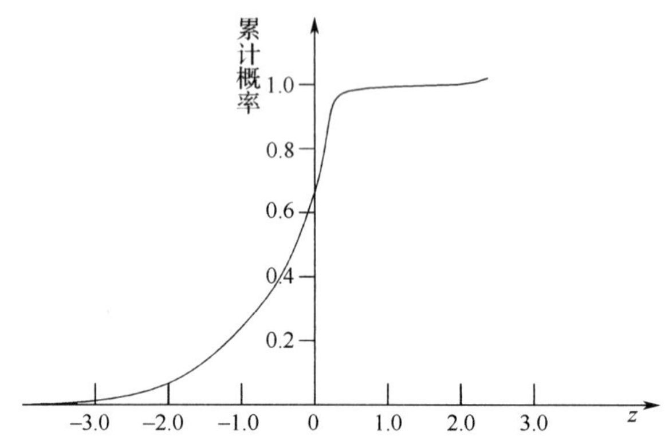

图 5-7　年净收益的累计概率分布图

在风险模拟方法中，随机变量的变化常用随机数模拟。在本例中，用 0 ~ 0.999 范围内抽取的随机数作为累计概率的随机值，根据累计概率的随机值，由概率分布图求出相应的项目寿命期或年净收益的随机值。反复抽取随机数，就可以模拟累计概率的变化，进而模拟项目寿命期与年净收益的变化。随机数可以用计算机、普通函数计算器或随机数表产生。

从计算机中读出一个随机数 0.303，将其作为项目寿命期取值所对应的累计概率的一个随机值，由图 5-4 可求出累计概率为 0.303 所对应的项目寿命期为 13 年。再从计算机中读出一个随机数为 0.623，将其作为年收益取值所对应的累计概率的一个随机值，由图 5-5 可求出累计的概率 0.623 所对应的 z 值为 0.325（实际工作中 z 值也可以根据累计概率值由标准正态分布表查出）。

由 $z=\frac{x-\mu}{\sigma}$ 可得，

$$x=\mu+z\sigma=25\text{ 万元}+0.325\times3\text{ 万元}=25.98\text{ 万元}$$

年净收益为 25.98 万元。也就是说，抽取的第一套随机样本数据为：项目寿命期 13 年，年收益 25.98 万元。计算内部收益率的方程式为

$$-150\text{ 万元}+25.98\text{ 万元}\times(P/A,\ \text{IRR},\ 13)=0$$

可解出内部收益率的第一个随机值：IRR = 14.3%。

重复上述过程，可以得到项目寿命期和年净收益的其他随机样本数据及相应的内部收益率计算结果，如表 5-8 所示。

表 5-8　随机样本数据和 IRR 计算结果

序号	随机数	项目寿命期/年	随机数	z 值	年净收益/万元	内部收益率（%）
1	0. 303	13	0. 623	0. 325	25. 98	14. 3
2	0. 871	16	0. 046	－1. 685	19. 95	10. 7
3	0. 274	13	0. 318	－0. 475	23. 58	12. 2
4	0. 752	15	0. 318	－0. 475	23. 58	13. 2
5	0. 346	13	0. 980	2. 055	31. 15	18. 5
6	0. 365	13	0. 413	－0. 220	24. 34	12. 9
7	0. 466	14	0. 740	0. 640	27. 22	15. 8
8	0. 021	12	0. 502	0. 005	25. 02	12. 7
9	0. 524	14	0. 069	－1. 485	20. 55	10. 2
10	0. 748	15	0. 221	－0. 770	22. 69	12. 6
11	0. 439	14	0. 106	－1. 245	21. 27	10. 8
12	0. 984	16	0. 636	0. 345	26. 04	15. 7
13	0. 234	13	0. 394	－0. 270	24. 19	12. 7
14	0. 531	15	0. 235	－0. 725	22. 83	12. 7
15	0. 149	12	0. 427	－0. 185	24. 45	12. 2
16	0. 225	13	0. 190	－0. 880	22. 36	11. 1
17	0. 873	16	0. 085	－1. 370	20. 89	11. 5
18	0. 135	12	0. 126	－1. 145	21. 57	9. 6
19	0. 961	16	0. 106	－1. 245	21. 27	11. 8
20	0. 381	13	0. 780	0. 770	27. 31	16. 4
21	0. 439	14	0. 450	－0. 125	24. 63	13. 7
22	0. 289	13	0. 651	0. 390	26. 17	14. 4
23	0. 245	13	0. 654	0. 395	26. 19	14. 4
24	0. 069	12	0. 599	0. 250	25. 75	13. 4
25	0. 040	12	0. 942	1. 570	29. 71	16. 7

将内部收益率计算结果以 1% 为级差划分为若干级，求出内部收益率的随机值出现在每一级的频率，就可以画出直观地反映内部收益率分布的直方图，如图 5-8 所示。

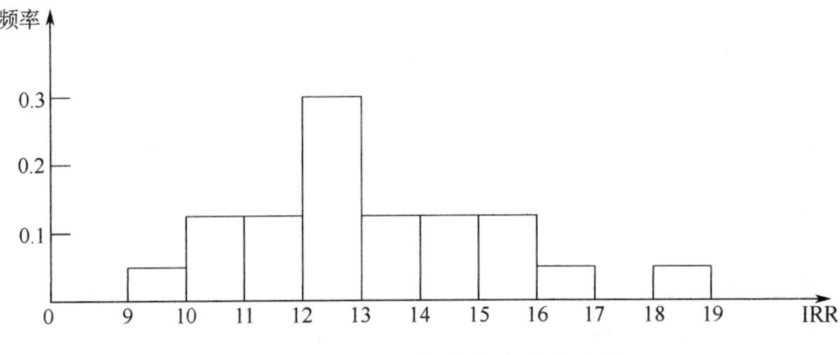

图 5-8　反映 IRR 概率分布的直方图

图5-8可以方便地求出内部收益率的取值发生在某一区间的相对频率。这个频率可以看作是相应的内部收益率取值发生概率的近似值，模拟中取得的样本数据越多，相对频率与实际概率越接近。了解了内部收益率取值的概率分布，结合给定的基准折现率，就可以对方案的风险情况做出判断。

在本例中，不确定性因素项目寿命期和年净收益分别服从均匀分布与正态分布。实际上，本例中介绍的模拟方法适合于不确定因素的任何概率分布类型，包括无法用解析模型加以描述的经验分布。

用模拟法进行风险分析，计算工作量非常大，靠手工计算进行大样本模拟往往很困难，在实际工作中一般需要借助计算机进行模拟计算。

三、完全不确定性分析

实际工作中经常存在影响决策的因素发生概率不确定的情况，此时无法采用前面介绍的有关方法。对于该种决策，决策者一般根据自己的风险偏好以及以往的经验进行决策参考。对风险发生概率期望的态度和承受能力，将是决策者的选择依据。主要有以下五种决策准则：

1. 乐观决策准则

该准则认为，决策者不知道各种自然状态中任何一种可能发生的概率，但是对未来形势比较乐观，认为未来会出现最好的自然状态，因此在决策时，决策目标是获得最大收益。

采用乐观决策准则，决策者首先确定各种状态下每个方案的最大收益值，然后再从中选择最大者，并以其相对应的方案作为所要选择的方案。由于根据这种准则决策也可能有最大亏损的结果，因而它也称为冒险投机准则。

2. 悲观决策准则

该准则正好与乐观决策准则相反，认为决策者不知道各种自然状态中任何一种发生的概率，但是对未来形势比较悲观，认为未来会出现最差的自然状态，因此在决策时，决策目标是避免最坏的结果，力求风险最小。

采用悲观决策准则，首先要确定各种状态下每一可选方案的最小收益值，然后从这些最小收益值中选出一个最大值，并以其相对应的方案作为所要选择的方案。由于根据这种方法准则，不论采取哪种方案，都只能获取该方案的最小收益，因而它也称为保守准则。

3. 等可能准则

这种准则认为，在决策过程中，当决策者不知道各种自然状态中任何一种发生的概率，不能肯定哪种状态容易出现，哪种状态不容易出现时，因此可以一视同仁，认为各种状态出现的可能性是相等的。

如果有 n 个自然状态，那么每个自然状态出现的概率即为 $1/n$，然后通过选取收益期望值最大的或损失期望值最小的方案为最优方案。

4. 折中准则

这种准则认为，决策者对未来的形势既不盲目乐观，也不过分悲观，而应该在极端乐观和极端悲观之间，根据经验和判断确定一个乐观系数，通过乐观系数确定一个适当的值作为决策依据。若以 a 表示乐观系数，则 a 介于 0 ~ 1，而 $1-a$ 就是悲观系数。

以 a 和 $1-a$ 为权重对每一方案的最大收益值和最小收益值进行加权平均，得到每一方案的收益期望值，然后通过选取各方案的收益期望值中最大或损失期望值最小的方案为最优方案。

5. 最小最大后悔值准则

这种准则认为，在决策过程中，决策者不知道各种自然状态中任何一种发生的概率，其决策目标是确保避免较大的机会损失。后悔值又称为机会损失值，即由于决策失误而造成的其实际收益值与最大可能的收益值的差距。

运用最小最大后悔值准则时，首先要将决策矩阵从利润矩阵转变为机会损失矩阵，然后确定每一可选方案的最大机会损失，最后通过选取各方案的最大机会损失中最小的方案为最优方案。

例 5-8　某企业准备生产一种新产品，不知道市场需求状态出现的概率，只知道可能出现高需求、一般需求、低需求三种状态。现在有 A_1、A_2、A_3 三种方案可供选择，各方案在不同需求状态下收益如表 5-9 所示，试采用不同的决策准则选择合适的生产方案。

表 5-9　备选方案收益表

状态 / 收益值/万元 / 方案	高需求	中需求	低需求
A_1	20	12	7
A_2	16	16	10
A_3	12	12	12

解：（1）乐观决策准则。先选出每个方案不同状态下的最大收益值，即方案 $A_1$20 万元，方案 $A_2$16 万元，方案 $A_3$12 万元，再从这三个收益值中选出最大收益值，即 20 万元，其对应的是方案 A_1，因此方案 A_1是最优方案。

（2）悲观决策准则。先选出每个方案不同状态下的最小收益值，即方案 $A_1$7 万元，方案 $A_2$10 万元，方案 $A_3$12 万元，再从这三个收益值中选出最大收益值，即 12 万元，其对应的是方案 A_3，因此方案 A_3是最优方案。

（3）等可能准则。每种自然状态出现的概率都为 1/3，各方案平均收益值为方案 $A_1$13

万元，方案 $A_2$14 万元，方案 $A_3$12 万元，再从这三个收益值中选出最大收益值，即 14 万元，其对应的是方案 A_3，因此方案 A_3是最优方案。

（4）折中准则。假设决策者取乐观系数 $a=0.7$，则悲观系数为 $1-0.7=0.3$，选出每个方案不同状态的最大和最小收益值，并与乐观系数和悲观系数进行加权平均，则得到各方案的期望收益值为方案 $A_1$16.1 万元，方案 $A_2$14.2 万元，方案 $A_3$12 万元，再从这三个收益期望值中选出最大收益值，即 16.1 万元，其对应的是方案 A_1，因此方案 A_1是最优方案。

（5）最小最大后悔值准则。首先计算每个方案在每种自然状态下的机会损失值。在市场高需求的情况下，方案 A_1、A_2、A_3的后悔值分别为 0、4 万元、8 万元；在市场中需求的情况下，方案 A_1、A_2、A_3的后悔值分别为 4 万元、0、4 万元；在市场低需求的情况下，方案 A_1、A_2、A_3的后悔值分别为 5 万元、2 万元、0。然后确定每一方案的最大后悔值，分别为 5 万元、4 万元、8 万元。再从这三个损失值中选出最小机会损失值，即 4 万元，其对应的是方案 A_2，因此方案 A_2是最优方案。

习 题

1. 为什么要进行不确定性分析？

2. 盈亏平衡分析的基本原理是什么？

3. 敏感性分析法的目的是什么？按哪些步骤进行？

4. 在概率分析中，如何用期望值和方差进行方案的风险分析？

5. 某工程方案，设计能力为 5 万 t/年，产品销售价格为 8 万元/t，年总固定成本为 10 000万元，单位产品变动成本为 4 万元。试计算以产量、销售收入、生产能力利用率、销售价格和单位变动成本表示的盈亏平衡点。

6. 某企业引进一设备，有三种方案：方案 A 年固定成本 800 万元，单位产品变动成本 10 元；方案 B 年固定成本 500 万元，单位产品变动成本 12 元；方案 C 年固定成本 300 万元，单位产品变动成本 15 元。

若预测年销售产品 80 万件，应选择哪种方案？

7. 某企业加工一种产品有两种设备可以选择。若选用 A 设备需初始投资 200 万元，加工每件产品的费用为 80 元；若选用 B 设备需初始投资 300 万元，加工每件产品的费用为 60 元。假定任何一年的设备残值为零。试回答下列问题：

（1）若设备使用期限为 8 年，基准折现率为 12%，年产量为多少时选用 A 设备有利？

（2）若设备使用期限为 8 年，年产量为 15 000 件，基准折现率在什么范围内选用 A 设备有利？

（3）若年产量为 15 000 件，基准折现率为 12%，设备使用年限多长时选用 A 设备有利？

8. 某企业拟安装一种自动装置，据估计此装置初始一次投资 1 000 万元，该装置安装后可使用 10 年，每年可节省费用 300 万元，设基准折现率为 10%。试分析：

（1）分别就初始投资、使用年限及年费用节约额变动 ±10%、±20%，对该方案的净现值进行单因素敏感性分析，画出敏感性分析图，求各变动因素的临界变动率，并指出敏感因素。

（2）就初始投资和年费用节约额两个变量对方案的净现值作双因素敏感性分析，指出方案的可行区域。

（3）就初始投资、使用年限和年费用节约额三个变量对方案的净现值作三因素敏感性分析。

9. 某一投资项目，初始投资 1 000 万元，计算期为 10 年，每年销售收入为 100 万元，年经营成本为 50 万元，期末残值为 20 万元，基准收益率为 12%，投资额、销售收入和经营成本均有可能在 ±10% 的范围内波动。试就上述三个因素对项目的内部收益率做单因素敏感性分析，并计算三个因素的临界变动率。

10. 已知某一投资方案的净现值概率分布为正态分布，净现值的期望值为 232. 83 万元，标准差为 246. 39 万元。试计算：① 净现值大于或等于零的概率；② 净现值大于等于 500 万元的概率；③ 净现值小于 −100 万元的概率。

11. 某企业拟投产一种产品，有三个生产方案可供选择。但产品未来的需求不确定，有高、中、低需求三种情况，每种情况发生的概率无法预测。三个方案未来净收益如表 5-10 所示，如何进行选择？

表 5-10 方案净收益表 （单位：万元）

方案	净收益值		
	高需求	中需求	低需求
A	600	200	−160
B	400	250	0
C	300	150	80

第六章
项目可行性研究

学习目标

※ 了解可行性研究的含义、产生与发展

※ 了解可行性研究的意义和作用、可行性研究的阶段划分及其工作内容

※ 全面掌握可行性研究的内容

※ 了解可行性研究报告的编制步骤、要求和结构，并通过阅读已有的可行性研究报告范例，对可行性研究报告有一个深刻的认识

第一节 项目可行性研究概述

一、项目可行性研究的含义及发展过程

项目可行性研究是在投资决策前，对与拟建项目有关的社会、经济和技术等各方面情况进行深入、细致的调查研究，对各种可能拟订的技术方案和建设方案认真进行技术经济分析与比较论证，对项目建成后的经济效益进行科学的预测和评价。在此基础上，综合研究建设项目的技术先进性和适用性，经济合理性和有效性，以及建设可能性和可行性，为项目投资决策提供科学依据的工作过程。

可行性研究是技术经济分析在项目投资决策中应用最广泛的领域，是国内外广泛采用的研究工程项目的技术先进性、经济合理性和实现可能性的一种科学方法，是进行工程项目建设的首要环节。建设项目必须通过可行性研究，认为该项目可行，才被允许进行工程设计、施工和建设。

可行性研究早在 20 世纪 30 年代的美国就开始推行，当时运用这种方法对田纳西流域的开发和综合利用起了很大作用。第二次世界大战以后，特别是近几十年来，随着现代科学技术、科学管理和市场经济的高度发展，可行性研究也迅速发展和完善，目前已扩大应用到各个领域。发达国家在工程建设中，无论规模大小，新建、扩建或改建，都要先进行

可行性研究，然后再决策。联合国工业发展组织（UNIDO）为了推动在发展中国家开展可行性研究，于1978年、1980年出版了《工业可行性研究手册》和《工业项目评价手册》等著作，很好地指导了发展中国家开展投资项目的可行性研究工作。

自20世纪70年代末以来，我国政府和各个工业部门在总结新中国成立以来经济建设中经验教训的基础上，学习和引进国外的可行性研究，并用于工业项目建设前期的技术经济分析。1981年，原国家计委正式下文，明确规定“把可行性研究作为建设前期工作中一个重要技术经济论证阶段，纳入基本建设程序”；1983年，又下达了《关于建设项目进行可行性研究的试行管理办法》，重申建设项目的决策和实施必须严格遵守国家规定的基本建设程序，而可行性研究是建设程序的重要组成部分，并进一步明确了可行性研究的编制程序、内容和评审方法，把可行性研究作为编制和审批项目设计任务书的基础和依据，1991年又进一步做了修订。1987年9月，原国家计委正式发行了《建设项目经济评价方法与参数》（简称《方法与参数》）一书，该书包括《关于建设项目经济评价工作的暂行规定》《建设项目经济评价方法》《建设项目经济评价参数》和《中外合资经营经济评价方法》4个规定性文件以及13个应用案例。这4个文件对经济评价工作的管理、经济评价的程序、方法、指标等都做了明确的规定和具体的说明，并第一次发布了各类经济评价参数，填补了我国建设项目经济评价的空白。它是各工程咨询公司、规划设计单位进行投资项目可行性研究的指导性文件，也是各级计划部门审批可行性研究报告和金融机构开展项目评估和审查投资贷款的重要依据。以后又陆续推出了第二版和第三版，使得我国的可行性研究和项目评估更加科学化、规范化，步入了正轨。

二、可行性研究的作用和意义

（一）可行性研究的作用

（1）作为拟建项目投资决策的依据。通过可行性研究，可以预见拟建项目的投资效益，从而判断项目是否可行，为决策提供依据。

（2）作为编制下阶段设计的依据。可行性研究报告中，已对投资规模、厂址、设备、工艺等进行了较详细的方案比较及技术经济论证，为项目设计工作打下了基础。

（3）作为筹措资金、向银行申请贷款的依据。当建设单位向银行或金融机构提出贷款申请时，必须附有经批准的可行性研究报告。经银行或金融机构审查评估后，确认项目具有偿还能力，才能给予贷款。

（4）作为拟建项目与有关部门签订协议或合同的依据。如原材料和燃料供应协议、供水与供电协议、运输协议、产品销售协议等，均以可行性研究报告作为依据。

（5）作为向当地政府及环境保护部门申请建设施工的依据。

（6）作为本工程建设基础资料的依据。如工程地质、水文气象、勘察资料、地形测量资料等，也均以可行性研究报告为依据。

(7) 作为设备制造及科学试验的依据。

(8) 作为企业组织管理、机构设置、职工培训等工作安排依据。

(9) 作为今后生产经营活动的指导性文件。如更新改造、技术发展、开展科学试验等，也均以可行性报告为依据。

(10) 若是利用外资项目，它还是中外双方正式签订合同，成立董事会，报请审批机构颁发设立合营企业批准证书的依据。

(二) 可行性研究的意义

1. 提高投资建设项目的经济效果，确保投资项目的经济效益

工程项目所涉及的面广、相关因素多。例如，有市场问题，包括需求、竞争份额、价格趋势等；有建厂条件问题，包括资源情况、原材料及动力和供应条件、厂址选择、环境保护等；有复杂的技术问题，包括工艺方案的选择、设备或生产线的选择、建设规模是否合理等；还有资金筹措、偿还方式等问题。每一方面如果不进行深入调研、科学预测及定量估算，而盲目投资，就不可能取得好的经济效果。一些建设项目在建设条件还不十分清楚的情况下，就仓促上马，进行建设，到了施工期甚至投产后才发现问题成堆，不得不修改原方案，使项目在建成后的经济效果很差。因此，在项目建设投产之前进行可行性研究，可以减少决策者在经济工作中的盲目性，使投资建设尊重客观现实，按照经济规律办事，从而提高项目的经济效益。

2. 提高项目建设的速度并确保项目建设的质量

可行性研究工作虽然要占用项目前期的时间，而且还要支付相当的费用，但实际上由于它所研究的工作内容就是项目设计、施工时所需要的数据和资料，因而可以减少后期的工作，缩短建设周期，这一方面节约时间，同时又保证了质量。而到了可行性研究所确定的建设期，则主要是提高建设速度，保证建设质量，使投资者获得快速、高质量的投资效果。

三、可行性研究阶段的划分

国外的工程项目建设程序基本上按联合国工业发展组织编制的《可行性研究手册》中的规定进行，把建设程序分为三个时期、九个阶段。三个时期是投资决策前时期、投资时期和生产时期；九个阶段是机会研究阶段、初步可行性研究阶段、详细可行性研究阶段、评价和决策阶段、谈判和签订合同阶段、项目设计阶段、施工阶段、试运行阶段、投产阶段。

这里重点说明投资决策前的可行性研究阶段。一般来说，完整的项目可行性研究包括四个阶段：机会研究、初步可行性研究、详细可行性研究和评估决策。

1. 机会研究

机会研究是鉴别可能发展成投资项目的工业机会，寻求投资应用于哪些优先发展的部

门或机会，进行合理的投资导向。投资方向的确定常常需要对若干可能的投资机会或项目设想进行鉴定。

机会研究分为一般机会研究和具体项目机会研究。一般机会研究产生项目设想，包括分地区研究、分部门研究和以资源为基础的研究三种，目的是指明具体的投资建议；具体项目机会研究是在具备项目设想后，将项目设想转变为概略的投资建议，目的是促使投资者做出反应，因此应该做到对所鉴别产品是有选择的，并汇编与每种产品有关的数据，以便考察这些可能性是否值得进入下一步发展阶段。具体项目机会研究比一般机会研究更普遍。

当然，机会研究是相当粗略的，主要依靠资料和数据的估算，而不是依靠详尽的分析。对投资额的估算精度一般只要求达到 ±30%，时间一般是 1 ~3 个月，所需费用占投资的0.2% ~1.0%。经过机会研究，只能提供项目的大概轮廓，还不能作为最后投资决策的依据，要进一步对项目进行初步可行性研究和详细可行性研究。

2. 初步可行性研究

初步可行性研究是介于项目的机会研究和详细可行性研究之间的一个研究阶段，可以对项目设想进行初步的估计。

初步可行性研究的内容与详细可行性研究基本相同，差别在于所获资料的详略、精度不同。主要研究内容有：市场与工厂生产能力、原材料、坐落地点和厂址、工艺技术和设备选择、土建工程、企业管理费、人力、项目实施及财务分析等。一般要求对建设投资估算的精度达到 ±20%，所需费用占总投资的0.25% ~1.5%，时间一般为4 ~6 个月。

3. 详细可行性研究

详细可行性研究往往简称为可行性研究。在这一研究阶段，要分析项目各有关方面的因素，对项目进行技术的、经济的以及其他方面的综合而全面的论证，形成可行性研究报告，为项目的投资决策提供技术、经济和财务依据，尽力寻求最佳投资方案。通过这一阶段，或者否定项目，或者提出一个明确的项目。详细可行性研究是一项复杂的工作，综合性强，所需知识面广，要求高。它一般由咨询机构承担，特别是复杂的大型项目，以一个咨询机构为主，由其他有专业特长的咨询单位协作。可行性研究阶段投资估算的精度为 ±10%左右，所需费用占总投资的0.2% ~3%，所需时间较长，需 8 ~12 个月或更长。

4. 评估决策

由投资决策部门组织或授权银行、工程咨询公司或有关专家，代表投资决策部门对上报的建设项目可行性研究报告进行全面的审核和再评价工作。其主要任务是对拟建项目的可行性研究报告提出评价意见，如最终决策该项目投资是否可行，是否给予贷款。

上述各个阶段的划分如表6-1 所示。

表6-1 可行性研究的阶段划分

研究阶段	研究性质	目的任务	估算精度	研究费用占总投资的比例（%）	需要时间/月
机会研究	项目设想	鉴别投资方向和目标，选择项目，寻求投资机会，提出投资建议	±30%	0.2%～1.0%	1～3
初步可行性研究	项目初步选择	对项目初步评价做专题辅助研究，广泛分析、筛选方案，鉴定项目的选择依据和标准，确定项目的初步可行性	±20%	0.25%～1.25%	4～6
详细可行性研究	项目拟订准备	对项目进行深入的技术经济论证，重点进行财务分析和经济评价，多方案比选，提出结论性意见，确定项目投资的可行性和选择依据标准	±10%	大项目0.2%～1.0% 中小项目1.0%～3.0%	8～12或更长
评估与决策	项目评估	综合分析，对可行性报告进行评估和全面审核，分析判断项目可行性研究的可靠性和真实性，对项目做出最终决策	±10%	—	—

四、可行性研究的工作程序和要求

（一）可行性研究的工作程序

项目可行性研究工作是一项复杂的、综合性较强的系统工程。从项目产品方案预测，生产规模拟订、生产工艺技术方案和厂址选择、物料投入、资金筹集、机构组织和人员配备，直到经济效益的测算，需经过全面的技术经济论证，这是一个既相互联系又相互制约的技术与经济信息反馈和重复循环的分析过程。为此，可行性研究工作一般涉及与该项目筹建有关的所有单位，如项目建设单位、计划部门和主管部门、银行与金融机构、工程咨询公司、工程承包单位、设备和材料供应单位以及环境保护、城市规划、市政公用工程等部门和单位。根据可行性研究工作的进程，这些部门和单位在不同时期以不同方式参与可行性研究的相关工作，在实际工作中，有些工作是同时展开或交叉进行。总之，可行性研究工作的全过程，分别由项目筹建单位、设计单位和咨询单位等密切配合进行。

根据我国现行的工程项目建设程序和国家颁布的《关于建设项目进行可行性研究的管理办法》，可行性研究的工作程序如下：

1. 建设单位提出项目建议书和初步可行性研究报告

建设单位根据国家经济发展的长远规划、经济建设的方针任务和技术经济政策，结合资源情况、建设布局等条件，在广泛调查研究、收集资料、踏勘建设地点、初步分析投资效果的基础上，提出需进行可行性研究的项目建议书和初步可行性研究报告。跨地区、跨行业的建设项目以及对国计民生有重大影响的大型项目，由有关部门和地区联合提出项目建议书和初步可行性研究报告。

2. 项目筹建单位委托可行性研究工作

项目建议书经有关部门审定批准后，该项目就可立项，并分别纳入各级的前期工作计划和贷款计划。项目筹建单位或主办单位就可委托经过资格审定的工程咨询公司（或设计单位）着手编制拟建项目的可行性研究报告。委托方式可采取由国家计划部门或主管部门直接给工程设计咨询公司下达计划任务，也可由各主管部门、建设单位采用签订合同的方式，委托给有资格的设计咨询单位承担可行性研究工作。在主管部门下达的计划任务或双方签订的合同中，应规定研究工作的范围、前提条件、进度安排、费用支付办法以及协作方式等。

3. 设计单位进行可行性研究工作

设计或咨询单位与委托单位签订合同承接可行性研究任务以后，就可开展工作。设计单位主要进行以下几项工作：组织与筹划；调查研究与收集资料；方案设计和优选；经济分析和评价；编制可行性研究报告。

4. 可行性研究报告的预审与复审

工程咨询公司或设计单位编制和上报的可行性研究报告，按项目大小，应在预审前1～3个月提交预审主持单位。预审单位组织有关设计、科研机构、企业和有关方面的专家参加，广泛听取意见，对可行性研究报告提出预审意见。当发现可行性研究报告有原则性错误或报告的基础依据与社会环境条件有重大变化时，应对可行性研究报告进行修改和复审，此项工作仍由原编制单位和预审单位按规定进行。

5. 可行性研究报告的审批

按照国家规定：①大中型建设项目的可行性研究报告，由各主管部门、各省（直辖市、自治区）或全国性专业公司负责预审，报国家发展和改革委员会审批。②重大项目和特殊项目的可行性研究报告由国家发展和改革委员会会同有关部门预审，报国务院审批。③小型项目的可行性研究报告，按隶属关系由各主管部门，各省（直辖市、自治区）或全国性专业公司审批。可行性研究证明没有建设必要的项目，经审定后即将该项目否决。

（二）可行性研究的要求

1. 可行性研究具有科学性和严肃性

可行性研究是一项政策性、技术性和经济性较强的综合研究工作，为了保证科学性、客观性和公正性，必须坚持实事求是，在调查研究的基础上，进行方案分析和比较，按客观实际情况进行论证评价，防止主观臆断和行政干预，切忌事先“定调子”“画框框”，为“可行”而“研究”，作为争投资、争项目、列计划的“通行证”，使可行性研究流于形式，当作一种目的和工具。可行性研究是一种科学方法，为保证可行性研究的质量，编制单位应保持独立性和公正的客观立场。

2. 编制可行性研究的承担单位应具备一定条件，需经过资格审定

可行性研究的内容涉及面广、收集资料量大、内容深度要求高，又是起决策作用的基本文件。因此，为了保证质量要求，承担编制任务的单位应具有实际经验丰富、技术力量雄厚，又有一定装备和技术手段等条件的专门单位。目前，可委托经国家正式批准颁发证书的设计单位或工程咨询公司承担。

负责进行可行性研究的单位要经过资格审定，对工作成果的可靠性、准确性承担责任。要独立、客观地为可行性研究单位工作的进行创造条件，任何单位与个人不得加以干涉。各部、各省（直辖市、自治区）和全国性工业公司根据承担可行性研究单位的业务水平及信誉状况进行资格审定。未经资格审定的单位，不能承担可行性研究任务。承担可行性研究的单位，不得同时参与对该可行性研究报告的评审工作。

3. 可行性研究的深度应达到标准要求

虽然对于不同行业和不同项目，可行性研究的内容和深度各有侧重和区别，但是其内容要完整、文件要齐全，研究深度应达到国家规定的标准，按照国家发展和改革委员会颁发的《关于建设项目经济评价工作的若干规定》《建设项目经济评价方法与参数》等文件要求进行编制，这样才能保证质量，以满足项目投资决策的要求和编制设计任务书依据的作用。如果项目可行性研究的内容和质量达不到规定要求，负责评估和各级审批、设计、施工、投资各部门均不受理。

4. 加强和完善可行性研究的立法工作

加强对承担单位的资格审查和建立严格的责任制度。可行性研究报告应有编制单位的行政、技术、经济负责人签字，并对该报告的质量负责；可行性研究的评审单位对评审结论负责；可行性研究的审批单位对审批意见负责。若发现工作中有弄虚作假的情况时，要追究有关负责人的责任。

第二节 项目可行性研究的内容

一、项目可行性研究的基本内容

我国于1983年颁发了《建设项目进行可行性研究的试行管理办法》，该办法对我国基本建设项目的编制程序、内容、审批等进行了规定。该办法虽然于2016年1月1日中止，但仍具有一定的代表性。参考该办法，建设项目的可行性研究应包括以下方面的内容：

（一）总论

总论包括综述项目概况、可行性研究的主要结论概要和存在的问题与建议，阐明对推

荐方案在论证过程中曾有的重要争议和不同意见与观点，并对建设项目的主要技术经济指标列表说明；还应说明建设项目提出的背景、投资环境，项目建设投资的必要性和经济意义、项目投资对国民经济的作用和重要性；提出项目调查研究的主要依据、工作范围和要求；项目的历史发展概况，项目建议书及有关审批文件。

（二）市场需求预测和拟建规模

调查国内外市场近期产品供需情况；估计国内现有产品生产能力；销售预测、价格分析，产品竞争能力、进入国际市场的前景；产品方案是否符合行业发展规划、技术政策、产业政策和产品结构的分析，提出产品方案的设想和进行建设的规模。

（三）资源、原材料、燃料及公用设施情况

有关资源储量、品位、成分以及开采、利用条件的评述；所需原材料、辅助材料、燃料的种类、数量、质量及其来源和供应的可能性与可靠性；有毒、有害及危险品的种类、数量和储运条件；材料试验情况；所需动力（水、电、气等）、公用设施的数量、供应方式和供应条件、外部协作条件、交通运输状况以及签订协议和合同的情况等。

（四）建厂条件和厂址方案

建厂地点的自然条件和社会条件描述；建厂地点的地理位置与原材料产地和产品市场的距离；根据建设项目的生产技术要求，在指定的建设区内，对气象、水文、地质、地形条件、地震、洪水情况和社会经济现状进行调查研究，收集基础资料；厂址面积、占地范围、厂区总体布置方案、建设条件、地价、拆迁及其他工程费用情况；对厂址选择进行多方案的技术经济分析和比选，提出优选意见。

（五）技术、设备及工艺选择评价和工程设计方案

拟建项目采用技术和工艺方案论证，包括技术的来源、工艺路线和生产方法，主要设备选型方案和技术、工艺的比较；若为引进技术及设备，应说明引进的必要性，来源的国别、厂商、设备的价格和技术转让费用，并就多种来源途径进行比较选择；列出所选主要设备和辅助设备的名称、型号、规格、数量及价格，并附所选工艺的工艺流程图；确定拟建项目工程设计方案，方案主要包括在选定的建设地点内进行总图和交通运输的设计，进行多方案比较和选择，确定拟建项目的构成范围，主要单项工程（车间）的组成，厂内外主体工程和公用辅助工程的方案比较论证，项目土建工程总量估算，土建工程的场地平整，主要建筑和构筑物与厂外工程的规划等。

（六）环境保护与劳动安全

环境现状调查、拟建项目“三废”（废气、废水、废渣）种类、成分和数量，对环境影响的预测；治理方案的选择和回收利用情况；对环境影响的预评价；劳动保护与安全卫生；城市规划，防震、防洪、防空、文物保护等要求及相应采取的措施方案。

（七）生产组织、劳动定员和人员培训

全厂生产管理体制、机构设置的方案选择论证；工程技术和管理人员的素质和数量的要求；劳动定员的配备方案；人员培训的规划和费用估算。

（八）项目实施计划和进度要求

根据勘察设计、设备制造、工程施工、安装、试生产所需时间与进度要求和指定的建设工期，选择整个工程项目的实施方案和总进度，并用线条图或网络图表述最佳实施计划方案的选择。

（九）经济效益的分析与评价

各项基建投资、流动资金和项目总投资的估算；项目资金来源和筹措方式与还款计划；企业生产成本估算；项目财务评价、国民经济评价和不确定性分析。

（十）评价结论

建设方案的综合分析评价与方案选择；运用有关数据，从技术、经济、社会、财务等方面论述建设项目的可行性，推荐可行方案，提供决策参考，指出项目存在的问题；结论性意见和改进建议。

上述可行性研究的内容主要是对新建项目而言的，对于改建、扩建项目的可行性研究，还应增加对企业现有概况的说明和利用原有固定资产及其他条件产生增量效益的分析。鉴于建设项目的性质、任务、规模及工程复杂程度不同，可行性研究的内容应随行业不同而有所区别并各有侧重，深度和广度也不尽一致，内容也可根据实际情况而有所增减。

综上所述，项目可行性研究的基本内容可概括为三大部分：第一部分是产品的市场调查和预测研究，这是项目成立的重要依据。因为产品方案、建设规模以及企业的效益都是根据市场供需和销售预测确定的，因此市场调查和预测是项目可行性研究的前提，其主要任务是说明项目建设的必要性问题。第二部分是技术方案和建设条件，这是指有关资源投入、厂址、技术、设备和生产组织等方面的问题。它是可行性研究的技术基础，决定了建设项目在技术上的可行性。第三部分是经济效益的分析和评价，这是决定项目投资命运的关键。它是项目可行性研究的核心部分，由此说明项目在经济上的“合理性”。可行性研究就是从这三大部分对建设项目进行研究，并为项目投资决策提供科学依据的。

二、市场需求预测

市场对产品的需求数量是确定项目是否有发展前途和确定项目生产能力的关键因素，因此，市场需求预测是投资项目可行性研究中非常重要的一项内容。

（一）市场需求预测的内容

投资项目可行性研究中市场需求预测的基本内容是预测社会对拟建项目所生产产品的需求。这种需求有两个方面：一是质的方面，如对商品的品种、规格、型号、性能、质量、价格及样式等的需求；二是量的方面，即对商品在数量上的需求，主要内容有市场需求量预测、市场占有率预测、技术发展预测、资源预测等。

（二）影响市场需求的主要因素

影响市场需求的因素非常多，主要有：

1. 市场因素

市场因素主要了解哪些国家或地区需要本项目的产品，预测产品近期及远期的市场需求量，本项目的市场占有率，市场销售价格的变化趋势，用户对产品有什么新要求。

2. 竞争因素

需要及时掌握国外、国内生产同类产品的竞争者的生产规模及动向，如产品的性能、质量、成本与价格，了解竞争对手的市场占有率及其市场策略、销售方法、销售渠道、生产实力和盈利水平等。

3. 环境因素

注意国内外政治、社会、经济、技术等方面的情况，任何一项因素的变化均会对需求量产生巨大影响。

4. 消费因素

了解消费者的购买力、购买动机以及影响消费行为的各种因素。

5. 价格因素

了解产品本身的价格、替代产品的价格和互补品的价格的变化。

（三）市场需求预测方法

市场需求预测的方法很多，归纳起来有两大类：一是定性预测分析法；二是定量预测分析法。

定性预测分析法也称经验判断法，是由熟悉产品情况的有经验的人员根据个人的意见进行主观判断和预测。定性预测分析法简便易行，能有效地综合考虑各种影响因素，有一定的实际效果，但个人经验总有一定的局限性，因此准确性较差，在实际中，还需结合定量分析方法进行相互校正。具体方法有专家询问法、试点调查法、德尔菲法等。

定量预测分析法主要有趋势外推法和因果分析法。趋势外推法是用过去和现在的资料，推断未来的状态。这种方法需要大量的历史统计资料。该方法的优点是简单易行。但是，由于没有涉及因果关系，因而在有的场合会产生较大的误差，大多用于短期和中期预测。具体方法主要有时间序列法，包括移动平均法、指数平滑法等。

因果分析法则是强调寻找出事物变化的原因，找出原因和结果之间的关系，并据此预测未来。这类方法是经济预测中常用的方法，具体方法主要有回归分析法、经济计量模型法、投入产出法等。

定量预测分析法的特点是以数学方法为主，因而具有比较严密的科学性。其优点是能够近似地反映客观事物数量的规律性，所预测的结果比较精确，而且可以利用历史数据资料进行预测。其缺点是既要求有完整、可靠的数据资料，又要求预测人员有一定的数学基础，条件要求比较严格。

三、生产规模确定

（一）影响生产规模的主要因素

企业生产规模确定的合理与否直接关系到企业的经济效益。在确定企业规模时，必须全面考虑各种影响企业规模的因素。

1. 产品的市场需求

产品的市场需求是确定生产规模的重要因素之一。建设项目只有按市场需求确定生产规模，才能保证项目获得较好的经济效益。

2. 不同工业部门的技术经济特点

由于不同工业部门有不同的生产技术特点，其规模与技术经济指标的依存关系也不同，所以有不同的规模结构。例如，机械行业的产品结构较复杂，品种规格多，应以少数大型企业为中心，在搞好专业化协作的基础上，主要发展中小型企业；采掘业的规模主要取决于矿物储藏量和地质条件；电力行业的规模主要取决于发电机组的大小和负荷程度等。

3. 资源、设备制造能力、资金等供应的可能性

除了考虑上述两项因素外，还要充分考虑资金条件、土地条件、设备条件和原材料、能源、水资源、交通运输条件、协作配套条件等。例如，资源供应不稳定或运输困难及价格昂贵，使生产成本提高；或筹资不足，土地面积限制，协作配套不能满足，技术装配限制等，都会限制生产规模。

4. 规模经济的要求

规模的经济性就是达到一定生产规模时能够满足成本最低、利润最大、投资相对较小的经济要求。在一定的生产水平下，不同产品有不同的、合适的规模区域。一般来说，投资大、所用技术设备先进复杂的行业，如冶金、汽车、化工、航空制造等，其适度规模较大；投资少，所用设备简单的行业，如服装、饮食等，规模小才能更灵活适应市场需求的

变化，其适度规模也小。

总之，在确定企业规模时，必须对上述有关因素进行综合分析和比较，既要从满足需要的角度出发，又要考虑是否具有可行性，更要注意经济效益，切不可把确定生产规模的工作简单化。

（二）确定生产规模的方法

应在综合考虑影响规模因素的基础上，反复比较几个备选方案，从中选出最优方案。一般可采用以下方法：

1. 方案比较法

经济规模首先应保证设备能力得到充分利用（如设备负荷在80%以上），同时还要考虑项目的发展条件、单位产品投资、成本和效益等因素。使用方案比较法选择较优规模时，先确定不同规模的多个方案，然后利用各方案某一共同指标的优劣性来选择最佳规模。

2. 最小规模法

这种方法的核心是寻找盈亏平衡点的位置，把保本点产量作为最小规模。

3. 最佳经济规模法

最佳经济规模是指企业获得最佳经济效益的生产规模。其具体方法有：①成本函数统计分析法。利用已有的工厂规模同生产成本关系的资料进行归纳分析，确定规模同成本之间的函数关系，然后求出成本最低时的生产规模。②适者生存法。计算不同时间点产业各规模层企业附加值占全产业附加值的比例，然后计算这一比例的增长系数，增长系数最高的规模层就是该产业的最佳经济规模。这种方法建立在完全市场竞争的基础上，因而假定这些企业都处于最高效率，其单位成本都处于最低点。③工程技术法。通过选择代表产品，确定不同规模下对应的工艺技术方案，测算不同规模下的各种投资、消耗以及其他费用，比较不同规模下工程技术方案的单位产品成本，从而选出成本最低的方案，此方案所对应的生产能力为最佳经济规模。

在运用上述方法的同时，还应进一步全面分析影响企业规模的其他重要因素，如合理的地区分布、建设周期、国家的财力和物力情况以及建厂地区的专业化协作条件等因素，最后确定经济合理而又切实可行的生产规模。

四、工艺及设备选择

（一）工艺流程选择

工艺流程是指项目生产产品所采用的制造方法及生产过程。生产过程是指从原材料进厂一直到产品出厂的全部过程，包括处理、加工、反应、成型等，也包括储存、检验、包装、运输等辅助过程。一般来讲，一种产品的生产，总是有几种可供选择的工艺，采用不同的工艺，需要具备不同的条件，并会产生不同的效果。当今科学技术发展迅速，生产中采用的工艺也越来越先进、多样，这就使得对工艺技术、工艺流程的选择更困难、更有余地、更重要。

在编制工艺流程中，首先要了解各种已成熟的、能用于工业化生产的工艺方法，搜集这些方法所要求的工艺条件。在搜集过程中，还要对每种方法的优点和缺点进行具体分析，对这些方法在生产中的应用情况、应用效果、复杂程度和约束条件（设备和投资）做分析。这里所说的工艺方法首先是指主要工艺原理和技术，其次是确定工艺路线。在确定了主要工艺原理和技术后，工艺路线的编排已经是在有限的余地中进行的，但绝对不是可以不加考虑的。

工艺流程的编制方法一般采用工艺流程图来加以说明。在编写工艺流程图时，应详细说明每一步要完成的工作，要从原料的进厂、入库、检验开始，到产品的包装、检验、入库和出厂为止，不要遗漏和简化。项目的工艺流程会决定很多要素，一旦流程定下来，其他内容，如设备、厂房数量和面积、厂房布置、人员需求、质量保证环节、运输量等，也都随之确定。

在编制工艺流程图时，还要配以适当的文字、图表、计算式、反应式等来说明该流程。对工艺路线图中的基本生产过程、物料的转化过程、主要设备类型及功能、能源消耗、物理化学原理等，均应做出说明。对重要的流程停顿，如检验、属工艺过程需要的存放等，也应注明并阐述要求或理由。

（二）确定工艺路线的因素

（1）产品所要达到的质量和规格的要求，这是主要的决定因素。

（2）可能取得的原料特性。

（3）所需设备的价格、工程的投资额，由于资金属于短缺资源，所以投资额往往决定项目的工艺水平。

（4）原料、能源的消耗及生产成本。

（5）生产规模的大小，一般而论，工艺的先进性与规模成正比。

（6）对资源利用的深度。

（7）工艺获得的途径。对一般项目来说，不成问题；而对高精尖新技术而言，矛盾就显得突出，难度也大，特别是目前我国一般是技术引进国。

（8）环境保护和当地对环境保护的具体要求。

项目选用怎样的工艺，需要根据项目的具体条件和要求，并综合考虑以上因素后加以决定。

此外，将某种工艺应用于工业生产时，要注意不能采用不成熟的工艺，即使是通过了中间试验的工艺，也往往离工业生产还有一段距离，因而不能盲目地加以使用。

（三）主要设备的选择

在工艺流程确定之后，就可以对所需设备进行选择和分析。设备包括生产设备、辅助设备、服务设备及备品备件等。生产设备是指直接生产成品或半成品的设备，在其中要完成主要的物化过程，直接服务于生产过程。生产设备的选用直接受制于工艺和影响产品质量，而且选择的余地也相对较小，生产设备的质量、容量、效率对整个工艺和项目有决定性作用。因此，对生产设备的选择和评价是可行性研究中工艺技术设备论证的主要问题之一。除此之外，还有辅助设备，即辅助性的工厂设备，它们并不直接参加产品的生产过程，但对整个工艺的完成是不可缺少的，如各种供电、供水、供气设备，运输、通信、修理用设备，仓储设备等。此类设备的通用性比较强，选择余地也大。在选择上，能力的配套是首先要考虑的问题，其次是质量、价格等因素。辅助设备构成生产保证系统。服务设备是指各种办公用设备及卫生与福利设施等。对这些设施的考虑主要是从必要性和有效性的角度出发的。备品备件则主要是指各种工、夹、模具和易损件、备用品等。这里的数量界限应是考虑的关键，过少会影响生产，过多则占用资金、场地等。

对生产设备的选择是项目设备选择的关键，主要取决于生产工艺流程和生产规模。当然，还要考虑设备在技术、供应方面的状况。以下几个方面是必须予以考虑的：

（1）所选设备是否符合工厂生产规模的要求。

（2）所选设备是否符合工艺流程的要求。

（3）各台（套）设备的生产能力能否良好配合。

（4）设备设计是否符合生产和安全的要求。

（5）设备供应是否有保证，价格是否在投资允许的范围内，对超大型设备、精密设备还要考虑运输和安装方面的问题。

（四）合理布置总平面

工艺流程的另一个问题是工艺布置问题。这是以布置图的形式来确定整个项目的范围，确定整个工艺的过程，并且作为具体设计工作的基础。布置图包括地面布置和建筑物内布置。地面布置要使厂内的原料、半成品、制成品、水、电、气及工业废料的流转在经济和技术上最合理。当然，这要根据工艺流程排定。同时，要使工厂内部运输和服务系统与厂外设施能实现有机结合，各个车间之间的关系，室内外设备的衔接，厂内道路，专用铁路，堆场和仓库，办公和生产指挥中心，福利设施等，均要在工艺流程的基础上做出妥善安排。对于建筑物内的布置，更是直接与工艺有关，如机器和设备布置、产品物料流向、工作场地面积、通道、通风、照明、维修、安全保护等，都要通盘考虑。

项目布置图的种类很多，主要有厂区平面图、材料和产品流程图、流量图、生产线图、运输布置图、公用设施及消耗布置图、内部通信图和管道布置图等。

在项目可行性研究阶段，各类布置图基本上属示意图性质，要求不十分精确，但它附属于工艺流程，并对工艺流程的可行性做了验证。在该阶段，应对各种布置方案进行分析、比较评价，选出最优的布置方案。

五、厂址选择

厂址选择是可行性研究的一个重要环节。当拟建项目的产品品种、生产规模、技术路线等确定以后，就应进行厂址选择。只有确定厂址后，项目的投资成本才能准确地估算出来。

厂址选择包括厂区的选择和厂址的选择。前者是指按照建厂条件，在较大范围内选择合适的厂区。一个适当的建厂地区可能包括相当大的区域，例如，沿一条河流的岸边，或围绕着某一城市的半径若干公里范围。而厂址选择必须确定投资项目的明确位置，需要具体的地点。

厂址选择既是一个技术问题，又是一个经济问题，是技术与经济的结合。厂址的选择会影响到工业布局、基建投资、产品成本、环境生态、项目的正常投产等很多方面，若厂址选择不当，将会导致严重后果。

（一）厂址选择的原则

1. 符合国家方针政策

我国根据不同经济地带和经济区域的生产力水平，针对各自的资源条件，围绕全国经济发展的总体目标，正在逐步确定发挥地区优势的产业结构；各地区政府也在建立并形成有特色的产业结构。因此，在建厂地区选择时，必须考虑国家生产力布局政策，同时，必须考虑国家环境保护政策。

2. 满足生产技术的要求

厂址选择要保证项目建成后能达到预定的生产规模，为保证预定的产品质量提供必要条件，从而保证生产的顺利进行。例如，铝、镁、铁的冶炼厂应接近动力基地；核电厂对地质、地震条件有很高要求，不能建在地质断层上；钢铁厂对水质、电力负荷有很高要求。

3. 综合成本最低

在满足生产技术要求的前提下，应选择成本低的地点作为建厂地点。这里的成本不仅包括土地费用、场地整理费用等，还包括生产期各种原材料的运输费用、劳动力成本等。综合比较由于建厂地点不同而造成的固定资产投资、生产成本等的差异，选择综合成本最低的地点作为建厂地点。

（二）厂址选择的步骤

厂址选择的步骤大致如下：

1. 拟订建厂条件指标

这是厂址选择的第一步，就是根据拟建工厂的产品特点和生产规模，确定建厂条件指标。指标内容为：占地面积、原材料、燃料的种类及数量；副产品的种类及数量；废渣的种类、性质及数量；各类货物的运输量及运输方式；各种货物的储存量及储存方式；用水量及对水质的要求；排放的废水、废气量及其性质；用电量及用电要求；定员及生活环境；对其他工业协作及社会协作的要求等。

2. 现场勘察和选厂基础资料的收集

现场勘察前，先根据建厂条件指标制订厂址基础资料提纲。主要内容包括：①气象、水文、地质、地形资料；②原料及燃料供应条件，供电、给排水条件；③交通运输状况；④协作条件及工农业生产情况；⑤施工材料、用水用电条件；⑥生活条件及文化生活设施等。

3. 厂址方案比较和分析论证

根据现场勘察结果，对所收集到的资料加以鉴定，对各个厂址方案进行比较、论证，提出选址报告。

4. 选址报告

厂址选择的最后工作是提出选址报告。选址报告的基本内容包括：

（1）选址依据，建厂的条件指标、选址的主要经过。

（2）建设地区的概况（包括自然、经济、社会等方面）。

（3）厂址条件概述。

（4）厂址方案比较，包括厂址技术条件、建设投资、经营费用等的比较。

（5）各厂址方案的综合分析论证，提出推荐方案。

（6）当地领导部门、环保部门、交通部门对厂址的意见。

（7）存在的问题及解决的办法。

选址报告要附厂址规划示意图和工厂总平面布置示意图。

（三）厂址选择的技术经济分析

当有几个厂址可供选择时，必须进行技术经济分析。在进行技术经济分析时，为了简单起见，只需计算出各方案投资及成本不相同的部分，相同的部分可以略去不计。根据投资及成本费用，可以在经济上对厂址进行比较。但厂址选择除经济因素外，还需要考虑技术等多种因素。因此，必须进行综合评价，最后提出一个合理的厂址选择建议。

六、环境影响评价

环境保护是可行性研究的重要内容之一。不仅在可行性研究报告中有专章论述，而且另外需有专门的环境影响报告书。

环境污染包括自然环境污染和社会环境污染。可行性研究中的污染是指自然环境污染，是指由于人类的社会经济活动对自然界造成破坏，从而恶化了人类生活环境的现象。

在生产过程中，危害自然环境的因素主要有废水、废渣、粉尘、废弃物、放射性物质、噪声等。在工业生产中，污染物的产生是不可避免的，关键是如何防止和减轻污染物对环境的危害，也就是如何进行污染治理以及治理后应达到的标准。对工业污染源的处理方法很多，但要完全绝对消除污染，几乎是不可能的，也是不必要的，而且从经济上来看也是不合算的。一般是把污染控制在不对环境造成危害的程度上。我国自 20 世纪 70 年代以来颁布了许多环境保护标准，它们有的是衡量环境质量的标准，有的是分析建设项目排污程度是否符合环境保护要求的依据。可行性研究中关于污染治理目标，必须达到环境保护标准的要求。

国家规定建设项目在进行可行性研究时，必须对拟建项目拟采用的生产技术和建设方案进行环境影响评价，编制和报批环境影响报告书，经批准后，才可审批项目可行性研究报告。

环境影响报告书应包括以下内容：

（1）总论。

（2）建设项目概况。说明项目的规模、建设性质；废水、废气、废渣、粉尘、放射性废物等种类，排放量和排放方式；噪声、振动数值；废弃物的回收利用，以及污染物处理方案、设施和主要工艺等。

（3）建设项目周围地区的环境状况调查。

（4）建设项目对周围地区和环境的近期和远期影响分析与预测。

（5）环境影响经济损益简要分析。

（6）环境监测制度建议。

（7）结论。

（8）存在的问题与建议。

在项目可行性研究报告中，对建设项目的环境保护所做专题论述的主要内容包括：

（1）建设地区的环境现状。

（2）主要污染源和主要污染物。

（3）资源开发可能引起的生态变化。

（4）采用的环境保护标准。

（5）控制污染和生态变化的初步方案。

（6）环境保护投资估算。

（7）环境影响评价的结论或环境影响分析。

（8）存在的问题及建议。

七、投资估算

估算投资方案的投资额是投资决策的重要内容之一，它的准确程度直接影响到投资的经济效果，是决定投资方案是否可行、银行是否贷款的主要依据，并直接影响到项目能否顺利进行。

项目投资包括固定资产投资与流动资金投资。固定资产投资主要包括建筑工程费用、安装工程费用、设备及工器具购置费用、建设期利息、固定资产方向调节税及不可预见费用等；流动资产投资主要包括应收及预付款，材料、产成品、在产品、包装物等存货，现金等。

（一）固定资产投资估算

在我国工程建设周期中，投资估算分为估算、概算、预算和决算四种类型。

估算是在投资项目的可行性研究阶段，采用模拟已建成的同类项目或参照经验指标或采用编制概算等方法，估算项目所需的全部投资费用。

概算是在初步设计阶段根据设计图样、概算定额、费用定额、设备和材料的预算价格、工资标准等资料编制的比估算更详细、精确的全部建设费用。

预算是在施工图设计阶段根据施工图样、预算定额、费用定额、设备和材料预算价格、工资标准等资料编制的更为详细、精确的技术经济文件，用以确定项目所需的全部投资费用。

决算是反映项目实际造价的文件，是办理交付使用新增资产的依据。

这里讲的固定资产投资估算是在项目决策以前，因此是在资料不充分的情况下进行的，其精度较低。常用的固定资产估算方法有以下两类：

1. 类比估算法

类比估算法是根据已建成的与拟建项目工艺技术路线相同的同类产品项目的投资，估算拟建项目投资的方法。常用的有单位生产能力法、规模指数法和系数估算法等。

（1）单位生产能力法投资额估算公式为

$$Y_2 = X_2\left(\frac{Y_1}{X_1}\right)P_F \tag{6-1}$$

式中　X_1——类似项目的生产能力；

X_2——拟建项目的生产能力；

Y_1——类似项目的投资额；

Y_2——拟建项目的投资额；

P_F——物价修正系数。

单位生产能力投资估算法在实际中常常应用于建筑物的单方造价、铁路和公路的每公里投资、水力和火力发电站的每千瓦装机容量的造价等估算。

（2）规模指数法投资额估算公式为

$$Y_2 = Y_1 \left(\frac{X_2}{X_1}\right)^n P_F \tag{6-2}$$

式中　n——装置能力指数。

一般来说，以增加单机（或单台设备）数目扩大生产能力时，$n=0.8\sim1.0$；主要以提高设备的效率，增加功率或装置的容量来扩大生产规模时，$n=0.6\sim0.7$；高温高压的工业性生产工厂，$n=0.3\sim0.5$。一般 n 的平均值大致在0.6左右，因此该方法又称“0.6指数法”。

（3）系数估算法。当用于估算整个建设项目投资时，以某个装置或某项费用为基础，乘以一定的比例系数，得出其他各项费用和总投资，这种方法称为系数估算法。其中的各项比例是从已建类似装置的统计数据中总结出来的。这种方法在国外的可行性研究中经常被采用，特别在化工项目中的应用更为广泛。

2. 概算指标估算法

这是一种详细估算投资的方法。该方法把整个建设项目依次分解为单项工程、单位工程、分部工程和分项工程，按下列内容分别套用有关概算指标和定额编制投资概算，然后在此基础上再考虑物价上涨、汇率变动等动态投资。

（1）建筑工程费用。建筑工程包括房屋建筑工程、大型土石方和场地平整以及特殊构筑物工程等。建筑工程费由直接费、间接费、计划利润和税金组成。直接费包括人工费、材料费、施工机械使用费和其他直接费，可按建筑工程量和当地建筑工程概算综合指标计算。间接费包括施工管理费和其他间接费，一般以直接费为基础，按间接费率计算。计划利润以建筑工程的直接费与间接费之和为基数。税金包括增值税、城市维护建筑税和教育费附加。

（2）设备及工器具购置费用。设备及工器具购置费用包括需要安装和不需要安装的全部设备、工器具及生产用家具等购置费。

（3）安装工程费。安装工程费包括设备及室内外管线安装费用，由直接费、间接费、计划利润和税金四部分组成。

（4）其他费用。其他费用是指根据有关规定，应计入固定资产投资的除建筑、安装工程费用和设备、工器具购置费以外的一些费用，包括土地征用费、居民迁移费、生产职工培训费、联合试运转费、场区绿化费、勘察设计费等。

（5）基本预备费。基本预算费是指事先难以预料的工程和费用。其用途主要为：①进行初步设计、技术设计、施工图设计和施工过程中在批准的建设投资范围内所增加的工程费用；②由于一般自然灾害所造成的损失和预防自然灾害所采取的措施费用；③验收委员会为查定工程质量必须开挖和修复隐蔽工程的费用。基本预备费可以以“单项工程费用”总计或以工程费用和工程建设其他费用之和为基数，按照规定的预备费率计算。

（二）流动资产投资估算

流动资产投资估算主要采用类比估算法和分项估算法。

1. 类比估算法

类比估算法是一种根据已投产类似项目的统计数据总结得出的流动资产投资与其他费用之间的比例系数，估算拟建项目所需流动资产投资的方法。这里的其他费用可以是固定资产投资，也可以是经营费用、销售收入或产值等。

2. 分项估算

分项估算即按流动资产的构成分项估算。

（1）现金 $=\dfrac{\text{年职工工资与福利费总额}+\text{年其他零星开支}}{360\text{天}}\times$最低周转天数

（2）应收账款 $=\dfrac{\text{赊销额}\times\text{周转天数}}{360\text{天}}$

（3）存货 = 原材料 + 在产品 + 产成品 + 包装物 + 低值易耗品

原材料占用资金 = 原材料的每日平均消耗量 × 原材料价格 × 周转天数

在产品占用资金 = 年在产品生产成本 $\times\dfrac{\text{周转天数}}{360\text{天}}$

产成品占用资金 =（年产成品制造成本 − 年固定资产折旧费）$\times\dfrac{\text{周转天数}}{360\text{天}}$

第三节　可行性研究报告的编制

一、可行性研究报告的结构

可行性研究报告一般分为主体部分和辅助部分。

1. 主体部分

主体部分即投资项目可行性研究报告的基本内容部分，是对投资项目要素及其组合的整体分析、预测与描述。主体部分一般分章、节撰写，具有规范性和相对确定性。通常，投资项目可行性研究报告大量使用文字、数表、图形和公式说明问题。

2. 辅助部分

辅助部分即投资项目可行性研究报告主体部分的补充说明与佐证材料。其主要作用是为可行性研究报告提供证据支持，是投资项目可行性研究报告必不可少的组成部分。辅助部分主要包括以下内容。

（1）附图。附图主要有场址位置图、工艺流程图和总平面布置图等。

（2）附表。附表主要有：①投资估算表。投资估算表包括项目投入总资金估算汇总表、主要单项工程投资估算表和流动资金估算表。②财务评价表。财务评价表包括销售收入和销售税金及附加估算表、总成本费用估算表、财务现金流量表、损益和利润分配表以及资金来源与运用表等。③国民经济评价表。国民经济评价表包括项目国民经济效益费用流量表、国内投资国民经济效益费用流量表等。

（3）附件。附件主要有：项目建议书（初步可行性研究报告）的批复文件，环保部门对项目环境影响的批复文件，资源开发项目有关资源勘查及开发的审批文件，主要原材料、燃料及水、电与气供应的意向性协议，项目资本金的承诺书证明及银行等金融机构对项目贷款的承诺书，中外合资、合作项目各方草签的协议，引进技术考察报告，土地主管部门对场址批复文件，新技术开发的技术鉴定报告，组织股份公司草签的协议等。

二、可行性研究报告的要求

1. 报告的深度要求

（1）可行性研究报告应能充分反映项目可行性研究工作的成果，内容齐全、结论明确、数据准确、论据充分，能够满足决策者制订方案和项目的要求。

（2）报告所选用主要设备的规格、参数应能满足订货的要求。引进技术设备的资料应能满足合同谈判的要求。

（3）报告中的重大技术和经济方案应有两个以上方案的比选。

（4）报告中确定的主要工程技术数据应能满足项目初步设计的要求。

（5）报告中构造的融资方案应能满足银行等金融部门信贷决策的需要。

（6）报告中应反映在可行性研究过程中出现的某些方案的重大分歧以及未被采纳的理由，以供委托单位与投资者权衡利益进行决策。

（7）报告中应附有评估、决策（审批）所必需的合同、协议、意向书和政府批文。

2. 报告编制单位及人员资质要求

可行性研究报告的质量取决于编制单位的资质和编写人员的素质。承担可行性研究报告编写的单位和人员应符合下列要求：

（1）报告编制单位应具有经国家有关部门审批登记的资质等级证书。

（2）编制单位应具有承担编制可行性研究报告的能力和经验。

（3）可行性研究人员应具有所从事专业的中级以上专业职称，并具有相关的知识技能和工作经历。

（4）报告编制单位及人员应坚持独立、公正、科学与可靠的原则，实事求是，对提供的可行性研究报告的质量负完全责任。

三、可行性研究报告的编制依据

（1）项目建议书（初步可行性研究）及其批复文件。

（2）国家和地方的经济和社会发展规划；行业部门发展规划，如江河流域开发治理规划、铁路公路路网规划、电力电网规划与森林开发规划等。

（3）国家有关法律、法规和政策。

（4）国家矿业储量委员会批准的矿业储量报告及矿业勘探最终报告。

（5）有关机构发布的工程建设方面的标准、规范、定额。

（6）中外合资、合作项目各方签订的协议书或意见书。

（7）编制报告的委托合同。

（8）其他有关依据资料。

（9）可行性研究报告的结构和要求。

四、可行性研究报告的编制步骤

1. 签订委托协议

可行性研究报告编制单位与委托单位，就项目可行性研究报告编制工作的范围、重点、深度要求、完成时间、费用预算和质量要求交换意见，并签订委托协议，据以开展可行性研究各阶段的工作。

2. 组建工作小组

根据委托项目可行性研究的工作量、内容、范围、技术难度和时间要求等组建项目可行性研究工作小组。一般工业项目和交通运输项目可分为市场组、工艺技术组、设备组、工程组，总图运输及公用工程组、环保组和技术经济组等专业组。为了使各专业组协调工作，保证报告的总体质量，一般应由总工程师、总经济师负责统筹协调。

3. 制订工作计划

工作计划内容包括研究工作的范围、重点、深度、进度安排、人员配置、费用预算及报告编制大纲，并与委托单位交换意见。

4. 调查研究收集资料

各专业组根据报告编制大纲进行实地调查，收集整理有关资料，包括进行市场调查，向行业主管部门调查，向项目所在地区调查，向项目涉及的有关企业、单位调查，收集项目建设、生产运营等各方面所必需的资料和数据。

5. 方案编制与优化

在调查研究收集资料的基础上，对项目的建设规模与产品方案、场址方案、技术方案、设备方案、工程方案、原材料供应方案、总图布置与运输方案、公用工程与辅助工程方案、环境保护方案、组织机构设置方案、实施进度方案以及项目投资与资金筹措方案等，研究编制备选方案。进行方案论证比选优化后，提出推荐方案。

6. 项目评价

对推荐方案进行环境影响评价、财务评价、国民经济评价、社会评价及风险分析，以判别项目的环境可行性、经济可行性、社会可行性和抗风险能力。当有关评价指标结论不足以支持项目方案成立时，应对原设计方案进行调整或重新设计。

7. 编写报告初稿

项目可行性研究各专业方案，经过技术经济论证和优化之后，由各专业分工编写各自负责的内容。经项目负责人衔接协调综合汇总，提出报告初稿。

8. 完成正式报告

报告初稿形成后，与委托单位交换意见，修改完善，形成正式的可行性研究报告，并提交给委托单位。

习　题

1. 项目可行性研究的含义是什么？
2. 项目可行性研究的作用有哪些？
3. 简述项目可行性研究报告的内容。
4. 市场预测的内容和方法有哪些？
5. 简述可行性研究的程序及各阶段主要的工作内容。
6. 如何正确理解合理经济规模？企业在确定生产规模时，应该考虑哪些因素？

第七章 投资项目评价

学习目标

※ 掌握财务评价的概念和目的

※ 掌握财务评价的内容、基本财务报表与评价指标的对应关系

※ 掌握项目国民经济评价概念、程序及与财务评价的区别和联系

※ 理解投资项目社会评价的方法和指标体系

※ 掌握投资项目后评价的内容以及与前评估的区别

第一节 投资项目财务评价

一、财务评价的含义和作用

财务评价是按照国内现行市场价格和国家现行财税制度，从企业的角度分析、测算项目的效益和费用等财务数据，计算出投资项目在财务上的获利能力，即衡量投资项目给企业带来的净财务收益、项目贷款的清偿能力及外汇效果等财务状况，以判断建设项目财务上的可行性。它能初步考察工程项目投资的可靠性和可接受的前景，这是投资项目经济评价的第一步，也是项目可行性研究的核心内容，作为决定建设项目投资命运的重要决策依据。

财务评价无论是对投资主体，还是对向投资项目贷款的银行，都是十分重要的。投资者在对工程项目进行投资决策前，通过可行性研究和财务评价，确定投资项目实施所需资金，并根据自身的财务实力，确定自有资金投资额，采取积极措施，如利用银行贷款或其他途径，积极筹集资金，制订资金来源和使用计划；运用技术经济分析评价方法，从微观角度比较项目的成本与效益，分析项目投资所能获得的经济效果，科学预测项目投产后的获利能力，考核项目偿还贷款能力和检验项目给投资者带来的净收益。对于向投资项目贷款的银行来说，通过财务评价，可以确定企业接受贷款的可靠程度，掌握企业投产后的实际财务状况，判断企业的贷款偿还能力，据此做出给项目贷款的可能性、贷款方式和条件等决策。

二、财务评价的程序

企业财务评价的程序大致可分为以下三个步骤：

（1）通过项目的市场调查和预测分析，确定产品生产方案和合理生产规模，选择生产工艺方案，设备选择、工程设计方案、建设地点和投资方案，拟订项目实施进度计划。据此进行财务预测，获得项目投资、生产成本、销售收入、利润等一系列财务基础数据。

（2）将上述财务预测数据汇总，编制基本报表。基本报表包括现金流量表、损益表、资金来源与运用表和资产负债表。

（3）通过上述报表，计算出一系列分析评价指标，进行投资项目获利能力分析、清偿能力分析及不确定性分析。

三、财务评价的主要指标和方法

（1）获利能力评价指标。它主要有内部收益率、投资回收期、净现值、净现值率、投资利润率、投资利税率等。

（2）清偿能力评价指标。它主要有借款偿还期、资产负债率、流动比率、速动比率等。

（3）外汇效果评价指标。它主要有外汇净现值、财务换汇成本、财务节汇成本等。

（4）不确定性分析。它的主要方法有盈亏平衡分析、敏感性分析、概率分析等。

四、财务评价的基本报表

1. 现金流量表

现金流量表反映项目寿命期内每年的现金流入量、现金流出量及净现金流量。它是分析、预测项目效益的重要动态报表。

识别现金流入项（收益）和现金流出项（费用）是编制现金流量表的前提。识别的基本原则是：凡是削弱盈利的就是现金流出，凡是增加盈利的就是现金流入。对于那些虽然由项目实施所引起，但不被企业支付或获取的费用及收益，则不予计算。

在进行盈利能力分析时，一般分两步进行：第一步，通过全部投资现金流量表，分析假如项目全部资金都为自有资金时，项目本身的盈利能力。它排除了财务条件（筹资成本）对项目盈利能力的影响，客观地反映项目本身的盈利能力。如果由此得出的项目盈利能力大于或等于资本成本率，则有继续进行财务分析的必要；反之，就可考虑否定此项目。第二步，通过自有资金现金流量表，考察企业自有资金的获利性，反映企业自身可得到的利益。

全部投资现金流量表的构成如表 7-1 所示。全部投资现金流量表不考虑资金借贷与偿还，投入项目的资金一律视为自有资金。其净现金流量构成的公式为

年净现金流量 = 销售收入 + 资产回收 - 固定资产投资 - 流动资金投资 - 经营成本 - 销售税金及附加 - 所得税

表 7-1　全部投资现金流量表

序　号	项　目	建设期			投产期		达到设计生产能力期		
1	现金流入								
1.1	产品销售收入								
1.2	回收固定资产余值								
1.3	回收流动资金								
2	现金流出								
2.1	固定资产投资								
2.2	流动资金投资								
2.3	经营成本								
2.4	销售税金及附加								
2.5	所得税								
2.6	特种基金								
3	净现金流量（1-2）								
4	累计净现金流量								
5	所得税前净现金流量								
6	所得税前累计净现金流量								

其具体的解释如下：

（1）销售收入。这是企业获得收入的主要形式。销售收入由销售量和价格两个要素决定。在项目寿命期内，价格一般都会变化，考虑到产品价格与原材料价格等有互动关系，一般采用现行价格或可预见的价格，并假定其在寿命期内不变。

（2）资产回收。寿命期期末可回收的资产包括固定资产残值和回收的流动资金。

（3）固定资产投资。固定资产投资包括工程费用、不可预见费、固定资产投资方向调节税、无形资产投资、建设期利息、开办费（形成递延资产）等。

（4）经营成本。这是为进行经济分析从总成本费用中分离出来的一种费用。其与总成本的关系为

经营成本 = 总成本费用 - 折旧和摊销费用 - 利息支出

按照国家财政部门的规定，利息支出列入成本费用，但为了便于进行全部投资分析，则将其单列。一方面，折旧是对固定资产投资的回收，我们已将固定资产投资当作支出，如果再将折旧作为支出，就重复计算了费用；另一方面，企业通过折旧，将固定资产价值转移到产品中的部分随产品的一次次销售，将其补偿基金储存起来，到折旧期满，收回原

投资，可见折旧并没有从系统项目中流出，而是保留在系统内。同理，摊销费用也不能作为现金流出。

(5) 销售税金及附加。其计算口径应与销售收入口径相对应：凡需要从销售收入中支付的税金均须列入，凡无须从销售收入中支付的税金均不列入。

自有资金现金流量表的构成与表7-1“全部投资现金流量表”的结构基本一致，其差异在于对借款资金的处理，即将表7-1中的“固定资产投资”和“流动资金投资”两项变为自有资金投入、长期借款还本和付息、流动借款还本和付息以及其他短期借款和付息七项。这是由于全部投资现金流量表是假定全部资金为自有资金，因此没有利息支出。自有资金现金流量表是站在企业财务的角度考察各项资金的收入和支出。对企业来讲，从银行取得贷款是现金流入，用于项目建设是现金流出，偿还贷款本利也是现金流出。因此，企业对贷款的真正支出只是偿还贷款本利。

2. 利润表

利润表是用来计算项目在寿命期内各年的利润总额，据以进一步计算投资利润率、投资利税率等静态评价指标。利润表的构成如表7-2所示。

表7-2 利润表

序 号	项 目	投产期		达到设计生产能力期	
	生产负荷（%）				
1	销售收入				
2	销售税金及附加				
3	总成本费用				
4	利润总额（1－2－3）				
5	所得税				
6	税后利润（4－5）				
7	特种基金				
8	可供分配利润（6－7）				
8.1	盈余公积金				
8.2	应付利润				
8.3	未分配利润				
	累计未分配利润				

3. 资金来源与运用表

资金来源与运用表反映项目计算期内各年的资金盈余情况或短缺情况，用来选择资金筹措方案，制订适宜的借款及偿还计划，并为编制资产负债表提供依据。资金来源与运用表的构成如表7-3所示。

表 7-3　资金来源与运用表

序　号	项　目	建设期			投产期		达到设计生产能力期			
	生产负荷（%）									
1	资金来源									
1.1	利润总额									
1.2	折旧费									
1.3	摊销费									
1.4	长期借款									
1.5	滚动资金借款									
1.6	其他短期借款									
1.7	自有资金									
1.8	其他									
1.9	回收固定资产余值									
1.10	回收流动资金									
2	资金运用									
2.1	固定资产投资									
2.2	建设期利息									
2.3	流动资金									
2.4	所得税									
2.5	特种基金									
2.6	应付利润									
2.7	长期借款还本									
2.8	流动资金借款还本									
3	盈余资金									
4	累计盈余资金									

4. 资产负债表

资产负债表综合反映投资项目各年末的资产、负债和资本的增减变化情况以及它们相互之间的关系，可用来检查项目的资产、负债及资本结构是否合理和项目是否具有较强的偿还债务能力。资产负债表的构成如表 7-4 所示。

表 7-4　资产负债表

序　号	项　目	建设期			投产期		达到设计生产能力期		
		1	2	3	4	5	6	7	8
1	资产								
1.1	流动资产总额								
1.1.1	应收账款								

（续）

序　号	项　目	建设期			投产期		达到设计生产能力期		
		1	2	3	4	5	6	7	8
1.1.2	存货								
1.1.3	库存现金								
1.1.4	累计盈余资金								
1.2	在建工程								
1.3	固定资产净值								
1.4	无形递延资产净值								
2	负债及所有者权益								
2.1	流动负债总额								
2.1.1	应付账款								
2.1.2	流动资金借款								
2.1.3	其他短期借款								
2.2	长期借款								
	负债小计								
2.3	所有者权益								
2.3.1	资本金								
2.3.2	资本公积金								
2.3.3	累计盈余公积金								
2.3.4	累计未分配利润								

五、财务评价基础数据估算

项目的投资、成本、销售收入、税金、利息、折旧等都可以看作是财务评价的基础数据，因为财务评价的各种指标是根据这些数据计算的。由于这些数据是在方案实施前取得的，所以必须予以估算，这是财务评价工作的起点。如果基础数据估算的准确程度不高，甚至估算错误，则直接影响到财务评价结论的准确性，给投资决策造成严重的后果。所以，准确地估算和分析各项基础数据，是保证项目经济评价结论正确性的前提条件。

1. 财务评价基础数据测算的主要依据

（1）项目建议书。

（2）产品方案和建设规模。

（3）工程项目一览表。

（4）设计方案、图样及主要设备明细表。

（5）设备的价格、安装和运输的费用。

（6）同类项目的建设资料、产品生产资料。

（7）有关规定，如资金来源、贷款利率、外汇汇率、税率、建设项目的特殊要求等。

（8）工资及其他费用标准。

2. 财务评价主要的基础数据种类

（1）项目总投资。项目总投资包括固定资产投资、固定资产投资方向调节税、建设期借款利息、流动资金。

（2）产品成本。产品成本包括产品总成本费用、单位产品成本、经营费用、固定成本及可变成本。

（3）销售收入和销售税金。

（4）固定资产折旧、无形资产及递延资产摊销。

第二节　投资项目国民经济评价

国民经济评价是按照资源合理配置的原则，从国家整体角度考虑项目的效益和费用，用影子价格、影子工资、影子汇率和社会折现率等经济参数，分析计算项目对国民经济的净贡献，评价项目的经济合理性。

一、国民经济评价概述

（一）国民经济评价的对象及作用

1. 国民经济评价的对象

宏观经济效果的好坏是我国建设投资决策的主要依据。国民经济评价是项目评价的重要组成部分和关键。因此，从原则上讲，所有项目一般均应进行国民经济评价，并以国民经济评价的结论作为主要决策依据。根据目前我国的实际条件及可行性，一般只要求对某些在国民经济中有较重大作用和影响的项目进行国民经济评价。具体包括涉及国民经济若干部门的重大工业项目和重大技术改造项目、严重影响国计民生的重大项目、有关稀缺资源开发利用的项目、产品及原材料价格明显失真的项目，以及审批机关要求进行国民经济评价的进出口、技术引进、中外合资经营项目等。

2. 国民经济评价的作用

（1）国民经济评价是宏观上合理配置国家有限资源的需要。合理的资源配置应该是能够使国民经济目标达到最优化的资源配置。项目是国民经济大系统中的一个小系统，它从国民经济大系统中吸取一定的投入，又向国民经济大系统提供一定量的产出，为使国民经济大系统目标达到最优化，所选项目应该是对系统目标优化最有利的项目。但由于市场的不完善及市场功能的局限性等原因，财务价格往往不能全面、正确地反映项目投入物及产出物的真正经济价格，由财务评价所选择的项目就可能不是对国民经济目标优化最有利的项目，因此，为在宏观上合理配置资源，需要进行国民经济评价。

（2）国民经济评价是真正反映项目对国民经济净贡献的需要。从国家角度出发，投资建设的目的是取得尽可能大的国民经济效益，项目的取舍应以项目对国民经济净贡献的大小为依据。为全面、正确反映项目的国民经济净贡献，需要进行国民经济评价。

（3）国民经济评价是投资决策科学化的需要。科学合理的投资决策应能有效地促成适度的投资规模、合理的投资结构，实现良好的经济效益。国民经济评价可以从以下三个方面促进投资决策的科学化：通过调整社会折现率等来控制一些项目的通过与否，达到调控投资规模的目的；通过体现宏观意图的影子价格、影子工资等，可以起到鼓励或抑制某些行业、区域及某类项目发展的作用；通过选择国民经济净贡献大的项目，可以保障良好的国民经济总体效益。

（二）国民经济评价与财务评价的关系

项目的经济评价主要可以分成两部分：财务评价和国民经济评价。财务评价是从投资项目或企业角度对项目进行经济分析的，而国民经济评价是从整个国家（或国民经济）的角度考察项目的经济效果和社会效果。财务评价和国民经济评价既相互联系又有区别。

1. 二者的联系

国民经济评价是利用财务评价的基础数据资料，通过调整财务评价的相关指标，得出国民经济评价的结论的。二者的评价目的、评价基础、基本分析方法和主要评价指标一致。

（1）评价目的相同。国民经济评价和财务评价的目的都是寻求最有利的投资项目或方案。

（2）评价基础相同。国民经济评价和财务评价都是在完成项目产品市场分析、方案构建、投资估算及资金筹措等基础上进行的。

（3）基本分析方法和主要评价指标相同。国民经济评价和财务评价都是以现金流量分析（国民经济评价中称费用效益流量分析）为主要方法，通过编制基本报表，计算内部收益率、净现值等主要评价指标。

2. 二者的区别

国民经济评价和财务评价之间有着相似之处，但也在多个方面有着很大区别。具体区别如表7-5所示。

表 7-5　国民经济评价和财务评价的区别

区别内容	财务评价	国民经济评价
评价角度	从企业财务角度对项目进行分析，考察项目微观的财务盈利能力	从国民经济宏观角度对项目进行分析，考察项目的经济合理性
费用和效益的含义及划分范围	依据项目的直接财务收支计算项目的费用和效益，税收、利息、工资均不计为企业效益，财政补贴、折旧纳入企业效益，不考虑间接效益和直接费用，如项目对环境的破坏或改善等	依据项目实际耗费的有用资源及向社会提供的有用产品（或服务）来考虑项目的费用和效益。税收、利息、工资均计为企业效益，补贴从效益中扣除，考虑间接收益和间接费用，显著的、可计算部分必须纳入项目的内部收益中计算
费用和效益的计算价格	采用实际可能的财务价格计算项目的费用和效益	采用能够反映资源真实经济价值的影子价格来计量项目的费用和效益
评价判据	实际选定参数，如行业基准收益率（不同行业不相同）或设定的折现率	通用参数，如社会折现率（不同行业相互统一）
评价指标	财务评价主要分析项目的收益、净现值，得到企业的财务上的可行性，即项目经济生存能力的分析	国民经济评价主要以影响国民收入的各项评价指标为基准，即项目经济效率的分析

3. 项目决策的准则

由于财务评价和国民经济评价的区别，可能出现同一项目的财务评价结论与国民经济评价结论不一致的情况。其决策准则如下：

（1）财务评价和国民经济评价结论均可行，项目应予以通过。

（2）财务评价和国民经济评价结论均不可行，项目应予以否定。

（3）财务评价结论可行，国民经济评价结论不可行，项目一般应予以否定。

（4）财务评价不可行，国民经济评价结论可行，项目一般应予以推荐。此时建议采取某些财务优惠措施等，使项目具有财务上的生存能力。

（三）国民经济评价的内容、程序及评价指标

1. 国民经济评价的内容和程序

国民经济评价包括国民经济盈利能力分析和外汇效果分析。此外，还应对难以量化的外部效果进行定性分析。其具体内容及程序如下：

（1）国民经济效益和费用的识别。在国民经济评价中，应从整个国民经济的角度来划分和考虑项目的效益和费用。效益是指项目对国民经济所做的贡献，包括项目本身的直接效益和由项目带来的间接效益；费用是指国民经济为项目付出的代价，包括项目本身的直接费用和由项目引起的间接费用。

（2）影子价格的确定。正确确定项目产出物和投入物的影子价格是保障项目国民经济评价正确性的关键。在国民经济评价中，应选择既能够反映资源本身的真实经济价值，又能够反映供求关系及国家经济政策的影子价格。

（3）基础数据的调整。影子价格确定以后，应将项目的各项经济基础数据按照影子价格进行调整，计算项目的各项国民经济效益和费用。

（4）编制报表。根据调整、计算所得的项目各项国民经济效益及费用数值，编制国民经济评价报表。

（5）国民经济效益分析。根据国民经济评价报表及社会折现率等经济参数，计算项目的国民经济评价指标，分析项目的国民经济效益及经济合理性。此外，应对难以量化的外部效果进行定性分析，还可以从整个社会的角度来考虑和分析项目对社会目标的贡献，即进行社会效益分析。

（6）进行不确定性分析。不确定性分析即从国民经济角度分析项目可能面临的风险及项目抗风险的能力，一般进行经济敏感性分析，有条件或需要时还应进行概率分析。

（7）做出评价结论与建议。由上述确定性分析和不确定性分析结果，对项目的经济合理性做出判断，然后结合项目财务评价结果，做出项目经济评价的最终结论，并提出相应建议。

2. 国民经济评价的指标

国民经济评价的指标及其与国民经济评价内容、基本报表的对应关系如表7-6所示。其中，经济内部收益率为主要评价指标。根据项目特点和实际需要，也可计算经济净现值等指标。产品出口创汇及替代进口节汇的项目，要计算经济外汇净现值、经济换汇成本或经济节汇成本等指标。

表7-6 国民经济评价的内容、基本报表与评价指标

<table>
<tr><th>评价内容</th><th>基本报表</th><th>国民经济评价指标</th></tr>
<tr><td rowspan="2">盈利能力分析</td><td>全部投资国民经济效益费用流量表</td><td>经济内部收益率、经济净现值</td></tr>
<tr><td>国内投资国民经济效益费用流量表</td><td>经济内部效益率、经济净现值</td></tr>
<tr><td>外汇效果分析</td><td>经济外汇流量表</td><td>经济外汇净现值
经济换汇成本
经济节汇成本</td></tr>
<tr><td rowspan="4">不确定性分析</td><td rowspan="2">敏感性分析</td><td>经济内部收益率</td></tr>
<tr><td>经济净现值</td></tr>
<tr><td rowspan="2">概率分析</td><td>经济净现值期望值</td></tr>
<tr><td>经济净现值的累计概率</td></tr>
</table>

（四）国民经济效益和费用的识别

1．国民经济效益和费用识别的基本方法

效益和费用都是针对特定目标而言的。效益是对目标的正贡献，费用是对目标的反贡献。项目的国民经济目标是获取尽可能大的国民经济净贡献。识别项目国民经济费用和效益的基本方法是“有无对比法”，即将项目的实施和运行对国民经济造成的影响（包括正面影响和负面影响）与无项目条件下的情况进行对比，凡是项目对国民经济所作的贡献均计为项目的国民经济效益，凡是国民经济为项目所付出的代价均计为项目的国民经济费用。

2．直接效益和直接费用

（1）直接效益。项目的直接效益是由于项目向国民经济大系统提供产品或服务而对国民经济做出的直接贡献。直接效益的确定一般可分为以下两种情况：

1）若项目产出物用以增加国内市场的供给量，其效益就是这部分增加量所满足的国内需求的价值，等于对这部分增加供给量的消费者支付意愿。

2）若项目产出物未导致国内市场供给量的相应增加，则：①项目产出物用于直接出口，其效益为所获得外汇的经济价值；②项目产出物用于替代进口，其效益等于所节约外汇的经济价值；③项目产出物用于替代国内原生产企业的部分或全部产品，其效益为原生产企业减产或停产向社会所释放的资源，其价值等于对这部分资源的支付意愿。

（2）直接费用。项目的直接费用是因项目建设生产耗费的直接投入而使国民经济为项目所付出的代价。直接费用的确定一般也分为以下两种情况：

1）若项目的投入物来自国内生产量的增加，其费用就是增加国内生产所消耗资源的经济价值。

2）若项目投入物的国内生产量保持不变，则：①项目投入物来自进口，其费用等于所花费外汇的经济价值；②项目投入物来自出口减少，其费用等于减少外汇收入的经济价值；③项目投入物来自对其他项目供应量的减少，其费用为其他项目因此而减少的效益，等于其他项目对这部分投入物的支付意愿。

3．间接效益和间接费用

在项目为国民经济提供的总效益中，除了由项目产出物所体现的直接效益外，还包括由项目产生的某些其他效益，即间接效益或外部效益。例如，大型水利项目为当地防洪及旅游业等带来的效益，项目厂外运输系统为附近工农业生产和人民生活带来的效益，项目为所处相对落后地区社会、经济、文化、观念等带来的综合效益等。这些效益有些是有形的，有些是无形的；有些是可以用货币计量的，有些是不能用货币计量的。

在国民经济为项目所付出的总代价中，除由项目投入物所体现的直接费用外，还包括由项目引起的某些其他费用，即间接费用或外部费用。间接费用的典型例子，如工业项目的废水、废气、废渣、噪声等引起的环境污染所造成的国民经济费用。间接费用也有有形与无形、可用货币计量与不可用货币计量之分。

与项目相关的间接效益和间接费用统称为外部效果。项目的外部效果有以下分类，如表7-7所示。

表7-7 项目的外部效果

区分角度	效果类型	定 义
联系范围	相邻外部效果	它包括“后向”相邻效果和“前向”相邻效果。后向是指生产初级产品的项目以其产出物为原料的其他经济部门和行业所产生的间接效果；前向是指由于项目的建立而对那些为它提供原材料或半成品的其他产业所产生的间接效果
	乘数外部效果	它是指新建项目的实施刺激了项目投入物的国内需求，使原来闲置的资源可以得到利用，从而产生一种连锁性的外部效果。例如，新建汽车厂带动零部件厂的发展，带动制造材料的生产，从而带动机床、能源生产的发展等
效益成果	技术性外部效果	它是指那些确实能够引起项目之外的生产和消费发生变化的效益和费用。例如，造纸厂排污水使附近鱼类骤减，水电站建设产生防洪、灌溉效益使附近粮食产量增多
	价格性外部效果	它是指那些不会影响项目之外的生产和消费总量，而只是引起某些商品和劳务的相对价格发生变化所产生的间接费用和间接效益。例如，由于棉纺织项目的投产导致棉布供应量增加，从而棉布价格下跌，导致其他棉纺织厂的利润下降，即为项目价格性间接费用；同时，令制衣厂、棉布消费者因此而受益，即为价格性间接效益
货币计量	项目有形外部效果	它是指可以通过货币计量的间接效益和费用。例如，水电站建设项目引起粮食增产的效益和项目配套服务的投资支出
	项目无形外部效果	它是指不可以用货币计量的项目间接效益和费用。例如，项目关联环境的舒适性、技术扩散效益等

外部效果通常较难计算，为减少计量的困难，首先应力求明确项目的“边界”，如通过扩大项目范围把一些相互关联的项目合在一起作为“联合体”进行评价，使间接费用和间接效益转化为直接费用和直接效益。另外，采用影子价格计算项目费用和效益，可在很大程度上使项目的外部效果在项目内部得到体现。这样，扩大项目范围和调整价格两步工作后，可使很多“外部效果”内部化。在国民经济评价中，为既能全面考虑项目的外部效果，又能防止外部效果扩大化，避免重复计算，在考虑某些外部效果时应注意以下几个问题：

（1）工业项目造成的环境污染和生态破坏是一种间接费用，可参照现有同类企业所造成的损失来计算，至少也应做定性描述。

（2）项目产品大量供应国内市场导致产品价格下降而使原用户及消费者从中得到的好

处，一般不应计作项目的间接效益，因为原用户及消费者从产品价格下降中所得好处正是原生产厂家效益的减少，从整个国家经济的角度看，效益并未增减，而只是一种效益的转移。

（3）项目产品大量出口导致出口价格下降，减少了原出口产品创汇的效益，则应计为项目的间接费用。

（4）技术先进项目的技术培训、人才流动、技术推广和技术扩散使整个社会受益，应计为项目的间接效益，称为技术扩散效果。由于计量上的困难，一般只能做定性描述。

（5）项目对以其产出物为主要投入物的下游企业所产生的效果，一般在合理确定的项目产出物影子价格中已得到反映，不再单独进行计算。

（6）项目对为其提供投入物的上游企业所产生的效果，可分为两种情况来考虑：项目投入物由新建项目生产提供，则效果一般能够通过合理确定的投入物影子价格得到反映，不需要单独计算；项目投入物来自现有生产企业，使原来闲置的生产能力得以发挥或达到经济规模所产生的效益，应计为项目的间接效益，但需用有无对比的原则计算增量效果。测评没有该项目时，上游企业生产能力的利用会发生变化，并注意是否存在具有类似效果的其他拟建项目，若有，就不应将上述效益全部归因于一个项目，以避免外部效果的重复计算。

（7）项目的外部效果一般只计算第一级相关效果，而不计算连续扩展的乘数效果。

4. 转移支付

外部效果是在财务评价中未考虑，而在国民经济评价中计为效益或费用的效果；转移支付则是在财务评价中计为效益或费用，而在国民经济评价中既不计为效益也不计为费用的流量。转移支付包括项目缴纳的各种税金及附加，向国内银行及投资者偿还的借款本息及获取的各种补贴等。从财务角度看，它们都是项目的实际支出或收入，应计为项目的费用或效益；但从整个国民经济角度看，它们却都只是国民经济内部的资源支配权的转移，并未导致资源的实际耗费或增加，所以在国民经济评价中既不能计为项目的费用，也不能计为项目的效益。因此，当国民经济评价是在财务评价的基础上进行时，应注意从原费用和效益中剔除其中的转移支付；当对项目直接进行国民经济评价时，应注意在费用和效益中不包括转移支付。项目偿还国外借款本息，产生了国民经济内部资源向国民经济系统外部的转移，导致了国民经济内部资源的减少，因此不能视为转移支付，而必须计作项目的国民经济费用。

二、影子价格及其计算

（一）影子价格的概念

影子价格的概念是20世纪30年代末40年代初，由荷兰数理经济学及计量经济学创始人之一、诺贝尔经济奖获得者詹恩·丁伯根（Jan Tinbergen）和前苏联数学家及经济学家、诺贝尔经济学奖获得者康托罗维奇（Leowd V. kantorovich）分别提出的。影子价格又称最优计划价格或计算价格，它不是市场上形成的交换价格，而是一种更能反映资源真实经济价值、促进资源合理利用、为实现一定的经济发展目标而人为确定的效率价格。影子价格反映社会经济处于某种最优状态下时的资源稀缺程度和对最终产品的需求情况，有利于资源的最优配置。

国民经济评价通过考虑项目的国民经济效益和费用来评价项目对国民经济的净贡献，而合理确定和应用影子价格是正确衡量项目国民经济效益和费用的最重要的前提。只有合理确定和应用影子价格，才能保证项目国民经济效益和费用衡量的真实，使国民经济评价的结论能够用于正确指导投资决策，保证资源的合理配置，从而使国民经济获得高效率、高速度的发展；反之，失真和扭曲的影子价格必然导致项目国民经济效益和费用的衡量失实，从而导致错误的投资决策，造成有限资源的浪费，延误国民经济的发展。

（二）影子价格的计算方法

1. 线性对偶解法

前苏联经济学家康托罗维奇和美国经济学家诺贝尔经济学奖获得者库普曼（T. G. Koopman）先后用线性规划方法证明了影子价格是资源配置的线性对偶规划的最优解。

影子价格的线性规划对偶解法在理论上比较严密，但实际应用却十分困难。因为它涉及上千种资源、上万种产品及更大数量级的消耗系数，无论是从技术水平还是从计划水平来看，目前都是很难办到的。因此，这一方法只有理论上的意义，很难在经济分析，特别是项目评价中实际应用。

2. 市场均衡价格法

理论上可以证明，完善市场条件下货物的影子价格等于其市场均衡价格。虽然实际上完善的市场条件并不存在，但一般认为，只要排除少数国家的垄断、控制和保护政策等方面的限制，国际市场价格可以较好地反映货物的真实价值，特别是对外贸货物而言，若能正确确定外汇的国民经济价值，国际市场价格确实代表了国民经济系统向外输出单位货物所能获取的报酬及向内输入单位货物所需支付的代价。因此，市场经济不发达国家在进行项目国民经济评价时，项目投入物及产出物中外贸货物的影子价格可以国际市场价格为基础进行调整来确定。

3. 机会成本分析法

在国民经济评价中，项目占用某种资源的机会成本是指用于项目的这种资源若用于其他最好的替代机会所能获得的效益。当某一项目占用了一定量的某种资源时，国民经济被迫放弃把该部分资源用于其他最好的替代用途的机会，从而被迫放弃了由此替代用途产生的效益。这个被迫放弃的收益也就是国民经济为该项目占用这部分资源而付出的代价。因此，机会成本代表了项目占用资源的影子费用（影子价格 × 占用量），反映了资源影子价格的大小。

机会成本分析法常用于确定土地的影子费用和劳动力的影子价格（影子工资），而机会成本分析的思想则几乎体现在所有影子价格或影子费用的确定中。

4. 消费者支付意愿法

这里所谓的消费者是广义的，包括最终消费品的购买者及中间货物和资本货物的购买者（包括所评价项目自身）。消费者支付意愿法与机会成本分析法同属局部均衡分析法，主要用于确定非外贸货物的影子价格、影子效益或费用。实际上，该方法也适用于其他货物影子价格的确定。

在项目产出物有效增加了国内市场供应量的情况下，若其供应量不足以大到引起国内市场价格（指完全由供、求决定的价格，下同）下降，则消费者支付意愿的度量尺度就是市场价格本身，产出物的影子价格可以取市场价格；若其供应量引起了国内市场价格的下降，则消费者支付意愿等于消费者实际支付加增加的消费者剩余，即产出物的影子效益等于消费者支付意愿。在项目产出物替代国内原生产企业的部分或全部生产的情况下，其影子效益为原生产企业减产或停产向社会所释放资源的价值，等于这部分资源的消费者支付意愿（若产品质量有所提高，还应计入追加效益）。

同理，在项目投入物来自挤占对该投入物原用户供应量的情况下，其影子费用等于原用户因此而减少效益的价值，即等于原用户对这部分投入物的支付意愿；在项目投入物源自国内生产量增加的情况下，其影子费用就是增加生产所消耗资源的价值，即等于对这些资源的消费者支付意愿。

推而广之，项目出口产品的出口价格反映了国外消费者对项目产品的支付意愿；项目进口投入物的进口价格反映了国内消费者对进口投入物的支付意愿。

5. 成本分解法

成本分解法是确定非外贸货物影子价格的一种重要方法。用成本分解法对货物进行分解，可得到该货物的分解成本，用以反映货物的经济价值。

对于项目的非外贸投入物及替代国内原有企业产品的产出物，大多数不能直接按市场价格反映其影子价格或导出反映其影子价格（影子效益、影子费用）的消费者支付意愿，而需要由成本分解法得到分解成本来反映。

用成本分解法求解非外贸货物的影子价格时，原则上应对边际成本进行分解，但在实践中，往往由于数据来源困难，而用平均成本进行分解计算。对于必须用新增投资来增加所需投入物供应的，应按其全部成本（包括可变成本和固定成本）进行分解；对于能以发挥原有企业生产能力来满足供应的，应按其可变成本进行分解。

以测算非外贸货物 A 的分解成本演示步骤如下：

（1）按生产费用要素列出货物 A 的单位产品财务成本，单位产品固定资产投资及流动资金占用额，并剔除数据中包含的税金。调查确定或设定货物 A 生产厂的建设期、生产期、建设期各年投资比例及生产期末单位产品固定资产余值。

（2）对货物A生产费用构成中的外购原材料、燃料及动力，按其是属外贸货物还是属非外贸货物，依相应的定价原则确定其影子价格：重要的外贸货物应自行测算其影子价格；重要的非外贸货物无现成、合理的影子价格可用时，应按成本分解步骤进行第二轮分解；其他货物可直接套用影子价格或影子价格换算系数，然后用所得影子价格对相应费用进行调整。

（3）财务成本中的工资及福利费用工资换算系数调整，财务成本中单列的费用运费换算系数进行调整。有条件时，对投资中某些占比大的费用项目也应进行调整。

（4）按建设期各年投资比例，将调整后的单位产品固定资产投资额分摊到建设期各年，然后按下式等值换算到建设期末（生产期初）

$$I_F = \sum_{t=0}^{n_1} I_t(1+i_s)^{n_1-t}$$

式中 I_F——等值换算到生产期期初的单位产品固定资产投资额；

I_t——建设期各年调整后的单位产品固定资产投资额；

i_s——社会折现率；

n_1——建设期。

（5）用按下式计算的固定资金回收费用取代财务成本中的折旧费用及摊销费

$$M_F = (I_F - S_v)(A/P, i_s, n_2) + S_v i_s$$

式中 M_F——单位产品固定资金回收费用；

S_v——生产期期末的单位产品固定资产余值额；

n_2——生产期。

（6）按下式计算的流动资金回收费用取代财务成本中的流动资金利息

$$M_W = W i_s$$

式中 M_W——单位产品流动资金回收费用；

W——单位产品流动资金占用额。

（7）财务成本中的其他项目可不予调整。

（8）完成上述调整后，重新计算的各项费用总额就为货物A的分解成本，作为货物A的出厂影子价格；再加上从货物A生产厂到项目的影子运费和贸易费用，即作为项目投入物的货物A为项目的影子价格。

（三）影子价格的确定

在国民经济评价中确定影子价格时，首先将项目投入物和产出物分为外贸货物、非外贸货物和特殊投入物三种类型，然后按其特点及上述影子价格的计算方法分别确定其影子价格。

1．外贸货物影子价格的确定

外贸货物是指其生产或使用直接或间接影响国家进出口的货物。外贸货物包括：项目产出物直接出口（增加出口）、间接出口（替代其他企业产品供应国内市场而使其他企业增加出口）或替代进口（以产品满足其他企业或最终消费从而减少进口）者；项目投入物直接进口（增加进口）、间接进口（挤占其他企业投入物使其增加进口）或减少出口（挤占原可用于出口的国内产品）者。

外贸货物的影子价格以实际可能发生的国际市场价格（一般取口岸价格）为基础确定。口岸价格的选取应注意国际市场的变化趋势，进行有根据的预测，注意剔除倾销、暂时紧缺、短期波动等因素的影响，同时还要考虑质量价差。口岸价格选定后，可按下述定价方法确定外贸货物的影子价格（项目产出物为出厂价；项目投入物为到厂价）

（1）直接出口产品的影子价格为

$$SP = FOB \times SER - (T_1 + T_{r_1})$$

式中　SP——影子价格；

FOB——离岸价格；

SER——影子汇率；

T_1，T_{r_1}——国内运输费用及贸易费用。

（2）间接出口产品的影子价格为

$$SP = FOB \times SER - (T_2 + T_{r_2}) + (T_3 + T_{r_3}) - (T_4 + T_{r_4})$$

式中　T_2，T_{r_2}——原供应厂到口岸的运输费用及贸易费用；

T_3，T_{r_3}——原供应厂到用户的运输费用及贸易费用；

T_4，T_{r_4}——项目到用户的运输费用及贸易费用。

原供应厂和用户难以确定时，可按直接出口考虑。

（3）替代进口产品的影子价格为

$$SP = CIF \times SER + (T_5 + T_{r_5}) - (T_4 + T_{r_4})$$

式中　CIF——到岸价格；

T_5，T_{r_5}——口岸到用户的运输费用及贸易费用。

具体用户难以确定时，可按到岸价格计算。

（4）直接进口产品的影子价格为

$$SP = CIF \times SER + (T_1 + T_{r_1})$$

（5）间接进口产品的影子价格为

$$SP = CIF \times SER + (T_5 + T_{r_5}) - (T_3 + T_{r_3}) + (T_6 + T_{r_6})$$

式中　T_6，T_{r_6}——供应厂到项目的运输费用及贸易费用。

供应厂和其原用户难以确定时，可按直接进口考虑。

（6）减少出口产品的影子价格为

$$\mathrm{SP}=\mathrm{FOB}\times\mathrm{SER}-(T_2+T_{r_2})+(T_6+T_{r_6})$$

供应厂难以确定时，可按离岸价格计算。

2. 非外贸货物影子价格的确定

非外贸货物是指其生产或使用不影响国家进出口的货物。非外贸货物包括：所谓“天然”的非外贸货物，如建筑、国内运输等基础设施及商业的产品和服务；由于运输费用过高或受国内外贸易政策和其他条件的限制，不能进行外贸的货物。非外贸货物的影子价格按下述原则和方法确定：

（1）增加国内市场供应量的项目产出物，按以下原则和方法定价后再计算为出厂价格：供求均衡的，按财务价格定价；供不应求的，参照国内市场价格并考虑价格变化的趋势定价，但不应高于相同质量产品的进口价格；无法判断供求情况的，取上述价格中较低者。

（2）替代国内原有生产企业部分或全部生产的项目产出物，按以下原则和方法定价后再计算为出厂价格：质量与被替代产品相同的，按被替代企业相应的产品可变成本分解定价；提高产品质量的，原则上按被替代产品的可变成本分解加提高产品质量而带来的国民经济效益定价。其提高产品质量带来的效益可近似按国际市场价格与被替代产品的价格之差确定。

（3）通过原有企业挖潜（不增加投资）供应的项目投入物，按可变成本分解定价后计算为到厂价格。

（4）由增加投资扩大生产规模供应的项目投入物，按全部成本分解定价后计算为到厂价格。当难以获得分解成本所需资料时，可参照国内市场价格定价后计算为到厂价格。

（5）挤占对原用户供应量来供应项目的投入物，参照国内市场价格、国家统一价格加补贴（如有时）中较高者定价后计算为到厂价格。

3. 特殊投入物影子价格的确定

特殊投入物是指劳动力和土地。其影子价格或影子费用应能反映劳动力、土地用于拟建项目而使社会为此放弃的效益以及为此而增加的资源消耗。

（1）劳动力的影子工资可以通过财务评价时所用的工资及福利费之和乘以影子工资换算系数求得。影子工资换算系数由国家统一测定发布，目前我国规定的一般项目的影子工资换算系数为1，在建设期内使用大量民工的水利、公路等项目的民工影子工资换算系数为0.5。

（2）土地的影子费用可按土地机会成本加国民经济为项目占用土地而新增加的资源消耗扣拆迁费用、剩余农业劳动力安置费等确定。其中，新增的资源消耗费用是按影子价格计算的费用；土地机会成本可按下式计算

$$OC=\sum_{t=1}^{n}NB_0(1+g)^{t+\tau-1}(1+i_s)^{-t}$$

式中　OC——土地机会成本；

NB_0——测算年土地的“最好可替代用途”的年净效益；

n——项目占用土地年限，一般取项目计算期；

τ——测算年距项目占用土地开始年（一般为建设开始年）年份数；

g——土地最好可替代用途年净效益的平均增长率；

i_s——社会折现率。

4. 社会折现率、影子汇率及贸易费用率

社会折现率是从国民经济角度对资金机会成本和资金时间价值的估量，也即资金的影子价格。它是国民经济评价的重要通用参数，是计算经济净现值等指标或其他经济等值换算时采用的折现率，也是衡量经济内部收益率的判据。社会折现率由国家统一测定发布。

影子汇率是从国民经济角度对外汇价值的估量，是外汇的影子价格。在国民经济评价中，影子汇率用于外汇与人民币之间的换算，同时又作为经济换汇或节汇成本的判据。影子汇率取值的高低，直接影响项目（或方案）比选中的进出口抉择，影响对产品进口替代型项目和产品出口型项目的决策。按原国家计委方法规定，我国进行国民经济评价时，用国家外汇牌价乘以影子汇率换算系数得到影子汇率，即影子汇率 = 影子汇率换算系数 × 官方汇率。

影子汇率换算系数是一个重要的通用参数，由国家统一测定发布。现今我国已放松对外汇的管制，官方汇率等于外汇调剂市场汇率。由于该汇率已基本上能够反映外汇的真实价值，所以在进行国民经济评价时，也可以直接以外汇调剂市场汇率为影子汇率。

国民经济评价中的贸易费用是指物资系统、外贸公司和各级商品批发站等部门花费在货物流通过程中的以影子价格计算的费用（长途运输费用除外）。贸易费用率则是用以计算贸易费用的、反映贸易费用相当于货物影子价格的一个综合比率。贸易费用率取值一般为6%，对少数价格高、体积及重量较小的货物取值可适当降低。用贸易费用率计算货物的贸易费用时，使用的公式为

$$\text{进口货物的贸易费用}=CIF\times SER\times r$$

式中　r——贸易费用率。

$$\text{出口货物的贸易费用}=(FOB\times SER-T)\div(1+r)\times r$$

式中　T——国内长途运费。

$$\text{非外贸货物的贸易费用}=\text{出厂影子价格}\times r$$

不经商贸部门流转而由生产厂家直供的货物，不计算贸易费用。

三、国民经济盈利能力分析

项目的国民经济盈利能力分析旨在测度项目的国民经济盈利水平。为此，需编制全部

投资国民经济效益费用流量表，并据此计算全部投资国民经济内部收益率和经济净现值指标；对使用国外贷款的项目，还应编制国内投资国民经济效益费用流量表，并据此计算国内投资经济内部收益率和经济净现值指标。

（一）基础数据的准备

1. 在财务评价基础上进行国民经济评价

这时可按以下步骤进行评价所需基础数据的准备，并编制成相应的辅助报表。

（1）效益和费用范围的调整。

1）剔除已计入财务效益和费用中的转移支付。

2）识别项目的间接效益和间接费用，对能定量的进行定量计算，对不能定量的加以定性描述。

（2）效益和费用数值的调整。

1）固定资产投资的调整。剔除属于国民经济内部转移支付的引进设备、材料的关税和增值税，并用影子汇率、影子运费和贸易费用对引进设备价值进行调整；对国内设备价值也用相应的影子价格、影子运费和贸易费用进行调整。根据建筑工程消耗的人工、三材、其他大宗材料、电力等，用影子工资、货物和电力的影子价格调整建筑费用，一般情况下也可通过建筑工程影子价格换算系数直接调整建筑费用。目前测算发布的房屋建筑工程影子价格换算系数为1.1，矿山井巷工程影子价格换算系数为1.2。若安装费中的材料费占比例很大，或有进口安装材料时，应按材料的影子价格调整安装费用；用土地的影子费用代替占用土地的财务费用；剔除涨价预备费。调整其他费用项目。

2）流动资金的调整。根据流动资金估算基础的变动调整项目流动资金。

3）经营费用的调整。用货物影子价格、影子工资等调整相关的费用要素，然后加总求得经营费用。

4）销售收入的调整。确定项目产出物的影子价格，按影子价格重新计算销售收入。

5）外汇借款还本付息的调整。涉及外汇借款时，应用影子汇率重新计算外汇借款本金和利息的偿付额。

2. 直接进行项目国民经济评价

这时按以下步骤准备评价所需基础数据，并可参照财务评价辅助报表格式编制成表。

（1）识别和计算项目的直接效益。对为国民经济提供产出物品的项目，按产出物品种类、数量及相应的影子价格计算项目的直接效益；对为国民经济提供服务的项目，根据提供服务的数量及用户的受益计算项目的直接效益。

（2）投资估算。这是用货物的影子价格、土地的影子费用、影子工资、影子汇率、社会折现率等，参照财务评价的投资估算方法和程序，直接进行投资估算，包括固定资产投资估算和流动资金估算。

（3）计算经营费用。根据生产经营的消耗数据，用货物的影子价格、影子工资、影子汇率等计算项目的经营费用。

(4) 项目间接效益和间接费用的识别、计算或分析。对能定量的项目外部效果进行定量计算，对难以定量的项目外部效果做定性描述。

(二) 国民经济效益费用流量表的编制及指标的计算与评价

1. 国民经济效益费用流量表的编制

全部投资国民经济效益费用流量表是站在项目全部投资的角度，或者说是在假定项目全部投资均为国内投资条件下的项目国民经济效益费用流量系统的表格式反映；国内投资国民经济效益费用流量表是以项目投资作为计算的基础，将国外借款利息和本金的偿付作为费用流出。

报表的年序设置及规定与财务评价中的现金流量表相同。栏目设置与财务评价的现金流量表相比，主要是剔除了反映转移支付的税金等项目，同时增加了项目间接效益和间接费用项。当项目不涉及外资时，项目国内投资等于全部投资；当项目涉及利用外资时，才需编制国内投资国民经济效益费用流量表，并应据此计算的评价指标作为项目决策的主要依据。

2. 指标的计算与评价

(1) 经济内部收益率（EIRR）。经济内部收益率是反映项目对国民经济净贡献的相对指标。它是项目在计算期内各年经济净效益流量的折现值累计等于零时的折现率。其表达式为

$$\sum_{t=0}^{n}(B-C)_t(1+\text{EIRR})^{-t}=0$$

式中　B——效益流入量；

C——费用流出量；

$(B-C)_t$——第 t 年净效益流量；

n——项目计算期。

EIRR$\geqslant i_s$，表明项目对国民经济的净贡献超过或达到了要求的水平，可以考虑接受项目。

(2) 经济净现值（ENPV）。经济净现值是反映项目对国民经济净贡献的绝对指标。它是用社会折现率（i_s）将项目计算期内各年的净效益流量折现到建设期初的现值之和。其表达式为

$$\text{ENPV}=\sum_{t=0}^{n}(B-C)_t(1+i_s)^{-t}$$

当 ENPV$\geqslant$0 时，表示国家为拟建项目付出代价后，可以得到超过或符合社会折现率的社会盈余，因此可以考虑接受项目。

（三）国民经济外汇效果分析

对于产出物出口（含部分出口）或替代进口（含部分替代进口）的项目，应进行外汇效果分析。外汇效果分析需要编制经济外汇流量表及国内资源流量表，计算经济外汇净现值、经济换汇成本或经济节汇成本指标。

1. 经济外汇净现值（$ENPV_F$）

经济外汇净现值是反映项目实施后对国家外汇收支直接或间接影响的重要指标，用以衡量项目对国家外汇真正的净贡献（创汇）或净消耗（用汇）。经济外汇净现值可通过经济外汇流量表求得。其计算公式为

$$ENPV_F = \sum_{t=0}^{n} (FI - FO)_t (1 + i_s)^{-t}$$

式中 FI——外汇流入量；

FO——外汇流出量；

$(FI - FO)_t$——第 t 年的净外汇流量；

n——项目计算期；

i_s——社会折现率。

当有产品替代进口时，应按净外汇效果计算经济外汇净现值。

2. 经济换汇成本和经济节汇成本

当有产品直接出口时，应计算经济换汇成本；当有产品替代进口时，应计算经济节汇成本。经济换汇成本和经济节汇成本的定义及计算方法如下。

（1）经济换汇成本。对有产品直接出口的项目，应计算其经济换汇成本。它是用货物影子价格、影子工资和社会折现率计算的为生产出口产品而投入的国内资源现值（以人民币表示）与生产出口产品的经济外汇净现值（通常以美元表示）之比。其计算公式为

$$经济换汇成本 = \frac{\sum_{t=0}^{n} DR_t'(1 + i_s)^{-t}}{\sum_{t=0}^{n} (FI' - FO')(1 + i_s)^{-t}}$$

式中 DR_t'——项目第 t 年为生产出口产品投入的国内资源，单位为元；

FI'——生产出口产品的外汇流入，单位为美元；

FO'——生产出口产品的外汇流出，单位为美元；

i_s——社会折现率。

经济换汇成本（元/美元）小于等于影子汇率，则表示项目产品出口有利。

（2）经济节汇成本。对有产品替代进口的项目，应计算其经济节汇成本。它是用货物影子价格、影子工资和社会折现率计算的为生产替代进口产品所投入的国内资源的现值与生产替代进口产品的经济外汇净现值之比。其计算公式为

$$\text{经济节汇成本} = \frac{\sum_{t=0}^{n} DR''(1+i_s)^{-t}}{\sum_{t=0}^{n} (FI''-FO'')(1+i_s)^{-t}}$$

式中　DR″——项目在第 t 年为生产替代进口产品投入的国内资源，单位为元；

FI″——生产替代进口产品所节约的外汇，单位为美元；

FO″——生产替代进口产品的外汇流出，单位为美元。

经济节汇成本（元/美元）小于或等于影子汇率，则项目产品替代进口有利。

其外汇流量数据和国内资源流量数据分别来自经济外汇流量表和国内资源流量表。

经济换汇成本或经济节汇成本小于等于影子汇率，表示项目产品出口或替代进口是有利的。

第三节　投资项目社会评价

一、项目社会评价的含义与特点

投资项目的社会评价就是分析评定项目的实施对实现各项社会发展目标所做的贡献与带来的影响，判断项目社会可行性的过程。这里的社会发展目标是国家或地区在一定时期内规定的各个社会生活领域期望达到的结果。

项目对社会发展目标的贡献，是由于项目的实施对社会的各项发展目标带来的好处，即从全社会考察项目创造的社会效益，包括有形效益和无形效益。前者是指以货币形态反映的社会价值或实物效益；后者则是指难以用有形的实物加以体现的效益，如文化水平的提高、劳动条件的改善等。项目对社会发展目标的影响包括自然影响与社会影响，前者如对自然与生态环境的影响、对自然资源的影响，后者如对社会人口、社会就业、文化艺术的影响。

项目社会评价方法是把项目置于社会的大系统之中，从全社会的角度出发，考察、分析、预测项目实施对社会发展目标的影响程度，综合评价项目对社会发展的贡献，在技术评价、财务评价和经济评价的基础上，从社会角度判断项目的社会可行性，以此作为科学决策的依据。其目的是使项目与其所处的社会环境相互协调，促进项目对国家社会发展目标的顺利实现，从而全面提高项目投资效益并推动社会进步。

项目的社会评价与财务评价、国民经济评价构成完整的项目评价系统，三者之间既有联系又有区别。联系是三者都是对项目的投资效益进行分析和估计，为投资决策提供依据，但评价层次、考虑的范围、主要达到的目标三者则不同。财务评价是站在企业（工程项目）的角度，在企业的范围之内考察项目实施为企业带来的利益；国民经济评价则是从国家角度，在国民经济整体范围内，评价项目实施对经济增长的贡献；而社会评价则是在全社会范围内，评价项目的社会效益。社会评价与财务评价和国民经济评价相比较，具有以下特点：

（1）多目标性。项目的财务、经济评价目标比较单一，主要是财务盈利和经济增长；而社会评价涉及社会生活各个领域的发展目标，在评价中必须分析多个目标，考虑多种社会效益与影响，因此，一般需要采用多目标综合分析法。

（2）内容的广泛性。社会发展目标涉及社会各个生活领域，虽然不是每个项目的社会效益和影响都涉及社会各个生活领域的发展目标，但其考察角度应包括社会的各个生活领域。因而项目的社会评价是对项目的全面分析评价，既有与经济活动相关的社会效益，又有广泛的非经济社会效益。这是项目社会评价的广泛性。

（3）效益的间接性。项目的社会效益与影响虽然有直接的，如就业、节约自然资源等，但许多社会效益往往是间接的，例如，新修公路会减少相关公路的拥挤、节约旅客时间等。因此，项目的社会评价不仅要评价项目本身对整个社会发展目标影响的直接效益，还必须全面考核对其相关部门的间接社会效益。

（4）效益的难以计量性。项目社会效益与影响多种多样，许多效益不仅不能用货币计量，也难以用实物计量。例如，项目对社会文化的影响、对社会稳定安全的影响、对人们风俗习惯的影响等常常难以计量。因此，项目社会评价必须采用定性与定量分析相结合的方法。

二、项目社会评价的意义

项目社会评价是20世纪60年代后期随着福利经济学的产生而产生的。20世纪50年代以前，西方各国强调自由竞争，当时的古典经济学理论也偏重于微观经济理论，而很少关注宏观经济的社会效益，企业追求利润最大化，项目只进行财务分析与评价。20世纪50年代开始，资本主义国家根据凯恩斯理论，大量增加公共开支进行公共设施建设，并实行福利政策。由于公共工程和社会福利项目以宏观经济效益和社会效益为主，财务评价满足不了其要求，所以，体现从国家宏观经济角度去分析投资项目效益的国民经济评价方法得到迅速发展。这种方法一般称为费用效益分析法。经过多年实践，人们发现经济评价无法解决社会分配不公的问题。西方福利经济学家认为，国家的发展目标基本有两个：一是经济增长；二是公平分配。前者称作效率目标，后者称作公平目标。效率目标要求增加国民收入；公平目标要求增加的国民收入在不同收入阶层、不同地区以及投资和消费之间进行合理分配。他们认为，虽然许多国家将大量资金用于工程建设，但是仍摆脱不了失业、经济衰退和贫穷落后，其原因不是项目经济效益不好，而是它们不能解决分配不公的问题。效率目标和公平目标合称为国民福利目标，国家的目标函数就是使国民福利最大。一个项目的净收益再大，如果其分配不合理，那么它对国民福利目标的贡献也不大。实际上，传统的经济评价方法隐含着下述假设：政府有能力借助于财政与货币政策实现公平分配。然而，多年的实践证明，上述假设是不切实际的，项目产生的效益被不公平地分配于不同地区和不同阶层之间，各种社会、行政、制度方面的约束也限制了政府通过财政政策和货币政策实现公平分配的能力。因此，传统的经济政策手段不能成功地实现国民收入的公平分配时，就完全可以运用包括项目选择在内的其他政策杠杆来实现其所要达到的目标。于是，这些经济学家提出了项目的社会评价方法。

尽管迄今对项目社会评价概念的理解还不尽相同，但是国际组织和世界各国对评价的研究和应用都取得了相当大的成果。综合起来，主要有三种类型的社会评价：①收入分配评价。它是以增加收入的公平分配为内容的社会评价，是一种狭义的社会评价。②社会影响评价。它主要分析项目实施对社会环境（如就业、社会文化、生活、安全等）的影响及二者的协调关系。③广义的社会评价。它是以社会学理论为基础，评价项目实施对社会发展目标的影响。

我国关于项目社会评价的研究、实践开始时间不长。十几年来，有关的研究工作者结合我国社会发展及项目评价实际，就项目社会评价指标、评价方法做了有益的探讨和研究。在开展国民经济评价时，已对一些项目进行了某些社会效益的评价，一些评价方法中也规定了社会评价的内容。这些研究和实践都取得了较好的效果。

虽然项目的社会评价出现较晚，但是由于项目社会影响的客观存在，以及社会与环境对项目的制约作用，进行社会评价是非常有意义的。第一，项目的社会评价可以保证项目与所处的社会环境相互协调，提高投资效益。任何投资项目都生存在一定的社会环境中，其实施必然对社会环境产生各种影响，而社会环境也会影响和制约项目的实现与效益。这种客观存在要求必须以国家的各项社会发展目标衡量项目的利弊，选择社会可行并与社会环境相协调的项目，以保证项目的顺利实施，提高投资效益。第二，社会评价可以促进社会发展目标的实现，提高项目决策的科学性。项目除存在财务和经济效益外，客观上存在社会效益和影响，通过社会评价，可以判断这种效益的大小和影响程度，从而可以采取措施，最大限度地发挥其正效益，抑制负效益，提高决策水平。第三，有利于自然资源的合理利用和环境保护。第四，有利于实现国民收入的合理分配。国民收入的合理分配是社会评价的主要内容，通过评价，可以揭示国民收入在不同阶层、不同地区等的分配状况，从而采取措施促进其合理分配。

三、项目社会评价的目标和内容

社会发展目标是国家在一定时期内制定的各个社会生活领域发展要达到的结果。社会发展目标包括经济、政治、科技、文化、艺术、卫生、安全、环境等各个社会生活领域。项目社会评价的目标就是通过评价促使项目与其所处的社会环境相互协调，促进社会发展目标的实现，推动社会进步。

项目社会评价的主要内容应是评价项目满足社会发展目标的程度。社会是由经济、政治、科技、文化、教育等各个领域组成的，社会发展目标包括上述各个社会生活领域目标。从这点出发，社会评价的内容应包括项目对宏观经济的影响评价、对科技进步的影响评价、对自然与生态环境的影响评价，对合理利用资源的评价、对社会环境的影响评价等，如图7-1所示。

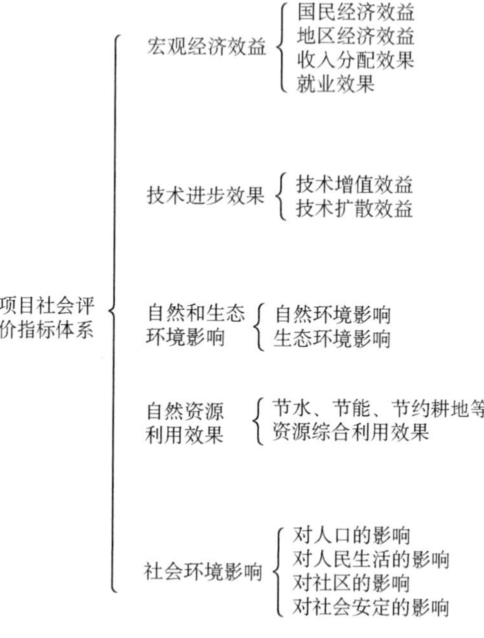

图7-1 项目社会评价指标体系

一般情况下，项目的社会评价主要分为以下几个方面：

（1）项目的外部性评估，即项目的社会效益与影响评价。以社会政策为基础，对社会经济、社会环境、自然及生态环境、当地居民及弱势群体的影响加以识别、分析和评估。

（2）项目与项目环境之间的相互适应关系评估，即通过项目与项目所在社区的相互适应性分析，确定项目被所在社区的接受程度。主要研究项目与社会能否相互适应、协调发展，以降低项目社会风险的产生概率，促进项目可持续发展。

（3）项目的社会风险评价，即考虑项目社会风险强弱及可控性。项目的社会风险评价主要是识别各种影响项目的社会风险因素，确定影响程度，重点分析可能引发该风险的社会环境并提出防范措施。

四、项目社会评价的原则和步骤

（一）项目社会评价应遵循的原则

（1）要结合我国社会发展和项目评价工作的实际，考虑国际上项目社会评价的具体做法，借鉴其有益的经验。

（2）科学性与实用性相结合。项目社会评价应建立在科学的基础上，评价方法要有科学理论依据，即整个评价应能系统、全面地对投资项目的社会效益和影响作出评价。同时，评价方法要讲求实用，即便于理解、易于操作，在不影响系统性的前提下，尽量简化。

（3）评价内容和范围要具体明确。

（4）评价方法要定量分析与定性分析相结合。能定量的社会效益和影响尽量定量，不宜定量或难以定量的，则采用定性分析。最后，将定量结果和定性分析结论进行多目标综合分析评价。

（5）评价结果要求具有可比性。比较择优是判别优劣的一般方法，因此，评价方法必须具有可比性。

（二）项目社会评价的步骤

投资项目的社会评价作为一种分析过程，由一系列分析研究内容所组成。其过程主要包括下面几个阶段：

（1）确定评价目标的范围。投资项目的社会评价的总目标应是国家或地区一定时期的社会发展目标。因为不同的项目要求达到的具体目标不同，所以应在主要目标下确定项目的具体目标。项目的社会影响边界包括空间范围和时间范围。空间范围是指项目影响的地域界限，确定的原则是受到项目影响的最大区域；时间范围一般是项目的寿命期或预测可能影响的年限。

（2）制订备选方案。根据项目的目标提出实现目标的各种可能方案，对不同方案的充分必要条件加以描述，最后根据现实条件选出几种可供项目选择的方案。

（3）确定评价指标体系及评价标准。

（4）评价。根据定量分析和定性分析的要求，通过对历史统计资料的分析、社会发展趋势的估计以及同类项目的历史经验等，运用科学的预测方法，预测项目的各种社会效益和影响，计算出定量指标的数据；不能定量的部分，应对其程度详细地做定性分析；对备选方案中预想到的潜在问题和现实问题，提出解决办法和措施；在此基础上，运用多目标综合分析方法做出综合分析评价。

（5）选出最优方案。在对各备选方案综合评价的基础上。将不同方案的评价结果进行比较，提出最优方案。

（6）评价总结。将上述评价过程、分析论证情况以及存在的问题和采取的措施等写成书面报告，提出项目社会评价是否可行的评价结论。

五、项目社会评价的方法

根据项目社会评价的目标、内容及特点，项目的社会评价应采取定量分析与定性分析相结合、多目标综合评价的方法。

定量分析是对项目社会效益和影响中能直接或间接量化的部分进行定量计算和分析。其基本原理是社会费用效益分析理论，即将项目所产生的社会效益与为实现项目所付出的社会代价相比较。定性分析是用文字对项目的社会效益和影响进行描述评价。

由于社会评价具有多目标性，评价内容广泛、繁杂，为此，在定量和定性分析之后，应进行综合评价，以判断项目的综合社会效益，确定项目的社会可行性。

第四节　项目后评价

一、项目后评价概述

（一）项目后评价的概念

项目后评价是指对已经完成的项目（或规划）的目的、执行过程、效益、作用和影响进行的系统、客观的分析；通过项目活动实践的检查总结，确定项目的预期目标是否完成，项目或规划是否合理有效，项目的主要效益指标是否实现；通过分析、评价找出成败的原因，总结经验教训；并通过及时有效的信息反馈，为未来新项目的决策和完善及提高投资决策管理水平提出建议，同时也为后评价项目在实施运营中出现的问题提出改进建议，从而达到提高投资效益的目的。

首先，后评价是一个学习总结过程。后评价是在项目投资完成以后，通过对项目目的、执行过程、效益、作用和影响进行的全面、系统的分析，总结正反两方面的经验教训，使项目的决策者、管理者和建设者学习到更加科学合理的方法和策略，提高决策水平、管理水平和建设水平。其次，后评价是增强投资活动工作者责任心的重要手段。由于后评价的透明性和公开性的特点，通过对投资活动成绩和失误的主客观原因分析，可以比较公正、客观地评价投资决策者、管理者和建设者工作中实际存在的问题，从而进一步提高他们的责任心和工作水平。再次，后评价主要是为投资决策服务的。虽然后评价对完善已建项目、改进在建项目和指导待建项目具有重要意义，但更重要的是它是为提高投资决策服务的，即通过后评价建议的反馈，完善和调整相关方针、政策和管理程序，提高决策者的能力和水平，进而达到提高和改善投资效益的目的。总之，后评价要从投资开发项目实践中吸取经验教训，再运用到未来的发展实践中。

（二）项目后评价的时间点和种类

项目后评价应在所建设施能力和投资的直接经济效益发挥出来时进行，也就是在项目完工以后，贷款项目在账户关闭之后、生产运营达到设计能力之际进行项目正式的后评价。因为，在此时间点进行评价，可以全面、系统地总结分析项目的实施过程，比较准确地预测项目的可持续性，比较容易为决策提出宏观建议。然而，在实际工作中，项目后评价的时间点是可以变化的。一般来讲，从项目开工之后，即项目投资开始发生以后，由监督部门进行的各种评价，都属于项目后评价的范围，这种评价可以延伸至项目的寿命期期末。因此，根据评价时间点，项目后评价也可细分为跟踪评价、实施效果评价和影响评价，如图 7-2 所示。

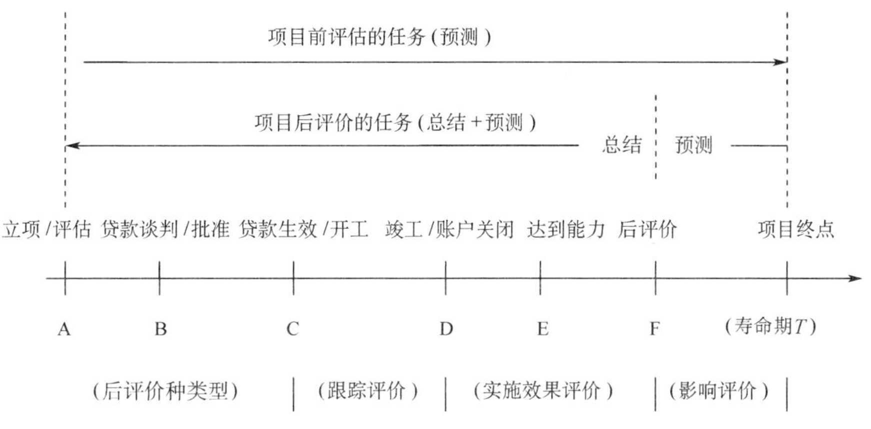

图 7-2　项目后评价时间点

（1）项目跟踪评价（也称为中间评价或实施过程评价，On-going Evaluation）。项目跟踪评价是指在项目开工以后到项目竣工验收之前任何一个时间点所进行的评价。这种由独立机构所进行的评价通常的目的是，或检查评价项目评估和设计的质量；或评价项目在建设过程中的重大变更（如项目产出品市场发生变化、概算调整、重大方案变化、主要政策变化等）及其对项目效益的作用和影响；或诊断项目发生的重大困难和问题，寻求对策和出路等。这类评价往往侧重于项目层次上的问题。

（2）项目实施效果评价（也就是通常的项目后评价，世界银行和亚洲开发银行称之为“PPAR”，即 Project Performance Audit Report）。项目实施效果评价是指在项目竣工后的一段时间之内（一般认为，生产性行业在竣工以后 2 年左右，基础设施行业在竣工以后 5 年左右，社会基础设施行业可能更长一些）所进行的评价。这种评价的主要目的是检查确定投资项目或活动达到理想效果的总结经验教训，为新项目的宏观导向、政策和管理反馈信息。评价要对项目层次中决策管理层的问题加以分析和总结；同时，为完善已建项目、调整在建项目和指导待建项目服务。

（3）项目影响评价（也称为项目效益监督评价）。项目影响评价是指在项目后评价报告完成一段时间之后所进行的评价。项目影响评价是以后评价报告为基础的，通过调查项目的经营状况，分析项目发展趋势及其对社会、经济和环境的影响，总结决策等宏观方面的经验教训。行业和地区的总结都属于这类评价的范围。

（三）项目后评价与项目前评估的主要区别

项目后评价与项目前期准备阶段的评估，在评价原则和方法上没有太大区别，都采用定量与定性相结合的方法。但是，由于两者的评价时间点不同，目的也不完全相同，因此也存在一些区别。首先，前评估的目的是确定项目是否可以立项，它是站在项目的起点，主要应用预测技术来分析评价项目未来的效益，以确定项目投资是否可行。后评价则是在项目建成之后，总结项目的准备、实施和运营，并通过预测对项目的未来进行新的分析评价，其目的是总结经验教训，为改进决策和管理服务。所以，后评价要同时进行项目的回顾总结和前景预测。项目后评价是站在项目完工的时间点上，一方面，检查总结项目的实施过程，找出问题，分析原因；另一方面，要以后评价时间点为基点，预测项目未来的发展。其次，项目的数据选择也有所不同。前评估通常为历史数据、类似项目的数据或项目建设前的数据，判别标准是投资者要求获得的收益率或基准收益率（社会折现率），将不同设计方案分析比较。而后评价主要采用项目实际发生的数据、进行后评价时收集的参数及后评价时间点以后的预测数据，判别标准则重点是前评估的结论，主要将项目实际结果与基期数据对比分析。最后，二者评价的具体内容略有区别，前评估主要是对项目建设条件、工程设计方案、项目实施计划及经济社会效益的评估，后评价是对前评估的结果进行再评价。

（四）项目后评价的监督功能

如前所述，后评价是一个向实践学习的过程，同时又是一个对投资活动的监督过程。项目后评价的监督功能与项目的前评估、实施监督结合在一起，构成了对投资活动的监督机制。

虽然项目后评价具有监督的功能，但由于它主要的服务对象是投资决策层，主要目的是总结经验教训，评价重点是项目的可持续性及项目的宏观影响和作用，这就确定了后评价与项目审计的根本区别。而审计是以法律和有关规定为准绳审查项目，重点是财务方面的审计，包括财务报表审计、符合性审计和绩效审计。

（五）项目后评价的主要特点和要求

（1）公正性和独立性。后评价必须保证公正性和独立性，这是一条重要的原则。公正性标志着后评价及评价者的信誉，避免在发现问题、分析原因和做结论时避重就轻，做出不客观的评价。独立性标志着后评价的合法性。后评价应从项目投资者和受援者或项目业主以外的第三者的角度出发，独立进行，特别要避免项目决策者和管理者自己评价自己的情况发生。公正性和独立性应贯穿后评价的全过程，即从后评价项目的选定、计划的编制、任务的委托、评价者的组成到评价过程和报告。

（2）可信性。后评价的可信性取决于评价者的独立性和经验，取决于资料信息的可靠性和评价方法的适用性。可信性的一个重要标志是应同时反映出项目的成功经验和失败教训，这就要求评价者拥有广泛的阅历和丰富的经验。同时，后评价也提出了“参与”的原则，要求项目执行者和管理者参与后评价，以利于收集资料和查明情况。为增强评价者的责任感和可信度，评价报告要注明评价者的名称或姓名，评价报告要说明所用资料的来源或出处，报告的分析和结论应有充分可靠的依据，评价报告还应说明评价所采用的方法。

（3）实用性。为了使后评价成果对决策产生作用，后评价报告必须具有可操作性，即实用性强。因此，后评价报告应针对性强、文字简练明确，避免使用过多的专业术语，应能满足多方面的需求。实用性的另一项要求是报告的时间性，报告不应面面俱到，而应突出重点；报告所提的建议应与报告其他内容分开表述，建议应能提出具体的措施和要求。

（4）透明性。后评价的透明度要求是评价的另一项原则。从可信度来看，要求后评价的透明度越高越好，因为后评价往往需要引起公众的关注，对国家预算内资金和公众储蓄资金的投资决策活动及其效益和效果实施更有效的社会监督。从后评价成果的扩散和反馈的效果来看，成果及其扩散的透明度也是越高越好，能使更多人借鉴过去的经验教训。

（5）反馈性。后评价的最主要的特点是具有反馈性。项目后评价的结果需要反馈到决策部门，作为新项目的立项和评估的基础，以及调整投资规划和政策的依据，这是后评价的最终目标。因此，后评价结论的扩散和反馈机制、手段和方法成为后评价成败的关键环节之一。

二、项目后评价的主要内容

（一）项目后评价的内容范围

项目后评价是以项目前期所确定的目标和各方面指标与项目实际实施的结果之间的对比为基础的。因此，项目后评价的内容范围大体上与前评估的范围和分类相同。

在 20 世纪 60 年代以前，国际上项目评估和评价的重点是财务分析，以财务分析的优劣作为评价项目成败的主要指标。到 20 世纪 60 年代，西方国家为本国的长远发展考虑，对能源、交通、通信等基础设施以及社会福利事业投入了大量资金，这些项目的直接财务效益远不如工业类生产项目。同时，世界银行等国际金融组织对发展中国家的投资也有类似情况。为此，经济评价（国内称国民经济评价）的概念引入了项目效益评价的范围。

20 世纪 70 年代前后，世界经济发展带来的严重污染问题，引起了人们对环境保护法的广泛重视。根据立法的要求，项目评价增加了“环境评价”的内容。此后，随着经济的发展，项目的社会作用和影响日益受到投资者的关注，即谁是投资项目的真正受益者。特别到 20 世纪 80 年代，世界银行等组织十分关心其援助项目对受援地区的贫困、妇女、社会文化和持续发展所产生的影响。因此，社会影响评价成为投资活动评估和评价的重要内容之一。此外，近几年国外援助组织通过多年实践的经验认识到，机构设置和管理机制是项目成败的重要条件，对项目的机构分析已经成为项目评价的重要组成部分。

综上所述，投资项目评价的分析内容包括经济、环境、社会和机构发展四个方面，项目后评价的内容范围也相同。

（二）项目后评价的基本内容

1．项目的目标评价

评定项目立项时预定的目的和目标的实现程度是项目后评价所需要完成的主要任务之一。因此，项目后评价要对照原定目标完成的主要指标，检查项目实际完成的情况和变化，分析实际发生改变的原因，以判断目标的完成程度。判别项目目标的指标应在项目立项时就确定了，一般包括对地区、行业或国家经济、社会发展的总体影响和作用等宏观目标。建设项目的直接目的可能是解决特定的供需平衡，向社会提供某种产品或服务，指标一般可以量化。目标评价的另一项任务是要对项目原定决策目标的正确性、合理性和实践性进行分析评价，有些项目原定的目标不明确，或不符合实际情况，在项目实施过程中可能会发生重大变化，如政策性变化或市场变化等，项目后评价要给予重新分析和评价。

2．项目的实施过程评价

项目的过程评价应对照立项评估或可行性研究报告时所预计的情况和实际执行的过程进行比较和分析，找出差别，分析原因。

过程评价一般要分析以下几个方面：

（1）项目的立项、准备和评估。

（2）项目内容和建设规模。

（3）工程进度和实施情况。

（4）配套设施和服务条件。

（5）受益者范围及其反应。

（6）项目的管理和机制。

（7）财务执行情况。

3．项目的效益评价

项目的效益评价即财务评价和经济评价，其评价的主要内容与项目前评估无较大差别，主要分析指标还是内部收益率、净现值和贷款偿还期等项目盈利能力和清偿能力的指标。但进行项目后评价时，有以下几点需加以说明：

（1）项目前评估采用的是预测值，项目后评价则对已发生的财务现金流量和经济流量采用实际值，并按统计学原理加以处理，对后评价时间点以后的流量做出新的预测。

（2）当财务现金流量来自财务报表时，对应收未收到的债权和非货币资金都不可计为现金流入，只有当实际收到时才作为现金流入；同理，应付未付的债务资金不能计为现金流出，只有当实际支付时才作为现金流出。必要时，要对实际财务数据做出调整。

（3）实际发生的财务会计数据都含有物价通货膨胀的因素，而通常采用的盈利能力指标是不含通货膨胀水分的。因此，对项目后评价采用的财务数据要剔除物价上涨的因素，以实现前后的一致性和可比性。

4. 项目的影响评价

项目的影响评价内容包括经济影响、环境影响和社会影响。具体有以下几个方面：

（1）经济影响评价。经济影响评价主要分析评价项目对所在地区、所属行业和国家所产生的经济方面的影响。经济影响评价要注意把项目效益评价中的经济分析区别开，避免重复计算。评价的内容主要包括分配、就业、国内资源成本（或换汇成本）、技术进步等。由于经济影响评价的部分因素难以量化，一般只能做定性分析，一些国家和组织把这部分内容并入社会影响评价的范畴。

（2）环境影响评价。由于各国环境保护法的规定细则不尽相同，评价的内容也有所区别。项目的环境影响评价一般包括项目的污染控制、地区环境质量、自然资源利用和保护、区域生态平衡和环境管理等几个方面。

（3）社会影响评价。项目的社会影响评价是对项目在社会的经济、发展方面的有形和无形的效益和结果的一种分析，重点评价项目对所在地区和社区的影响。社会影响评价一般包括贫困、平等、参与、妇女和持续性等内容。

5. 项目的持续性评价

项目的持续性是指在项目的建设资金投入完成之后，项目的既定目标是否还能继续，项目是否可以持续地发展下去，接受投资的项目业主是否愿意并可能依靠自己的力量继续实现既定目标，项目是否具有可重复性，即是否可在未来以同样的方式建设同类项目。持续性评价一般可作为项目影响评价的一部分，但是，世界银行和亚洲开发银行等组织把项目的可持续性视为其援助项目成败的关键之一，因此，要求援助项目在评估和评价中进行单独的持续性分析和评价。

项目持续性的影响因素一般包括本国政府的政策，管理、组织和地方参与，财务因素，技术因素，社会文化因素，环境和生态因素，外部因素等。

三、项目后评价方法

后评价方法是定量和定性相结合的方法，与前评估基本相同。然而，后评价方法的一条基本原则是对比法则，包括前后对比、预测和实际发生值的对比、有无项目的对比等比较法。对比的目的是找出变化和差距，为提出问题和分析原因找到重点。

在一般情况下，投资活动的“前后对比”（Before and After Comparison）是指将项目实施之前与项目完成之后的情况加以对比，以确定项目效益的一种方法。在项目后评价中则是指将项目前期的可行性研究和评估的预测结论与项目的实际运行结果相比较，以发现变化并分析原因。这种对比用于揭示计划、决策和实施的质量，是项目过程评价应遵循的原则。

“有无对比”（With and Without Comparison）是指将项目实际发生的情况与若无项目可能发生的情况进行对比，以度量项目的真实效益、影响和作用。对比的重点是要分清项目作用的影响与项目以外作用的影响。这种对比用于项目的效益评价和影响评价，是后项目评价的一个原则。这里所说的“有”与“无”是指评价的对象，即计划、规划或项目。评价是通过项目的实施所付出的资源代价与项目实施后产生的效果进行对比得出的项目好坏。方法的关键是要求投入的代价与产出的效果口径一致。也就是说，所度量的效果要真正归因于项目。但是，很多项目，特别是大型社会经济项目，实施后的效果不仅仅是项目的效果和作用，还有项目以外多种因素的影响。因此，简单的前后对比不能得出真正的项目效果的结论。

四、项目后评价的评价程序

后评价的评价程序一般包括制订后评价计划、选定后评价项目、确定后评价范围和选择执行项目后评价的咨询单位和专家等。

（一）项目后评价计划的制订

项目后评价计划的制订应越早越好，最好是在项目评估和执行过程中就确定下来，以便项目管理者和执行者在项目实施过程中就注意收集资料。从项目周期的概念出发，每个项目都应重视和准备事后的评价工作。因此，以法律或其他的形式把项目后评价作为建设程序中的一个必不可少的阶段确定下来就显得格外重要。国家、部门和地方的年度评价计划是项目后评价计划的基础，时效性比较强。但是，与银行等金融组织不同的是，国家的后评价更注重投资活动的整体效果、作用和影响，如某个行业的发展政策、一个五年计划的投资效益等。所以，国家的后评价计划应从较长远的角度和更高的层次进行考虑，合理安排项目的后评价，使之与长远目标结合起来。

（二）后评价项目的选定

作为后评价计划的一部分，选定后评价项目也是十分重要的。选择后评价项目有两条基本原则，即特殊的项目和规划计划总结需要的项目。一般来讲，选定后评价项目有以下几条标准：

（1）由于项目实施而引起运营中出现重大问题的项目。

（2）一些非常规的项目，如规模过大、建设内容复杂、带有实验性的新技术项目。

（3）发生重大变化的项目，如建设内容、外部条件、厂址布局等发生了重大变化的项目。

（4）急迫需要了解项目作用和影响的项目。

（5）可为即将实施的国家预算、宏观战略和规划原则提供信息的相关投资活动和项目。

（6）为投资规划确定未来发展方向的有代表性的项目。

（7）对开展行业部门或地区后评价研究有重要意义的项目。

跟踪评价或中期评价的项目选定属于第（1）类项目，因为这类评价更注重现场解决问题，其后评价报告更类似于监测诊断报告，并针对症结所在提出具体的措施建议。一般后评价计划以项目为基础，有时难以达到从宏观上总结经验教训的目的，为此，不少国家和国际组织采用了“打捆”的方式，即将一个行业或一个地区的几个相关项目一起列入计划，同时进行后评价，以便在更高层次上总结出带有方向性的经验教训。

（三）项目后评价范围的确定

由于项目后评价的范围很广，一般后评价的任务是限定在一定的内容范围内的，因此，在评价实施前必须明确评价的范围和深度。评价范围通常是在委托合同中确定的，委托者要把评价任务的目的、内容、深度、时间和费用等，特别是那些在本次任务中必须完成的特定要求，应交代得十分明确具体。受托者应根据自身的条件来确定能否按期完成合同。后评价委托合同通常有以下内容：

（1）项目后评价的目的和范围，包括对合同执行者明确的调查范围。

（2）提出评价过程中所采用的方法。

（3）提出所评项目的主要对比指标。

（4）确定完成评价的经费和进度。

（四）项目后评价咨询专家的选择

项目后评价通常分两个阶段实施，即自我评价阶段和独立评价阶段。在项目独立评价阶段，需要委托一个独立的评价咨询机构实施，或由银行内部相对独立的后评价专门机构实施，项目后评价往往由这两类机构完成。一般情况下，这些机构要确定一名项目负责人，该负责人不应是参与过此项目评估和执行的人。该负责人聘请和组织项目后评价专家组实施后评价。后评价咨询专家的聘用，要根据所评项目的特点、后评价要求和专家的专业特长及经验来选择。

项目后评价专家组由“内部”和“外部”两部分人组成。“内部”就是被委托机构内部的专家。一方面，由于他们熟悉项目后评价过程和报告程序，了解后评价的目的和任务，可以顺利实施项目后评价；另一方面，费用也比较低。“外部”就是项目后评价执行机构以外的独立咨询专家。聘请外部专家的优点是：外部专家一般更为客观公正；可以找到熟悉被评项目专业的真正行家；弥补执行机构内部的人手不足。

（五）项目后评价的执行

在项目后评价任务委托、专家聘用后，就可以开始进行后评价。由于后评价的类型很多，要求各不相同，在此只说明实施的一些原则。

1. 资料信息的收集

项目后评价的基本资料应包括项目资料、项目所在地区的资料、评价方法的有关规定和原则等。后评价项目的资料一般应包括：

（1）项目自我评价报告、项目完工报告、项目竣工验收报告。

（2）项目决算审计报告、项目概算调整报告及其批复文件。

（3）项目开工报告及其批复文件、项目初步设计及其批复文件。

（4）项目评估报告、项目可行性研究报告及其批复文件等。

项目所在地区资料包括国家和地区的统计资料、物价信息等。项目后评价方法规定的资料则应根据委托者的要求进行收集。目前已经颁布项目后评价方法原则或手册的国内外主要机构有联合国开发署、世界银行、亚洲开发银行、经济和合作发展组织（OECD）、英国海外开发署、中国国家发展和改革委员会、中国国际工程咨询公司、国家开发银行等。

2. 后评价现场调查

项目后评价现场调查应事先做好充分准备，明确调查任务，制定调查提纲。调查任务一般应回答以下问题：

（1）项目基本情况。项目的实施情况如何？目标是否实现？目标是否合理？是否应该考虑其他目标？

（2）目标实现程度。原定目标的实现程度如何？目标实现的关键因素是什么？从宏观目标评价考虑，项目目标是否表述清楚？是否还需要对项目的作用和影响做进一步评价？

（3）作用和影响。项目产生了什么样的结果？这不仅包括直接效果，还应包括对社会、环境及其他发展因素的作用和影响。

3. 分析和结论

后评价项目现场调查后，应对资料进行全面、认真的分析，回答以下主要问题：

（1）总体结果。项目的完成度有多高及其原因是什么？项目的投入与产生的作用是否成正比？项目是否按时并在投资预算内实现了目标？成功和失败的主要经验是什么？

（2）可持续性。项目在维持长期运营方面是否存在重大问题？

（3）方案比选。是否有更好的方案来实现这些成果？

（4）经验教训。项目的经验教训是什么？对未来的规划和决策有什么参考意义？

（六）项目后评价的报告

一方面，项目后评价报告是评价结果的汇总，应真实反映情况，客观分析问题，认真总结经验；另一方面，后评价报告是反馈经验教训的主要文件形式，必须满足信息反馈的需要，而且后者显得更为重要。因此，后评价报告要有相对固定的内容格式，便于分解以及计算机输录。

对项目后评价报告的编写有以下要求：

（1）报告文字准确清晰，尽可能不用过分专业化的词汇。报告应包括摘要、项目概况、评价内容、主要变化和问题、原因分析、经验教训、结论和建议、评价方法说明等。

这些内容既可以形成一份报告，又可以单独成文上报。

（2）报告的发现和结论要与问题和分析相对应，经验教训和建议要把评价的结果与将来规划和政策的制定和修改联系起来。

第五节　案例分析

一、项目概况

该项目为一新建化工项目，拟生产目前国内外市场较为紧俏的 A 产品。这种产品目前在国内市场上供不应求，每年需要进口一定数量的 A 产品，项目投产后可以替代进口。

该项目经济评价前的基础工作已经完成。对项目市场、生产规模、工艺技术方案、原材料和燃料及劳动力供应、建厂条件和厂址方案、公用工程和辅助设施、环境保护、工厂组织和劳动定员以及项目实施规划等诸方面进行了全面、充分的研究论证和多方案比较，确定了项目最优方案。

项目生产规模为年产 A 产品 2.3 万 t，主要技术和设备拟从国外引进。厂址位于城市近郊，占用一般农田 250 亩[㊀]，靠近主要原料和燃料产地，交通运输方便，水、电供应可靠。

项目主要设施包括生产主车间与工业生产相适应的辅助生产设施、公用工程以及有关的生产管理和生活福利等设施。

二、项目财务数据预测

1. 投资估算、投资使用计划及资金筹措

（1）固定资产投资估算。本项目固定资产投资用概算指标估算法估算，估算额为 53 786 万元，其中外汇为 3 454 万欧元。基本预备费按工程费用和其他费用合计的 10% 计算；涨价预备费的计算仅考虑国内配套设备投资的涨价因素，建设期内年平均涨价率取 6%。以 2014 年 4 月 30 日汇率计算，欧元与人民币换算的汇率为 1 欧元 = 8.7 元人民币。

本项目固定资产投资方向调节税税率为 5%，据此估算的项目固定资产投资方向调节税为 2 689 万元。

建设期利息根据资金来源及投资使用计划估算，估算值为 5 013 万元，其中外汇为 470 万欧元。

固定资产投资估算结果如表 7-8 所示。

㊀ 1 亩 = $666.\dot{6}m^2$。

表7-8 固定资产投资估算表

序 号	工程费用名称	估算价值						固定资产投资比例（%）	备注
		建设工程/万元	设备购置/万元	安装工程/万元	其他费用/万元	合计/万元	其中外汇/万欧元		
1	固定资产投资	3 466	28 864	11 452	10 003	53 786	3 454	100	
1.1	工程费用	3 466	28 864	11 452		43 782	2 899	81	
1.1.1	主要生产项目	1 031	23 976	10 121		35 128			
	其中：外汇		2 029	870			2 899		
1.1.2	辅助生产车间	383	1 052	51		1 486			
1.1.3	公用工程	449	2 488	1 017		3 954			
1.1.4	环保工程	185	1 100	225		1 510			
1.1.5	总图运输	52	248			300			
1.1.6	服务性工程	262				262			
1.1.7	生活福利工程	1 104				1 104			
1.1.8	厂外工程			38		38			
1.2	其他费用				3 818	3 818	241	7	
	其中：土地费用				612	612			
	（1.1+1.2）	3 466	28 864	11 452	3 818	47 600	3 140		
1.3	预备费				6 186	6 186	314	12	
1.3.1	基本预备费				4 760	4 760	314		
1.3.2	涨价预备费				1 426	1 426			
2	投资方向调节税				2 689	2 689			
3	建设期利息				5 013	5 013	470		
	合计（1+2+3）	3 466	28 864	11 452	17 706	61 488	3 924		

（2）流动资金估算。本项目流动资金按分项详细估算法进行估算。估算总额为7 266万元，详见附表7-1。

（3）项目总投资。

项目总投资=53 786万元+2 689万元+5 013万元+7 266万元=68 754万元

其中，外汇为3 924万欧元。

（4）投资使用计划。按本项目实施进度规划，项目建设期为3年，3年的投资分年使用比例为第1年20%，第2年55%，第3年25%。流动资金从投产第1年起按生产负荷安排使用。本项目第4年投产，当年生产负荷为设计能力的70%，第5年为90%，第6年达到100%。

（5）资金筹措。本项目自有资金为22 000万元，其余均为借款。外汇全部为国外借款，年有效利率为9%；人民币均为国内借款，其中固定资产投资借款的有效利率为9.6%，流动资金借款的有效利率为8.14%。投资使用计划与资金筹措见附表7-2。

2. 项目计算期、折旧及摊销费

（1）项目计算期。按项目实施进度规划，本项目建设期为3年；按项目的技术经济特点，本项目生产期确定为15年，其中投产期为2年，达产期为13年。项目计算期为18年。投产期2年的达产比例分别为70%和90%。

（2）固定资产折旧费。本项目计入固定资产原值的费用包括固定资产投资中的工程费用、土地费用和预备费、投资方向调节税，建设期利息。固定资产原值合计为58 282万元，按年限平均法计算折旧，折旧年限为15年，净残值率为4%，由此得年折旧额为3 730万元。固定资产折旧费估算见附表7-3。

（3）无形及递延资产摊销费。本项目固定资产中第二部分费用除土地费用计入固定资产原值外，其余费用计为项目的无形及递延资产，其值为3 206万元。其中，无形资产为2 476万元，递延资产为730万元。无形资产按10年摊销，年摊销费为248万元；递延资产按5年摊销，年摊销费146万元。无形资产及递延资产摊销估算见附表7-4。

3. 计算产出物和投入物价格的依据

计算产出物和投入物价格的依据如表7-9所示。

表7-9　主要产出物和投入物价格依据表

序号	项目	单位	单价/元	价格依据
1	主要投入物			
1.1	原材料a	t	5 350	以近几年国内市场已实现的价格为基础，预测到生产期期初
1.2	原材料b	t	1 680	以近几年国内市场已实现的价格为基础，预测到生产期期初
1.3	原材料c	t	240	以近几年国内市场已实现的价格为基础，预测到生产期期初
1.4	原材料d	t	2 520	以近几年国内市场已实现的价格为基础，预测到生产期期初
1.5	原材料e	t	1 470	以近几年国内市场已实现的价格为基础，预测到生产期期初
1.6	原材料f	t	162	以近几年国内市场已实现的价格为基础，预测到生产期期初
2	主要产出物			
2.1	产品A	t	16 800	以近几年国内市场已实现的价格为基础，预测到生产期期初

4. 销售收入和销售税金及附加估算

产品销售价格根据财务评价的定价原则确定。考虑到本项目产品属国内外市场较紧俏产品，在一段时间内呈供不应求状态，经分析论证确定产品销售价格以近几年国内市场已实现的价格为基础，预测到生产期初的市场价格，每吨产品出厂价（含税价）按16 800元计算。正常生产年份的年销售收入估算值为38 640万元（含税销售收入）。

销售税金及附加按国家规定计取。产品缴纳增值税，增值税税率为17%；城市维护建设税按增值税税额的7%计取，教育费附加按增值税额的3%计取。正常生产年份的年销售税金及附加估算值为3 206万元。

产品销售收入和销售税金及附加的估算见附表7-5。

5. 产品成本费用计算

本项目的单位生产成本估算及总成本费用估算分别见附表7-6和附表7-7。其中：

（1）所有的原材料、辅助材料及燃料动力价格均以近几年国内市场已实现的价格为基础，预测到生产期初的价格（到厂含税价）。

（2）工资及福利费按全厂定员和平均月工资及福利费估算。全厂定员为100人，平均月工资为2 920元，福利费按工资额的14%计取，由此得年工资及福利费总额为399万元。

（3）修理费按折旧额的50%计取，每年为1 865万元。

（4）财务费用包括长期借贷利息和流动资金借款利息。长期借款估算如表7-10所示；流动资金借款利息按当年即以前年份流动资金借款和乘以流动资金借款年有效利率计算，正常生产年份的年应计利息为420万元。

（5）其他费用包括在制品费用，销售费用、管理费用中扣除工资及福利费、折旧费、摊销费、修理费后的费用和土地使用税。前者为简化计算，按工资及福利费总额的2.5倍估算，为每年998万元，土地使用税为每年70万元。其他费用共计每年1 068万元。

6. 利润及利润分配

本项目利润及利润分配估算见附表7-8。其中：

（1）所得税按利润总额的33%计取，不计特种基金。

（2）在用可供分配利润支付长期借款还本后无余额的年份，可供分配利润全部计入未分配利润用于支付长期借款还本，不计提盈余公积金。其余年份先按可供分配利润的10%计提盈余公积金，然后视需要留出用于支付长期借款还本的金额计入未分配利润，最后将剩余部分作为应付利润分配给项目投资主体。

7. 借款还本付息估算

本项目长期借款的还本付息估算如表7-10所示。累计到生产期期初的建设期利息转记为借款本金，生产期应计利息计入财务费用，还本资金来源为折旧费、摊销费和未分配利润。

表7-10　借款还本付息计算表　　（单位：万元）

序号	项　目	建设期			投产期		达到设计生产能力期					
		1	2	3	4	5	6	7	8	9	10	11
1	外汇借款（9%）											
1.1	年初借款本息累计		6 280	24 117	34 138	29 871	25 603	21 336	17 069	12 802	8 534	4 267
1.1.1	本金		6 010	22 537	30 050	29 871	25 603	21 366	17 069	12 802	8 534	4 267
1.1.2	建设期利息		270	1 579	4 088							
1.2	本年借款	6 010	16 527	7 512								

（续）

序号	项　目	建设期			投产期		达到设计生产能力期					
		1	2	3	4	5	6	7	8	9	10	11
1.3	本年应计利息	270	1 309	2 509	3 072	2 688	2 304	1 920	1 536	1 152	768	384
1.4	本年偿还本金				4 267	4 267	4 267	4 267	4 267	4 267	4 267	4 267
1.5	本年支付利息				3 072	2 688	2 304	1 920	1 536	1 152	768	384
2	人民币借款（9.6%）											
2.1	年初借款本息累计		1 117	5 105	7 750	7 697	5 208	1 215	0	0	0	0
2.1.1	本金		1 066	4 769	6 825	7 697	5 208	1 215	0	0	0	0
2.1.2	建设期利息		51	336	925							
2.2	本年借款	1 066	3 704	2 056								
2.3	本年应计利息	51	285	589	744	739	500	117	0	0	0	0
2.4	本年偿还本金				54	2 489	3 993	1 215	0	0	0	0
2.5	本年支付利息				744	739	500	117	0	0	0	0
3	还本资金来源											
3.1	未分配利润				197	2 632	4 137	1 358	144	290	290	290
3.2	折旧费				3 730	3 730	3 730	3 730	3 730	3 730	3 730	3 730
3.3	摊销费				394	394	394	394	394	248	248	248
4	还本资金合计				4 321	6 756	8 260	5 482	4 267	4 267	4 267	4 267
4.1	偿还外汇本金				4 267	4 267	4 267	4 267	4 267	4 267	4 267	4 267
4.2	偿还人民币本金				54	2 489	3 993	1 215	0	0	0	0
4.3	还本后余额				0	0	0	0	0	0	0	0

（1）外汇借款从投产第一年起按 8 年等额还本，计算利息。表 7-10 中外汇借款还本付息估算是折算为人民币列示的。这是因为本项目产品用于替代进口且出售时全部收取人民币，项目没有外汇收入，因此，偿还外汇借款本息的外汇是按 1 欧元 = 8.7 元人民币的汇率购买的调剂外汇。

（2）人民币借款的偿还是在优先保证外汇借款偿还的前提下，按投产后的最大偿还能力计算还本付息，项目流动资金借款利息计入财务费用。

三、项目财务评价

1. 财务盈利能力分析

（1）项目全部投资现金流量表见附表 7-9。从由该表计算得到的财务评价指标看：

1）项目所得税后及税前财务内部收益率分别为 12.90% 和 15.92%，均大于行业基准收益率 $i_c = 12\%$；项目所得税后及税前财务净现值（$i_c = 12\%$）分别为2 829 万元及 13 371 万元，均大于零。这表明该项目从全部投资角度看盈利能力已满足了行业最低要求，在财务上是可行的。

2）项目所得税后及税前全部投资回收期（含建设期）分别为9.01年和8.21年，均小于行业基准投资回收期10.3年。这表明项目投资能够在规定时间内回收。

（2）项目自有资金现金流量表见附表7-10。从该表计算得到的财务评价指标看，项目财务内部收益率为14.98% $> i_c = 12\%$，财务净现值为5 257万元，大于零。这表明在财务上可以考虑接受该项目。

（3）由项目利润表（见附表7-11）和项目投资估算数据，可以计算出以下指标

$$投资利润率 = \frac{年平均利润总额}{项目总投资} \times 100\% = \frac{7\,664\ 万元}{68\,754\ 万元} \times 100\% = 11.15\%$$

$$投资利税率 = \frac{年平均利税总额}{项目总投资} \times 100\% = \frac{10\,784\ 万元}{68\,754\ 万元} \times 100\% = 15.68\%$$

$$资本金利税率 = \frac{年平均利润总额}{资本金} \times 100\% = \frac{7\,664\ 万元}{22\,000\ 万元} \times 100\% = 34.84\%$$

这些结果表明项目投资利润率大于行业平均利润率，即项目单位投资盈利能力超过了行业平均水平；投资利税率大于行业平均利税率，即项目单位投资对国家积累的贡献水平超过了行业平均水平。

2. 清偿能力分析

本项目的资金来源与运用表见附表7-12。由附表7-12及借款还本息计算表可以推算出项目固定资产投资国内借款偿还期（从借款开始年算起）为6.27年，能够满足借款机构要求的期限；外汇借款的还本付息已按要求的偿还条件进行计算。因此，该项目具有清偿能力。

项目资产负债表见附表7-13，附表7-13中计算了反映项目各年财务风险程度和偿债能力的资产负债率、流动比率及速动比率指标。

3. 外汇平衡分析

本项目建设期外汇运用按需用额从国外借入；生产期除支付外汇借款本息外无其他外汇支出，项目也无直接外汇收入，支付外汇借款本息的外汇是从外汇调节市场按需用额购买。因此，项目各年的外汇来源与外汇使用显然是平衡的，无须再编制项目财务外汇平衡表。

4. 不确定性分析

（1）盈亏平衡分析。按项目第6年的数据计算，以生产能力利用率表示的项目盈亏平衡点（BEP）为

$$BEP = \frac{10\,680\ 万元}{(38\,640 - 18\,580 - 3\,206)\ 万元} \times 100\% = 63.73\% < 70\%$$

上式表明该项目具有一定的抗风险能力。

（2）敏感性分析。分别就项目固定资产投资、经营成本和产品销售收入三个主要因素，对项目全部投资所得税前财务内部收益率进行单因素敏感性分析。取变化率 $\pm 10\%$，

计算结果如表 7-11 所示。

表 7-11　财务敏感性分析计算表

变动因素	变化率（%）	财务内部收益率（%）	较基本方案增减（%）
固定资产投资	+10	14.44	-1.48
	-10	17.61	1.69
经营成本	+10	12.98	-2.94
	-10	18.64	2.72
产品销售收入	+10	19.85	3.93
	-10	11.51	-4.41

由表可见，各因素对项目全部投资所得税前财务内部收益率的影响程度不同，按敏感程度排序由大到小依次为产品销售收入、经营成本、固定资产投资。由于在 ±10% 的变化范围内，产品销售收入下降 10% 时所计算内部收益率指标已小于行业基准收益率，这表明该项目的抗风险能力尚有一定的问题，并不十分理想。由表 7-11 可绘制对应的财务敏感性分析图。

5. 财务评价结论

从上述财务评价结果看，该项目财务内部收益率高于行业基准收益率，财务净现值大于零，投资回收期低于行业基准投资回收期，借款偿还能满足贷款机构要求，项目各年的财务状况也较好，而且风险不太大。因此，从财务上讲，该项目可以接受。

四、项目国民经济评价

（一）基础数据准备

本项目国民经济评价是在财务评价的基础上进行的，国民经济评价所需基础数据由财务评价基础数据调整求得，如表 7-12 所示。

表 7-12　国民经济评价投资调整计算表

序号	项　目	财务评价			国民经济评价			国民经济评价比财务评价增减（±）/元
		合计/元	其中		合计/元	其中		
			外币/万欧元	人民币/元		外币/万欧元	人民币/元	
1	固定资产投资	53 786	3 454	23 786	46 420	3 454	16 370	-7 366
1.1	建设工程	3 466		3 466	3 813		3 813	347
1.2	设备	28 864	2 029	11 212	24V830	2 029	7 178	-4 034
1.2.1	进口设备	23 028	2 029	5 375	18 993	2 029	1 341	-4 034
1.2.2	国产设备	5 837		5 837	5 837		5 837	0

（续）

序号	项　　目	财务评价			国民经济评价			国民经济评价比财务评价增减（±）/元
		合计/元	其中		合计/元	其中		
			外币/万欧元	人民币/元		外币/万欧元	人民币/元	
1.3	安装工程	11 452	870	3 883	10 002	870	2 433	-1 450
1.3.1	进口材料及费用	9 636	870	2 067	8 186	870	617	-1 450
1.3.2	国产材料及费用	1 816		1 816	1 816		1 816	0
1.4	其他费用	3 818	241	1 721	3 556	241	1 459	-262
	其中：土地费用	612		612	350		350	-262
1.5	基本预备费	4 760	314	2 028	4 220	314	1 488	-540
1.6	涨价预备费	1 426		1 426				-1 426
2	投资方向调节税	2 689		2 689				-2 689
3	建设期利息	5 013	470	925				-5 013
4	流动资金	7 266		7 226	7 285		7 285	19
	合计（1+2+3+4）	68 754	3 924	34 616	53 750	3 454	23 665	-15 049

1. 效益和费用范围的调整

（1）剔除计入财务效益和费用中的转移支付。具体包括：①引进设备、材料缴纳的关税及增值税；②固定资产投资方向调节税；③土地使用税；④销售税金及附加；⑤所得税；⑥国内借款还本付息。

其中，前三项将在投资及经营费用调整中予以说明和剔除，后三项则在国民经济评价报表中不计入而直接剔除。

（2）计入间接效益和间接费用。本项目引进先进的技术设备，通过技术培训、人才流动、技术推广和扩散，使整个社会都将受益，应计为项目的间接效益。但由于计量上的困难，只能做定性描述。本项目无明显的间接费用。

2. 效益和费用数值的调整

本项目财务评价中，外汇与人民币的换算汇率为外汇调剂市场汇率。由于该汇率已基本反映了外汇的真实价值，故国民经济评价中仍取该汇率为影子汇率，即影子汇率为1欧元=8.7元人民币。

其中：

（1）建筑工程费用按影子价格换算系数1.1调整，由3 466万元调为3 813万元。

1）设备购置费的调整：引进设备费用中，剔除关税及增值税，用6%的贸易费用率及影子汇率重新计算贸易费用，引进设备国内运输费用所占的比例较小，不再进行调整；国内配套设备影子价格换算系数为1，运输费用所占比例较小，不再进行调整；据此，项目设备的购置费由 28 864 万元调为24 830万元。

2）安装工程费用中进口材料费用的调整方法与上述引进设备费用的调整方法相同，国产材料及费用不进行调整。据此，项目的安装工程费用由 11 452 万元调为 10 002 万元。

3）其他费用的调整。其他费用中仅对土地费用予以调整，采用土地机会成本（以现值表示）及新增资源消耗之和作为土地影子费用计入项目投资的方式。具体计算如下：

本项目占用的土地为一般农田 250 亩，若无本项目占用，则将继续按现状用于农业生产。经测算，该土地用于农业生产的年最大净收益为 741 元/亩（据项目开工前第三年数据），并预计可按 3% 的年平均增长率增长。则由 $NB_0 = 741$ 元/亩 · 年，$n = 18$ 年，$\tau = 3$ 年，$g = 3\%$，$i_s = 12\%$，可得到每亩土地的机会成本为

$$OC = \sum_{t=1}^{n} NB_0 (1+g)^{t+\tau-1} (1+i_s)^{-t}$$
$$= 7\,005 \text{ 元/亩}$$

土地机会成本总额 = 7 005 元/亩 × 250 亩 = 175 万元

本项目因占用土地的新增资源消耗经测算和土地机会成本相当，新增资源消耗费用也按 175 万元计算。因此，项目占用土地的影子费用共计 350 万元。

用土地影子费用代替财务评价中的土地费用，其他费用由 3 818 万元调为3 556万元。

4）基本预备费按上述调整后费用重新计算，由 4 760 万元调为 4 220 万元；由于上述费用均已采用影子价格计算，所以将涨价预备费扣除。

5）固定资产投资方向调节税系转移支付，予以扣除；建设期利息也不再计入项目投资。

6）流动资金按调整后的估算基础重新估算，由 7 266 万元调为 7 285 万元。

(2）销售收入调查，本项目产品按替代进口确定其影子价格，由于不能确定具体用户，所以按近几年该产品进口的到岸价为 2 300 欧元/t，计算公式为

A 产品的影子价格 = (2 300 × 8.7) 元/t = 20 010 元/t

本项目的经济评价销售收入调整计算如表 7-13 所示。

表 7-13　国民经济评价销售收入调整计算表

产品名称	年销售量 /t	单价 /元	生产负荷 70%（第 4 年）/万元	生产负荷 90%（第 5 年）/万元	生产负荷 100%（第 6～18 年）/万元
财务评价：A	23 000	16 800	27 048	34 776	38 640
国民经济评价：A	23 000	20 010	32 216	41 421	46 023

(3）经营费用的调整。本项目国民经济评价经营费用调整计算如表 7-14 所示。

表7-14　国民经济评价经营费用调整计算表

序号	项　目	单位	消耗量（t/年）	财务评价				国民经济评价			
				单价/元	达产70%/万元	达产90%/万元	达产100%/万元	单价/元	达产70%/万元	达产90%/万元	达产100%/万元
1	外购原材料				11 568	14 873	16 526		14 513	18 660	20 733
	a	t	23 621	5 350	8 846	11 347	12 637	5 759	9 522	12 243	13 603
	b	t	13 570	1 680	1 596	2 052	2 280	4 122	3 916	5 034	5 594
	c	t	18 170	240	305	392	436	240	305	392	436
	d	t	3 220	2 520	568	730	811	2 293	517	665	738
	外购原材料				11 568	14 873	16 526		14 513	18 660	20 733
	e	t	253	1 470	26	33	37	1 470	26	33	37
	f	t	20 010	162	227	292	324	162	227	292	324
2	外购燃料及动力				1 438	1 849	2 054		1 527	1 964	2 182
	水	万t	400. 2	0. 60	168	216	240	0. 60	168	216	240
	电力	万kW·h	6 336. 5	0. 17	754	969	1 077	0. 218 1	967	1 244	1 382
	煤	万t	4. 2	175	516	663	737	133. 05	392	504	560
3	工资及福利费				399	399	399		399	399	399
4	修理费				1 865	1 865	1 865		1 865	1 865	1 865
5	其他费用				1 068	1 068	1068		998	998	998
	其中：土地使用税				70	70	70				
6	经营费用合计				16 337	20 053	21 911		19 302	23 885	26 177

其中：

1）外购原料a为非外贸货物，其费用占经营成本比例大，按分解成本法确定其影子价格。由于原料a可通过发挥现有企业生产能力满足供应，所以应按其可变成本进行分解。原料a的单位可变财务成本构成如表7-15所示。按分解成本法调整后的耗用金额也列示于同一表中。

表7-15　原料a可变成本构成表

项　目	单　位	耗用量	财务成本/元	分解成本/元
原料a′	t	1. 283	3 531	4 237
原料b′	t	0. 190	319	824
原料c′	t	0. 210	56	56
其他			142	142
燃料、动力				
水	t	157	63	63
电力	kW·h	665	121	145
煤	t	2. 20	308	293
可变成本合计				5 759

其中：

原料 a′为非外贸货物，在国内属较紧缺产品，经测算其影子价格换算系数为 1.2，调整费用为 4 237 元。

原料 b′为外贸货物，其到岸价为 470 欧元/t，贸易费用率为 6%，按此重新计算的该费用为

$$(470 \times 8.70 \times 1.06 \times 0.19)\text{元} = 824\text{ 元}$$

原料 c′占比重较小，不予调整。

生产厂所在地区电力的影子价格为 0.218 1 元/（kW · h），按此调整后的电费为 145 元。

生产厂所在城市煤的影子价格为 133.05 元/t，按此调整后的外购燃料煤费用为 293 元。

水和其他项目不予调整。

以上各项单价中包含的运输费用因难以单列也未做调整。

由以上各步得到原料 a 的影子价格为 5 759 元/t。因原料 a 由生产厂家直接供货给本项目，且距离很近，故不考虑贸易费用和运输费用，直接将 5 759 元/t 的价格作为到厂影子价格。

2）外购原料 b 为外贸货物，按间接进口确定其影子价格。到岸价为 447 欧元/t，由于供应厂和原用户难以确定，且项目地处港口，其影子价格为

$$(447 \times 8.70 \times 1.06)\text{元/t} = 4\ 122\text{ 元/t}$$

3）外购原料 d 为非外贸货物且为长线产品，经测算其影子价格换算系数为 0.91，按此计算的影子价格为 2 293 元/t。

4）项目所在地区电力的影子价格为 0.218 1 元/kW。

5）项目所在城市煤的影子价格为 133.05 元/t。

6）土地使用税为转移支付予以剔除。

7）其他各项不予调整。由此可得项目正常生产年份的经营费用为 26 177 万元。

（二）国民经济盈利能力分析

（1）项目全部投资国民经济效益费用流量表见附表 7-14。从由该表计算得到的国民经济评价指标看，项目经济内部收益率为 27.02% $> i_s = 12\%$，经济净现值为 50 327 万元大于零。这表明从全部投资角度看，项目在经济上是合理的。

（2）项目国内投资国民经济效益费用流量表见附表 7-15。从由该表计算得到的国民经济评价指标看，项目经济内部收益率为 40.07% $> i_s = 12\%$，经济净现值为 52 219 万元大于零。这表明国家为本项目付出代价后，可得到超过社会折现率所代表的国民经济盈余，项目在经济上是合理的，应考虑接受。

（三）外汇效果分析

本项目产品可替代进口节汇。为进行外汇效果分析编制的经济外汇流量表和国内资源流量表分别见附表 7-16 和附表 7-17。

由所得经济评价指标看：

（1）项目经济外汇净现值为 19 018 万欧元，表明项目产品替代进口节汇的效果是较可观的。

（2）经济节汇成本为 6.02 元/欧元，小于影子汇率 8.70 元/欧元，说明该项目产品替代进口是有利的。

（四）不确定性分析

本项目分别就项目固定资产投资、经营费用和产品销售收入三个主要因素，对项目全部投资经济内部收益率进行单因素敏感性分析。取变化率为 ±10%，计算结果如表 7-16 所示。

表 7-16　经济敏感性分析计算表

变动因素	变化率（%）	财务内部收益率（%）	较基本方案增减（%）
固定资产投资	+10	25.21	-1.99
	-10	29.49	+2.29
经营费用	+10	23.97	-3.23
	-10	30.24	+3.04
产品销售收入	+10	32.37	+5.17
	-10	21.44	-5.76

由表 7-14 可见，各因素变化对项目全部投资经济内部收益率的影响程度不同，按敏感程度排序由大到小依次为产品销售收入、经营费用、固定资产投资。但在 ±10% 的变化范围内，项目全部投资经济内部收益率均大于 $i_s = 12\%$，表明项目有较强的抗风险能力。

（五）项目国民经济评价结论

从上述国民经济评价结果上看，本项目经济内部收益率高于社会折现率，经济净现值大于零；项目产品替代进口可为国家节省大量外汇开支，且经济节汇成本小于影子汇率；项目的抗风险能力也比较强；加上不能量化的间接效益。因此可认为，项目在经济上是合理的，应考虑接受该项目。

综合以上财务评价和国民经济评价的结果，本项目财务利益和国民经济效益均较好，且项目产品是国家急需的，因此可认为，该项目应予以批准立项投资。

附表 7-1　流动资金估算表

序号	项　目	最低周转天数/天	周转次数/次	投产期/万元		达到设计生产能力期/万元												
				4	5	6	7	8	9	10	11	12	13	14	15	16	17	18
1	流动资金			6 170	7 933	8 814	8 814	8 814	8 814	8 814	8 814	8 814	8 814	8 814	8 814	8 814	8 814	8 814
1. 1	应收账款	30	12	1 278	1 643	1 826	1 826	1 826	1 826	1 826	1 826	1 826	1 826	1 826	1 826	1 826	1 826	1 826
1. 2	存货			4 851	6 237	6 930	6 930	6 930	6 930	6 930	6 930	6 930	6 930	6 930	6 930	6 930	6 930	6 930
1. 3	库存现金	15	24	41	52	58	58	58	58	58	58	58	58	58	58	58	58	58
2	流动负债			1 084	1 393	1 548	1 548	1 548	1 548	1 548	1 548	1 548	1 548	1 548	1 548	1 548	1 548	1 548
2. 1	应付账款	30	12	1 048	1 393	1 548	1 548	1 548	1 548	1 548	1 548	1 548	1 548	1 548	1 548	1 548	1 548	1 548
3	流动资金（1－2）			5 086	6 539	7 266	7 266	7 266	7 266	7 266	7 266	7 266	7 266	7 266	7 266	7 266	7 266	7 266
4	流动资金增加额			5 086	1 453	727	0	0	0	0	0	0	0	0	0	0	0	0

附表 7-2　资金使用计划与资金筹措表

序号	项　目	合计：人民币/元	1			2			3			4			5			6		
			外币/万欧元	人民币/元	小计/元	外币/万欧元	人民币/元	小计/元	外币/万欧元	人民币/元	小计/元	外币/万欧元	人民币/元	小计/元	外币/万欧元	人民币/元	小计/元	外币/万欧元	人民币/元	小计/元
1	总投资	18 754	722	5 037	11 317	2 050	14 769	32 605	1 152	7 545	17 566		5 086	5 086		1 453	1 453		727	727
1. 1	固定资产投资	53 786	691	4 462	10 472	1 900	13 007	29 534	864	6 267	13 779									
1. 2	投资方向调节税	2 689		524	524		1 477	1 477		689	689									
1. 3	建设期利息	5 013	31	51	322	150	285	1 594	288	589	3 097									
1. 4	流动资金	7 266											5 086	5 086		1 453	1 453		727	727
2	资金筹措	68 754	722	5 037	11 317	2 050	14 769	32 605	1 152	7 545	17 566		5 086	5 086		1 453	1 453		727	727
2. 1	自有资金	22 000		3 920	3 920		10 780	10 780		4 900	4 900		2 400	2 400						
	用于流动资金												2 400	2 400						
2. 1. 1	资本金	22 000		3 920	3 920		10 780	10 780		4 900	4 900		2 400	2 400						
2. 1. 2	资本溢价																			
2. 2	借款	46 754	722	1 117	7 397	2 050	3 989	21 825	1 152	2 645	12 666					1 453	1 453		727	727
2. 2. 1	长期借款	41 888	722	1 117	7 397	2 050	3 989	21 825	1 152	2 645	12 666		2 686	2 686		1 453	1 453		727	727
2. 2. 2	流动资金借款	4 866											2 868	2 868						
2. 2. 3	短期借款																			

附表 7-3　固定资产折旧费估算表

序号	项　目	合　计	折旧年限/年	折旧率（%）	投产期/万元		达到设计生产能力期/万元												
					4	5	6	7	8	9	10	11	12	13	14	15	16	17	18
1	固定资产合计																		
1.1	原值	58 282	15	64															
1.2	折旧费				3 730	3 730	3 730	3 730	3 730	3 730	3 730	3 730	3 730	3 730	3 730	3 730	3 730	3 730	3 730
	净值				54 552	50 822	47 092	43 362	39 632	35 902	32 172	28 442	24 712	20 982	17 252	13 521	9 791	6 061	2 331

附表 7-4　无形及递延资产摊销估算表

序号	项　目	摊销年限/年	原值/万元	投产期/万元					达到设计生产能力期/万元				
				4	5	6	7	8	9	10	11	12	13
1	无形资产	10	2 476										
1.1	摊销费			248	248	248	248	248	248	248	248	248	248
1.2	净值			2 228	1 981	1 743	1 485	1 238	990	743	495	248	0
2	递延资产（开办费）	5	730										
2.1	摊销费			146	146	146	146	146					
2.2	净值			584	438	202	146	0					
3	无形及递延资产合计		3 206										
3.1	摊销费			394	394	394	394	394	248	248	248	248	248
3.2	净值			2 812	2 419	2 025	1 631	1 238	990	743	495	248	0

附表 7-5　产品销售收入和销售税金及附加估算表

序号	项　目	单价		生产负荷70%（第4年）						生产负荷90%（第5年）						生产负荷100%（第6~18年）					
				销售量			金额			销售量			金额			销售量			金额		
		外销/欧元	内销/元	外销/t	内销/t	小计/t	外销/万欧元	内销/万元	小计/万元	外销/t	内销/t	小计/t	外销/万欧元	内销/万元	小计/万元	外销/t	内销/t	小计/t	外销/万欧元	内销/万元	小计/万元
1	销售收入							27 048	27 048					34 776	34 776					38 640	38 640
	产品A		16 800		16 100	16 100		27 048	27 048		20 700	20 700		34 776	34 776		23 000	23 000		38 640	38 640
2	销售税金及附加							2 244	2 244					2 886	2 886					3 206	3 206
2.1	增值税							2 040	2 040					2 623	2 623					2 915	2 915
2.2	城市建设维护税							143	143					184	184					204	204
2.3	教育费附加							61	61					79	79					87	87

附表 7-6　单位产品生产成本估算表

序号	项　目	单　位	消耗定额	单价/万元	金额/万元
1	原材料				7 185
	a	t	1. 027	5 350	5 494
	b	t	0. 590	1 680	991
	c	t	0. 790	240	190
	d	t	0. 140	2 520	353
	e	t	0. 011	1 470	16
	f	t	0. 870	162	141
2	燃料及动力				893
	水	t	174	0. 60	104
	电力	kW · h	2 755	0. 17	468
	煤	t	1. 83	175	320
3	工资及福利费				121
4	制造费用				3 067
5	副产品回收	t			0
6	生产成本（1 +2 +3 +4 −5）				11 267

附表 7-7　总成本费用估算表

序号	项　目	投产期/万元		达到设计生产能力期/万元												
		4	5	6	7	8	9	10	11	12	13	14	15	16	17	18
	生产负荷（%）	70	90	100	100	100	100	100	100	100	100	100	100	100	100	100
1	外购原材料	11 568	14 873	16 526	16 526	16 526	16 525	16 526	16 526	16 526	16 526	16 526	16 526	16 526	16 526	16 526
2	外购燃料及动力	1 438	1 849	2 054	2 054	2 054	2 054	2 054	2 054	2 054	2 054	2 054	2 054	2 054	2 054	2 054
3	工资及福利费	399	399	399	399	399	399	399	399	399	399	399	399	399	399	399
4	修理费	1 865	1 865	1 865	1 865	1 865	1 865	1 865	1 865	1 865	1 865	1 865	1 865	1 865	1 865	1 865
5	折旧费	3 730	3 730	3 730	3 730	3 730	3 730	3 730	3 730	3 730	3 730	3 730	3 730	3 730	3 730	3 730
6	摊销费	394	394	394	394	394	248	248	248	248	248	0	0	0	0	0
7	财务费用	4 048	3 785	3 225	2 457	1 957	1 573	1 189	804	420	420	420	420	420	420	420
7. 1	长期借款利息	3 816	3 427	2 804	2 037	1 536	1 152	768	3 843	0	0	0	0	0	0	0
7. 2	流动资金借款利息	232	358	420	420	420	420	420	420	420	420	420	420	420	420	420

（续）

序号	项 目	投产期/万元		达到设计生产能力期/万元												
		4	5	6	7	8	9	10	11	12	13	14	15	16	17	18
8	其他费用	1 068	1 068	1 068	1 068	1 068	1 068	1 068	1 068	1 068	1 068	1 068	1 068	1 068	1 068	1 068
	其中：土地使用税	70	70	70	70	70	70	70	70	70	70	70	70	70	70	70
9	总成本费用	24 509	27 962	29 260	28 492	27 992	27 461	27 077	26 693	26 309	26 309	26 026	26 026	26 026	26 026	26 026
	其中：固定成本	11 504	11 240	10 680	9 912	9 412	8 882	8 498	8 114	7 730	7 730	7 482	7 482	7 482	7 482	7 482
	可变成本	13 006	16 722	18 580	18 580	18 580	18 580	18 580	18 580	18 580	18 580	18 580	18 580	18 580	18 580	18 580
10	经营成本	16 337	20 053	21 911	21 911	21 911	21 911	21 911	21 911	21 911	21 911	21 911	21 911	21 911	21 911	21 911

附表 7-8 利润及利润分配估算表

序号	项 目	投产期/万元		达到设计生产能力期/万元												
		4	5	6	7	8	9	10	11	12	13	14	15	16	17	18
	生产负荷（%）	70	90	100	100	100	100	100	100	100	100	100	100	100	100	100
1	销售收入	27 048	34 776	38 640	38 640	38 640	38 640	38 640	38 640	38 640	38 640	38 640	38 640	38 640	38 640	38 640
2	销售税金及附加	2 244	2 886	3 206	3 206	3 206	3 206	3 206	3 206	3 206	3 206	3 206	3 206	3 206	3 206	3 206
3	总成本费用	24 509	27 962	29 260	28 492	27 992	27 461	27 077	26 693	26 309	26 309	26 062	26 062	26 062	26 062	26 062
4	利润总额（1－2－3）	294	3 929	6 174	6 942	7 442	7 972	8 356	8 740	9 124	9 124	9 372	9 372	9 372	9 372	9 372
5	所得税	97	1 296	2 037	2 291	2 456	2 631	2 758	2 884	3 011	3 011	3 093	3 093	3 093	3 093	3 093
6	税后利润（4－5）	197	2 632	4 137	4 651	4 986	5 341	5 599	5 856	6 113	6 113	6 279	6 279	6 279	6 279	6 279
7	特种基金															
8	可供分配利润（7－7）	197	2 632	4 137	4 651	4 986	5 341	5 599	5 856	6 113	6 113	6 279	6 279	6 279	6 279	6 279
8.1	盈余公积金				465	499	534	560	586	611	611	628	628	628	628	628
8.2	应付利润				2 827	4 344	4 518	4 749	4 981	5 502	5 502	5 651	5 651	5 651	5 651	5 651
8.3	未分配利润	197	2 632	4 137	1 358	144	290	290	291	0						
	累计未分配利润	197	2 829	6 966	8 324	8 468	8 758	9 047	9 337	9 337	9 337	9 337	9 337	9 337	9 337	9 337

附表 7-9 全部投资现金流量表

序号	项目	建设期/万元			投产期/万元		达到设计生产能力期/万元												
		1	2	3	4	5	6	7	8	9	10	11	12	13	14	15	16	17	18
	生产负荷（%）				70	90	100	100	100	100	100	100	100	100	100	100	100	100	100
1	现金流入				27 048	34 776	38 640	38 640	38 640	38 640	38 640	38 640	38 640	38 640	38 640	38 640	38 640	38 640	48 237
1.1	产品销售收入				27 048	34 776	38 640	38 640	38 640	38 640	38 640	38 640	38 640	38 640	38 640	38 640	38 640	38 640	38 640
1.2	回收固定资产余值																		2 331
1.3	回收流动资金																		7 266
2	现金流出	10 996	31 011	14 468	23 765	25 689	27 882	27 408	27 573	27 748	27 875	28 002	28 129	28 129	28 210	28 210	28 210	28 210	28 210
2.1	固定资产投资	10 996	31 011	14 468															
2.2	流动资金				5 086	1 453	727	0	0	0	0	0	0	0	0	0	0	0	0
2.3	经营成本				16 337	20 053	21 911	21 911	21 911	21 911	21 911	21 911	21 911	21 911	21 911	21 911	21 911	21 911	21 911
2.4	销售税金及附加				2 244	2 886	3 206	3 206	3 206	3 206	3 206	3 206	3 206	3 206	3 206	3 206	3 206	3 206	3 206
2.5	所得税				97	1 296	2 037	2 291	2 456	2 631	2 758	2 884	3 011	3 011	3 093	3 093	3 093	3 093	3 093
2.6	特种基金																		
3	净现金流量（1－2）	－10 996	－31 011	－14 468	－3 283	9 087	10 758	11 232	11 067	10 892	10 765	10 638	10 511	10 511	10 430	10 430	10 430	10 430	20 027
4	累计净现金流量	－10 996	－42 007	－56 457	－53 192	－44 104	－33 346	－22 114	－11 048	－156	10 609	21 247	31 759	42 270	52 700	63 129	73 559	83 989	104 016

（续）

序号	项 目	建设期/万元			投产期/万元		达到设计生产能力期/万元												
		1	2	3	4	5	6	7	8	9	10	11	12	13	14	15	16	17	18
5	所得税前净现金流量	-10 996	-31 011	-14 468	3 380	10 384	12 796	13 522	13 522	13 522	13 522	13 522	13 522	13 522	13 522	13 522	13 522	13 522	23 120
6	所得税前累计净现金流量	-10 966	-42 007	-56 475	-53 095	-42 711	-29 915	-16 392	-2 870	10 653	24 175	37 698	51 220	64 743	78 265	91 788	105 310	118 833	141 952

计算指标：

	所得税后	所得税前
财务内部收益率：	12.90%	15.92%
财务净现值（$i_c=12\%$）：	2 829 万元	13 371 万元
投资回收期：	9.01 年	8.21 年

附表 7-10 自有资金现金流量表

序号	项 目	建设期/万元			投产期/万元		达到设计生产能力期/万元												
		1	2	3	4	5	6	7	8	9	10	11	12	13	14	15	16	17	18
	生产负荷（%）				70	90	100	100	100	100	100	100	100	100	100	100	100	100	100
1	现金流入				27 048	34 776	38 640	38 640	38 640	38 640	38 640	38 640	38 640	38 640	38 640	38 640	38 640	38 640	48 237
1.1	产品销售收入				27 048	34 776	38 640	38 640	38 640	38 640	38 640	38 640	38 640	38 640	38 640	38 640	38 640	38 640	38 640
1.2	回收固定资产余值																		2 331
1.3	回收流动资金																		7 266
2	现金流出	3 920	10 780	4 900	29 448	34 776	38 640	35 348	33 797	33 588	33 331	33 074	28 549	28 549	28 631	28 631	28 631	28 631	33 496
2.1	自有资金	3 920	10 780	4 900	2 400														

（续）

序号	项　目	建设期/万元			投产期/万元		达到设计生产能力期/万元												
		1	2	3	4	5	6	7	8	9	10	11	12	13	14	15	16	17	18
2.2	借款本金偿还				4 321	6 756	8 260	5 482	4 267	4 267	4 267	4 267	0	0	0	0	0	0	4 866
2.3	借款利息支付				4 048	3 785	3 225	2 457	1 957	1 573	1 189	804	420	420	420	420	420	420	420
2.4	经营成本				16 337	20 053	21 911	21 911	21 911	21 911	21 911	21 911	21 911	21 911	21 911	21 911	21 911	21 911	21 911
2.5	销售税金及附加				2 244	2 886	3 206	3 206	3 206		3 206	3 206	3 206	3 206	3 206	3 206	3 206	3 206	3 206
2.6	所得税				97	1 296	2 037	2 291	2 456	2 631	2 758	2 884	3 011	3 011	3 093	3 093	3 093	3 093	3 093
2.7	特种基金																		
3	净现金流量（1－2）	－3 920	－10 780	－4 900	－2 400	0	0	3 292	4 843	5 052	5 309	5 566	10 091	10 091	10 009	10 009	10 009	10 009	14 741

计算指标：　财务内部收益率：14.98%

财务净现值（$i_c=12\%$）5 257 万元

附表 7-11　利润表

序　号	项　目	投产期/万元		达到设计生产能力期/万元												
		4	5	6	7	8	9	10	11	12	13	14	15	16	17	18
	生产负荷（%）	70	90	100	100	100	100	100	100	100	100	100	100	100	100	100
1	销售收入	27 048	34 776	38 640	38 640	38 640	38 640	38 640	38 640	38 640	38 640	38 640	38 640	38 640	38 640	38 640
2	销售税金及附加	2 244	2 886	3 206	3 206	3 206	3 206	3 206	3 206	3 206	3 206	3 206	3 206	3 206	3 206	3 206
3	总成本费用	24 509	27 962	29 260	28 492	27 992	27 461	27 077	26 693	26 309	26 309	26 062	26 062	26 062	26 062	26 062
4	利润总额（1－2－3）	294	3 929	6 174	6 942	7 442	7 972	8 356	8 740	9 124	9 124	9 372	9 372	9 372	9 372	9 372
5	所得税	97	1 296	2 037	2 291	2 456	2 631	2 758	2 884	3 011	3 011	3 093	3 093	3 093	3 093	3 093
6	税后利润（4－5）	197	2 632	4 137	4 651	4 986	5 341	5 599	5 856	6 113	6 113	6 279	6 279	6 279	6 279	6 279

（续）

序号	项目	投产期/万元		达到设计生产能力期/万元												
		4	5	6	7	8	9	10	11	12	13	14	15	16	17	18
7	特种基金															
8	可供分配利润（7－7）	197	2 632	4 137	4 651	4 986	5 341	5 599	5 856	6 113	6 113	6 279	6 279	6 279	6 279	6 279
8.1	盈余公积金				465	499	534	560	586	611	611	628	628	628	628	628
8.2	应付利润				2 877	4 344	4 518	4 749	4 981	5 502	5 502	5 651	5 651	5 651	5 651	5 651
8.3	未分配利润	197	2 632	4 137	1 358	144	290	290	291	0						
	累计未分配利润	197	2 829	6 966	8 324	8 468	8 758	9 047	9 337	9 337	9 337	9 337	9 337	9 337	9 337	9 337

附表 7-12　资金来源与运用表

序号	项目	建设期/万元			投产期/万元		达到设计生产能力期/万元												
		1	2	3	4	5	6	7	8	9	10	11	12	13	14	15	16	17	18
	生产负荷（%）				70	90	100	100	100	100	100	100	100	100	100	100	100	100	100
1	资金来源	11 317	32 605	17 566	9 504	9 505	11 024	11 065	11 566	11 950	12 334	12 718	13 102	13 102	13 102	13 102	13 102	13 102	22 699
1.1	利润总额				294	3 929	6 174	6 942	7 442	7 972	8 356	8 740	9 124	9 124	9 372	9 372	9 372	9 372	9 372
1.2	折旧费				3 730	3 730	3 730	3 730	3 730	3 730	3 730	3 730	3 730	3 730	3 730	3 730	3 730	3 730	3 730
1.3	摊销费				394	394	394	394	394	248	248	248	248	248	0	0	0	0	0
1.4	长期借款	7 397	21 825	12 666															
1.5	滚动资金借款				2 686	1 453	727												
1.6	其他短期借款																		

（续）

序号	项目	建设期/万元			投产期/万元		达到设计生产能力期/万元												
		1	2	3	4	5	6	7	8	9	10	11	12	13	14	15	16	17	18
1.7	自有资金	3 920	10 780	4 900	2 400														
1.8	其他																		
1.9	回收固定资产余值																		2 331
1.10	回收流动资金																		7 266
2	资金运用	11 317	32 605	17 566	9 504	9 505	11 024	10 600	11 067	11 416	11 774	12 132	8 513	8 513	8 744	8 744	8 744	8 744	13 610
2.1	固定资产投资	10 996	31 011	14 468															
2.2	建设期利息	332	1 594	3 097															
2.3	流动资金				5 086	1 453	727												
2.4	所得税				97	1 296	2 037	2 291	2 456	2 631	2 758	2 884	3 011	3 011	3 093	3 093	3 093	3 093	3 093
2.5	特种基金																		
2.6	应付利润				0	0	0	2 827	4 344	4 518	4 749	4 981	5 502	5 502	5 651	5 651	5 651	5 651	5 651
2.7	长期借款还本				4 321	6 756	8 260	5 482	4 267	4 267	4 267	4 267	0	0	0	0	0	0	0
2.8	流动资金借款还本																		4 866
3	盈余资金	0	0	0	0	0	0	465	499	534	560	586	4 589	4 589	4 358	4 358	4 358	4 358	9 089
4	累计盈余资金	0	0	0	0	0	0	465	964	1 898	2 058	2 643	7 232	11 821	16 179	20 537	24 895	29 253	38 342

附表 7-13　资产负债表

序号	项目	建设期/万元			投产期/万元		达到设计生产能力期/万元												
		1	2	3	4	5	6	7	8	9	10	11	12	13	14	15	16	17	18
1	资产	11 317	43 922	61 488	63 534	61 173	57 931	54 273	50 648	47 204	43 786	40 394	41 006	41 617	42 245	42 873	43 501	44 129	44 757
1.1	流动资产总额				6 170	7 933	8 814	9 279	9 778	10 312	10 872	11 457	16 046	20 635	24 993	29 351	33 709	38 067	42 425
1.1.1	应收账款				1 278	1 643	1 826	1 826	1 826	1 826	1 826	1 826	1 826	1 826	1 826	1 826	1 826	1 826	1 826
1.1.2	存货				4 851	6 237	6 930	6 930	6 930	6 930	6 930	6 930	6 930	6 930	6 930	6 930	6 930	6 930	6 930
1.1.3	库存现金				41	52	58	58	58	58	58	58	58	58	58	58	58	58	58
1.1.4	累计盈余资金				0	0	0	465	964	1 498	2 058	2 648	7 232	11 821	16 179	20 537	24 895	29 253	33 611
1.2	在建工程	11 317	43 922	61 488															
1.3	固定资产净值				54 552	50 822	47 092	43 362	39 632	35 902	32 172	28 442	24 712	20 982	17 252	13 521	9 791	6 061	2 331
1.4	无形递延资产净值				2 812	2 419	2 025	1 631	1 238	990	743	495	248	0	0	0	0	0	0
2	负债及所有者权益	11 317	43 922	61 488	63 534	61 173	57 931	54 273	50 648	47 204	43 786	40 394	41 006	41 617	42 245	42 873	43 501	44 129	44 757
2.1	流动负债总额				3 770	5 533	6 414	6 414	6 414	6 414	6 414	6 414	6 414	6 414	6 414	6 414	6 414	6 414	6 414
2.1.1	应付账款				1 084	1 393	1 548	1 548	1 548	1 548	1 548	1 548	1 548	1 548	1 548	1 548	1 548	1 548	1 548
2.1.2	流动资金借款				2 686	4 139	4 866	4 866	4 866	4 866	4 866	4 866	4 866	4 866	4 866	4 866	4 866	4 866	4 866
2.1.3	其他短期借款																		
2.2	长期借款	7 397	29 222	41 888	37 567	30 811	22 551	17 069	12 802	8 534	4 267	0	0	0	0	0	0	0	0
	负债小计	7 397	29 222	41 888	41 337	36 344	28 965	23 482	19 216	14 949	10 687	6 414	6 414	6 414	6 414	6 414	6 414	6 414	6 414

（续）

序　号	项目	建设期/万元			投产期/万元		达到设计生产能力期/万元												
		1	2	3	4	5	6	7	8	9	10	11	12	13	14	15	16	17	18
2.3	所有者权益	3 920	14 700	19 600	22 197	24 829	28 966	30 790	31 432	32 255	33 105	33 980	34 592	35 203	35 831	36 549	37 087	37 715	38 342
2.3.1	资本金	3 920	14 700	19 600	22 000	22 000	22 000	22 000	22 000	22 000	22 000	22 000	22 000	22 000	22 000	22 000	22 000	22 000	22 000
2.3.2	资本公积金																		
2.3.3	累计盈余公积金	0	0	0	0	0	0	465	964	1 498	2 058	2 648	3 255	3 866	4 494	5 122	5 750	6 378	7 006
2.3.4	累计未分配利润	0	0	0	197	2 829	6 966	8 324	8 468	8 758	9 047	9 337	9 337	9 337	9 337	9 337	9 337	9 337	9 337
计算指标	资产负债率	65	67	68	65	59	50	43	38	32	24	16	16	15	15	15	15	15	14
	流动比率（%）				164	143	137	145	152	161	169	179	250	322	390	458	526	593	661
	速动比率（%）				35	31	29	37	44	53	61	71	142	214	282	350	418	485	553

附表 7-14　国民经济效益费用流量表（全部投资）

序　号	项　目	建设期/万元		投产期/万元		达到设计生产能力期/万元													
		1	2	3	4	5	6	7	8	9	10	11	12	13	14	15	16	17	18
	生产负荷（%）				70	90	100	100	100	100	100	100	100	100	100	100	100	100	100
1	效益流量				32 216	41 421	46 023	46 023	46 023	46 023	46 023	46 023	46 023	46 023	46 023	46 023	46 023	46 023	55 036

（续）

序号	项目	建设期/万元		投产期/万元		达到设计生产能力期/万元													
		1	2	3	4	5	6	7	8	9	10	11	12	13	14	15	16	17	18
1.1	产品销售收入				32 216	41 421	46 023	46 023	46 023	46 023	46 023	46 023	46 023	46 023	46 023	46 023	46 023	46 023	46 023
1.2	回收固定资产余值																		1 729
1.3	回收流动资金																		7 285
1.4	项目间接效益																		
2	费用流量	9 284	25 531	11 605	24 401	25 342	26 905	26 177	26 177	26 177	26 177	26 177	26 177	26 177	26 177	26 177	26 177	26 177	26 177
2.1	固定资产投资	9 284	25 531	11 605															
2.2	流动资金				5 099	1 457	728												
2.3	经营费用				19 302	23 885	26 177	26 177	26 177	26 177	26 177	26 177	26 177	26 177	26 177	26 177	26 177	26 177	26 177
2.4	项目间接费用																		
3	净效益流量（1－2）	－9 284	－25 531	－11 605	7 815	16 078	19 778	19 846	19 846	19 846	19 846	19 846	19 846	19 846	19 846	19 846	19 846	19 846	19 846

计算指标：经济内部收益率：27.20%

经济净现值（$i_c=12\%$）：50 327 万元

附表 7-15 国民经济效益费用流量表（国内投资）

序号	项目	建设期/万元		投产期/万元		达到设计生产能力期/万元													
		1	2	3	4	5	6	7	8	9	10	11	12	13	14	15	16	17	18
	生产负荷（%）				70	90	100	100	100	100	100	100	100	100	100	100	100	100	100
1	效益流量				32 216	41 421	46 023	46 023	46 023	46 023	46 023	46 023	46 023	46 023	46 023	46 023	46 023	46 023	55 036

（续）

序号	项目	建设期/万元		投产期/万元		达到设计生产能力期/万元													
		1	2	3	4	5	6	7	8	9	10	11	12	13	14	15	16	17	18
1.1	产品销售收入				32 216	41 421	46 023	46 023	46 023	46 023	46 023	46 023	46 023	46 023	46 023	46 023	46 023	46 023	46 023
1.2	回收固定资产余值																		1 729
1.3	回收流动资金																		7 285
1.4	项目间接效益																		
2	费用流量	3 274	9 004	4 093	31 741	32 297	33 476	32 365	31 981	31 597	31 212	30 828	26 177	26 177	26 177	26 177	26 177	26 177	26 177
2.1	固定资产投资	3 274	9 004	4 093															
2.2	流动资金				5 099	1 457	728												
2.3	经营费用				19 302	23 885	26 177	26 177	26 177	26 177	26 177	26 177	26 177	26 177	26 177	26 177	26 177	26 177	26 177
2.4	流至国外的资金				7 340	6 956	6 572	6 187	5 803	5 419	5 035	4 651							
2.4.1	国外借款本金偿还				4 267	4 267	4 267	4 267	4 267	4 267	4 267	4 267							
2.4.2	国外借款利息支付				3 072	2 688	2 304	1 920	1 536	1 152	768	384							
2.5	项目间接费用																		
3	净效益流量（1－2）	－3 274	－9 004	－4 093	475	9 123	12 547	13 658	14 042	14 426	14 811	15 195	19 846	19 846	19 846	19 846	19 846	19 840	28 860

计算指标：经济内部收益率：　　40.07%

经济净现值（$i_c=12\%$）：52 219 万元

附表 7-16　经济外汇流量表

序　号	项　目	建设期/万元		投产期/万元		达到设计生产能力期/万元													
		1	2	3	4	5	6	7	8	9	10	11	12	13	14	15	16	17	18
	生产负荷（%）				70	90	100	100	100	100	100	100	100	100	100	100	100	100	100
1	外汇流入	691	1 900	6 864	3 703	4 761	5 290	5 290	5 290	5 290	5 290	5 290	5 290	5 290	5 290	5 290	5 290	5 290	5 290
1.1	产品替代进口收入				3 703	4 761	5 290	5 290	5 290	5 290	5 290	5 290	5 290	5 290	5 290	5 290	5 290	5 290	5 290
1.2	外汇借款																		
1.3	其他外汇收入																		
2	外汇流出	691	1 900	864	1 268	1 345	1 362	1 318	1 274	1 229	1 185	1 141	607	607	607	607	607	607	607
2.1	固定资产投资	691	1 900	864															
2.2	间接进口原材料				425	546	607	607	607	607	607	607	607	607	607	607	607	607	607
2.3	进口零部件																		
2.4	技术转让费																		
2.5	偿付外汇借款本息				844	799	755	744	667	623	579	535							
2.6	其他外汇支出																		
3	净外汇效果	0	0	0	2 435	3 416	3 928	3 972	4 016	4 061	4 105	4 149	4 683	4 683	4 683	4 683	4 683	4 683	4 683

计算指标：经济外汇净现值（$i_c=12\%$）：19 018 万欧元

经济节汇成本：　6.02 元/欧元

附表 7-17　国内资源流量表

序号	项目	建设期/万元		投产期/万元		达到设计生产能力期/万元													
		1	2	3	4	5	6	7	8	9	10	11	12	13	14	15	16	17	18
	生产负荷（%）				70	90	100	100	100	100	100	100	100	100	100	100	100	100	100
1	固定资产投资	3 274	9 004	4 093															
2	流动资金				3 099	1 457	728												
3	经营费用				15 608	19 136	20 900	20 900	20 900	20 900	20 900	20 900	20 900	20 900	20 900	20 900	20 900	20 900	20 900
4	其他国内投入																		
5	合计(1+2+3+4)	3 274	9 004	4 093	20 708	20 593	21 628	20 900	20 900	20 900	20 900	20 900	20 900	20 900	20 900	20 900	20 900	20 900	20 900

国内资源流量现值（$i_c=12\%$）：114 405 万元

习　题

1. 什么是投资项目的财务评价？其特点是什么？

2. 项目后评价的主要程序是什么？

3. 为什么在国民经济评价中要进行价格调整？

4. 国民经济评价与财务评价有什么区别？

5. 建设项目为什么在进行企业经济评价后还要进行国民经济评价？

6. 国民经济评价中的转移支付指哪些？

7. 国民经济评价与财务评价相比有什么不同？

8. 两个方案的经济寿命相同，甲方案投资 10 000 元，年经营费为 8 000 元，残值为 1 000元，乙方案投资 8 000 元，年经营费用为 9 000 元，残值为 0。若基准投资收益率为 8%，试通过计算判断项目是否可行。

9. 某企业进行总体改革，项目范围内原有的固定资产为 300 万元，其中 200 万元继续使用，100 万元不再利用。项目新增投资 500 万元。无论是新增还是原有固定资产均按 10 年平均计提折旧，不考虑残值。

（1）试分别计算项目的投资费用、新增固定资产的折旧和新增折旧。

（2）如果原有固定资产全部被利用，则新增固定资产的折旧和新增折旧又各为多少？

10. 某无缝钢管厂投资工程，基建投资 3 000 万元，投产后，正常生产年份产钢管 8 万 t，若每吨钢管售价 1 200 元，每吨钢管生产成本 900 元，年税金按销售收入的 8% 计算，流动资金需要量按销售收入的 25% 计算，所需资金全部自筹。若基准投资收益率为 22%，试计算判断项目是否可行。

第八章 设备选择的技术经济分析

学习目标

※ 掌握设备磨损的形式及补偿方式

※ 掌握设备寿命的种类及经济寿命的计算方法

※ 掌握设备原型更新与新型更新的方法

※ 掌握设备租赁的分析评价方法

设备是现代工业生产的重要物质基础和技术基础。设备的质量和技术水平是一个国家工业化水平的重要标志，是判断一个企业技术创新能力、开发能力的重要标准，也是影响企业和国民经济各项技术经济指标的重要因素。因此，为了促进企业的技术进步和提高经济效益，需对设备整个运行期间的技术经济状况进行分析和研究，明确并判断设备是否需要更新、何时更新、如何更新等问题，为企业的决策和保证生产能力提供基础。

第一节 设备磨损与补偿

一、设备磨损及磨损规律

设备购置后，无论是使用还是闲置，都会发生磨损，需要进行补偿，以恢复设备的生产能力。设备更新是补偿设备磨损的重要手段，是保证设备寿命期费用最低的基本措施。设备是否应进行更新，取决于设备的磨损程度和类型，取决于设备的寿命和寿命期的费用。设备磨损包括有形磨损和无形磨损两种形式。

（一）有形磨损

有形磨损又称物理磨损，是指设备在使用（或闲置）过程中所发生的实体磨损。有形磨损可分为两种形式，即第一种有形磨损和第二种有形磨损。

1. 第一种有形磨损

第一种有形磨损是指设备使用时，在力的作用下，从其零部件到整个设备受到摩擦、冲击、振动或疲劳，使设备的实体受到损伤。它通常表现为以下几个方面：

（1）零部件原始尺寸的改变，甚至其形状发生改变。

（2）公差配合性质的改变，以及精度的降低。

（3）零部件的损坏。

设备在使用中产生的零部件有形磨损大致有三个阶段，如图8-1所示。

1）初期磨损阶段，即图8-1中的第Ⅰ阶段（磨合期），是指新设备或更换的新零件的使用初期。这一阶段时间很短，零部件表面粗糙不平的部分在相对运动中被很快磨去，磨损量较大，设备的故障次数较多且生产效率相对较低。

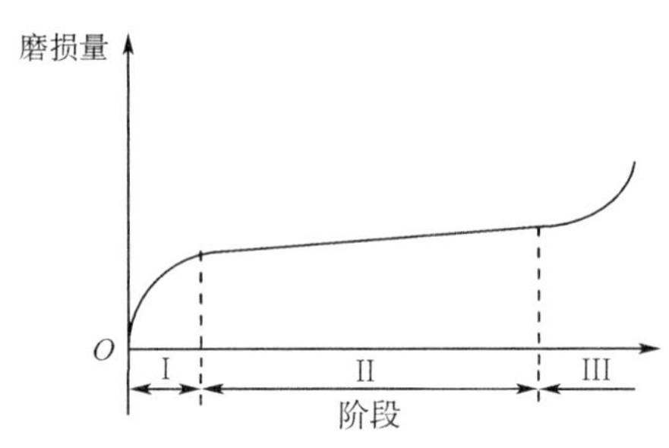

图8-1　设备有形磨损曲线

2）正常磨损阶段，即图8-1中的第Ⅱ阶段。这一阶段设备工作处于正常状态，只是由于机器的运转和负荷产生一些必然的磨损，零部件的磨损趋于缓慢，基本上随时间而均匀地增加，此时设备的故障停机情况较少，生产效率较高。

3）剧烈磨损阶段，即图8-1中的第Ⅲ阶段。在这一阶段中，零部件磨损超过一定限度，正常磨损关系被破坏，工作情况恶化而零部件磨损量迅速增大，设备的精度、性能和生产率都迅速下降，为保证设备的生产性能，应及时维修。

2．第二种有形磨损

第二种有形磨损是指设备在闲置中受到自然力的作用产生锈蚀，或是由于缺乏必要的保护、保养而自然丧失精度和工作能力，产生物质磨损。其磨损的结果是设备的利用率下降，原始价值降低，占用企业资金，造成不必要的损失和浪费。

概括地讲，可以认为第一种有形磨损是外力作用（如摩擦、受到冲击、超负荷或交变应力作用、受热不均匀等）造成的实体磨损、变形或损坏；第二种有形磨损是由自然力作用（生锈、腐蚀、老化等）造成的磨损。这两种有形磨损都会造成设备的技术性陈旧。

（二）无形磨损

无形磨损又称精神磨损，是指表现为设备原始价值的贬值，不表现为设备实体的变化和损坏。设备无形磨损是由于科学技术进步而不断出现性能更加完善、生产效率更高的设备，使原有设备的价值降低；或是由于生产同样结构设备的价值不断降低，而使原有设备贬值。无形磨损也可分为第一种无形磨损和第二种无形磨损。

1．第一种无形磨损

第一种无形磨损是指设备的技术结构和性能并没有变化，但由于设备制造厂的制造工艺不断改进、劳动生产率不断提高，而使生产相同机器设备所需的社会必要劳动减少，因而使原来购买的设备价值相应贬值了。

2. 第二种无形磨损

第二种无形磨损是指由于科学技术的进步，不断创新出性能更完善、效率更高的设备，使原有设备相对陈旧落后，其经济效益相对降低而发生贬值。

（三）设备的综合磨损

设备的综合磨损是指同时存在有形磨损和无形磨损的损坏和贬值的综合情况。对任何特定的设备来说，这两种磨损必然同时发生和互相影响。某些方面的技术进步可能加快设备有形磨损的速度，例如，高强度、高速度、大负荷技术的发展，必然使设备的物理磨损加剧。同时，某些方面的技术进步又可提供耐热、耐磨、耐腐蚀、耐振动、耐冲击的新材料，使设备的有形磨损减缓，但使其无形磨损加快。

（四）设备磨损的度量

正确地度量设备的磨损是合理评价设备使用是否经济的基础之一。

1. 有形磨损程度的度量

设 a_h 表示设备有形磨损的程度；K_1 为设备磨损时该种设备的再生产价值；R 为修复全部磨损零件达到完好程度所用的修理费用。设备的有形磨损程度为修理费用与再生产价值之比，即

$$a_h = \frac{R}{K_1} \tag{8-1}$$

2. 无形磨损程度的度量

设 a_n 表示设备无形磨损的程度；K_0 为设备原始价值。设备的无形磨损程度为设备贬值的价值数量占设备原始价值之比，即

$$a_n = \frac{(K_1 - K_0)}{K_0} = 1 - \frac{K_1}{K_0} \tag{8-2}$$

3. 综合磨损程度的度量

设 a 表示设备综合磨损的程度，则设备有形磨损后的残余部分为（$1-a_h$），无形磨损后的残余部分为（$1-a_n$），两种磨损同时发生后的残余部分为（$1-a_h$）（$1-a_n$）。

设备的综合磨损程度为

$$a = 1 - (1 - a_h)(1 - a_n) = 1 - \frac{(K_1 - R)}{K_0} \tag{8-3}$$

设备两种磨损同时作用下的残余价值 K_L 为

$$K_L = K_1 - R \tag{8-4}$$

二、设备磨损的补偿方式

设备因磨损（包括有形磨损和无形磨损）而贬值，为了使生产能够持续经济地进行下去，企业则需要提供一定的资金进行补偿。由于设备遭受的磨损形式不同，用资金进行补偿的方法也不同。设备磨损的补偿如图8-2所示。由图8-2可知，设备的补偿方式有大修、现代化改造和更新三种形式。大修是更换部分已磨损的零部件和调整设备，以恢复设备的生产功能和效率为主；现代化改造是对设备的结构做局部改进和技术上的革新，如增添新的、必需的零部件，以提升设备的生产功能和效率为主。这两者都属于局部补偿。更新是对整个设备进行更换，属于全部补偿。

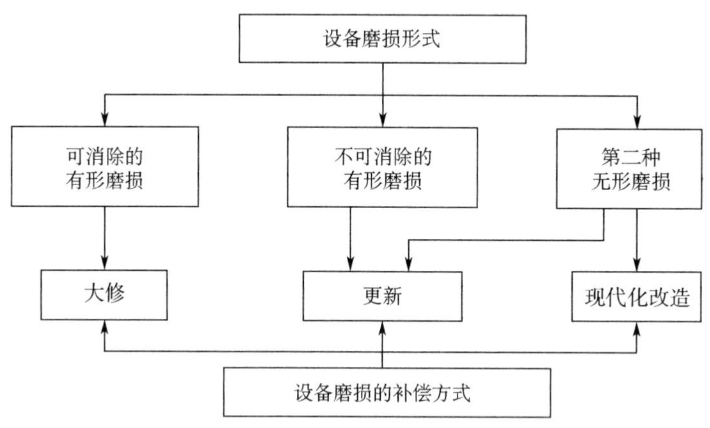

图8-2 设备磨损的补偿

具体采用哪种补偿方式，取决于设备磨损的类型、生产要求和费用支出。当然，为了保证设备的生产性能，除了要选择合适的补偿方式之外，还要做好设备的经常性维修保养和故障预测工作。

三、设备的折旧

设备在长期使用过程中，要经受有形磨损和无形磨损。有形磨损会造成设备使用价值和资产价值的降低；无形磨损会造成设备资产价值的降低，但不影响其使用价值。为了保证生产过程持续进行，企业应该具有重置设备资产的能力，这就要求企业能在设备有效使用年限内将其磨损逐渐转移到它所生产的产品中。这种按期或按活动量将设备磨损转为产品的成本费用的方式，称为设备资产的折旧。按期或按活动量转为产品成本费用的设备资产的损耗价值就是折旧费。

固定资产折旧是成本计算的一项重要内容。固定资产折旧方法的选用直接影响企业成本的计算。计算提取折旧的方法可采用直线折旧法（平均年限法）、年数总和法、双倍余额递减法和工作量法。前三种折旧方法的区别在于它们在有效寿命前几年获得的折旧额占总折旧额的比例不一样。如果折旧率确定过低，设备损耗的价值无法得到补偿，这样会影响企业再生产的进行；如果折旧率确定过高，就会人为地缩小利润，影响资金的正常积累。因而，采用什么样的计算方法来计算折旧，就显得尤其重要。一般来讲，人们总倾向于尽量提前得到折旧，以便利用折旧减税产生的资金进一步投资。

企业可以逐一计算各项可折旧资产的折旧额，然后把各项折旧额相加得到每年的折旧金额；也可以首先把企业拥有的各种资产分成几大类，然后再在各类资产平均寿命的基础上分别计算折旧的金额，再相加得到折旧额。

（一）直线折旧法

直线折旧法又称平均年限法，是典型的正常折旧方法。它是在设备资产估算的折旧年限里按期平均分摊资产价值的一种计算方法，即对资产价值按时间单位等额划分。它是我国使用多年的一种传统方法，也是可用于无形资产的唯一折旧方法。其计算公式为

$$D=\frac{P-S}{N} \tag{8-5}$$

式中　P——资产原值，一般为购置设备时一次性支付的费用，又称初始费用；

S——资产残值，是指资产报废清理时可供出售的残余部分（如当作废料利用的材料和零件等）的价值，可以用作抵补设备原值的一部分；

N——资产的折旧期，一般以年为单位；

D——年折旧额。

如果以资产的原值为基础，年折旧率的表达式为

$$d=\frac{D}{P}\times 100\%=\frac{1-\frac{S}{P}}{N}\times 100\% \tag{8-6}$$

例 8-1　某设备的资产原值为 15 500 元，估计报废时的残值为 3 500 元，折旧年限为 15 年。计算其年折旧额和折旧率。

解：运用式（8-5），得年折旧额为

$$D=\frac{15\,500\text{ 元}-3\,500\text{ 元}}{15}=800\text{ 元}$$

运用式（8-6），得折旧率为

$$d=\frac{800\text{ 元}}{15\,500\text{ 元}}\times 100\%=5.16\%$$

直线折旧法当设备在折旧期内使用情况基本相同、经济效益基本均衡的情况下是比较合理的。但是这种方法也有较大的缺陷：①没有考虑设备各年折旧额的资金时间价值；②没有考虑新、旧设备价值在产出上的差异，有一定的片面性；③没有考虑设备的无形磨损。设备使用年限一般按行业或其他主管部门规定的折旧年限计算。

（二）双倍余额递减折旧法

这是一种典型的、常用的加速折旧方法。该方法任何年份的折旧都可用现有资产余值乘以固定的折旧率计算得出，再用资产余值减去该年的折旧金额作为新的资产余值，下一年又重复这一做法，如此循环，直到资产折旧期限结束。该方法要求资产的寿命期至少3年以上。其计算公式为

$$d = \frac{2}{N} \times 100\% \tag{8-7}$$

$$D_m = P_{m-1} \times d \tag{8-8}$$

式中　D_m——第 m 年的折旧额；

P_{m-1}——第 $m-1$ 年末的资产余值，$P_0 = P$，$P_m = P_{m-1} - D_m$。

该折旧方法要求在其固定资产折旧年限到期前的2年内，将固定资产余值扣除预计残值后的净值平均摊销。

例8-2　某机床的原始价值为16 000元，残值为2 200元，折旧年限是6年，试按双倍余额递减折旧法计算各年的折旧额。

解：运用式（8-7）计算年折旧率。

$$d = \frac{2}{6} \times 100\% = 33.33\%$$

$P_0 = 16\,000$ 元

$D_1 = 16\,000$ 元 $\times 33.33\% = 5\,333$ 元　　$P_1 = 16\,000$ 元 $- 5\,333$ 元 $= 10\,667$ 元

$D_2 = 10\,667$ 元 $\times 33.33\% = 3\,555$ 元　　$P_2 = 10\,667$ 元 $- 3\,555$ 元 $= 7\,112$ 元

$D_3 = 7\,112$ 元 $\times 33.33\% = 2\,370$ 元　　$P_3 = 7\,112$ 元 $- 2\,370$ 元 $= 4\,742$ 元

$D_4 = 4\,742$ 元 $\times 33.33\% = 1\,581$ 元　　$P_4 = 4\,742$ 元 $- 1\,581$ 元 $= 3\,161$ 元

$D_5 = \frac{(3\,161 - 2\,200)}{2}$ 元 $= 480.5$ 元　　$P_5 = 3\,161$ 元 $- 480.5$ 元 $= 2\,680.5$ 元

$D_6 = 480.5$ 元　　$P_6 = 2\,200$ 元

（三）年数总和折旧法

在设备使用的前几年，设备较新，技术效能较强；随着时间的推移，技术效能不断降低，特别是设备接近更新前，效能较差，为企业提供的效益相对较少。因此，在设备使用的前几年分摊的折旧费应比后几年多一些，这样能更好地反映设备效能的变化，这是折旧中常用的一种加速折旧方法。

第 m 年年末的折旧额 D_m 为

$$D_m = \frac{2(N-m+1)}{N(N+1)}(P-S) \tag{8-9}$$

$$d_m = \frac{D_m}{P} \times 100\% = \frac{2(N-m+1)}{N(N+1)}\left(1 - \frac{S}{P}\right) \times 100\% \tag{8-10}$$

例 8-3　用年数总和折旧法求例 8-2 中设备资产各年的折旧率和折旧额。

解： 运用式（8-9）和式（8-10）计算年折旧额和折旧率。

$$D_1=\frac{2\times(16\,000-2\,200)\times 6}{6\times 7}\text{元}=3\,943\text{ 元}\qquad d_1=\frac{3\,943\text{ 元}}{16\,000\text{ 元}}\times 100\%=24.64\%$$

$$D_2=\frac{2\times(16\,000-2\,200)\times 5}{6\times 7}\text{元}=3\,286\text{ 元}\qquad d_2=\frac{3\,286\text{ 元}}{16\,000\text{ 元}}\times 100\%=20.54\%$$

$$D_3=\frac{2\times(16\,000-2\,200)\times 4}{6\times 7}\text{元}=2\,629\text{ 元}\qquad d_3=\frac{2\,629\text{ 元}}{16\,000\text{ 元}}\times 100\%=16.43\%$$

$$D_4=\frac{2\times(16\,000-2\,200)\times 3}{6\times 7}\text{元}=1\,971\text{ 元}\qquad d_4=\frac{1\,971\text{ 元}}{16\,000\text{ 元}}\times 100\%=12.32\%$$

$$D_5=\frac{2\times(16\,000-2\,200)\times 2}{6\times 7}\text{元}=1\,314\text{ 元}\qquad d_5=\frac{1\,314\text{ 元}}{16\,000\text{ 元}}\times 100\%=8.21\%$$

$$D_6=\frac{2\times(16\,000-2\,200)\times 1}{6\times 7}\text{元}=657\text{ 元}\qquad d_6=\frac{657\text{ 元}}{16\,000\text{ 元}}\times 100\%=4.11\%$$

双倍余额递减折旧法和年数总和折旧法统称为加速折旧法，即在设备折旧期内，前期较多而后期较少地递减提取折旧费，从而使设备资产磨损得到加速补偿的计提折旧费的方法。

在生产技术高速发展的情况下，采用加速折旧可以使设备资产的磨损快速补偿，及时回收设备更新所需的资金。同时，效率高时多提取折旧，效率低时少提取折旧，符合“收入与费用配比”的原则。另外，加速折旧在保持税金总额不变的前提下，税金的资金时间价值却发生了变化，即在前期可以少交所得税，而在后期多交所得税，从而达到较少缴纳税金现值的目的。因此，运用加速折旧法可以获得税收优惠。

（四）工作量法

工作量法又称作业量法，是指根据固定资产在使用期间完成的总的工作量平均计算折旧的一种方法。

单位工作量折旧额 = 固定资产原价 ×(1 − 预计净残值率) ÷ 预计总工作量

这种方法适用于损耗程度与完成工作量成正比关系的固定资产或者在使用期内不能均衡使用的固定资产。

第二节　设备经济寿命的确定

一、设备的寿命

由于设备磨损的存在，设备的使用价值和经济价值逐年削减，因而设备具有一定的寿命。设备的寿命是指设备从开始使用到被淘汰的整个时间过程。由于设备的磨损形式不同，所以在判断和衡量设备寿命时就有不同的标准。具体而言，设备的寿命有三种形式：自然寿命、技术寿命和经济寿命。

（1）自然寿命，又称物质寿命。它是指设备从投入使用开始，直到因为在使用过程中发生物质磨损而不能继续使用、报废为止所经历的时间。它主要是由设备的有形磨损所决定的。

（2）技术寿命，又称有效寿命。它是指设备在市场上维持其价值的时期。具体地说，是指设备从开始使用到因技术落后而被淘汰所延续的时间。它主要是由设备的无形磨损所决定的。

（3）经济寿命。它是指设备从投入使用开始，到因继续使用不经济而被更新所经历的时间。设备使用年限越长，每年所分摊的设备购置费（年资本费）越少，但是，随着使用年限的增加，需要更多的维修费维持其原有性能，操作成本及能源耗费也会增加。这就存在着使用到某一年份，设备的年平均费用最低、经济效益最好。设备的经济寿命就是设备从开始使用到其年平均费用最少的使用年限。

二、设备经济寿命的确定方法

设备更新的时机一般取决于设备的寿命，特别是要考虑设备的经济寿命。

设备在使用过程中发生的年度总费用是由年资本费用和年经营费用组成的。年资本费用等于设备原值价值减去当年残值，按使用年数平均分摊；而年经营费用一般包括年修理费用和年运行费用等，则

$$C = \frac{P - S}{n} + Q \tag{8-11}$$

式中　C——年度总费用；

P——设备购置费；

S——残值；

n——使用年数；

Q——设备年经营费用。

年资本费用和年经营费用的多少都与设备使用时间有直接关系。前者随时间延长而变少，后者随时间延长而增多。这就存在着一个使两者之和最小的最佳使用时间，也就是设备的经济寿命。有关设备费用与使用年限的关系如图8-3所示。

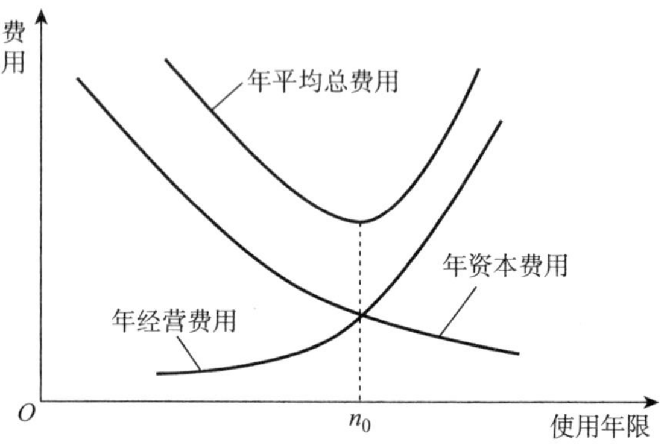

图8-3　设备费用与使用年限的关系

由图8-3可知，在第n_0年的年平均总费用最低，这就是设备的经济寿命；使用年限不到或超过设备的经济寿命，其年平均总费用较高。因此，设备使用到经济寿命年限进行更新最为经济。

（一）不考虑资金的时间价值

年均总费用的计算公式为

$$C(n)=\frac{P-S}{n}+\frac{\sum_{t=1}^{n}Q_t}{n} \tag{8-12}$$

式中　$Q(t)$——第 t 年的经营费用。

例 8-4　某设备的购入价格为 10 000 元，估计可使用 10 年，第 t 年的经营费用 Q_t 和该年残值 S_t 如表 8-1 所示。试计算不同使用年限 n 的年平均总费用 $C(n)$，并确定该设备的经济寿命 n_0。

解：有关数据见表 8-1。表中，第②栏年经营费用和第④栏年末残值是已知的；设备原值为 10 000 元。

表 8-1　年平均总费用计算表

使用年限/年	年经营费用/元	年平均经营费用/元	年末残值/元	年平均资本费用/元	年平均总费用/元
N	Q_t	$\frac{\sum_{t=1}^{n}Q_t}{n}$	S_t	$(P-S)/n$	$C(n)$
①	②	③	④	⑤	⑥=③+⑤
1	1 300	1 300	7 000	3 000	4 300
2	1 450	1 375	5 000	2 500	3 875
3	1 600	1 450	3 500	2 167	3 617
4	1 800	1 538	2 000	2 000	3 538
5	2 050	1 640	1 000	1 800	3 440
6	2 350	1 758	800	1 533	3 291
7	2 750	1 900	600	1 343	3 243 *
8	3 100	2 050	400	1 200	3 250
9	3 600	2 222	200	1 089	3 311
10	4 100	2 410	100	990	3 400

注：* 年平均总费用最低。

由表 8-3 可知，该设备的年平均总费用以第 7 年为最低，为 3 243 元；当使用年限大于或小于 7 年，年平均总费用均大于 3 243 元。所以，该设备的最佳更新期为 7 年，即经济寿命 n_0 为 7 年。

若设备经营费用每年递增 q（也称低劣化值），则设备的经济寿命除可用上例用列表法计算外，也可用解析法求得。

此时，设备的年经营费用的平均值为 $Q+\frac{(n-1)}{2}q$，设备的年平均资本费用值为$\frac{P-S}{n}$，

所以，设备的年平均总费用为

$$C(n)=\frac{P-S}{n}+Q+\frac{n-1}{2}q \tag{8-13}$$

可用求极值的方法，计算出设备的经济寿命，即设备更新的最佳时期。

设残值 S 为一常数，令 $\frac{\mathrm{d}C(n)}{\mathrm{d}n}=0$ 则经济寿命为 $n_0=\sqrt{\frac{2(P-S)}{q}}$ （8-14）

例 8-5 一台新设备初始投资为 8 000 元，预计残值为 800 元，经营费用第一年为 800 元，以后每年增加 300 元，试计算该设备的年最少平均费用并确定设备的经济寿命。

解：该设备的经济寿命为

$$n_0=\sqrt{\frac{2(P-S)}{q}}=\sqrt{\frac{2(8\,000\text{ 元}-800\text{ 元})}{300\text{ 元/年}}}=7\text{ 年}$$

将 $n_0=7$ 年代入式（8-13），求得最小年平均总费用为

$$C(n_0)=\frac{P-S}{n}+Q+\frac{(n-1)}{2}q$$

$$=\left[\frac{8\,000-800}{7}+800+\frac{(7-1)}{2}\times 300\right]\text{元}=2\,729\text{ 元}$$

（二）考虑资金的时间价值

设备年平均总费用

$$C(n)=(P-S_n)(A/P,\ i,\ n)+S_n i+\left[\sum_{t=1}^{n}Q_t(P/F,\ i,\ t)\right](A/P,\ i,\ n) \tag{8-15}$$

例 8-6 某机器的原始价格为 10 万元，寿命为 8 年，设备的使用费第 1 年为 1 万元，以后逐年增加 0.4 万元，$i=15\%$。机器的残值如表 8-2 所示。现用列表法来计算该机器的经济寿命。如果该机器已经使用了 4 年，何时更新为宜?

解：根据式（8-15），计算结果如表 8-2 所示。

表 8-2 设备经济寿命计算表 （单位：万元）

使用年限/年	年资本费用 ①	S_n ②	年分摊残值 ③	Q_t ④	年均经营费用 ⑤	⑥=①-③+⑤
1	11.5	6	6	1	1	6.5
2	6.151	5	2.326	1.4	1.186*	5.011
3	4.38	4.5	1.296	1.8	1.363	4.447
4	3.503	4	0.801	2.2	1.530	4.232
5	2.983	3	0.445	2.6	1.689	4.227
6	2.642	2.5	0.286	3.0	1.839	4.195
7	2.404	2	0.181	3.4	1.980	4.203
8	2.229	1	0.073	3.8	2.112	4.268

注：* 当 $n=2$ 时，年均经营费的计算公式为

$$Y_2=[1(P/F,\ 15\%,\ 1)+1.4(P/F,\ 15\%,\ 2)]\ (A/P,\ 15\%,\ 2)\text{ 万元}=1.186\text{ 万元}$$

从表 8-2 可知，机器的年平均费用在使用年限为第 6 年时最低，其值为 41 950 元，即此机器在第 6 年年末应更新，其经济寿命为 6 年。由于该机器已经使用了 4 年，应继续使用 2 年再更新。

第三节　设备更新的经济分析

设备更新就是用比较经济、完善的，性能和效率更高的设备，更换陈旧的、在技术上不能继续使用或在经济上不宜继续使用的设备。就实物形态而言，设备更新是用新设备替换陈旧落后的设备；就价值形态而言，设备更新是设备在运动中消耗掉价值的重新补偿。设备更新的目的，是提高企业生产的现代化水平，尽快形成新的生产能力。

设备更新是消除设备有形磨损和无形磨损的重要手段。设备更新决策问题，就其本质来说，可分为两类：一类是原型设备更新，又称为简单更新，即市场上没有出现性能更好的新设备，如果用其来更换已损坏的或陈旧的设备，有利于减少机型，减轻维修工作量，能保证原有产品质量和降低转换成本；另一类是技术更新，即设备在使用期间出现性能更好的新设备，以结构更先进、技术更完善、性能更好、效率更高、能源和原材料消耗更少的新型设备，替代技术上陈旧落后（即遭到第二种无形磨损），在经济上不宜继续使用的设备。此时可以有几种选择：继续保留旧设备；对设备进行技术改造；用新设备换旧设备。设备更新主要是指后一种方式，它是实现企业技术进步，提高经济效益的主要途径。

一、设备更新分析的原则

设备更新决策对企业的经济效益有重要的影响。过早的设备更新将造成资金的浪费，失去其他收益机会；过迟的设备更新将造成生产成本的迅速上升，使企业失去竞争优势。因此，企业不失时机地做好设备更新决策工作，是生产发展和技术进步的客观需要。

在进行设备更新分析时，从经济的角度，要考虑以下原则：

（1）不考虑沉没成本。这一术语说明的是过去所花的钱或作为过去决策所支付的费用，就像水流过水坝，不会被未来的决策所改变。因此，在设备更新时，旧设备的原始成本和已提取的折旧额都是无关的，在进行方案比较时，原设备的价值按目前价值计价。

（2）不直接比较方案的现金流量。把继续使用现有设备方案与更新新设备方案看作是独立无关联的方案进行比较。

（3）逐年滚动比较。在确定最佳更新时机时，首先计算现有设备剩余经济寿命和新设备的经济寿命，然后利用逐年滚动计算方法进行比较。

例 8-7　企业一设备在 3 年前以 12 万元购得，估计寿命 8 年，残值 1.6 万元，每年的运行成本为 2 万元，采用直线折旧。现在市场上出现了一种相同的新设备，推出价格为 11 万元，并允诺可以以旧换新，旧设备可折价 7.5 万元，新设备寿命为 10 年，残值 2 万元，每年运行成本为1.8万元，已知$i=10\%$。应否更新？

解：按上述原则，设备原始采购价值和所提取的折旧是以前发生的，是沉没成本。目前设备价值7.5万元。

设备是否更新实际上相当于是在花7.5万元购入一旧设备，或是花11万元购入一新设备这两个方案之间进行比较。

$AAC_{旧}=7.5$万元$\times(A/P, 10\%, 5)+2$万元-1.6万元$\times(A/F, 10\%, 5)=3.716$万元

$AAC_{新}=11$万元$\times(A/P, 10\%, 10)+1.8$万元$-2$万元$\times(A/F, 10\%, 10)=3.465$万元

因为$AAC_{新}<AAC_{旧}$

所以，应当更新旧设备，采用新设备。

二、原型设备更新决策

原型设备更新并不是由于过时引起的，而主要是由设备维修费的增加引起的。这种更新的最佳时机完全取决于该设备的经济寿命，当设备达到经济寿命时，就应用同类型的设备去更换，以保证使用期内的每一年都以最低的年均费用使用该设备。

设备经济寿命的确定按上节所述方法确定。

三、出现新设备条件下的更新决策

新、旧设备方案的比较分析，就是要决定现在马上购置新设备、淘汰旧设备，还是至少保留使用旧设备一段时间，再用新设备替换旧设备。新设备原始费用高，营运费和维修费低；旧设备原始费用（目前净残值）低，营运费和维修费高。因此，必须对两个方案进行权衡判断，才能做出正确选择。一般情况下，要对两个方案逐年进行比较，仍然采用年值法。

例8-8 某设备目前的净残值为8 000元，还能继续使用4年，保留使用的情况如表8-3所示。新设备的原始费用为35 000元，经济寿命为10年，第10年年末的净残值为4 000元，平均年使用费为500元，基准折现率是12%。旧设备是否需要更换？如果需更换，何时更换为宜？

表8-3 旧设备的年使用费和净残值

保留使用年数/年	年末净残值/元	年使用费/元
1	6 500	3 000
2	5 000	4 000
3	3 500	5 000
4	2 000	6 000

解：设新、旧设备的平均年费用分别为AAC_N与AAC_O，则

$$AAC_N = (35\,000 - 4\,000)元 \times (A/P,\ 12\%,\ 10) + 4\,000元 \times 0.12 + 500元$$
$$= 31\,000元 \times 0.177 + 480元 + 500元 = 6\,467元$$

$$AAC_0 = (8\,000 - 2\,000)元 \times (A/P,\ 12\%,\ 4) + 2\,000元 \times 0.12 + [3\,000(P/F,\ 12\%,\ 1) + 4\,000(P/F,\ 12\%,\ 2) + 5\,000(P/F,\ 12\%,\ 3) + 6\,000(P/F,\ 12\%,\ 4)元 \times (A/P,\ 12\%,\ 4)$$
$$= 6\,000元 \times 0.329\,2 + 240元 + (3\,000 \times 0.892\,9 + 4\,000 \times 0.797\,2 + 5\,000 \times 0.711\,8 + 6\,000 \times 0.635\,5)元 \times 0.329\,2$$
$$= 6\,503.27元$$

因为 $AAC_N < AAC_0$，所以旧设备应该更换。

旧设备保留 1 年的费用

$$AC_0(1) = (8\,000 - 6\,500)元 \times (A/P,\ 12\%,\ 1) + 6\,500元 \times 0.12 + 3\,000元$$
$$= 5\,460元 < 6\,467元$$

因此应保留。

旧设备保留 2 年的费用

$$AC_0(2) = (6\,500 - 5\,000)元 \times (A/P,\ 12\%,\ 1) + 5\,000元 \times 0.12 + 4\,000元$$
$$= 6\,280元 < 6\,467元$$

因此应保留。

旧设备保留 3 年的费用

$$AC_0(3) = (5\,000 - 3\,500)元 \times (A/P,\ 12\%,\ 1) + 3\,500元 \times 0.12 + 5\,000元$$
$$= 7\,100元 > 6\,467元$$

因此应更换。

可见，旧设备应继续保留使用 2 年，于第 2 年年末更换。保留 1～3 年的一年内现金流量图如图 8-4 所示。

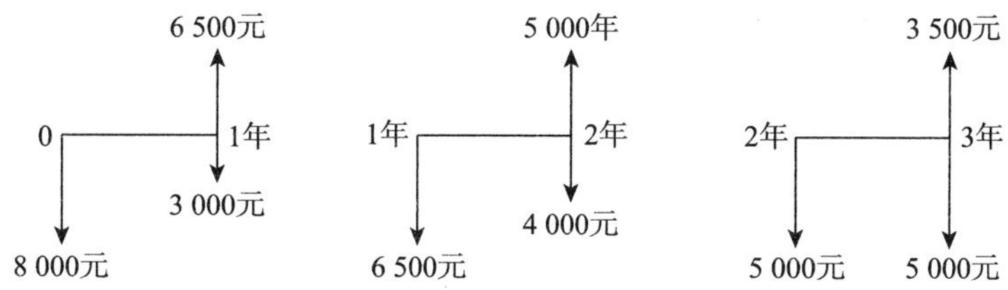

图 8-4　旧设备的现金流量

四、设备大修的经济分析

设备投入生产后，由于消除磨损和排除运行中遇到的各种故障，需要进行维修。维修除了日常维护外，可分为大、中、小修。大修是维修工作中规模最大、花费最多的一种维修。在设备更新分析的过程中，大修是设备更新的替代方案。

（一）大修的经济界限

设备大修能延长其使用期限，但在技术和经济上都是有限度的。从技术角度看，为恢复设备性能可以进行修理，但是要有限度。从经济角度看，共有两个限制：一为设备价值限制；二为生产成本限制。这里主要从经济的角度进行分析。

从设备价值限制角度看，如果大修的费用 K_r 超过同种设备的重置价值 K_N 和旧设备被替换时处理得到的残值 S_0 之差，则大修就不经济，即大修的最低经济界限是 $K_r \leqslant K_N - S_0$。

从生产成本限制的角度看，大修不可避免地会使设备性能下降，这可能会造成生产单位产品的成本 C_{Z_0} 比同种新设备的生产单位产品的成本 C_{Z_N} 要高，这时大修也未必是合理的。因此，除了 $K_r \leqslant K_N - S_0$ 外，还应当满足

$$\frac{C_{Z_0}}{C_{Z_N}} \leqslant 1 \tag{8-16}$$

式中

$$C_{Z_0} = (K_r + \Delta V_0)(A/P,\ i,\ T_0)/Q_{A_0} + C_{g_0}$$

$$C_{Z_N} = \Delta V_N(A/P,\ i,\ T_N)/Q_{A_N} + C_{g_N}$$

式中 ΔV——设备运行到下一次大修期间的价值损耗现值；

T——到下一次大修的时间间隔；

Q_A——设备到下一大修期间的日均产量；下角标 O 表示旧设备，N 表示新设备；

C_g——到下一次大修期间单位产品的经营成本；下角标 O 表示旧设备，N 表示新设备。

例 8-9 某企业有一设备已使用 5 年，拟进行第一次大修，预计大修费用为 5 000 元，大修后可持续使用，4 年后再次大修，这时设备的残值为 2 000 元，其间可年均生产产品 10 万件，年运行成本为 3 5000 元，大修前残值为 3 000 元，大修后增至 6 400 元。新设备价值 2 8000 元，预计在使用 5 年后进行第一次大修，此时残值为 5 000 元，其间可年均生产产品 12 万件，年运行成本为 30 000 元，基准折现率取 10%。问：大修是否合理？

解： 按大修最低经济界限条件：该设备的第一次大修费用为 5 000 元，小于更换新设备的投资费用 25 000 元（28 000 元 - 3 000 元），因此满足大修最低经济界限条件。

再比较单位产品成本：设备原残值 3 000 元加上大修费用 5 000 元后，使设备增值到 6 400元，二者之差是 3 000 元 + 5 000 元 - 6 400 元 = 1600 元，这是沉没成本，不予考虑。因此

$$C_{Z_0} = \{[6\,400\text{ 元} - 2\,000\text{ 元} \times (P/F,\ 10,\ 4)](A/P,\ 10,\ 4) + 35\,000\text{ 元}\} \div 10\text{ 万件}$$
$$= 3\,658.8\text{ 元/万件}$$

更换新设备的净投资费用为 28 000 元 - 3 000 元 = 25 000 元，因此

$$C_{Z_N} = \{[25\,000\text{ 元} - 5\,000\text{ 元} \times (P/F,\ 10,\ 5)](A/P,\ 10,\ 5) + 30\,000\text{ 元}\} \div 12\text{ 万件}$$
$$= 2\,981.33\text{ 元/万件}$$

由于 $C_{Z_O} > C_{Z_N}$，所以应该更换新设备。

其实，大修设备是否经济合理的分析不应局限于是大修还是更新上，还应该将大修方案与其可替代方案——继续使用旧设备进行比较。总之，设备大修的经济分析可转化为寿命期相等的互斥型方案的比较问题求解。

（二）用互斥型方案比较法进行大修经济决策

如果设备寿命有限，特别适合用进行大修与继续使用旧设备这两个互斥型方案相比较，制定是否大修的经济决策。下面通过例 8-10 来说明。

例 8-10　某设备可继续使用 3 年，其目前价值为 7 000 元，其年经营费用、年收入和残值如表 8-4 所示。

表 8-4　继续使用设备的数据

继续使用年数/年	残值/元	年支出/元	年收入/元
1	5 000	3 000	8 000
2	3 000	4 000	8 000
3	2 000	6 000	8 000

如果立即将该设备大修，可使用 7 年，大修费用为 12 000 元，各年支出、收入和残值如表 8-5 所示。若延期 1 年大修，将多支出大修费用 3 000 元；若延期 2 年，大修费用将多支出 5 000 元。如果基准收益率 $i_c = 15\%$，试根据下述条件决定大修策略：①根据市场需求预测和产品寿命期分析，该机器设备只需要再使用 2 年；②该设备将需要再使用 3 年。

表 8-5　大修后使用的数据

使用年数/年	残值/元	年支出/元	年收入/元
1	16 000	750	8 000
2	13 000	1 000	8 000
3	10 000	1 500	8 000
4	7 000	2 500	8 000
5	5 000	3 000	8 000
6	3 000	4 000	8 000
7	2 000	6 000	8 000

解：互斥型方案的比较可以根据 NPV 最大准则，取 NPV 较大者为优。

（1）设备只需再使用 2 年。继续使用旧设备 2 年的现金流量如图 8-5a 所示，将旧设备大修后再使用2年的现金流量如图8-5b所示：

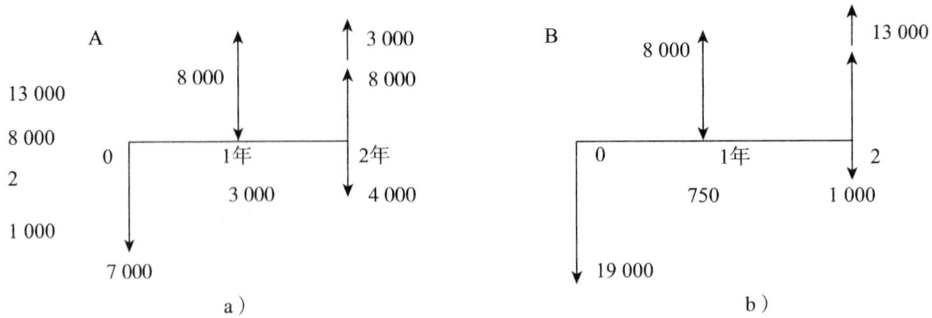

图8-5　再使用2年的现金流量图（单位：元）

这是两个寿命期相等的互斥型方案，故可分别计算其净现值并取其大者即可。

$$NPV_A = \frac{(8\ 000元 - 3\ 000元)}{1+0.15} + \frac{(8\ 000元 + 3\ 000元 - 4\ 000元)}{(1+0.15)^2} - 7\ 000元 = 2641元$$

$$NPV_B = \frac{(8\ 000元 - 750元)}{1+0.15} + \frac{(8\ 000元 + 13\ 000元 - 1\ 000元)}{(1+0.15)^2} - 19\ 000元 = 2427元$$

所以，应继续使用旧设备而无须大修。

（2）使用该机器3年。可绘出再使用该机器3年的现金流量图图8-6a和大修后再用3年的现金流量图图8-6b。

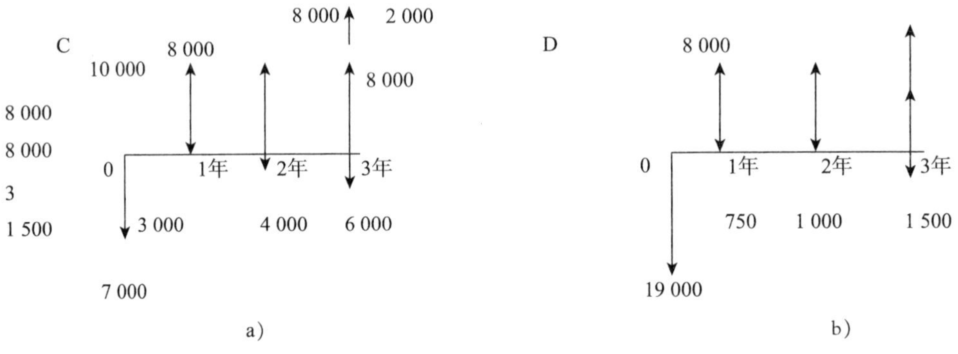

图8-6　再使用3年的现金流量图（单位：元）

$$NPV_C = \frac{(8\ 000元 - 3\ 000元)}{1+0.15} + \frac{(8\ 000元 - 4\ 000元)}{(1+0.15)^2} + \frac{(8\ 000元 + 2\ 000元 - 6\ 000元)}{(1+0.15)^3}$$

$$-7\ 000元 = 3\ 002元$$

$$NPV_D = \frac{(8\ 000元 - 750元)}{1+0.15} + \frac{(8\ 000元 - 1\ 000元)}{(1+0.15)^2} + \frac{(8\ 000元 + 10\ 000元 - 1\ 500元)}{(1+0.15)^3}$$

$$-19\ 000元 = 3\ 446元$$

因为 $NPV_D > NPV_C$

所以，应将旧设备大修后再继续使用，而不应继续使用旧设备。

五、设备现代化改装的经济分析

当今技术进步的速度日益加快，要按照这种周期更换所有陈旧设备是不可能的。解决这个问题的有效途径是把旧机型进行升级，给机器更换新部件、新附件，即对现有设备进行现代化改装。

企业对设备进行现代化改装的目的常常在于扩大企业的生产规模，弥补生产的薄弱环节，提高生产效率和改善工人劳动条件。设备的现代化改装是应用新技术的成就，改变原有设备的结构，装上或更换新部件、新附件、新装置或新单机组成流水线、自动线，从而补偿设备的有形磨损和无形磨损，改善原有设备的技术性能，增加设备的某些功能，提高可靠性，使其局部达到新设备的技术水平（某些技术性能甚至可超过现有同类产品的水平），而所需费用则常常低于购置新设备的费用。

设备的现代化改装是设备更新的一种方式，因此，研究设备现代化改装的经济性，必须与设备更新的其他方法相比较，即要考虑旧设备的继续使用，包括对旧设备进行大修、旧设备的原型更新、用新型设备更新旧设备等方案。要从设备的现代化改装以及上述这些方案中，选择总费用最低的方案。

最低总费用法是指分别计算各种方案在使用期间所发生的各项费用的总和，根据需要的使用年限，按总费用最低原则选择方案的一种方法。相应的计算式为

$$\mathrm{TC}_j = \frac{1}{\beta_j}\left[K_j + \sum C_j(1+i_0)^{-t} - S - S_j(1+i_0)^{-n}\right] \tag{8-17}$$

式中相应的符号及定义如表 8-6 所示。

表 8-6 不同方案的经济数据

方 案	生产效率系数 β_j	设备投资 K_j	历年运行费用总和 $\sum C_j(1+i_0)^{-t}$	n 年回收设备残值 $S_j(1+i_0)^{-n}$	处理旧设备可售价格
继续使用	β_o	—	$\sum C_o(1+i_0)^{-t}$	$S_o(1+i_0)^{-n}$	—
原型更新	β_n	K_n	$\sum C_n(1+i_0)^{-t}$	$S_n(1+i_0)^{-n}$	S
新型更新	β_h	K_h	$\sum C_h(1+i_0)^{-t}$	$S_h(1+i_0)^{-n}$	S
现代化改装	β_m	K_m	$\sum C_m(1+i_0)^{-t}$	$S_m(1+i_0)^{-n}$	—
大修后使用	β_r	K_r	$\sum C_r(1+i_0)^{-t}$	$S_r(1+i_0)^{-n}$	—

例 8-11 已知某设备各种更新及不更新（继续使用）的各年分项费用如表 8-7 所示。旧设备的出售价格为 3 000 元，$i=10\%$。试选择最佳方案。

计算所得结果如表 8-8 所示。

表 8-7　某设备各种处理方案的各年分项费用

方案＼数据项目	投资 K_j/元	生产效率系数 β_j	各年运行费用，括号内为每年年末设备残值/元									
继续使用	$K_o=0$	$\beta_o=0.7$	1 400 (1 200)	1 800 (600)	2 200 (300)	—	—	—	—	—	—	—
大修后使用	$K_r=7\ 000$	$\beta_r=0.98$	700 (6 400)	950 (5 800)	1 200 (5 200)	1 450 (4 700)	1 700 (3 800)	1 950 (3 000)	2 200 (2 200)	2 450 (1 400)	2 700 (700)	2 950 (700)
原型更新	$K_n=16\ 000$	$\beta_n=1.00$	450 (9 360)	550 (8 320)	650 (7 280)	750 (6 240)	850 (5 200)	950 (4 160)	1 050 (3 120)	1 150 (2 080)	1 250 (1 300)	1 350 (1 300)
新型更新	$K_h=20\ 000$	$\beta_h=1.3$	350 (11 520)	420 (10 240)	490 (8 600)	560 (7 250)	630 (5 700)	700 (4 700)	770 (4 000)	840 (3 000)	910 (2 000)	980 (2 000)
现代化改装	$K_m=11\ 000$	$\beta_m=1.2$	550 (9 000)	680 (8 000)	810 (6 700)	940 (5 700)	1 070 (4 700)	1 200 (3 700)	1 330 (2 700)	1 460 (1 700)	1 590 (1 000)	1 720 (1 000)

表 8-8　某设备各种处理方案的各年总费用

总费用/元 年限/年 方案	1	2	3	4	5	6	7	8	9	10
继续使用	260*	3 235*	5 983	—	—	—	—	—	—	—
大修后使用	1 855	3 702	5 527*	7 248*	9 193*	10 996	12 724	14 376	15 908	17 096
原型更新	4 900	6 988	8 882	10 602	12 163	13 580	14 866	16 033	16 982	17 533
新型更新	4 564	6 135	7 715	8 976	10 179	11 033	11 697	12 394*	13 018*	13 322*
现代化改装	2 765	4 542	6 364	7 850	9 216	10 472*	11 626*	12 687	13 557	14 142

注：* 为该年份各方案中总费用最低者。

从表 8-8 的结果可知，如果设备只考虑使用 2 年，则最好继续使用下去；如果打算使用 3 ~ 5 年，则应对旧设备进行一次维修；如果设备要使用 6 ~ 7 年，则最好的方案是对原设备进行现代化改装；如果使用期在 8 年以上，则用新型高效的设备更换旧设备为好。

第四节　设备租赁的经济分析

一、设备租赁简介

设备的租赁是设备的使用者按合同规定，向出租人定期支付一定费用（租金）而取得设备使用权的一种方式。由于租赁具有把融资与融物结合起来的特点，租赁能够提供及时而灵活的资金融通方式，减少设备陈旧过时的风险，还可使承租人享受设备试用、税金减免等优惠。这使得租赁成为企业取得设备进行生产经营活动的一种重要方式。

设备租赁有经营租赁和融资租赁两种形式。

(1) 经营租赁。它是出租人除向承租人提供租赁物外，还承担设备的维修、保养、管理、贬值等风险。这种租赁方式具有短期性、高租金、可撤销等特点，适用于需要专门技术进行维修保养、技术更新较快、使用具有季节性的设备。承租设备的使用期通常短于设备的正常使用寿命，租赁费计入企业成本，可以减少企业所得税。经营租赁通常为短期租赁。

(2) 融资租赁。它是租赁双方明确租让的期限和付费义务，不得任意终止和取消租约，出租方按要求提供设备，然后以租金形式回收设备的全部资金，出租人对设备的维修、保养、老化等风险不再承担责任。这种租赁方式以融资和对设备的长期使用为前提，租赁期相当于或超过设备的寿命期，适用于大型、贵重的设备，租赁期满时，设备的所有权通常转让给承租方。对承租方来说，融资租入的设备属于固定资产，可以计提折旧计入企业成本，而租赁费一般不直接计入企业成本，由企业税后支付，但租赁费中的利息和手续费可在支付时计入企业成本，可以减少企业所得税。融资租赁通常为长期租赁。

对于承租方来说，设备租赁具有以下优点：

(1) 在资金短缺的情况下，可用较少资金获得设备。

(2) 减少了购买设备不能连续使用而闲置造成的损失，也把由于技术进步造成的设备陈旧落后的风险转移给了出租方。

(3) 由于一般由租赁公司负责维修，使维修专业化，减少了维修上的人力，节省了维修的费用，并且可以保证用户得到良好的技术服务。

(4) 避免通货膨胀和利率波动的影响，减少投资风险。

(5) 设备租金可在所得税前扣除，能享受税金上的优惠。

但设备租赁也有不足之处：

(1) 租赁设备可能比购买设备的费用高。出租人出租设备的总收入（租金总额），除了包括设备的折旧、向银行贷款应付的利息之外，还要另收管理费和利润等，因此，租金总额常会达到购置设备价格的130%甚至更高。

(2) 承租人对租用的设备只有使用权，没有所有权，不能用于担保、抵押贷款。

(3) 长年支付租金，形成长期负债。

因此，对于投资决策者就有一个抉择的问题：在什么情况下企业应该租赁设备，并选择采用何种对企业最有利的租赁方式；相反，在什么情况下应该直接购买设备，并选择采用对企业最有利的购买方式。

企业在决定进行设备投资之前，必须详细分析项目寿命期内各年的现金流量情况，确定以何种方式投资才能获得最佳的经济效益。企业通常要从支付方式、筹资方式、使用方式等多方面进行考虑。

(1) 支付方式。租赁设备需要付出租金；借款需要还本付息；分期购买需要按期支付利息和部分本金，另外还需要进一步考虑分几次交钱，每期间隔时间，每次交付多少等。决策者主要考虑哪种方式的成本较低。

(2) 筹资方式。当企业需要融资取得设备时，究竟是向金融机构借款，还是通过融资租赁取得资金，或是采取发行企业股票或债券来融资最简便省时呢？我国的贷款利息虽然较低，但是审批手续烦琐、耗时长，而且数量有限；发行股票和债券也需要经过较长时间的酝酿和准备，企业决策者主要应该考虑是愿意耗费时间得到低息贷款，还是希望以其他筹资方式尽早获得设备，以便尽快取得经济效益。

(3) 使用方式。企业是需要长期占有设备，还是只希望短期需要这种设备？由于采用经营性租赁租来的设备到期可以退还给租赁公司，因此企业可避免设备陈旧带来的风险。

二、租赁决策分析

对于承租人来说，关键的问题是决定租赁还是购买设备。在假设得到设备收入相同的条件下，最简单的方法是将租赁成本和购买成本进行比较；一般寿命期相同时可以按现值法选择方案，寿命期不同时可以采用年值法。

租赁成本不仅包括租金的支付，而且包括在租赁设备期间维持设备的正常状态所必需开支的生产运转费用；购买成本不仅包括设备的价格，还包括使用设备所发生的运转费和维修费。无论采用现值法还是年值法，均以成本较少的方案为宜。如果方案要考虑设备产生的收入情况，方案的选择就要以收益效果为准，选择效益较好的方案为宜。

（一）不考虑税金情况下的比较

在不考虑税金的情况下，是选择一次性用自有资金购买设备还是租赁设备，可以用以上方法直接进行比较。

例 8-12　设某厂需要一台设备，其价格（包括运输费、保险费等在内）为180 000元，使用寿命 10 年，预计设备的净残值为 5 000 元。该设备每年预估的营运费为 23 000 元，可能的各种维修费用平均每年需要 3 000 元。若向租赁公司租用，每年租金为 25 000 元。企业的基准折现率为 10%，租赁和购买哪种方式对企业有利?

解：选择租赁方案时，此租赁为融资性租赁，在不考虑税金时，其成本现值 PC(L) 为

$$PC(L)=25\,000\text{ 元}\times(P/A,\ 10\%,\ 10)+(23\,000+3\,000)\text{元}\times(P/A,\ 10\%,\ 10)$$
$$=25\,000\text{ 元}\times 6.144\,6+26\,000\text{ 元}\times 6.144\,6=313\,400\text{ 元}$$

选择购买，其成本现值 PC（B）为

$$PC(B)=180\,000\text{ 元}+(23\,000+3\,000)\text{元}\times(P/A,\ 10\%,\ 10)-5\,000\text{ 元}\times(P/F,\ 10\%,\ 10)$$
$$=180\,000\text{ 元}+26\,000\text{ 元}\times 6.144\,6-5\,000\text{ 元}\times 0.385\,5$$
$$=337\,800\text{ 元}$$

如果运用年值法，则设备租赁的平均年费用为 AAC(L)，而购买设备的平均年费用为 AAC(B)，则有

$$AAC(L)=25\,000\text{ 元}+23\,000\text{ 元}+3\,000\text{ 元}=51\,000\text{ 元}$$

$$AAC(B)=180\,000\text{ 元}\times(A/P,\ 10\%,\ 10)+23\,000\text{ 元}+3\,000\text{ 元}-5\,000\text{ 元}\times(A/F,\ 10\%,\ 10)$$
$$=180\,000\text{ 元}\times 0.162\,7+23\,000\text{ 元}+3\,000\text{ 元}-5\,000\text{ 元}\times 0.062\,7$$
$$=54\,972.5\text{ 元}$$

因为 $PC(L)<PC(B)$，或者 $AAC(L)<AAC(B)$，所以租赁设备的方案对企业比较合算。

（二）考虑税金影响情况下的比较

按财务制度规定，租赁设备的租金允许计入成本，购买设备每年计提的折旧费也允许计入成本，若用借款购买设备，其每年支付的利息也可以计入成本。在其他费用保持不变的情况下，计入成本越多，则利润总额越少，企业缴纳的所得税也越少。由于每个企业都要根据利润收入上缴所得税，因此，在充分考虑各种方式的税金优惠的影响下，应该选择税后收益更大或税后成本更小的方案。

例 8-13 某企业为生产其主要产品，需要一台价值 110 万元的设备，该设备的使用寿命 5 年，采用直线折旧法，残值为 10 万元。若采用租赁方式租用设备，则每年需付租金 30 万元；若借款购买，则每年需按借款利率 10% 来等额支付本利和。假设企业的所得税税率为 40%，折现率为 10%。当租赁设备时，承租人可以将租金计入成本而免税；当借款购买时，企业可以将所支付的利息和折旧从成本中扣除而免税，并且可以回收残值。试对以上两种方案进行决策。

解： 设租赁设备的成本现值为 PC(L)，需扣除租金免税金，则

$$PC(L)=30\text{ 万元}\times(P/A,\ 10\%,\ 5)-30\text{ 万元}\times 40\%\times(P/A,\ 10\%,\ 5)$$
$$=30\text{ 万元}\times 3.7908-12\text{ 万元}\times 3.7908=68.234\text{ 万元}$$

设借款购买设备的成本现值为 PC(B)，需扣除支付利息免税金，因此需先计算各年支付的利息，如表 8-9 所示。各年要还的本利和 $A(B)$ 为

$$A(B)=110\text{ 万元}\times(A/P,\ 10\%,\ 5)=110\text{ 万元}\times 0.2638=29.018\text{ 万元}$$

$$\begin{aligned}PC(B)=&110\text{ 万元}-\frac{110-10}{5}\text{万元}\times 0.4\times(P/A,\ 10\%,\ 5)-11\text{ 万元}\times 0.4\times(P/F,\\&10\%,\ 1)-9.198\text{ 万元}\times 0.4\times(P/F,\ 10\%,\ 2)-7.216\text{ 万元}\times 0.4\times(P/F,\\&10\%,\ 3)-5.036\text{ 万元}\times 0.4\times(P/F,\ 10\%,\ 4)-2.638\text{ 万元}\times 0.4\times(P/F,\\&10\%,\ 5)-10\text{ 万元}\times(P/F,\ 10\%,\ 5)\\=&62.224\text{ 万元}\end{aligned}$$

因为 PC(L) > PC(B)，所以应该选择购买设备的方案。

表 8-9 各年支付的利息 （单位：万元）

租赁期	剩余本金	还款金额	其中支付利息
1	110	29.018	11
2	91.982	29.018	9.198
3	72.162	29.018	7.216
4	50.360	29.018	5.036
5	26.378	29.018	2.638

习 题

1. 设备磨损有哪种形式？其补偿方式有哪几种？
2. 设备寿命有哪几种？如何确定设备的经济寿命？
3. 设备租赁有哪些优点和不足？
4. 企业有一设备原始价值为 23 000 元，现已产生综合磨损。若通过大修消除有形磨

损，需花费10 000元，而该设备此时的再生产价值为16 000元。试计算设备的有形磨损程度、无形磨损程度及综合磨损程度，并计算设备残值。

5. 某设备的原始价值为15 000元，使用年限为5年，残值为零。试用直线折旧法、年数总和法和双倍余额递减法计算各年折旧额。

6. 某设备的初始投资5 000元，使用年限为10年，经营费用的初始值为500元，以后各年的经营费用每年递增200元，按直线折旧法提取折旧，残值忽略不计，基准折现率为6%。试分别在考虑资金时间价值和不考虑资金时间价值两种情况下计算设备经济寿命。

7. 企业需要一设备，可购买也可租赁。若购买，设备购置费为10 000元，可用10年，残值不计；若租赁，每年租赁费为1 600元。运行费用均为每年1 200元，企业所得税税率为25%，采用直线折旧法提取折旧，$i=10\%$。企业应采取哪种方式？

第九章
技术创新

学习目标

※理解技术创新的含义及其形式

※掌握技术创新的动力机制与程序

※掌握企业技术创新战略

第一节　技术创新的含义

一、技术创新的基本含义

技术创新的理论观点首先是由美籍奥地利经济学家约瑟夫·阿罗斯·熊彼特（J. A. Schumpeter）于1912年在其著作《经济发展理论》一书中提出的。

熊彼特把创新定义为企业家对生产函数中各种生产要素（土地、劳动和资本等）进行重新组合，换句话说，就是建立一种新的生产函数，把一种完全新的生产要素组合引入现存的生产过程，使生产的技术体系发生变革。技术创新的目的是获取潜在的超额利润。

熊彼特把创新概括为以下五种形式：

（1）生产新的产品。

（2）引入新的生产方法、新的工艺过程。

（3）开辟新的市场。

（4）开拓并利用新的原材料或半制成品的供给来源。

（5）采用新的组织方法。

熊彼特所描述的五种创新，按照现在的观点，大致可归纳为三大类：一是技术创新，包括新产品的开发、老产品的改造、新生产方式的采用、新供给来源的获得以及新原材料的利用；二是市场创新，包括扩大原有市场的份额以及开拓新的市场；三是组织创新，包括变革原有组织形式以及建立新的经营组织。

20世纪70年代后期，技术创新得到普遍重视。世界各国经济发展的实践经验表明，哪里的技术创新最活跃，哪里的经济就最发达。技术创新不断促进新产业诞生和传统产业改造，不断为经济注入新的活力。因此，各工业发达国家都先后开展了对技术创新理论和政策的研究，并采取了许多促进和引导技术创新趋于深化的政策、法律和组织措施，力图形成一种推动技术创新的机制与环境，以期通过技术创新，加速经济增长，提高经济增长质量。

自熊彼特于20世纪初提出创新概念和理论以来，技术创新经历了20世纪50年代和60年代的开发性研究阶段、70年代至80年代初的系统研究阶段和80年代至今的综合研究阶段。在这个过程中，学术界对技术创新的定义进行了反复的讨论和争论，焦点主要集中在以下三个方面：

（1）关于定义的范围。狭义的定义仅限于与产品直接相关的技术变动；广义的定义则包括产品和工艺，甚至有人把非技术性的创新也包括在技术创新范围之内，如组织创新、制度创新。

（2）关于技术变动的强度。有些人主张只有技术的、根本性的变化才是创新；另一些人则主张既包括技术的根本性变化，也应包括技术的渐进性变化。

（3）关于新颖程度。有些人主张技术创新只限于“首次”；另一些人则主张创新的扩散性应用（即在世界上不算“新”，但在某一国家或地区仍然是“新”的）也应包含在内。

不管持何种观点，有一点认识是共同的，那就是技术创新都必须实现商业化应用。根据我国大多数学者的观点，技术创新的范围包括产品和工艺（过程），但不包含非技术性创新内容；技术变动的强度不仅包括根本性变化，也包括渐进性变化；新颖程度既包括首次创新，也包括创新的扩散性应用。

关于技术创新的定义，人们提出了许多种。一般认为，技术创新是创新者（大多指企业家）抓住市场潜在的盈利机会，将科学知识和技术发明用于工业化生产，实现生产要素的重新组合，并在市场上实现其价值，以获得最大商业利润的一系列活动。它是科学技术转化为生产力的实际过程，是技术进步中最活跃的因素。上述概念主要强调：

1. 技术创新的实质是依靠技术进步促进经济的增长

技术创新是推动经济发展的火车头。熊彼特认为：“经济由于创新而增长。”这一观点已被越来越多的理论和实践所证明，被越来越多的人所接受。

2. 技术创新的关键，不是研究发展，而是研究与发展成果的商业化

技术创新是在商品的生产和流通过程中实现的。单纯的创造发明不是技术创新，只有当它们被用于经济活动时，才能成为技术创新。技术创新是通过科技开发、生产、流通和消费四个环节构成的完整系统，以实现促进经济增长的作用。其中，生产和流通是使技术创新获得经济意义的关键环节，如果缺少这两个环节，科技发明就不能转化为社会财富，就没有经济价值；同时，消费者（广义的用户）也不能将自身的反馈或评价传递给科技人员。因此，发明创造若只能停留在实验室中，而不能进入经济领域，无法转化为生产力，也就不能成为技术经济学所要研究的技术创新。

3. 技术创新的创新者主体只能是企业家

只有企业家才能抓住战略机会，辨别市场潜在的盈利前景，并且甘冒风险、敢于创新、善于创新。

4. 技术创新是一个动态的过程链

这个过程虽然有很大的风险性，但却不是一个随机的过程，而是一个有组织的活动过程。这个过程包括下列五个阶段：①技术开发设想阶段，即根据科学发现形成技术开发的设想；②方案形成阶段，即将设想形成具体设计方案；③制作与试生产阶段，即将方案变成具体实施方案并进行试生产；④市场销售开发与销售阶段；⑤扩散阶段，即对该项技术进行模仿形成扩散。

技术创新具有以下几个基本特征：

1. 技术创新具有高风险性

技术创新活动涉及许多相关环节和众多影响因素，从而使得创新的结果呈现随机性，这意味着技术创新带有较大的风险性。

2. 技术创新具有创造性或先进性

技术创新既然是把新技术应用于生产经营活动中的一个过程，就必须具有创造性或先进性。这种创造性或先进性首先表现为所应用的技术是前所未有的新技术，或者是现有技术中的某些改进，从而使旧技术更加完善，应用效果有明显提高；其次表现在技术创新的过程中，技术创新的过程是企业家对生产要素重新组合的过程，在这个过程中，企业家创造性地把新技术应用于生产经营的实践活动中，实现了技术形态的转化。

不具有创造性或先进性的技术创新是原有技术的低级重复，难以生产出满足市场变化需求的商品，难以提高企业的竞争力。只有具有创造性或先进性的技术创新，才能使创新者占领竞争的制高点，赢得竞争的胜利。然而，还有必要强调，在实际技术创新的过程中，除了要强调技术创新的创造性和先进性外，还必须考虑其适应性和可行性。

3. 技术创新具有并行化特征

1988年美国国家防御分析研究所（Institute of Defense Analyze）完整地提出了“并行工程”（Concurrent Engineering）的概念，并将之概括为对产品及其下游的生产和支持全过程中实施的并行一体化设计的系统方法。技术创新的并行化不仅体现在企业在内部对技术创新元素做同步化安排（如设计开发、制度组织、制造工艺和营销服务等的并行化），而且逐渐扩展到企业外部创新元素及影响因素的同步化安排（对技术发展预测、利用外部资源的比较优势进行人才培养、合作研发、生产、销售等）。

4. 技术创新原理科学化

科学理论已成为技术创新的持续动力，现代技术创新成果很多源于科学理论基础上的原始性创新。美国利用强大的研究开发实力和科学理论基础，使其技术创新能力不断发展。

5. 技术创新主体合作化

合作创新是指两个或两个以上的企业或机构凭借各自的技术力量合作实施的创新。由于教育、政策、人才等存在地区差异性，创新资源存量和增量的区域性不均衡，再加上技术创新本身的复杂性，已使个别企业的创新资源无法完全覆盖创新所涉及的所有技术领域，多技术和多领域支持已成为技术创新成功的条件之一。

6. 技术创新可持续性

持续的技术创新能力已成为企业成长的重要保证。缺乏持续创新能力和以此为基础的企业核心能力，即使凭侥幸成功完成一次或数次创新战略，最多也只能获得短暂的优势，而无法保持较长时间的竞争优势。

狭义的技术创新是指生产技术的创新，包括开发新技术，或者将已有的技术进行应用创新。科学是技术之源，技术是产业之源，技术创新建立在科学道理发现的基础之上，而产业创新主要建立在技术创新的基础之上。

技术创新和产品创新既有密切联系，又有所区别。技术的创新可能带来但未必带来产品的创新，产品的创新可能需要但未必需要技术的创新。一般来说，运用同样的技术可以生产不同的产品，生产同样的产品可以采用不同的技术。产品创新侧重于商业和设计行为，具有成果的特征，因而具有更外在的表现；技术创新具有过程的特征，往往表现得更加内在。产品创新可能包含技术创新的成分，还可能包含商业创新和设计创新的成分。技术创新可能并不带来产品的改变，而仅仅带来成本的降低、效率的提高，例如，改善生产工艺、优化作业过程，从而减少资源浪费、能源消耗、人工耗费或者提高作业速度。另一方面，新技术的诞生往往可以带来全新的产品，技术研发往往对应于产品或者着眼于产品创新；而新的产品构想往往需要新的技术才能实现。

二、技术创新的分类

研究技术创新的分类，目的不在于分类本身及分类本身如何合理或如何科学，而在于通过研究分类，寻找研究技术创新的线索，并通过分类的研究，寻找技术创新与经济发展的关系。

科技进步是经济增长的主导因素，而技术创新乃是科技进步的关键和核心。要搞好技术创新的转换，就要弄清技术创新的实质和与社会经济的关系，而为了说明这个关系，可以将技术创新按不同的标准划分为不同的类别。

（1）按技术应用的对象不同，技术创新可分为产品创新、工艺创新和管理创新。产品创新是指生产出新产品的技术创新活动。工艺创新是指对企业生产过程中的工艺流程及制造技术改善或变动的技术创新活动。管理创新是指在产生新的组织管理方式方面进行的技术创新活动。管理创新涉及面很广，包括企业性质、领导制度、组织结构、人力资源制度、分配制度、管理方式等多方面内容。

（2）按创新的程度不同，技术创新可分为全新型技术创新和改进型技术创新。全新型技术创新是指采用新技术原理、新设计构思，研制并生产全新型产品的技术创新活动。改进型技术创新是指应用新技术原理、新设计构思，对现有产品在结构、材质、工艺等某一方面有重大改进，从而显著提高产品性能或扩大使用功能的技术创新活动。

（3）按节约资源的种类不同，技术创新可分为节约劳动的技术创新、节约资本的技术创新和中性的技术创新。这种分类方法是诺贝尔经济学奖获得者、英国著名经济学家约翰·希克斯（John Richard Hicks）在1932年出版的《工资理论》一书中给出的。节约劳动的技术创新是指相对于劳动边际产品而言，增加了资本的边际产品，即那种能使产品成本中活劳动所占比重有所减少的技术创新。节约资本的技术创新是指相对于资本边际产品而言，增加了劳动的边际产品，即那种能使产品成本中物化劳动所占比重有所减少的技术创新。中性的技术创新是指以同样的比例同时增加资本和劳动的边际产品，即既不偏重于节约劳动，又不偏重于节约资本的技术创新。

这种划分被认为是对熊彼特创新概念的重大发展，因为经济学家认为这种划分不仅具有理论上的意义，还具有政策上的意义。

第二节　技术创新的动力源

一、技术创新动力模式

人们常常提出：是何种动力推动技术创新？这一直是国内外学者关心并努力研究探索的问题。围绕动力源问题，国外学者提出了各种各样的模式，近几年，国内不仅注重研究动力源，而且研究这些动力的作用过程和作用形式。

归纳国外的研究结论，具有代表性的几种模式是技术推进模式、推—拉综合作用模式、市场拉引模式和N－R关系模式。

技术推进模式是由熊彼特等人提出的。这种模式将技术创新的动力归结为科学研究与技术发明，认为是科学发现和技术发明创造了社会新的需求，从而驱动技术创新活动的不断开展；并且认为来自市场上的需求对技术创新的推动是十分微弱的。他们所寻求的实证，即相当多的技术创新，是依靠高等院校、科研机构及政府部门的支持完成的。技术创新的过程是利用科学发现和技术发明的研究结论，在实验室中进行试验研究，将其转化为社会最终可以被利用的成果，一旦成功便进行市场开发，使这种成果商品化。例如，蒸汽机的发明引起纺织业、交通运输业的技术改造；电磁现象的发现和发电机的发明引起能源工业的技术改造。另外，如合成纤维、半导体、激光等重大技术改造，都是由科学技术的发展推动的。技术推进模式如图9-1所示。

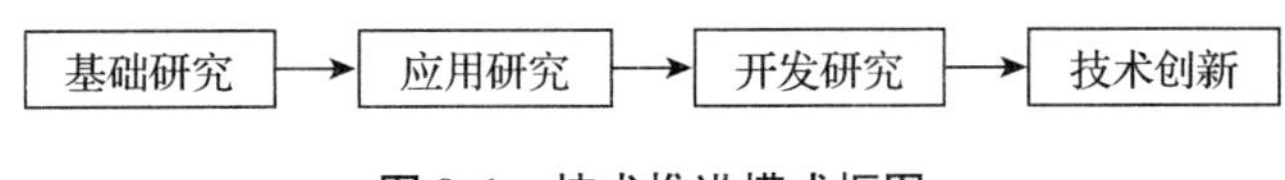

图 9-1　技术推进模式框图

技术推进模式所描述的仅仅是技术创新的一部分，科学发现和技术发明创造新的社会需求。但是，如果仅仅把技术创新的动力源归结为科学发现和技术发明，无疑是片面的。因为这种结论无法解释一些科学技术成果在很短时间内就完成了技术创新，而一些科学技术成果则很长时间内也无法完成的现象；也无法解释为什么某一国家的技术发明不是在本国实现技术创新，而是在他国完成了商品化过程。

市场拉引模式将技术创新的动力归结为社会市场的需求，认为社会的习惯、消费水平及消费结构决定技术创新的方向。市场消费在不同方面向生产单位提供信息，生产单位便根据市场需求信息研究制作新的产品。例如，人们对加快旅行速度的要求促使不断推动快速列车、高速列车、喷气式客机、超音速客机等的创新。很多技术创新，特别是积累性的或一般改进性的创新，多是由市场需求拉动引发的。赞成市场拉引模式的学者曾经对技术创新进行实例调查，经分析统计，技术创新成果有 70% 以上是市场的需求引起的，而仅仅由于技术发明和科学发现所引起的技术创新只占约 20% 。市场拉引模式如图 9-2 所示。

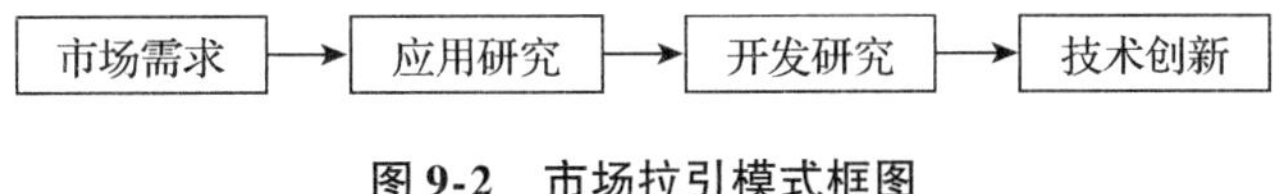

图 9-2　市场拉引模式框图

可以看出，市场拉引模式与技术推进模式相比较而言，前者比后者对技术创新活动动力源的认识要深刻得多。但是，由于它否定了技术推进模式，因而同样也具有片面性。因为，如果将技术创新的动力仅仅归结为市场需求的牵引，便无法解释当某一新技术发明出现后，技术创新将其商品化，提供出一种市场用户对其尚无认识的全新产品，而这种全新产品经市场开发后，逐步变成一种新的社会需求并得以扩散。这种技术创新有一种自发的能动性，能够推动社会进步，使社会消费水平不断提高。如上所述，实例调查中约 20% 的技术创新来自科学发现和技术发明，这一事实也无法理解。

推—拉综合作用模式最早是由莫厄里（D. Mowery）和罗森堡（N. Rosenberg）提出的（见图 9-3），后经不少学者认同、补充和完善。这种模式认为，技术创新的动力是由市场需求和科学技术发明两个因素共同组成的。一项技术创新活动既要有市场牵引，又要有科

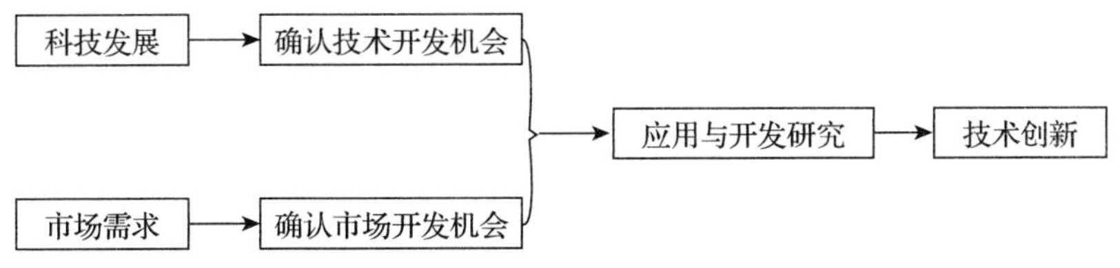

图 9-3　推—拉综合作用创新模式框图

学技术发明推动，这两个因素缺一不可，并且需要二者配合起来发挥作用。技术创新是在科学技术所提供的机会和市场需求显露出来的机会的交汇处完成的。实证表明，在工业发展早期，科学技术发明所起的推动作用更大些，而到了工业发展的成熟时期，市场需求所起到的牵引力更大些。

推—拉综合作用模式把技术创新作为一个非常复杂的过程来认识，并且将科学技术发明和市场需求两个因素的交互作用推动技术创新的内在作用过程揭示出来。这种观点比较客观地概括了技术创新的动力源问题。但是，这种模式也有缺陷。一方面，持这种观点的学者认为，技术创新动力源和技术创新是一个动态的、复杂的过程；另一方面，他们又简单地将动力归结为两个因素。这种模式忽视了技术创新主体本身的主观能动作用。

N－R关系模式最早是由日本学者斋藤优提出的。他将社会需求N与社会资源R作为决定社会经济发展的一对矛盾。科学技术发明刺激社会需求的增长，社会需求的增长会使社会资源紧缺，此时就会刺激技术创新活动解决资源的紧缺问题，一旦成功，经济就会得到促进和发展。由此可以认为，这对矛盾是引起技术创新的客观动力源。同时，他还认为，能够认清这一对矛盾，并根据矛盾抓住机会，完成创新的主体是企业家。那么，企业家作为技术创新的主体，其创新精神、组织创新能力、技术创新的战略与政策是技术创新最主要的推动力。

N－R关系模式将社会经济生活中的各种复杂因素作为寻找技术创新动力源的对象，从中找出主要因素——需求与资源的矛盾、企业因素、政策与战略。这又是一大进步，对于在更确切的范围内寻找技术创新的动力源具有十分重要的借鉴意义。

技术创新的动力源应该以技术创新的主体为中心，分为外在动力和内在动力。

技术创新的外在动力有两个，即科学技术发明的推进力和社会消费需求的拉引力。正如莫厄里和罗森堡所概括的，随着社会的不断发展，人们的消费水平不断提高，这就存在各种各样潜在的消费愿望，社会各种需求也都潜伏着。在科学技术发明还未出现前，这些需求未显露或显露不明显。但是，科学技术发明一旦出现，便将把满足某种需求的可能性提供出来，由此，社会需求就成为把科学发明转化为现实生产力的助推器，从而形成技术创新的推动力。可以认为，新的科学发现和技术发明是技术创新的“内发力”，而社会需求是技术创新的“拉引力”，后者沿某一领先方向起助推作用。

当然，以上所述是决定社会经济长波的基本技术创新，对于某些渐进创新或改进性技术创新，在某些时候可能仅由社会需求作为动力才能引发。

技术创新的内在动力只有一个，即技术创新主体追求利润最大化。这种追求不仅包括获得丰厚的利润，而且包括企业自身生存的基本要求。影响企业利润最大化的因素很多，实现企业利润最大化的途径也很多，但是，如果从长远发展和使企业永远立于不败之地来看，靠扩大产品的生产量、降低产品的成本或减少人员的开支均无法做到，最根本的还是依靠技术创新，推出新产品，通过技术创新改进工艺过程从而提高劳动生产率。前者使企业获得新的消费市场，后者降低产品的成本，不断进行技术创新就会使企业的利润有不竭的源头。

现代社会中，真正的企业家无一不深刻地看到技术创新对企业效益的深刻作用，企业要实现利润最大化，必须进行技术创新。通过技术创新才能获得超额利润，这一内在动力不仅使外在动力真正发生效力，而且正在以不可遏制的势头将技术创新推向各个领域的各个角落，甚至是在微不足道的环节上展开。

二、技术创新的影响因素

上述分析仅解决了技术创新的动因，是产生技术创新的根本与源头，而技术创新的规模、方向及成就大小又受许多复杂的社会因素的制约和影响。影响技术创新的主要因素有以下几个方面：

1. 政府对技术创新的支持力度

该项因素对技术创新的影响极大。创新投入大，不确定性较高，技术开发与应用的组织财力有限，因此，如果政府加大支持力度，无疑能够使这些企业和单位增强创新能力。

2. 政府的政策导向

政府对行业或产业各种优惠政策的倾斜，如税收政策与信贷政策、产业调整政策、对技术创新成果的政策、对知识产权的支持政策等，无疑都会鼓励、支持和促进技术创新。

3. 科技发明的成果

该项因素影响技术创新实现的周期长短、难易程度，影响技术创新的效果和对经济发展的作用。

4. 社会资源的紧缺程度和供需矛盾

该项因素不仅影响技术创新的成果大小，而且影响技术创新的方向。例如，劳动力资源的紧张会使技术创新向劳动节约型迈进，基础资源的缺乏会使技术创新转向资本节约型。社会资源紧缺程度越大，供需矛盾越突出，技术创新的速度就越快。如果通过技术创新能够创造某种新的、可以替代的重要资源，可能会引起社会上经济的深刻变革及技术上的适应性革命。

5. 市场竞争的状况

市场竞争越激烈，企业的紧迫感就越强，这时企业若要生存和发展，需要在竞争中处于有利地位，而技术创新恰恰可以改善产品质量、降低消耗，为企业的有利竞争创造条件。所以，该因素直接影响企业技术创新的积极性。

6. 企业规模的大小

一般情况下，企业规模越大，技术创新能力就越强。企业规模越小，开展技术创新就越灵活。所以，企业规模大小也是影响技术创新的一个重要因素。

三、技术创新的扩散

技术创新的扩散可以概括为：技术创新通过一定渠道和一定方式，在潜在使用者之间进行传播、采用并扩展的过程。其具体包括以下几层含义：

（1）一次技术创新经过第一次商品化之后，如果能够给创新主体带来超额利润，那么无疑会受到许多生产者和经营者的重视，会出现大面积模仿的现象，通过正常、合理的途径和方式不断实现这种技术创新的转移，即称为技术创新的扩散。

（2）某项创新技术的实现和转移，有时需要相应配套技术的改进，这就会由一项技术的创新引发另一项或多项技术的连锁创新。这种由一项技术创新引发其他技术创新，并不断传递、转移的过程，同样属于技术创新的扩散。

（3）在技术创新传播、转移、扩展过程中的途径和渠道主要有：①企业之间的传播与转移；②企业内部的传播与扩展；③企业与研发机构之间的转移与传播；④研发机构之间的转移；⑤跨行业的转移与扩展；⑥跨国或跨地区的传播和转移。

一项技术创新的真正意义不仅在于创新本身，更在于这种创新的扩散和技术的推广。

首先，技术创新只有扩散，才能够创造出规模效益，产生增值效应。因为创新技术无论是以提高效率为结果，还是以节约社会资源为主题，都是大面积铺展开的，而不是局限在一个企业或经济实体内部才会对社会的整体效益产生较大影响。

其次，只有技术创新的扩散，才会推动社会经济发生周期性的变化。技术创新理论的最初创立者熊彼特就已经明确地描述过这一规律。他认为，每一项技术创新实现后，都会有很多生产者模仿，这种普遍模仿就促使社会经济发展进入高潮，社会的周期性就是由一次次的创新与模仿形成的。美国的经济发展受技术创新的影响就是这种作用的典型实例。从第二次世界大战到20世纪60年代中期，美国的技术创新势头旺盛，不仅多而且密集，这一时期其经济增长也处于高速期；而从20世纪60年代中期到80年代初，技术创新的扩散强度明显减弱，其经济增长速度和生产率的增长速度也相对下降。

最后，科学技术发展的真实意义以及对人类的贡献是以技术创新为桥梁实现的。科学技术的各种发现和发明都不是现实的生产力，在现代社会，要想使其转化成生产力，一方面，需要使这种发明创造以某种方式适应人类的某一种需要；另一方面，还要以商品的面貌出现，才能完成生产力的转化过程。而技术创新恰好就是以这两者为特征的过程，既要将科学发明和技术发明实用化，又要将其商品化。

四、技术创新扩散的层次性

技术创新扩散是在不同的层次上进行的，包括技术创新在产业内的扩散和在地域上的扩散两个方面。而其中技术在产业内的扩散包括在企业内部的扩散、在企业之间的扩散以及总体上在经济领域内的扩散三个层次；技术创新在地域上的扩散包括在某一等级界定区域内部的扩散、区域之间的扩散甚至大至国际上的扩散，这一特定的区域既可以是一省、一市或一国，也可以是用某些特定内涵界定的经济区、产业带等。

第三节　企业技术创新战略

一、技术创新与企业竞争优势

企业竞争优势是企业在市场竞争中生存与发展的核心，竞争优势归根结底产生于企业所能为客户创造的价值。竞争优势来源于产品的技术优势、成本优势和销售优势，取得这些优势的根本在于企业的技术创新。

美国的钢铁业在20世纪60年代前曾有过一段辉煌的历史，但由于炉顶吹氧、连续铸造及计算机控制等一系列新技术相继出现，打破了钢铁业竞争原有的均衡。日本人对该项技术创新反应敏锐、动作迅速，而美国钢铁企业决策者由于原来在平炉技术上有大量投资，从而出现了故步自封、停滞不前，不愿放弃旧的、接受新的，而相关的设备制造商、配件企业甚至管理人员也因对新技术陌生而拒绝接受新工艺，从而使美国钢铁企业迟迟没有动作。而当美国企业发现新技术的价值时，日本企业早就以三年时间的兴建、三年时间的运转，取得了巨大的成功。到了20世纪80年代，韩国的钢铁业由于在工艺技术和原料供给上进行了大幅度创新，使原本空白的韩国钢铁业一跃成为世界上效率最高的钢铁企业。企业的竞争优势就是这样随着创新中心的转移而变化的。

技术创新使企业获得成本优势而立于不败之地的案例很多，典型的如印度塔塔集团开发售价仅为2 000多美元的汽车、GE医疗集团针对中国和印度开发的手持心电图仪、比亚迪开发的镍镉电池和锂电池、松下电器面向越南市场的开发的速冻冰块冷冻箱等。

管理创新同样可使企业获得竞争优势。例如，企业经营方向的定位、目标市场的确定、财务核算制度的变更等，都可以使竞争优势发生变化。美国联邦快递公司通过完全重新构造传统的包裹发送业务，确定小件包裹作为自己的目标市场，购置自己的货车和运输机，建立分送中心，从而与竞争对手依靠班机、班车的传统做法相比，具有明显的竞争优势，在市场上取得了成功。又如，淘宝集团将旗下淘宝公司分拆为三个独立的公司，即沿袭原来C2C平台业务的淘宝网，B2C电子商务服务商淘宝商城和一站式购物搜索引擎一淘网。三家公司各有专注方向，又具有相同的开放和平台化基因。

二、技术创新战略

从企业角度讲，技术创新战略的正确选择决定着企业的生存和发展；从国家角度讲，技术创新战略的正确选择关系到国民经济增长的质量和发展的后劲。从技术来源角度看，技术创新可分为自主创新、模仿创新和合作创新。

1. 自主创新

自主创新是指企业以自身的研究开发为基础，实现科技成果的商品化。自主创新并不要求所有的技术环节都由企业自身攻克，但是核心技术必须是企业独立研究开发的。例如，北大方正电子出版系统虽然参考了大量国外技术成果，但是其核心技术——汉字信息计算机处理技术是其自行开发的。自主创新一般代表着重大技术难关的攻克和新型产品的问世。

自主创新必须以率先性的技术为目标，如果其他企业已创新成功，再自主创新就没有必要了。率先性的技术一旦攻克，就具有独占性的优势，能极大地增强企业竞争优势，从而保证企业获得超额利润。如果能充分利用创新的技术积累，沿着形成的技术轨道，产生派生创新，那么企业就可在相当长的时期内始终站在新兴产业的前沿。美国杜邦公司从自主创新尼龙后，充分利用形成的技术轨道，接连对合成纤维、合成橡胶、合成塑料三大合成材料进行自主创新，从而使自己在合成材料产业中始终保持领先地位。自主创新要求企业有雄厚的研究力量和技术成果与创新经验的积累，要有领先的核心技术和雄厚的开发资金作后盾，特别是要能正确判断科技发展趋势和市场需求趋势，否则将会事倍功半甚至前功尽弃。例如，在高清晰度彩电技术的创新上，日本采用了难度较小的模拟技术路线，美国采用的是难度较大的数字技术路线。由于日本的系统将淘汰所有现存的电视机，不被消费者所接受，最后只能放弃，100亿美元的研制费也付之东流。由于自主创新投资大，而且没有现成经验可以借鉴，所以要冒较大的风险。

2. 模仿创新

模仿创新是指在率先创新的示范下，引进或破译率先者的核心技术，在此基础上进行完善、开发和商业化。模仿创新是技术创新的一个重要方式，只有通过模仿创新将率先创新进行扩散，创新才能在经济生活中发生巨大影响，才能形成新兴产业，促进经济发展。从企业角度来说，世界上绝大多数企业的创新活动都属于模仿创新。从国家角度来说，大多数国家都走以模仿创新为主的模式。日本的模仿创新就很活跃，也很成功。模仿创新不等于“照葫芦画瓢”，成功的模仿创新除了对核心技术的模仿外，更重要的是要完善、改进和进一步开发。日本松下公司模仿开发家用录像机（VCR）就是一个典型的例子。该产品原本是由索尼公司于1975年率先推向市场的，松下公司对其进行剖析，在核心技术模仿的基础上改进了录像容量小和放映时间短的缺点，进行了进一步开发。新产品不但解决了原有的不足，而且体积更小、价格更便宜，从而市场占有率超过了率先创新者索尼公司。模仿创新不仅是跟踪、追赶，而且完全可以超越率先者。模仿创新由于有率先者的示范，成本相对低，风险也相对小，当然，获取垄断利润的可能性也相对较小。

模仿创新要在尊重率先者知识产权的基础上进行，可通过购买专利、使用许可证来获取和使用核心技术。模仿者要能与率先者竞争，关键在于模仿中要有创新。

3. 合作创新

合作创新是指以企业为主体，企业之间、企业与高校、研究所之间合作推动的创新。一个企业往往由于缺乏科技人才与装备、研究与开发经验不足，难以单独进行重大创新。与企业外的单位合作创新，实质上是社会创新资源的聚集与优化配置，从而达到缩短创新时间、扩大创新规模、集聚创新成果的目的。合作创新在我国有较长的历史，多年来工业战线上的“攻关”“会战”就是合作创新的一种形式，我国的“两弹”技术和航天技术的联合攻关就是一个涉及成千上万个单位合作创新的成功范例。近年来，我国企业较多地开展了企业与高校、科研院所的合作创新，每年数以万计的科研成果转向企业，成为企业新产品、新工艺的重要来源，这对引导科技转向生产和商品化、真正发挥科技是第一生产力具有重要意义。

无论一个国家或者一个企业，在进行技术创新战略选择时总是要根据自身的基础和实力。从国家角度讲，自主创新始终是我们的奋斗方向，但从总体上说，模仿创新也是现阶段我国企业创新战略的重要选择途径。科学有其内在的规律，技术发展有其必然的轨道，只有掌握规律和自觉运用“轨道”，自主创新才会得心应手。所以，自主率先创新需要有一个认识深化过程、规律掌握过程、实践积累过程，从某种意义上讲，模仿创新是自主创新必不可少的准备，是一个不可逾越的阶段。目前，我国在很多领域的经济实力与技术实力，特别是在研究与开发的经验与积累、人才与信息方面，都与国际知名企业有较大差距。差距意味着风险，只有通过积累，缩小差距，才能减少创新风险。所以，模仿创新是企业现阶段增强竞争力、参与国际竞争的必要手段。

当前，一方面，我国科技人才与资源大量集中于高等院校与科研院所，而科技成果在生产上的转化率很低；另一方面，旺盛的市场需求又无法得到创新的支持。因此，企业在模仿创新时应充分利用社会的科技力量进行合作创新。可以采用实验室研究以研究单位为主，中试与生产性试验以企业为主的分段式合作，也可以联合组织班子从小试到生产性试验共同完成的创新机制。当前合作创新的最大障碍是研究单位与企业的价值取向不同，前者注重研究的是理论成果，而后者需要的是物质成果，所以成果的转化就成为合作创新的“瓶颈”。随着市场经济的发展，这个“瓶颈”会在互利的基础上得到解决，合作创新的进一步发展可促使企业与研究单位合二为一，一部分研究所可直接进入企业成为企业的研究开发部门，直接参与创新的全过程。高等院校与科研单位自己创办科技性企业，参与市场竞争，如北大方正、清华同方等。由于这些企业的企业家又是研究与开发者，创新周期无疑将会缩短，提高创新效益。这类成功的例子不少，如美国微软公司创始人比尔·盖茨本人就是一个计算机软件的创新者，于 1975 年创立了微软公司。他的创新使计算机软件变得更易操作，使“信息弹指间即能拥有”，从而在短时间内一跃而成为拥有上百亿美元资产的企业家。

合作创新可集聚创新资源、缩短创新周期，特别是对于重大创新，无疑是一种好方式。在这方面，政府或行业协会应起组织作用。日本由五家大计算机公司组成的日本超大规模集成电路（VLSI）研究协会进行的VLSI合作创新，短短的五年时间极大地推动了日本计算机产业的发展，缩小了与美国的差距。同样，欧洲的法国、德国、英国等几个国家合作创新研发的“协和”号超音速喷气机则是国家间合作创新的例子。

习 题

1. 技术创新的种类有哪些？

2. 技术创新的动力源、目前具有代表性的模式有哪些？各种模式的主要内容是什么？

3. 技术创新的影响因素有哪些？

4. 什么是技术创新的扩散？其作用是什么？

5. 试比较技术创新与技术开发两个概念的区别。

6. 试举例论述技术创新的形式、目的与主体。

7. 试分析改革开放后我国经济体现出的发展与技术创新的关系。

8. 试比较第一次工业革命时期的世界前20位富国排行榜与20世纪末世界前20位富国排行榜。从比较中对你有什么启示？

9. 请举例说明持续的技术创新是企业持续发展的根本保证。

10. 你从其他有关的技术创新书和杂志上看到过关于“内企业家”的介绍吗？你如何评价“内企业家”在企业创新活动中的作用。

第十章
价值工程

学习目标

※了解价值工程的基本思想，掌握价值工程的基本概念
※了解价值工程的活动程序
※掌握功能分析的基本原理和功能评价方法
※了解方案的创造与选择方法

第一节　价值工程概述

一、价值工程的产生与发展

（一）价值工程的创立

价值工程的产生于20世纪40时代之后，它的出现与价值工程之父麦尔斯（L. D. Miles）密不可分。麦尔斯生于1904年，1931年毕业于美国内布拉斯加州立大学工程学院，次年进入美国通用电气公司工作。麦尔斯在通用电气公司工作期间先后获得十余项专利，并先后担任采购工程师和采购经理。当时公司的生产过程中需要一种石棉板，货源紧缺，价格昂贵。担任采购工作的设计工程师麦尔斯想：石棉板是干什么用的？能不能用其他材料代替？原来公司在生产零件过程中需要进行涂料的溶剂是易燃品，消防法规定涂料工序的工作地必须铺石棉板以防火灾，因为石棉板是安全防火用品；同时，石棉板也起到保护工作地清洁的作用。麦尔斯在市场上找到了一种防火纸，价格便宜，并且能起到上述两方面的作用。经过不少周折，消防法修改了规定，允许在生产中使用防火纸。这就是著名的“石棉板事件”。

受“石棉板事件”中麦尔斯工作的启发，通用电气公司成立了专门部门研究如何降低产品成本。1945—1952年，麦尔斯对功能分析与成本之间关系进行研究，并提出在产品设计中仅考虑降低成本是不够的，必须综合考虑成本、产品的使用价值、安全性、可靠性以

及美观度等因素。1952 年，通用电气公司正式成立了价值分析小组。

1947 年，麦尔斯在《美国机械工程师》杂志上公开发表了论文《价值分析》，标志着价值分析方法正式产生。价值分析后来又被称为价值工程。麦尔斯的工作对价值工程的创立和传播起了重要的作用。1959 年，麦尔斯协助创办了美国价值工程协会（SAVE）并担任首届主席。1961 年，麦尔斯的《价值分析和价值工程技术》一书正式出版，并被翻译成十几种文字。

（二）价值工程的传播

在通用电气公司，应用价值分析取得巨大效益，其示范性使得价值工程受到各界关注，美国海军舰船局就是较早成立价值分析专门部门并正式推广的机构。1954 年，美国海军舰船局将价值分析命名为价值工程，并在其供应链中实施价值工程。随着美国海军舰船局与民间造船机构合作的展开，价值工程的应用逐步从海军扩散到民间公司。随后，价值工程方法逐步在美国国防部系统中推广扩散。1961 年，美国国防部开始逐步推行价值工程，并在 20 世纪 60 年代先后编制了价值工程的军用标准，其中，《价值工程规划要求》《价值工程手册》、5000－1 指令和《定费用设计》的颁布和执行，对价值工程的推广起到了非常重要的作用。

与此同时，美国公共领域和私人公司也在不断推广价值工程方法。自 20 世纪 70 年代初以来，美国国会、美国参议院先后通过在公共投资领域中应用价值工程的条款，并呼吁政府各部门广泛推行价值工程。20 世纪 90 年代克林顿政府时期，价值工程被以立法的形式加以推广，所有公共部门中 2 500 万美元以上的投资项目必须应用价值工程；与此同时，联邦政府所有部门均需应用价值工程。价值工程的应用给美国各界带来了良好的经济效益。

价值工程不仅在公共投资领域和私人公司中得到广泛应用，美国的研究机构和大学也加入到研究、推广价值工程方法的行列中，美国高等教育包括 MBA 教育也将价值工程纳入其中。

价值工程在美国迅速传播的同时，在日本、欧洲发达国家中也得以推广。

日本在 20 世纪 50 年代和 60 年代先后两次引进价值工程，并于 1965 年成立了日本价值工程学会（SJVE）。在引进、学习的基础上，日本企业将价值工程与工业工程、全面质量管理等管理技术综合应用，取得了较好的效果。在研究层面上，日本学者对价值工程技法的创造做出了特殊贡献，也使得日本成为价值工程著述最多的国家之一。

20 世纪 70—80 年代，联邦德国、法国、英国、意大利、澳大利亚、加拿大、印度等国家也先后大力推广价值工程。其共同特点是结合本国工业特色制定各自的价值工程标准，并得到各国政府、行业协会的大力支持，有些地区甚至采用立法强制公共部门必须应用价值工程。根据各国估算，应用价值工程后，工业部门的成本降幅可以达到数十个百分点。例如，德国统计显示，在产品功能不变的情况下，工业部门的成本降幅可达 20%～

25%；20 世纪 80 年代日本的统计显示，60% 的企业降低了成本。

价值工程自 20 世纪 70 年代末被引入中国，1987 年，价值工程国家标准颁布，标志着价值工程在我国正式推广。

（三）价值工程的新应用

价值工程与其他管理方法和技术的根本区别就在于其将功能分析与成本、性能和价值联系起来，并将这些基本概念和技术应用到特定的工作领域。从价值分析到价值工程再到全面价值管理，价值工程方法在保持其核心思想的同时，因使用领域的不同而出现诸多变化。

价值工程发展到今天，其应用已经不限于产品的设计与改进，价值工程的独特性使其应用领域日渐扩大，价值工程的应用者也从早期的工程师扩大到诸多领域的管理者。价值工程已经应用于产品开发、设计与改进、研发管理、生产流程管理、项目管理以及其他管理流程改进工作中。目前，价值工程已经在工业、建筑业、交通运输、邮电通信、旅游、医疗卫生、环境保护以及农业、商业、外贸、金融、保险、税收、服务行业、机关事务等各部门得到广泛应用。

正如价值工程协会国际联盟所宣称的，价值工程方法已经为全球主要公司和政府机构的首席执行官和财务官员所熟识，为在产品、服务、项目和各类商业运作中增加价值做出了重要贡献，价值工程认证也成为国际上的重要认证之一。

二、价值工程的基本概念

（一）价值工程的定义

价值工程的应用范围很广泛，在不同的领域有不同的名称，如“价值管理”“价值保证”“价值改善”“价值研究”等，这些都与价值工程或价值分析类似，其基本原理是相同的。

价值工程是提高产品功能、降低产品成本的一种有效技术，那么，究竟什么是价值工程呢？目前西方对它的概念有各式各样的表述，如果给价值工程下一个较确切的定义，可概括为：以功能分析为主要手段，以最低的产品寿命周期成本和可靠地实现用户所需要的必要功能为目的，所进行的有组织的活动。

由上述定义可以看出，价值工程的要点如下：

（1）价值工程是一项有组织的集体活动。其主要思想是揭示价值工程组织者必须发挥设计人员、财务管理人员、生产人员、销售人员及各级领导干部等的智慧和积极性，仅靠某一单方面的努力，效果是有限的。

（2）价值工程的目的是提高产品的功能，降低产品的成本，从而提高产品的价值。因此必须从产品的功能和成本入手同时考虑，偏废哪一个方面都不利于价值工程核心的体现。

(3) 价值工程的核心是功能分析。价值工程强调对产品或劳务进行功能分析，因为没有中肯的功能分析就不可能有恰当的功能定位，也就没有价值工程的有效应用的前提。这正是价值工程与其他成本分析、质量控制等活动的不同之处。

(4) 价值工程要求保障必要功能的实现，因此，不是为了降低成本而不负责地损害用户的利益。

(5) 价值工程追求的产品寿命周期成本最低，是追求制造商的制造成本与用户的使用成本之和最低，而不是仅仅追求制造成本最低，因此是资源消耗最低的体现。

(二) 价值工程的相关概念

1. 功能

功能（Function）即物品的用途、功用，也可称为性能和机能。

一个产品有不同的功能。例如，按功能的重要程度划分，可以分为基本功能和辅助功能；按用户的要求划分，可以分为必要功能和非必要功能。

对某个特定产品或某项劳务功能的要求，并不是越高越好，而是视用户的要求而定的，价值工程追求的是用户需求的必要功能。即这一功能距用户要求不多也不少，以减少不必要的成本，从而减少用户的负担，并使社会资源得到合理的应用。

2. 寿命周期成本

产品在它经济寿命周期中的全部费用称为产品的寿命周期成本（Life Cycle Cost）。因此，寿命周期成本为

$$C = C_1 + C_2 \pm C_3 \tag{10-1}$$

式中 C ——寿命周期成本；

C_1——生产成本；

C_2——使用成本；

C_3——残值或清理费用。

用户对产品的要求是价格便宜，使用过程中所需维修费用少，因此，要求产品既有较高质量，又要售价（成本）较低。根据对产品功能与成本之间关系的分析，随着产品质量的提高，生产产品的成本呈上升的趋势，而产品质量的提高又使产品在使用中的维修费呈下降趋势。两者之间的变化关系如图 10-1 所示。

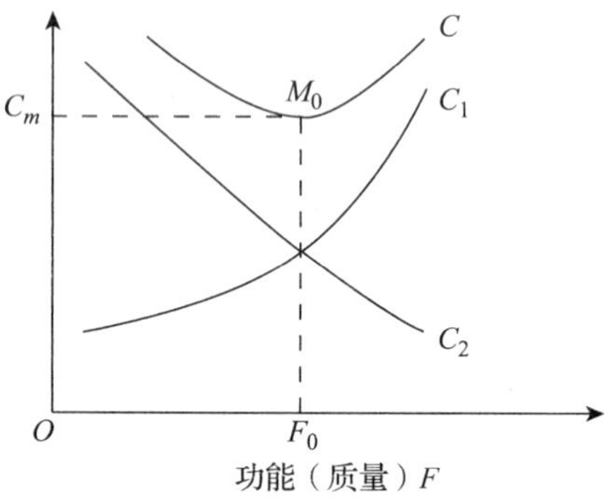

图 10-1 产品成本与功能（质量）的变化关系

由图 10-1 可以看出，在某一质量点 F_0 处，存在一个寿命周期成本最低点 C_m；质量低于或高于 F_0 点，均使寿命周期成本增加。价值工程就是努力寻

找寿命周期成本的最低点。当然，图 10-1 中的 M_0 是理想状态，实践中的成本不容易达到此点。但是通过价值工程活动，可以使产品的寿命周期成本不断接近这一点。

3. 价值

一个产品从它的形成来看，一方面是生产过程，另一方面是消费过程。而从顾客对某一产品的需要来看，购买一个产品，顾客一方面获得了这个产品，一方面又支付该产品的费用。因此，顾客在购买这个产品时，首先看其质量如何，然后再比较支出的费用与获得的产品功能是否相当，即“合不合算”，也就是产品的“价值”（Value）如何。顾客购买一个产品是为了拥有某一特殊的功能。例如，顾客购买一辆自行车，并不是为了自行车本身，而是因为自行车有替代步行和轻量载重的功能，因而在顾客心目中比较的是购买产品的费用与所获得的产品即功能是否匹配。如果功能较好，花费又不高，顾客便认为“合算”；反之，便认为“不合算”，这就是“价值”的概念。如果用公式表示出来，则为

$$V=\frac{F}{C} \tag{10-2}$$

式中 V——产品的价值；

F——产品的功能；

C——产品的成本。

对于上述公式应强调的是，功能 F 是顾客要求的必要功能，成本 C 是产品的寿命周期成本。根据这一内涵，价值的公式可更为确切地写为

$$\text{价值}=\frac{\text{顾客要求的必要功能}}{\text{产品寿命周期成本}} \tag{10-3}$$

价值的公式明确反映出价值、功能、成本三者之间的相互依存、相互制约关系，说明功能和成本是决定价值的两个因素。而要提高价值，很明显只有从改善功能和降低成本这两个方面入手。具体说来，提高产品价值可以有以下途径，如表 10-1 所示。

表 10-1 提高产品价值的途径

项目 途径	功能 *F*	成本 *C*	价值 *V*	项目 途径	功能 *F*	成本 *C*	价值 *V*
1	↑	→	↑	4	↑↑	↑	↑
2	→	↓	↑	5	↓	↓↓	↑
3	↑	↓	↑↑				

三、价值工程的基本原理与原则

（一）价值工程的基本原理

价值工程的基本原理，从客观上解释、映射价值工程活动中最基本的规律性内容。其基本原理包括以下内容：

1．用户需求的功能本质性

价值工程着眼于产品或服务的功能，这种功能是用户所需求的本质属性，这一点是价值工程方法的根本和基础。这种观念是从使用者角度来说的，是包含客观与主观属性的，也是系统性的。在功能设计中，有两个特性格外重要：

（1）功能载体的替代性。构成产品或服务价值的是功能而不是功能的载体，因此，价值工程的核心任务之一就是应用资源替代获得更好的用户价值。

（2）功能的冗余与不足问题。这两者都会损害用户价值，但是，完全“适当”的理想功能又是不现实的。在不影响成本的情况下，功能设计完全可以存在不必要的功能。例如，很多家用的咖啡机也设置了投币装置，对用户而言这就是冗余的功能，但此项功能的存在并不增加企业总体成本。家用咖啡机与商用咖啡机采用相同的设计，实际上有助于减少生产成本，同时也并不增加用户的使用成本。

2．功能成本的动态相关性原理

结合图10-1可以发现，一般情况下，产品功能水平的提高伴随的是生产成本的上升和使用成本的下降，在这一过程中存在某个点的寿命周期成本最小。此外，随着技术进步速度的加快，实现同样功能的成本总体上也呈下降趋势。技术创新成为推动价值提升的有效手段。

3．价值工程的系统性原则

价值工程是一个系统工程，具体表现在价值分析必须采用整体到局部，再从局部到整体的系统思想，其工作程序也是按照产品/服务的系统结构逐步展开的。价值、功能和成本三者之间的关系是置于一个系统判断基础上的，是客户价值与产品服务提供者价值的综合平衡。

（二）价值工程的指导思想和麦尔斯原则

价值工程所应该遵循的指导思想与价值工程的基本原理密切相关。一般性的指导思想包括：

（1）用户价值观思想。建立用户价值观在很大程度上需要观念的变革，这里的用户是指价值工程对象的使用者，可能是企业内部的用户，也可能是企业外部的用户。

（2）有效利用资源的思想。在倡导绿色经济、低碳经济和可持续发展的今天，资源的高效利用不仅是提高价值的有效途径，其本身也是用户认可的价值之一。今天的很多用户已经建立了愿意为绿色低碳支付成本的概念，作为价值工程的使用者，更应注意到这一趋势。

（3）替代与选优思想。这是价值工程的基础。将用户价值的实现视为提供满足用户需求的解决方案，从而寻找可替代现有产品或服务的新方案并从中进行选优，是价值工程实现的重要手段和途径。

（4）重视观念创新的思想。价值工程并不是一种简单的技法或工具，而是建立在创新基础上的观念更新。麦尔斯曾明确指出价值工程是一种哲学与技术，并提出了价值工程的13项指导原则。价值工程是一种全新管理思想的应用，因此，在实践中必须克服仅将其视为工具和手段的做法。

麦尔斯价值工程指导原则的核心，也是用户价值观、系统解决问题和坚持创新的体现，这13项原则分别是：

（1）避免一般化、概念化，要做具体分析。

（2）收集一切可用的费用数据。

（3）使用最好的、最可靠的情报。

（4）打破现有框框，进行创新提高。

（5）发挥真正的创造性。

（6）找出故障、克服故障。

（7）请教专家、扩大知识面。

（8）对于重要的公差，要换算成加工费，以便认真考虑。

（9）尽量利用专业化技术生产产品。

（10）利用和购买专业化工厂的生产技术。

（11）采用专门的生产工艺。

（12）尽量采用标准化。

（13）以“我是否这样花自己的钱?”作为判断标准。

第二节　价值工程的对象选择与工作程序

一个企业往往生产许多产品，而一个产品往往又由许多零部件组成，因此，企业不可能也没有必要对全部产品或产品的全部零部件进行价值分析。况且，价值工程活动要花费一定的人力、财力，对产品逐一分析，经济上也不合算。因此，应就产品或零部件的轻重缓急、重要与否，根据企业的力量，选出一个或几个产品进行分析，选择价值工程活动中分析的对象。

一、价值工程对象选择的原则

价值工程对象选择的基本原则是既有改进的必要，又有改进的可能。具体来讲，对象选择一般可遵循下列几个原则：

（一）根据社会需要的程度选择对象

（1）视产品对国计民生影响的大小，优先选择影响大的产品。

（2）视产品在市场上的需求情况，优先选择国际和国内市场有一定需求量或有潜在需求量的产品。

（3）视产品的使用情况，优先选择用户意见大、使用成本高和尚需提高性能的产品。

（4）视科学技术发展的要求，优先选择耗能高、“三废”问题严重的产品。

（5）视新产品发展情况，优先选择用户急需、正在研制即将投放市场的新产品。

（二）根据企业内部生产等各方面的情况选择对象

（1）设计方面。结构复杂、技术落后、零部件多、工艺性差、工艺问题多、体积大、重量大、材料贵、性能差的产品均应列为价值分析的对象。

（2）生产方面。产量多、批量大、原材料消耗高、返工率高、废品率高的产品应优先选择。

（3）成本方面。成本高、利润低、经济效益差的产品或成本比例大的产品也在优先选择之列。

（4）销售方面。市场竞争激烈，但对本企业来说经济效益较好的产品，或已经进入衰退期的老产品应优先选择。

（三）根据企业现有力量选择对象

（1）本企业有开展价值工程活动的基础条件。例如，有无良好的生产秩序？情报的存储和搜集工作如何？有无详细、合理的定额标准，定额是否准确？成本的原始记录是否全面、准确等。

（2）本企业开展价值工程的力量如何？能否抽出足够的技术、财务和生产等方面的人员进行价值分析？若力量较强，可以多选择一些产品；反之，则应少选择一两个产品，避免团队力量不足而使价值工程活动流于形式或效果不佳，影响企业各方面人员对价值工程执行的信心。

总之，选择价值工程活动的对象，要根据企业的具体情况，全面、周密地考虑，以使价值分析对象选择正确，分析效果显著。

二、选择分析对象的方法

（一）经验分析法

经验分析法也称因素分析法（Factor Analysis Method），它是一种定性分析方法，就是凭借经验分析因素。具体地说，就是参加价值工程活动人员，根据自己所了解的本企业产品的情况，凭借个人的知识和经验，经过对情况的全面分析和综合，区别轻重主次，从而选定价值工程的分析对象。

使用该方法时，要选择熟悉业务、经验丰富、对生产和技术有综合了解的人员。在选择对象时，要充分发挥集体的智慧，集中各方面的意见。

这种方法使用起来简便易行，并且因进行综合分析，考虑问题比较全面，对象选择比较准确。特别是时间紧迫时，使用此法更为适宜。不足之处是此方法缺乏定量分析，容易受参加选择人员的工作态度、经验水平等主观因素的限制。因此，在使用此方法时，应与其他方法结合使用。

（二）费用比重分析法

费用比重分析法（Cost Specific Analysis Method）是一种根据各个对象所花费的费用占该种费用总额比重的大小，选择价值工程对象的方法。

假如企业要降低能源消耗费用，则可列出费用比重表，优先选出能源消耗费用比重大的作为价值分析的对象。其他如运输费、管理费、材料费等，也可用此方法进行选择。

费用比重分析法简单易行，但其主要缺点是仅从一个指标上进行分析选择，无法对产品进行综合分析，因此，必须同经验分析法等结合使用。

（三）ABC 分类法

对具有很多零部件的产品，也可以选择其中的某一部分零部件作为价值分析的对象。ABC 分类法（Classification）起源于意大利经济学家帕累托（Pareto）对资本财富的分析。他发现 80% 的财富集中在 20% 的人手上，并且分布是不均匀的，称为不均匀分布定律。从长期统计中发现，产品成本同样服从帕累托分布规律，即在产品中，数量占零件数的 10% 左右，成本却占整个产品总成本的 60%~70% 的零件，可划为 A 类；数量占零件数的 20% 左右，成本大约占总成本 20% 的零件，可划为 B 类；其余占零件数的 70% 左右，而成本只占总成本的 10% 的零件，可划为 C 类。价值工程的对象选择正是利用成本的这一分布规律，选择 A 类零件作为价值分析的重点对象。

ABC 分析法的优点是能抓住重点，把数量少、成本高的零部件或工序选为价值工程对象，集中力量，重点突破。其缺点主要是在实际工作中，由于成本分配不合理，常会出现功能次要的零部件成本很高，或功能比较重要的零部件但成本较低。对于后一种零部件，本应选为分析对象，提高其功能水平，但因其成本较低而划为 C 类，未被选上，解决办法是结合其他方法综合分析。

（四）最适合区域法

最适合区域法也是一种通过求价值系数选择价值工程分析对象的方法，其计算价值系数的步骤和方法与强制确定法相同，但它选择价值工程对象的准则不是以价值系数大于或小于 1 为标准，而是确定一个选用价值系数的最适合区域。

最适合区域法的基本思想是，价值系数相同的对象，由于各自的成本系数与功能评价系数的绝对值不同，因而对产品价值的实际影响有很大差别。所以，不应把价值系数相同的对象同等看待，而应优先选择对产品实际影响大的为分析对象。

最适合区域的确定是以成本系数为横坐标，以功能系数为纵坐标，绘制出价值系数坐标图。图中与横轴或纵轴成 45°夹角的直线，是价值系数等于 1 的标准线，在此线两侧由曲线方程 $y_1 = \sqrt{x_i^2 - 2s}$；$y_2 = \sqrt{x_i^2 + 2s}$ 的两条曲线围成的阴影部分，即为最适合区域。

s是给定常数。若给出的s较大，则两条曲线距离标准线的差异就大，价值工程对象选择可少一些；反之，若给出的s较小，则曲线更加逼近标准线，选定的对象将多一些。至于s取值的大小，取决于选择价值工程活动对象的数目。在实际工作中，可以通过试验，取不同的s值，直到获得满意的结果为止。

凡是在区域内的对象，都认为其价值系数对于1的偏离是允许的，因此，不列为价值工程的对象。而在区域外的点，特别是离区域越远的点，越应优先选作价值工程的对象。这个区域能够很好地解决离原点远的对象控制严、对离原点近的对象控制宽的问题，因而被称为最适合区域。

除了上述几种方法之外，还有很多其他方法，如强制确定法（FD方法或01评分法）、倍数确定法、功能成本法等。因为这些方法不仅适用于对象选择，也适用于功能评价和方案选择等价值工程活动的诸多步骤，是价值工程活动的基础方法，在后面会详细阐述。

（五）产品寿命周期分析法

价值工程分析对象的选择与产品的寿命周期有密切关系。产品的寿命周期是指新产品从研发设计、投产、使用到被淘汰的过程，一般分为投入期、成长期、成熟期与衰退期。在不同阶段中，产品的销售量和盈利情况有很大差别，采用的价值工程策略也应有所不同。

（1）投入期。这是新产品研制成功投产后初步投向市场销售的阶段。其特点是增长率不稳定，技术往往不太成熟，风险和收益空间都较高。价值分析的重点是产品的可制造性、可靠性的改善以及针对用户偏好进行的功能设计。

（2）成长期。这一时期市场竞争者增加，销售量迅速增长，同时快速发展，主导产品定型。价值工程的分析对象主要是产品价值的提升、规模经济性的改善与竞争能力的提高。

（3）成熟期。这是市场竞争比较稳定，产品普遍进入大众货品化的时期。价值工程的重点转向市场占有量大、成本高、竞争激烈的产品，降低成本，满足用户的多元化需求。

（4）衰退期。这一时期替代产品出现，销售量下降，竞争转向下一代产品或服务。价值工程的分析对象主要是对原有产品价值的改善，价格竞争是主要因素。

三、价值工程中的情报搜集

确定价值工程对象以后，围绕研究对象，搜集有关情报，是一项很重要的工作。

（一）情报搜集的内容

开展价值工程的对象确定后，就应根据对象的性质、范围和要求，制订搜集情报的计划，寻找可靠的信息来源。具体内容主要包括以下几点：

1. 用户要求方面

用户对产品的意见和要求，产品使用的目的、使用的条件以及对产品的价格、技术服务的要求等。

2. 本企业的基本情况

例如，经营方针、生产规模、设备能力、各项定额、产品的品种、产量、质量、职工人数、工资总额、存在的问题等。

3. 技术资料

本企业和国内外同行业同类产品的技术资料，如产品的结构、性能、设计方案、加工工艺、材料品种、次品率、废品率、成品率等。

4. 经济资料

本企业和国内外同行业同类产品的成本构成，如材料费、加工费和外购件等。

（二）情报搜集遵循的原则

搜集的情报能否起作用，关键在于在情报资料搜集过程中，是否遵循下列基本原则：

1. 搜集情报的目的性

根据所选择的价值工程活动对象，有目的、有计划、有步骤地搜集或索取与对象有关的情报资料。

2. 情报资料的可靠性

要注意三个问题：一是情报资料的来源是否可靠；二是要将搜集的情报资料加以分析、整理和正确的判断，务求准确可靠；三是要把技术预测和市场预测建立在科学的基础上。

3. 搜集情报的及时性

搜集情报的目的是有效地利用，如果情报不及时，就失去了价值。所以，搜集情报必须规定完成的期限。

4. 搜集情报的广泛性

根据价值工程的对象目标，广泛收集相关资料。

（三）情报搜集的步骤及方法

搜集情报可按以下步骤和方法进行：

1. 制订出要搜集的情报内容
2. 制订搜集情报的活动计划

3. 搜集情报

情报可分为有记录的情报和无记录的情报。前者可按一般搜集资料的方法进行；对于无记录的情报，可用面谈法、观察法和书面调查法等方法搜集。

4. 情报整理

将情报集中起来，加以分析鉴定，特别要注意的是避免一般化、概念化，务必使情报资料切实可靠，以期得到预期的效果。

四、价值工程活动的工作程序

价值工程的执行过程，实质上是一个发现问题、分析问题和解决问题的过程。如果将其总的程序粗略地描绘出来，如图10-2所示。

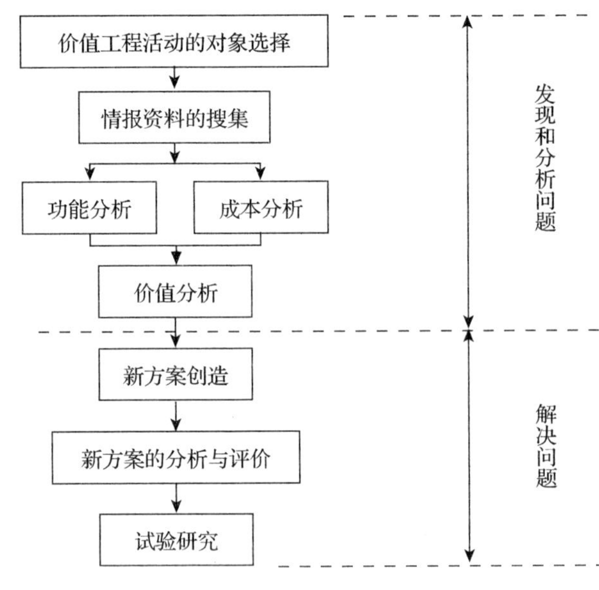

图10-2　价值工程执行过程图

由图10-2可以看出，价值工程可以分为两大阶段：第一个阶段是发现和分析问题；第二个阶段是解决问题。

对于一个产品或零部件，对其进行价值分析是通过提问展开的。通常可提出下列七个问题：

（1）这是什么？

（2）它是干什么用的？

（3）它的成本是多少？

（4）它的价值是多少？

（5）有无其他办法实现同样的功能？

（6）有无新方案实现这一功能，其成本是多少？

（7）新方案能满足要求吗？

针对上述提出的七个问题，相应采取不同的价值分析方法。其具体详细的工作步骤如表10-2所示。

表10-2　价值工程的工作程序

决策的一般程序	价值工程实施步骤		价值工程提问
	基本步骤	具体步骤	
分　析	（1）功能定义与整理	搜集情报	（1）这是什么
		功能定义	（2）它是干什么用的
		功能整理	（3）它的成本是多少

（续）

<table>
<tr><th rowspan="2">决策的一般程序</th><th colspan="2">价值工程实施步骤</th><th rowspan="2">价值工程提问</th></tr>
<tr><th>基本步骤</th><th>具体步骤</th></tr>
<tr><td rowspan="3">分　析</td><td rowspan="3">（2）功能评价</td><td>功能成本分析</td><td rowspan="3">（4）它的价值是多少</td></tr>
<tr><td>功能评价</td></tr>
<tr><td>选择对象范围</td></tr>
<tr><td rowspan="5">综合评价</td><td rowspan="5">（3）创造新方案</td><td>方案创造</td><td>（5）有无其他办法实现同样的功能</td></tr>
<tr><td>初步评价</td><td>（6）有无新方案实现这一功能，其成本是多少</td></tr>
<tr><td>具体化调查</td><td rowspan="3">（7）新方案能满足要求吗</td></tr>
<tr><td>详细评价</td></tr>
<tr><td>提案审批</td></tr>
</table>

价值工程的实施步骤可分为功能定义、功能评价和创造新方案三个基本步骤，具体分解为表 10-2 所示的 11 个具体步骤，本章叙述的内容就是这 11 个具体步骤的展开。

第三节　功能分析与评价

产品（或劳务）的功能分析是价值工程的核心。用户购买一个产品，是为了产品的某一特殊功能，用户在心目中评价的“价值”，是产品的特殊功能与购买这一产品的费用是否相当。价值工程以用户所需要的功能为出发点，研究成本与功能之间的关系。功能分析则是价值工程活动的基础和核心，包括功能定义、功能整理和功能评价。通过对功能下定义、对功能进行整理、对功能进行评价这一系列活动，来达到用最少的成本实现必要功能的目的。

一、功能定义

（一）功能定义的概念

功能定义是把产品及零部件的功能用准确简洁的语言加以描述，以区别各种产品或零部件之间的特性。不同的产品有不同的用途，而同一产品中不同的零件所起的作用也不同，功能定义的实质就是寻找这些功能的过程。有了功能定义后，可以做到：

1. 明确所要求的功能

价值工程的根本问题是摆脱以事物（产品结构）为中心的研究，转向以功能为中心的研究，这是价值工程取得成功的必要条件。要从产品的具体结构转向功能，必须彻底搞清并正确掌握用户所要求的功能，而不进行功能定义，这一点是无法实现的。

2. 使功能评价容易进行

功能评价是比较产品和零件的功能与成本的关系，看其是否匹配。不仅要彻底了解产品和零部件的功能，而且要把功能定量地表达出来。如果不进行功能定义或者功能定义做得不好，就会给功能评价带来困难，导致价值工程活动无法继续进行。

3. 扩大设计思路

价值工程的目的是创造出价值高的方案，这不是研究现行方案能够解决的问题，而应从产品的功能出发。如果只考虑现行的结构，会束缚思想；有了功能的定义，就可以抛开原来的结构，开拓设计思路。

（二）功能的分类

功能的分类很多，从不同的角度出发，有不同的分类。

1. 按功能的重要程度，可分为基本功能与辅助功能

基本功能是产品或零部件最基本的用途，是其得以存在的条件，产品具有此功能就有存在的意义，无此功能就失去了存在的意义。例如，手表的基本功能是指示时间，电视机的基本功能是显示图像；若手表不能指示时间，电视机不能显示图像，手表和电视机便没有存在的价值了。辅助功能是为完成基本功能所必备的功能，它是相对于基本功能而言的。例如，自行车的基本功能是代替步行，同时也有载重的辅助功能。手表夜光，能够帮助看清时间，但对准确走时无关，因而是辅助功能。

2. 按用户对产品的要求，可分为必要功能和不必要功能

必要功能和不必要功能是相对而言的。一个产品的功能是否必要并不是设计者主观所能决定的，而是要以用户为标准。对于现存方案内的功能要加以分析，经过反复提问、推敲，原来认为是必要功能的也许会变为不必要的。价值工程的目的就是要保证用户所要的必要功能，发现和剔除用户不需要的不必要功能。

3. 按功能的性质，可分为使用功能和外观功能

用户购买一个产品，第一位的要求是要有使用价值。一个产品能够为用户服务，主要就是它的使用功能。例如，钢笔能书写文字，而没有书写文字这一使用功能的钢笔是没有人要的。外观功能又称美学功能，是指一个产品的颜色、形状、尺寸等方面是否适宜。这种功能虽然与使用无关，却能给人以美的享受。美观功能对于不同产品而言，其重要程度也不同。例如，机电产品主要是使用功能，外观功能的重要性相对差一些；而服装、鞋帽等产品，一方面需要有耐穿保暖等使用功能，另一方面产品的式样、颜色等外观功能也是重要的。而羽毛画、贝雕等工艺品，其有无存在价值（或其基本功能），决定于其外观功能。我国以前对产品的外观功能重视不够，目前，随着工、农业生产的不断发展，人们的

生活水平不断提高，外观功能越来越引起人们的重视，不仅服装、鞋帽，而且机电产品也开始改善其外观功能了。

4. 按功能整理的顺序，可分为上位功能和下位功能

这里，上位功能和下位功能也是相对而言的。在功能系统图中处于目的位置的称为上位功能，处于手段位置的称为下位功能。同一个功能相对于目的来说是下位功能，而相对于手段来说可能又是上位功能。

（三）对功能定义的要求

1. 表达要简洁明确

一般可用一个动词和一个名词下定义。例如，电线的功能是用动词“传导”和名词“电流”组合成的“传导电流”。当然，给功能下定义，也不能完全居于形式，有时也可以加上形容词或其他词类，但必须以简明扼要为准则。

以小型手电筒的各组成零部件为例进行功能定义，如表 10-3 所示。

表 10-3　小型手电筒各零部件的功能定义

序号	构成要素	构成要素的功能
1	电筒盖	连接导体
2	灯泡	发光，支撑灯丝，联通电流
3	开关	联通触点，阻断触点
4	开关弹簧	形成接点，形成回路，联通电流
5	止动弹簧	形成接点，形成回路，联通电流
6	电筒壳	容纳电池，固定底板
7	底簧	保持接触，联通电流
8	底板	支撑底簧
9	电池	提供电流

资料来源：武春友，张米尔．技术经济学［M］．大连：大连理工大学出版社，2004.

2. 对复合的功能要分别表达，不要同时表达，以免引起误解

例如，一个产品通常是由许多零部件构成的，除产品的整体功能外，还分别有零部件的各自功能。有的构成要素同时具备几种功能，有的实现一种功能需要几个构成要素，对这些情况要分别定义。

3. 表达要适当抽象

定义概括抽象有助于打开思路，广泛地探求实现这种功能的新方案。例如，要设计制造一种夹紧装置，应定义为“机械夹紧”，而不宜定义为“螺旋夹紧”，因为夹紧的方式很多，还有液压、气动、电力等。

4．功能定义要尽可能做到定量表达，以利于功能评价

定量表达能够在同一视角下进行评估。例如，某款行车记录仪明确其视角范围为170°。

二、功能整理

（一）功能整理的定义

功能整理是把其构成要素的功能相互连接起来，分清它们之间的关系，从局部功能和整体功能的相互关系上分析研究问题，以达到把握必要功能的目的。

一个产品是由许多相互联系的零部件组成，这些零部件往往具有几个功能并同时发挥作用。产品越复杂，功能的数量越多，功能之间的关系也就越复杂。要从大量定义过的功能中把握住必要的功能，就需要进行功能整理，找出基本功能和辅助功能、必要功能和不必要功能，并指明哪些功能是并列关系，哪些功能是从属关系，以便设计出更合理的方案。

（二）功能整理的方法

各零部件功能之间都存在一定的逻辑关系，零部件就在这些逻辑关系中发挥作用，所以每个零部件都有其存在的目的。例如，手电筒中，开关弹簧的功能之一是构成回路，其目的是联通电流，联通电流的目的是加热灯丝，加热灯丝的目的是使手电筒发光。若反过来说，则每个功能若能实现，必须有其手段来保证。若手电筒能发光，手段是必须加热灯丝，而加热灯丝必须联通电流，联通电流又必须由构成回路这一手段来实现。其关系如图10-3所示。

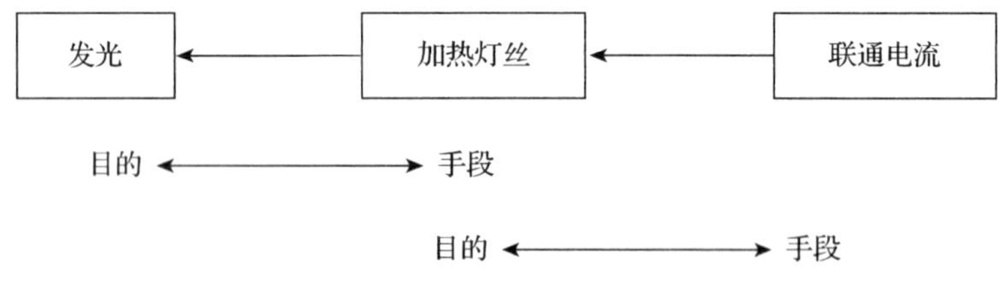

图10-3 功能手段及目的关系图

根据功能之间的逻辑关系，进行功能整理可以有两种方法：

1．从产品的最终目的开始

可以提出这样的问题："此功能是通过什么办法实现的？"由此追问出其手段功能，然后再以这一手段功能为目的，进一步追问其手段，如此一步步地提出问题，一步步地将其全部功能整理出来。此种方法多用于新产品的开发设计，因为一般的新产品并无固定结构，通常是用户提出对最终功能的要求。

2. 从产品的具体结构即从最终手段开始

提出这样的问题："此功能的目的是什么？"由此得出其目的功能，再以目的功能为手段进一步提问，直到追问出最终功能为止。通常在老产品改造中使用这种方法，因为老产品改造，许多是从某一具体结构存在的问题入手分析的。

通过上述两种方法，最后可以将其功能整理成如图 10-4 所示的形式。

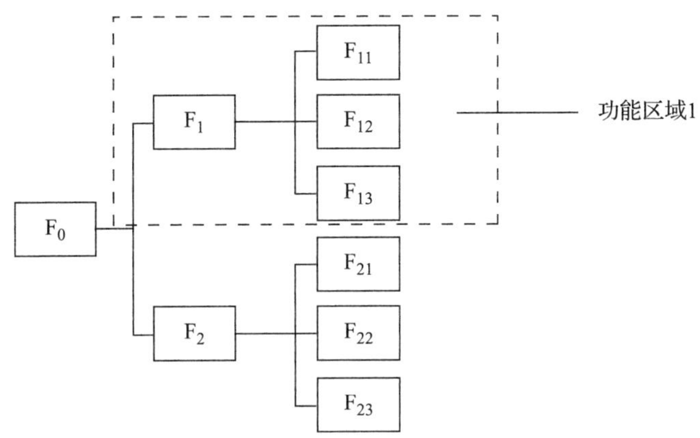

图 10-4 功能系统图

从图 10-4 中可以看出，功能系统图有以下两个特点：

（1）功能之间的关系是通过上位功能和下位功能的位置表现出来的。例如，图 10-4 中 F_1 相对于 F_0 是下位功能，F_0 是 F_1 的上位功能；而 F_1 相对于 F_{11}是上位功能，F_{11}是 F_1 的下位功能。

（2）全部功能划分为几个功能区域。图 10-4 中共划分为两个功能区域。

3. 功能整理的意义

（1）掌握必要功能。功能整理是要彻底找出分析对象的各种功能的上位功能，通过对功能整理结果的分析，使必要功能更加明确，而且通过功能系统图，可以明确地把功能的重要性表示出来。这样就能够帮助分析者更准确地掌握必要功能。

（2）消除不必要功能。在功能整理的过程中，可能会出现没有上位功能的功能，那么这个功能就可以被认为是不必要功能，可将其剔除。

（3）把握价值改善的功能领域。在研究产品的改善措施时，通常抛开了原产品的设计结构，以功能范围为对象，这样才有希望大幅度地提高产品的价值。而只有画出了功能系统图，才会明确改善其功能范围，不至于牵一发而动全身，造成不必要的人力、时间等方面的浪费。

（4）明确改善对象的等级。从功能系统图中可以看到，功能是逐级实现的。如果不进行功能整理，就不知道要改善的功能处于哪个位置。一般越靠近上位功能，改进后价值提高的幅度就越大。所以，功能整理还可以帮助我们选择靠近上位的功能作为价值改善的对象。

三、功能评价

功能定义和功能整理只帮助人们搞清了功能系统及其范围，但不能确定改善应从何入手，而功能评价正能解决这一问题。

功能评价（Function Evaluation）就是对功能分析所确定的功能领域进行数量化，并定量地评价功能价值，选出功能价值低、改善期望值大的功能作为价值工程活动的重点对象的工作过程。

其基本做法是找出实现某一必要功能的最低成本（称作功能评价值）；以功能评价值为基准，通过与实现这一功能的现实成本相比较，求出两者的比值（称作功能的价值）和两者的差值（称作节约期望值）；然后选择价值低、改善期望值大的功能，作为改善的重点对象。

前面已经讲到了价值的概念，其公式为

$$V=\frac{F}{C}$$

即

$$价值=\frac{功能}{成本} \tag{10-4}$$

在进行功能评价时，要比较功能与成本的大小。不仅成本要定量，而且功能也要定量。功能的定量表示即功能评价值，所以价值的公式也可改写为

$$价值=\frac{功能评价值}{成本} \tag{10-5}$$

在实际进行比较时，成本是某功能的现实成本，功能评价值应定义为实现必要功能的最低成本。即

$$价值=\frac{实现必要功能的最低成本}{实现现行功能的现实成本} \tag{10-6}$$

在进行功能评价的过程中，往往容易获得整个产品的（最终功能的）功能评价值。这样，要求产品各个分功能的功能评价值，就必须根据功能的重要程度确定，求出各功能的重要度系数，相应的成本也必须求出其系数，将二者进行比较。由此可知，价值的公式也可以表示为

$$价值=\frac{功能评价系数}{现实成本系数} \tag{10-7}$$

上面介绍的四个公式，意义是完全相同的；所不同的是，式（10-1）纯粹是价值的概念，式（10-2）、式（10-3）和式（10-4）分别是式（10-1）的各种定量化的表现形式。

从价值公式和功能评价的概念中可以看出，若进行功能评价，必须求出三个量：功能评价值 F、功能的现实成本 C、功能的价值 V。

目前，功能评价的具体方法可分为两类：一类是功能评价系数法；另一类是功能成本法。

（一）功能评价系数法

功能评价系数是指某种功能在总功能中所占比重，它反映该功能在总功能中的重要程度。功能评价系数法（相对值法）是指根据功能的重要程度对功能进行计量的方法。一般地说，要使产品的构成部分都能发挥最大功能，就必须使各部分的强度、寿命大致相同，也就是要使各部分的价值大致相等。因此，功能评价应根据功能系数和成本系数的比值——价值系数进行。这类方法的具体做法很多，如强制确定法、倍数确定法、最适合区域法、基点分析法等。这里主要介绍前几种方法。

1. 强制确定法

强制确定法，也称 FD 法或 01 评分法，就是先求出分析对象的功能评价系数和成本系数，然后将两个系数相比，求出价值系数，再根据价值系数进行分析。具体步骤如下：

第一步：求算功能系数。首先把分析对象的零部件或功能单元在表中排列好，然后按其各自功能的重要程度做对比，重要的一方打 1 分，次要的一方打 0 分，自身相比不得分；全部打分完毕后，再把每个对象的得分之和除以全部对象的得分之和，即得出该对象的功能评价系数，简称功能系数。由于打分时采用的是非 1 即 0，因此，此方法也称 01 评分法。

如果以 F_i 表示功能评价系数，以 f_i 表示单个对象功能得分之和，以 $\sum f_i$ 表示全部对象功能得分总和，则功能评价系数计算的基本公式为

$$F_i = \frac{f_i}{\sum f_i} \tag{10-8}$$

第二步：求算成本系数。价值工程的成本有两种：现实成本和目标成本。现实成本是指当时的实际成本；目标成本是指降低成本的奋斗目标，是实现必要功能的最低成本。目标成本可以根据图样和定额计算确定，也可以根据市场调查、科学预测或国内外先进水平确定，还可以根据在调查研究基础上拟订的初步改进方案的最低成本来确定。现实成本与目标成本之差就是成本降低幅度。成本确定之后，用每个对象的单项成本除以全部分析对象的成本的总和，即得到该零部件或功能单元的成本系数。

在计算功能的成本时，功能的成本计算是以功能为对象计算每种功能的成本。在产品构成中，一个零部件往往具有不止一种功能，而实现一种功能的也不止一个零部件。因此，计算功能成本时，需把各零部件的成本转移到它们所承担的功能上。计算时先查出各零部件的成本，然后根据每个零部件在实现功能过程中所起的作用，把零部件分配到功能上去，将每个功能区域分摊到的成本加以汇总。

设 C_i 表示成本系数，c_i 表示零部件的单项成本、$\sum c_i$ 表示各单项成本之和，则成本系数的计算公式为

$$C_i = \frac{c_i}{\sum c_i} \tag{10-9}$$

第三步：求算价值系数。价值系数就是功能系数与成本系数的比值。

设 V_i 表示价值系数，则

$$V_i = \frac{F_i}{C_i} \tag{10-10}$$

第四步：评价选择。价值系数的值可以概括为三种基本情况，即 V_i 等于1（$V_i = 1$）、大于1（$V_i > 1$）或小于1（$V_i < 1$）。根据功能与成本相匹配原理，在功能系数较为正确评定的条件下，上述三种情况可以做出如下解释：

凡价值系数值等于1（$V_i = 1$），说明分配在该单项（零部件或功能单元）上的成本比重比较合理；大于1（$V_i > 1$），则说明分配在该单项上的成本比重偏低；小于1（$V_i < 1$），则说明分配在该单项上的成本比重偏高。因此，小于1者可选为价值工程工作对象，并且其数值越低，越应列为重点工作对象。同时，对大于1者也应注意研究，看其是否存在过剩功能或有功能不足的情况。

这种方法的优点是简便实用、易于掌握。对于机械设备等产品而言，其分析对象可以是零部件；对于工程项目或作业而言，其分析对象则可以是工程项目的部分或功能单元。总之，可以根据不同情况灵活掌握、灵活运用。但是，此方法还带有一定的局限性，主要是评分方法比较呆板，不容易反映功能差距特别大或特别小的零部件或功能单元之间的关系；价值系数的指示方向也不十分精确。因此，在实际运用过程中，一是要根据不同对象灵活运用；二是可配合其他方法并用，以求获得最佳效果。

例10-1　某企业生产的一种产品由六个零部件组成，其重要程度从大到小的顺序为 A > E > B > D > C > F，其功能和成本资料如表10-4所示，试用一对一比较法确定零部件的功能评价系数，并以实际成本降低20%为目标成本，计算各零部件的价值系数和成本降低幅度（成本节约期望值）。

表10-4　功能成本计算表　（单位：元）

零部件 / 成本 / 功能	A	B	C	D	E	F	功能成本
甲	20			10	15	5	50
乙		10	10	10			30
丙	10				10		20
零部件成本	30	10	10	20	25	5	100

解：按照强制确定法的基本原理，对各零部件进行一对一打分。打分结果和功能评价系数如表10-5所示，价值系数如表10-6所示。

表 10-5　一对一打分表

零部件名称	A	B	C	D	E	F	功能得分	功能评价系数
A		1	1	1	1	1	5	0.33
B	0		1	1	0	1	3	0.20
C	0	0		0	0	1	1	0.07
D	0	0	1		0	1	2	0.13
E	0	1	1	1		1	4	0.27
F	0	0	0	0	0		0	0.00
合计							15	1.00

表 10-6　成本系数和价值系数求算表

零部件名称	功能评价系数 F_i'①	现实成本 C_i ②	成本系数 C_i' ③ $=\frac{②}{100}$	价值系数 V_i' ④ $=\frac{①}{③}$	按功能评价系数分配目标成本 ⑤ =80 × ①	成本节约期望值 ⑥ = ② − ⑤
A	0.33	30	0.30	1.10	26.4	3.60
B	0.20	10	0.10	2.00	16.00	−6.00
C	0.07	10	0.10	0.70	5.60	4.40
D	0.13	20	0.20	0.65	10.40	9.6
E	0.27	25	0.25	1.08	21.60	3.40
F	0.00	5	0.05	0.00	0.00	5.00
合计	1.00	100	1.00		80.00①	20.00

① 80 元是目标成本。

2. 倍数确定法（DARE 法）

它是在 FD 方法的基础上做的改进。具体做法是：先将分析对象的零部件或功能单元按任意顺序填入表中，再由上至下对相邻两个单项进行比较，假定 A 的功能重要性是 B 的 1.2 倍，B 的重要性是 C 的 1.5 倍等，所得数列称为暂定重要性系数。然后，再求修正重要性系数，假定最后一个单项的重要性为 1，用它乘以上一个单项的暂定重要性系数，就得出上一个单项的修正重要性系数，依此类推。最后用各项的修正重要性系数除以各单项修正重要性系数之和，就得出各单项的功能系数。如表 10-7 所示。

求算出功能系数之后，再求算出成本系数和价值系数，继而进行评价选择。这种方法还可以用于方案评价，与 FD 法相比，其优点是打分灵活、对比次数少。

表 10-7　倍数确定法求算表

零件名称	暂定重要性系数	修正重要性系数	功能系数
A	1.2	1.44	0.23
B	1.5	1.20	0.19
C	0.5	0.80	0.13
D	8.0	1.60	0.26
E	0.2	0.20	0.03
F		1.00	0.16
合计		6.24	1.00

（二）功能评价值法

功能评价值是指实现功能的最低成本。功能评价值法也称绝对值法或功能成本法，就是把功能换算成实现这一功能的现实成本，或者说直接用实现这一功能所需的成本来表现功能，也就是用货币来表现某种功能，并寻求或测定实现这一功能的最低成本即功能评价值（金额），进而计算出它们的价值系数和成本降低幅度，以确定价值工程活动对象的一种方法。最后，将计算出的结果进行比较，选择那些价值系数低、成本降低幅度大的功能领域作为价值工程活动的重点对象。基本步骤是：

第一步：确定产品各要素的现实成本。

第二步：将各要素的现实成本换算成相应的功能现实成本。具体可参照前述方法计算成本系数。

第三步：计算功能的最低成本，即确定功能评价值。具体方法可采用经验估算法、最低成本法（实际调查法）等。由于这几种方法既常见、简单，又广为利用，这里不做详述。

第四步：计算价值系数，进而进行评价选择。由于用这种方法计算的价值系数一般都不会大于1，所以当价值系数等于1时，说明现实成本已达到最低成本，可不必列为改进对象；价值系数小于1者均是改进对象，其中成本降低幅度大者，可列为重点改进对象。

第四节　方案创造与选择

经功能分析确定了价值改进的对象之后，下一步工作就是要创造出新的方案来代替原有方案。

进行方案创造有两种形式：一种形式是新产品设计，通常是从最终功能出发，一步步地构想手段功能，创造出一个全新的设计方案；另一种形式是老产品改造，通常以功能系统图为依据，从某一功能范围入手，创造出一个老产品改造方案。

进行方案创造的具体步骤及其内容如图 10-5 所示。从图 10-5 中可以看出，这些步骤是交叉进行的。

方案创造首先是从用户要求的功能出发，形成各种设计构想，然后通过集体讨论与汇集，创造出各种方案。由于最初提出的方案很多，因此首先应进行概略评价，粗选出有价值的几个方案，然后进行方案的详细评价。经过技术的、经济的、社会的和综合的详细评价，若可行，从中可选出一两个方案作为最终确定的方案付诸实施；若经试验研究后，方案不可行，还应回到方案创造阶段，重新构思新的方案，然后继续概略评价阶段。如此可能要经过几个循环才能获得较满意的方案。下面详细介绍方案创造的步骤。

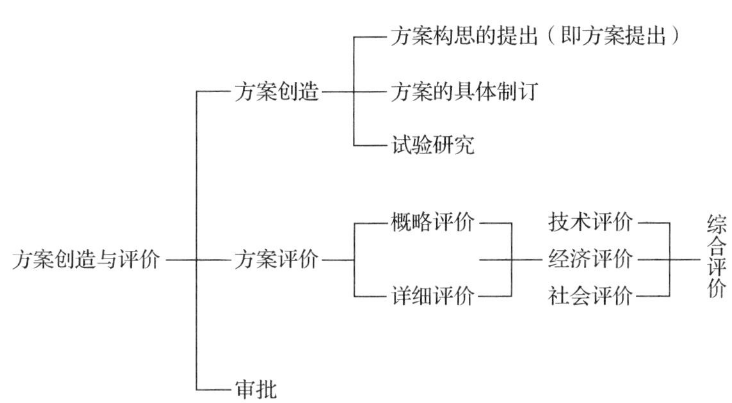

图 10-5　方案创造与选择的步骤及内容

方案创造是价值工程中的关键环节，若不能创造出好的改进或全新方案，前面所进行的功能分析将前功尽弃，价值工程的活动也不会收到好的效果。方案创造从必要功能的要求出发，提出设计构思，直到方案实施。

一、方案创造

（一）方案创造的原则

为了创造出好的方案，应遵循以下几项原则：

1. 提倡解放思想，勇于创新

方案创造是一项开发性工作，创造既是开拓又是发明，绝不是模仿更不是简单重复。创造工作就是突破原来的框架，不是在原来基础上的量的增长，而必须有质的飞跃。因此，在进行方案的创造时，必须提倡勇于思考、勇于创新的精神，最大限度地解放创造者的思想，创造出有独到见解、别具风格的方案。

2. 提倡言无不尽，力争多提方案

提出的方案数量一般会决定方案质量。如果方案很少，选择的余地小，就很难选择出高质量的方案。要使提出的方案多，必须坚持言无不尽的原则，无论是正面的建议还是反面的质疑，成熟的方案、不成熟的方案、不同角度的方案构思、不同观点的方案设想，均应受到欢迎，鼓励大家提出来。只有这样才能从中选出优秀的方案，并使方案得以补充完善。

3. 提倡群策群力，力争发挥各种专业人才的特长

方案创造不能靠少数几个人冥思苦想，因为人的学识、经验及思考能力是有限的，而不同专业、不同岗位上的人，其知识、经验可以互相补充，多数人的思考也可以互相启示。因此，要创造出较新颖、较完善、较有特点的方案，必须依靠集体的智慧和组织的力量。要求在进行方案创造时，充分调动各方面人才的积极性和主动性，充分开发他们的智力，使集体的智慧得以充分发挥。

4. 提倡以功能为核心，力争从功能出发来考虑问题

用户提出的产品功能要求，是进行方案创造的根本依据。因此，必须围绕功能，发掘实现必要功能的一切不同方法、不同材料、不同技术，并遵循优先考虑上位功能的原则，以期产品改进的最大可能性。

（二）方案创造的方法

这里介绍的方案创造的方法，实质上是开发人的创造力，有效地运用人的创造力，使其处于极其有利于发挥的状态的方法。

1. 头脑风暴法

“头脑风暴”（Brain Storming，BS）最早的原意为精神病患者的胡思乱想，如今借用来形容参加会议的人思想自由奔放，创造性地思考问题。该方法由美国 BBDO 广告公司的奥斯本（A. F. Osborn）于 1941 年首次提出，他通过这种方法创造了许多新的广告花样。

这种方法是召集一些有经验、有专长的人参加会议，会前将讨论的内容通知大家，开会时要求会议的气氛热烈，与会者针对主持人提出的问题自由奔放地思考，不能批判别人的意见，提出的方案越多越好，也可以结合别人的方案提出自己的意见。

2. 戈登法

这种方法最早是由美国人戈登（Gordon）提出的，也是通过会议形式请与会者提出设想法案，但是，会议要研究什么问题，目的是什么，并不事先告诉与会者，而是把问题适当地加以抽象，以便与会者开拓思路，不受具体问题的约束，然后提出具体解决方案。

3. 专家检查法

这种方法是由负责设计的工程师提出实现所需功能的方法，做出设计，拟订工艺，然后请各方面的专家检查。

4. 德尔菲法

德尔菲法也称专家调查法。这种方法是采用通信方式分别将所需解决的问题单独发送到各个专家手中，征询意见，然后回收汇总全部专家的意见并整理出综合意见，随后再将该综合意见和预测问题分别反馈给专家，再次征询意见，各专家依据综合意见修改自己原有的意见，然后再汇总，这样多次反复，逐步取得比较一致的预测结果。该方法的优点是

成员之间互不见面，可以排除权威、资历、多数意见等心理因素的影响，有利于方案创造；缺点是时间较长。

人们还总结了其他方案创造方法，如逆向构思法、演绎发明法、信息交合、TRIZ 等，这里不再赘述。其中值得一提的是 TRIZ。

TRIZ 理论

TRIZ 理论是由前苏联发明家阿奇舒勒（G. S. Altshuller）在 1946 年创立的，阿奇舒勒也被尊称为 TRIZ 之父。在他的领导下，前苏联的研究机构、大学、企业组成了 TRIZ 的研究团体，分析了世界近 250 万份高水平的发明专利，总结出各种技术发展进化遵循的规律模式，以及解决各种技术矛盾和物理矛盾的创新原理和法则相关书籍，建立了一个由解决技术问题、实现创新开发的各种方法、算法组成的综合理论体系，并综合多学科领域的原理和法则，建立起 TRIZ 理论体系。

20 世纪 80 年代中期以前，该理论对其他国家保密；80 年代中期，随着一批科学家移居美国等西方国家，逐渐把该理论介绍给世界产品开发领域，对该领域产生了重要的影响。

阿奇舒勒和他的 TRIZ 研究机构 50 多年来提出了 TRIZ 系列的多种工具，如冲突矩阵、76 标准解答、ARIZ、AFD、物质—场分析、ISQ、DE、8 种演化类型、科学效应、40 个创新原理，39 个工程技术特性，物理学、化学、几何学等工程学原理知识库等，常用的有基于宏观的矛盾矩阵法（冲突矩阵法）和基于微观的物场变换法。事实上，TRIZ 针对输入输出的关系（效应）、冲突和技术进化都有比较完善的理论。这些工具为创新理论软件化提供了基础，从而为 TRIZ 的实际应用提供了条件。

二、方案的概略评价

（一）方案概略评价的内容

在进行方案创造时，提出的方案很多，不能对所有的方案都进行具体化，因为这样既没有必要，又浪费人力、财力和时间。因此，进行方案的具体化之前，首先应从大量的方案中筛选出一部分好的方案。

为了有效地进行筛选，通常在概略评价前，将方案进行整理、归类。整理工作可大致分如下几项：

（1）将构思相同或类似的方案归纳在一起。有些方案表面上看有些差异，但其内容却完全相同。这样一类方案可作为一个方案拿出来评价，节省时间，提高价值工程活动的效率。

（2）将抽象的或含糊的方案明确化。有些方案虽然提出来了，但是较抽象，不能使人一看就懂。这时应将其具体化，便于选择评价。

（3）表面上离题太远的方案，应分析它的本质，看有无合理之处。不要因对问题不清楚而在粗选时将其舍去，因为往往有突破的重要方案正是通常被认为离题太远的方案。

（4）各种方案构想，如果能进行组合，尽量组合，这样既节省评价时间，又能使方案完善，有助于最终获得价值高的方案。进行方案概略评价，要以现有的产品或现有的工程项目为评价的基准：比较新方案与老方案在技术上实现功能的可能性怎样；经济上与现在的成本比，情况如何；从其社会性看，有无严重污染、噪声或违反国家某些政策的地方。通过比较、分析，最后选出两三个方案作为粗选出的方案，以便具体化。

（二）方案的具体化及试验研究

经过概略评价之后，可能性不大、价值较低的方案被舍掉，剩下来的几个较好的方案即可进行具体化了。

方案具体化的内容大致包括：各组成部分的具体结构和零件设计、选用的材料和外购配件、加工和装备方法、工艺装配、检验方法以及运输库存方式等。

对于方案中具体采用的新结构、新材料、新工艺，应进行试验，看其功能的实现程度如何。如果发现存在问题，或实现有困难的，应设法修正或修改方案。

三、方案的详细评价与提案审批

方案的详细评价主要考虑技术、经济和社会三个方面。

（一）技术评价

方案的技术评价是以用户所要求的功能为依据，看其对必要功能实现的程度。一般应从以下几方面进行评定：

（1）必要功能实现的程度（包括性能、质量、寿命）。

（2）产品的可靠性。

（3）产品的维修性。

（4）产品的安全性。

（5）产品的操作性。

（6）产品整个系统的协调。

（7）产品本身与周围环境、条件的协调。

（8）产品的外观。

（9）产品本身的加工性、装配性、搬运性。

（10）产品中采用某些技术现存问题的解决程度。

进行技术评价常采用的方法有以下几种：

1. 优缺点列举法

此方法既简单，又行之有效。根据用户的要求，针对产品的各个方面列举优缺点，通过各产品所具备的优缺点判断方案的优劣，从中选择出最优方案。

2. 加权评分法

此方法是将定性分析转为定量分析的一种较好的方法。具体的做法是对产品的各技术因素评分，并规定各因素的重要程度（称为权数），然后根据权数和评分得出加权后的评分数，分数高者为优。

（二）经济评价

一个方案的好坏不仅仅在于它的技术方面，而且在于它的经济性如何，因此，必须对一个方案的经济性进行评价。反映一个产品或项目的经济性有如下几个指标：

1. 成本

成本包括生产此产品的料、工、费三个方面。比较两个方案时，可用两个方案的年成本，也可以用总成本。

2. 项目或产品的一次性投资

一个产品或项目要实施，均需支付投资，同样质量、同样功能的两个方案，自然投资少者为佳。因此，可以根据投资多少确定。

3. 追加投资效果系数和追加投资回收期

根据这两个指标，能确定增加投资是否合适。

4. 产品或项目的利润

利润是一个综合指标，它能综合地反映一个方案的经济效益如何。因此，也可以用它来比较两个方案的利润大小，获利多的方案为优。

（三）社会评价

社会评价是除考虑方案的技术性、经济性外，从企业、用户及国家三方面利益出发评价方案的好坏。通常考虑的因素包括：国家的有关政策、法令；有无严重的污染、噪声；是否破坏生态平衡等。进行社会评价时，不仅有价值工程活动小组的人参加，通常还采用走访调查，请有关部门的工作人员和有关利益相关者进行座谈等方法进行。

（四）综合评价

前面讲的评价均是从方案的一个侧面进行分析评价的，而一个方案的好坏并不完全取决于某一方面，因此，必须对方案进行综合分析评价，最后决定取舍。综合评价不仅包括技术、经济、社会方面的评价，而且还包括市场、原材料来源、能源、劳动力资源、科技发展情况等各方面的分析。

具体方法可采用优缺点列举法、加权评分法、连加评分法、连乘评分法等。

第五节 应用案例

一、产品状况简介

RX21型被漆线绕电阻器（以下简称电阻器）是某电器工厂的主要产品。这种产品的市场需求量大，因而该厂有大量生产任务。经过向用户调查，产品的性能能够较好地满足用户的要求，不需要再提高其功能。因此，要提高产品的价值，必须降低产品的成本。该厂运用价值分析方法对产品成本进行了分析，从而降低了成本，提高了企业的经济效益。

二、选择价值分析对象

此产品由五种零件组成，如图10-6所示，根据产品的现实成本构成，采用ABC法选择价值分析对象。

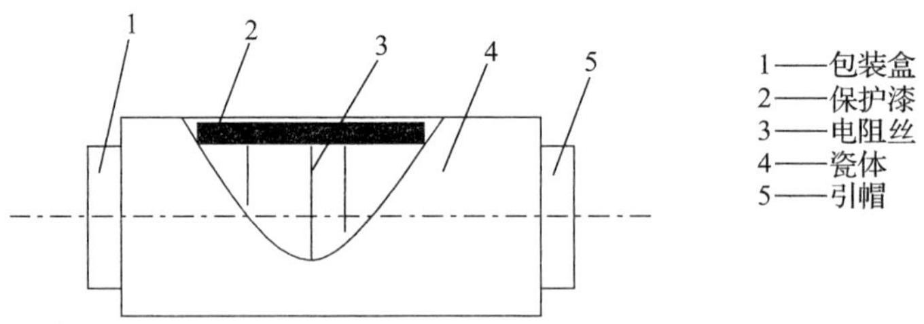

图10-6 RX21型被漆线绕电阻器结构简图

先将各零件按现实成本及其占总成本的百分比由大到小排列，并计算成本累计百分比列成表，如表10-8所示。

表10-8 电阻器成本构成表

成本 零件名称	现实成本/元	所占百分比(%)	累计百分比(%)
工资及管理费	0.110	28.5	28.5
引帽	0.102	26.4	54.9
瓷体	0.100	26.0	80.9
电阻丝	0.060	15.5	96.4
保护漆	0.008	2.0	98.6
包装盒	0.006	1.6	100.0
合计	0.386	100.0	

三、用强制确定法进行功能分析

(一) 计算功能评价系数

将产品零件按功能重要程度进行一对一打分，其结果列于表 10-9 中。

表 10-9　电阻器功能评价系数表

零 件 名 称	电阻丝	瓷体	引帽	保护漆	包装盒	得分合计	功能评价系数
电阻丝		1	1	1	1	4	0.4
瓷体	0		1	1	1	3	0.3
引帽	0	0		1	1	2	0.2
保护漆	0	0	0		1	1	0.1
包装盒	0	0	0	0		0	0
合计						10	1.0

(二) 计算成本系数

根据表 10-9 所列各零件的现实成本，分别计算出各零件的成本系数，列于表 10-10 中第三列。

表 10-10　电阻器功能评价表

序号	主要零件名称	功能评价系数	现实成本/元	成本系数	价值系数	按功能评价系数分配目标成本/元	应降低成本额/元
		①	②	③ $=\frac{②}{0.276}$	④ $=\frac{①}{③}$	⑤ = 0.25 × ①	⑥ = ② − ⑤
1	电阻丝	0.4	0.060	0.22	1.82	0.100	−0.040
2	瓷体	0.3	0.100	0.37	0.81	0.075	0.025
3	引帽	0.2	0.102	0.36	0.56	0.05	0.052
4	保护漆	0.1	0.008	0.03	3.33	0.025	−0.017
5	包装盒	0	0.006	0.02	0	0	0.006
合计		1.00	0.276	1.00		0.25	0.026

(三) 计算各零件的价值系数

用各零件的功能评价系数除以成本系数，求出各零件的价值系数，列于表 10-10 中第四列。其中，价值系数小于 1 的有两个零件，即瓷体和引帽。将此两个零件为价值分析的重点对象。

通过调查研究，参考类似的现实成本，经专家研究，确定此产品的单件目标成本为 0. 25 元。

(四) 计算目标成本和应降成本额

根据功能评价系数求出各零件的目标成本和应降低成本额，分别列于表 10-10 中的第 5 列和第 6 列。通过功能评价确定引帽和瓷体的成本降低额。

从表 10-10 中可以看出，工资及管理费和引帽、瓷体占了总成本的 80. 9%。这说明应从加强管理、提高效率和降低原材料费用等方面降低产品成本。这三项费用应成为价值分析的主要对象。

四、确定改进方案

(1) 经过分析，认为引帽价值低的主要原因是所用材料有过剩功能，所以应消除不必要的功能，以降低成本。经多次实验证明，可用便宜的铁帽代替贵重的镍帽。

(2) 购买满足技术条件要求的便宜瓷体。

(3) 改进包装，对大量订货采用大包装。

(4) 加强企业管理，修改劳动定额，提高劳动生产率。

(5) 将高温烘干有机硅漆改为低温固化有机硅漆。

五、实施改进方案

在改进方案付诸实施阶段，主要活动有以下几项：

(一) 编制价值工程提案表

电阻器价值工程提案表的形式如表 10-11 所示。其中价值工程活动成果总评价，需计算下述指标

$$\text{全年净节约额} = (②-③)\times⑥-⑧$$

$$\text{成本降低额率} = \frac{②-③}{②}\times 100\%$$

$$\text{投资倍数} = \frac{⑨}{⑧}$$

$$\text{价值工程活动单位时间节约额} = \frac{⑨}{⑩}$$

$$\text{达到价值工程目标的比率} = \frac{②-③}{②-⑦}\times 100\%$$

计算结果如表 10-11 所示。

表 10-11　价值工程提案表　　　　提案编号：________

序号	项　目	单位	数额	序号	项　目	单位	数额
1	对象产品零件总数	个	4	8	VE 活动经费	元	4 000
2	对象产品现在成本	元	0.386	9	全年净节约额	万元	4
3	改进方案成本	元	0.342	10	VE 活动延续时间	天	50
4	单位产品的节约额	元	0.044	11	目标成本节约额	元	0.136
5	对象产品成本降低率	(%)	11.4	12	价值工程活动单位时间节约额	元/天	800
6	全年出产量	万个	100	13	达到价值工程目标的比率	%	32%
7	单位目标成本	元	0.25	14	投资倍数	倍	10

（二）提案的实施效果

上列改进方案已实施了主要的两项。由于用铁帽代替镍帽，每个产品成本可降低 0.014 元，购买价值便宜的瓷体，每个可降低 0.03 元。每个产品的材料费用由原来 0.276 元，下降为 0.232 元，该厂这种电阻器的年产量在 100 万个以上，材料费的节约额可达 4 万余元。以后逐步实施改进包装、加强企业管理和改用低温固化有机硅漆等措施，这样成本就会进一步降低，将给企业带来更大的经济效益。

习　题

1. 价值工程的定义及含义是什么？
2. 怎样选择价值工程对象？
3. 功能定义要注意哪些问题？
4. 功能整理的方法及意义是什么？
5. 功能评价的方法有哪些？
6. 方案创造的原则和方法是什么？
7. 简述价值工程的基本程序。
8. 某市高新技术开发区有两幢科研楼和一幢综合楼，其设计方案对比项目如下：

A 楼方案：结构方案为大柱网框架轻墙体系，采用预应力大跨度叠合楼板，墙体材料采用多孔砖及移动式可拆装式分室隔墙，窗户采用单框双玻璃钢塑窗，面积利用系数为 93%，单方造价为 1 438 元/m^2。

B 楼方案：结构方案同 A 楼方案，墙体采用内浇外砌，窗户采用单框双玻璃腹钢塑窗，面积利用系数为 87%，单方造价为 1 108 元/m^2。

C 楼方案：结构方案采用砖混结构体系，采用多孔预应力板，墙体材料采用标准黏土砖，窗户采用单玻璃空腹钢塑窗，面积利用系数为 79%，单方造价为 1 082 元/m^2。

方案的功能权重及各方案功能得分如表10-12所示。

表10-12　方案的功能权重及各方案功能得分

方案功能	功能权重	方案功能得分		
		A	B	C
结构方案	0.25	10	10	8
模板类型	0.05	10	10	9
墙体材料	0.25	8	9	7
面积利用系数	0.35	9	8	7
窗户类型	0.10	9	7	8

试应用价值工程方法选择最优设计方案。

第十一章
Excel 在技术经济评价中的应用

Excel 中提供了系列参数为技术经济的财务评价提供了方便。其中最为核心的就是函数的应用。Excel 函数一共有 11 大类。技术经济中应用最多的就是财务函数，但其他函数也是必要的，特别是一些基本函数。财务函数中，有一部分基础函数，还有一部分分析工具，前者较为常用，后者作为辅助。这些函数为财务分析提供了极大的便利，对于函数需要掌握其原理，而对于分析工具函数，使用这些函数时不必理解高级财务知识，只要填写变量值就可以了。

一、基本环境准备

请打开 Excel 软件，安装“分析工具库”并加载宏。操作方法为：

（1）Office 2003 以前的版本中，在“工具”菜单上，单击“加载宏”。Office 2007 以后的版本，需要单击“Office”按钮，选择“选项”，弹出对话框。

（2）Office 2003 以前的版本中，在“可用加载宏”列表中，选中“分析工具库”框，再单击“确定”。Office 2007 以后的版本，单击“加载项”菜单后，选择“分析工具库”。

如果不能进行加载，则需要对宏的安全性进行调整。具体操作方法为：

（1）Office 2003 以前的版本中，在“工具”菜单上，在“宏”的级联菜单下单击“安全性”，单击“安全级”标签。选择安全级别“中”。

（2）Office 2007 以后的版本，需要单击“Office”按钮，选择“选项”，弹出对话框，选择“信任中心”菜单，之后单击右侧“信任中心设置”按钮，对“加载项”或“宏安全性”进行设置。

二、适用函数的基本步骤

1. 基本步骤

函数的应用方式很多，这里只列出其中的一种方式，具体步骤如下：

（1）单击需要输入函数的单元格，如图 11-1 所示，单击单元格 C1，出现编辑栏。

（2）单击编辑栏中“编辑公式”按钮，将会在编辑栏下面出现一个“公式选项板”，此时“名称”框将变成“函数”按钮，如图 11-2 所示。

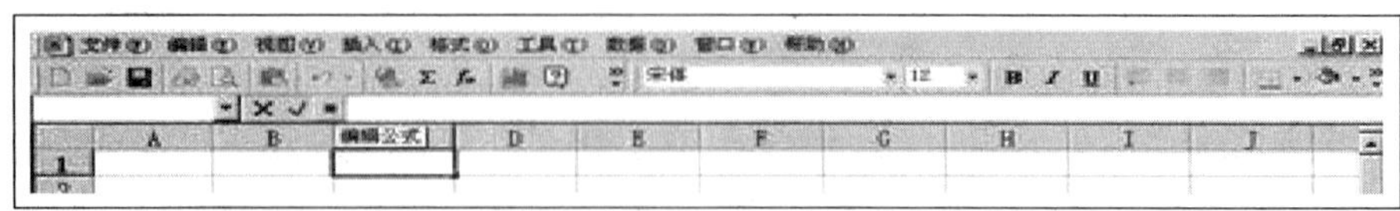

图 11-1 单元格编辑

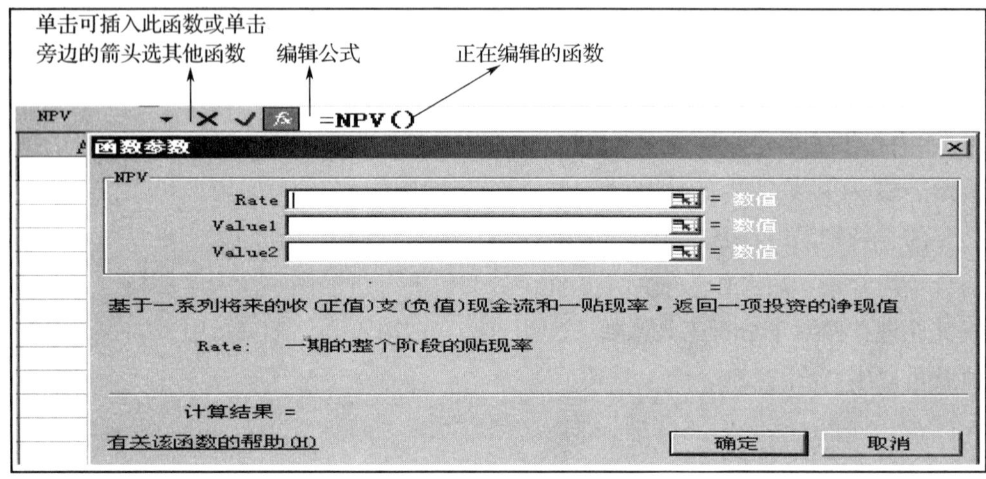

图 11-2 公式选项板

(3) 单击“函数”按钮右端的箭头，打开函数列表框，如图 11-3 所示。从中选择所需的函数，这里所列的一般是最近使用过的函数。

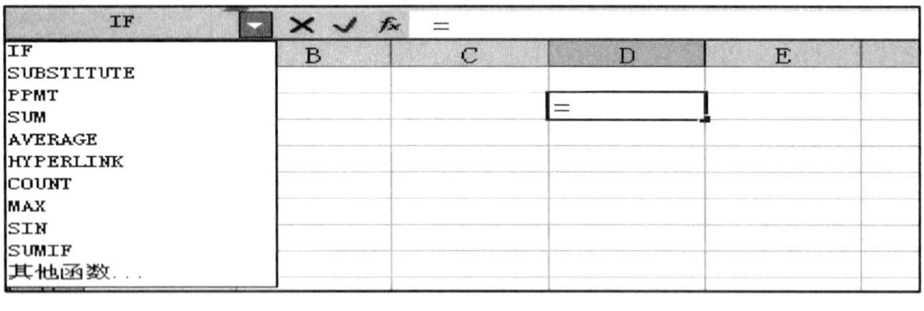

IF
SUBSTITUTE
PPMT
SUM
AVERAGE
HYPERLINK
COUNT
MAX
SIN
SUMIF
其他函数...

图 11-3 函数列表框

(4) 选中所需的函数后，将打开“公式选项板”，可以在这个选项板中输入函数的参数，输入完参数后，在“公式选项板”中还将显示函数计算的结果。

(5) 单击“确定”按钮，就可完成函数的输入。

(6) 如果列表中没有所需的函数，可以单击“其他函数”选项，也可以直接单击“f_x”打开“插入函数”对话框，如图 11-4 所示。用户可以从中选择所需的函数，然后单击“确定”按钮返回到“公式选项板”对话框。可以通过单击插入栏中的“函数”看到所有的函数，也可以根据分类对函数进行选择。在没有加载“分析工具”宏的情况下，财务函数较少，只有常用的投资计算函数、折旧计算函数、偿还率计算函数，加载后其功能大大加强。对话框的最下面一段文字是对该函数用途的说明。

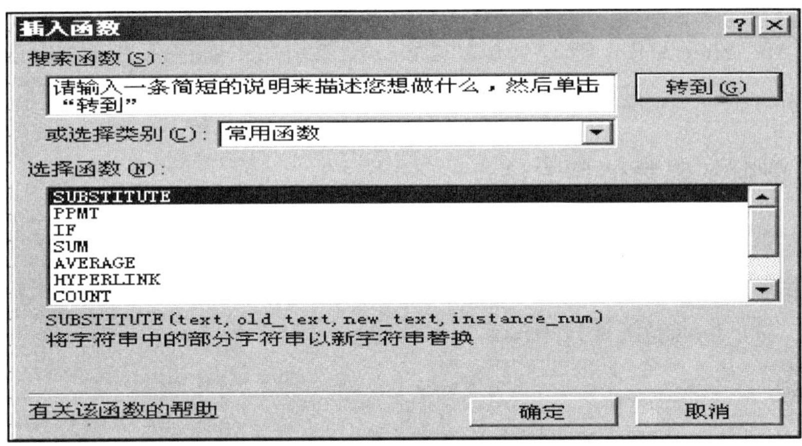

图 11-4　粘贴函数列表

2. 函数参数

函数是基于一定的对参数进行处理的指令。函数括号中的内容称为参数，如果一个函数可以使用多个参数，那么参数之间使用半角逗号分隔。参数可以是常量、逻辑值或单元格引用（如 E1：H1），也可以是另一个或几个函数（此时构造为嵌套函数）等。参数的类型、顺序和位置必须满足函数语法的要求，否则将返回错误信息。这里主要介绍单元格参数，即单元格引用。

单元格引用的目的在于标识工作表单元格或单元格区域，并指明公式或函数所使用数据的位置，以便于它们使用工作表各处的数据。引用同一工作簿不同工作表的单元格，也可以引用其他工作簿中的数据。参数引用可以做相对引用、绝对引用、混合引用和跨表格引用。下面举例说明不同的引用方式。

（1）相对引用。这一引用方式是最直接、最常用的引用方式，即在创建公式时，单元格或单元格区域的引用通常是相对于包含公式的单元格的相对位置。例如，以存放在 G3 单元格中的公式“=SUM(A3：F3)”为例，当公式由 G3 单元格复制到 G4 单元格以后，公式中的引用也会变化为“=SUM(A3：F4)”。若公式自 G 列向下继续复制，“行标”每增加 1 行，公式中的行标也自动加 1。

（2）绝对引用。引用固定的单元格，如果在复制公式时不希望 Excel 调整引用，那么应使用绝对引用，即加入美元符号。例如，如果上述公式改为“=SUM(A3：F3)”，则无论公式复制到何处，其引用的位置始终是“A3：F3”区域。

（3）混合引用。混合引用有“绝对列和相对行”或“绝对行和相对列”两种形式。

前者如“=SUM($A3:$F3)”，后者如“=SUM(A$3:F$3)”。

(4) 跨表格引用。此时引用的数据大多来源于多个表格或不同工作簿，不同工作簿中的单元格的引用。例如，公式放在工作表Sheet3的某一单元格，要引用工作表Sheet1的“A1:A6”和Sheet3的“B2:B7”区域进行求和运算，则公式中的引用形式为“=SUM(Sheet1!A1:A6，Sheet3!B2:B7)”。也就是说，三维引用中要包括两方面的信息，即不仅包含单元格或区域引用，还要在前面加上带半角叹号的工作簿名称。

三、典型财务函数使用方法

财务函数大体上可分为四类，即投资计算函数、折旧计算函数、偿还率计算函数、债券及其他金融函数，其中第一类和最后一类比较复杂，形成了几个函数群，第二类和第三类相对简单。对于技术经济评价中最常用的就是前三者。

1. 基本参数介绍

Excel财务函数在技术经济应用中常见的参数，主要有以下几个：

现值（pv）：在投资期初的投资或融资的价值。

未来值（fv）：在所有付款发生后的投资或融资的价值。

期间数（nper）：总投资（或融资）期，即该项投资（或融资）的付款期总数。

付款（pmt）：对于一项投资或贷款的定期支付数额。要求其数值在整个年金期间保持不变。

利率（rate）：投资或融资的利率或贴现率。

类型（type）：付款期间内进行支付的间隔，如在月初或月末，用0或1表示。

2. 函数分类

(1) 投资计算函数。投资计算函数可分为与现值（pv）有关、与未来值（fv）有关、与付款（pmt）有关、与复利计算有关以及与期间数有关的几类函数。

与现值（pv）有关的函数：NPV、PV、XNPV。

与未来值（fv）有关的函数：FV、FVSCHEDULE。

与付款（pmt）有关的函数：IPMT、ISPMT、PMT、PPMT。

与复利计算有关的函数：EFFECT、NOMINAL。

与期间数有关的函数：NPER。

(2) 偿还率计算函数。偿还率计算函数主要用以计算内部收益率，包括IRR、MIRR、RATE和XIRR几个函数。

(3) 折旧计算函数。折旧计算函数主要包括AMORDEGRC、AMORLINC、DB、DDB、SLN、SYD、VDB。

3. 常用函数范例

这里以几个常用函数为样本来说明典型函数的应用：

（1）求净现值 NPV。NPV 函数基于一系列现金流和固定的各期贴现率，返回一项投资的净现值。投资的净现值是指未来各期支出（负值）和收入（正值）的当前值的总和。

语法形式为 NPV（rate，value1，value2，…）。其中，rate 为各期贴现率，是一个固定值；value1，value2，…代表 1～29 笔支出及收入的参数值，value1，value2，…所属各期间的长度必须相等，而且支付及收入的时间都发生在期末。需要注意的是：NPV 按次序使用 value1，value2，来注释现金流的次序，所以一定要保证支出和收入的数额按正确的顺序输入。如果参数是数值、空白储存格、逻辑值或表示数值的文字表示式，则都会计算在内；如果参数是错误值或不能转化为数值的文字，则被忽略；如果参数是一个数组或引用，只有其中的数值部分计算在内，忽略数组或引用中的空白储存格、逻辑值、文字及错误值。

例如，假设开一家电器经销店。如图 11-5 所示，初期投资 2 000 000 元，希望未来五年中各年的收入分别为 200 000 元、400 000 元、500 000 元、800 000 元和 1 200 000 元。假定每年的贴现率是 8%（相当于通货膨胀率或竞争投资的利率），则投资的净现值的公式为

NPV(A2，A4：A8)＋A3

在该例中，一开始投资的 2 000 000 元并不包含在 v 参数中，因为此项付款发生在第一期的期初。假设该电器店的营业到第 6 年时，要重新装修门面，估计要付出 400 000 元，则 6 年后书店投资的净现值为

NPV(A2，A4：A8，A9)＋A3

如果期初投资的付款发生在期末，则投资的净现值的公式为

NPV(A2，A3：A8)

（2）求某项投资的未来值 FV。在 FV 函数基于固定利率及等额分期付款方式，返回某项投资的未来值。

	A	B	C
1	数据	说明	
2	0.08	年贴现率	
3	-2 000 000	初始投资	
4	200 000		
5	400 000		
6	500 000	收益	
7	800 000		
8	1 200 000		
9	-400 000	装修费	
10	329 760.552 5		
11	公式	状态	结果
12	NPV(A2, A4:A8)+A3	状态1	￥329 760.55
13	NPV(A2, A4:A8, A9)+A3	状态2	￥77 692.70
14	NPV(A2, A3:A8)	状态3	￥305 333.84

图 11-5 NPV 计算

语法形式为 FV（rate，nper，pmt，pv，type）。其中，rate 为各期利率，是一个固定值；nper 为总投资（或贷款）期，即该项投资（或贷款）的付款期总数；pv 为各期所应付给（或得到）的金额，其数值在整个年金期间（或投资期内）保持不变，通常 pv 包括本金和利息，但不包括其他费用及税款。pv 为现值，或一系列未来付款当前值的累积和，也称为本金。如果省略 pv，则假设其值为零，type 为数字 0 或 1，用以指定各期的付款时间是在期初还是期末；如果省略 type，则假设其值为零。

例如，假如公司两年后需要一笔培训费用支出，计划从现在起每月初存入 200 000 元，如果按年利 2.45%，按月计息（月利为 2.45%/12），那么两年以后该账户的存款额会是多少？

公式写为

$$FV(2.45\%/12, 24, -200\,000, 0, 1)$$

（3）求贷款分期偿还额 PMT。PMT 函数可以计算为偿还一笔贷款，要求在一定周期内支付完时，每次需要支付的偿还额，也就是我们平时所说的“分期付款”。例如，借购房贷款或其他贷款时，可以计算每期的偿还额。

其语法形式为 PMT（rate，nper，pv，fv，type）。其中，rate 为各期利率，是一个固定值；nper 为总投资（或贷款）期，即该项投资（或贷款）的付款期总数；pv 为现值，或一系列未来付款当前值的累积和，也称为本金；fv 为未来值，或在最后一次付款后希望得到的现金余额。如果省略 fv，则假设其值为零（例如，一笔贷款的未来值为零），type 为0或1，用以指定各期的付款时间是在期初还是期末；如果省略 type，则假设其值为零。

例如，需要 100 个月付清的年利率为 7.8% 的 1 000 000 元贷款的月支额为 PMT（7.8%/12 100，1 000 000）。计算结果为 -1 037.03 元。

（4）返回内部收益率的函数 IRR。IRR 函数返回由数值代表的一组现金流的内部收益率。这些现金流不一定必须是均衡的，但作为年金，它们必须按固定的间隔发生，如按月或按年。内部收益率为投资的回收利率，其中包含定期支付（负值）和收入（正值）。

其语法形式为 IRR（values，guess）。其中，values 为数组或储存格的引用，包含用来计算内部收益率的数字，values 必须包含至少一个正值和一个负值，以计算内部收益率，函数 IRR 根据数值的顺序来解释现金流的顺序，所以应确定按需要的顺序输入了支付和收入的数值，如果数组或引用包含文本、逻辑值或空白储存格，则这些数值将被忽略；guess 为对函数 IRR 计算结果的估计值，Excel 使用迭代法计算函数 IRR 从 guess 开始，函数 IRR 不断修正收益率，直至结果的精度达到 0.000 01%，如果函数 IRR 经过 20 次迭代，仍未找到结果，则返回错误值#NUM!，在大多数情况下，并不需要为函数 IRR 的计算提供 guess 值，如果省略 guess，假设它为 0.1（10%）。如果函数 IRR 返回错误值#NUM!，或结果没有靠近期望值，可以给 guess 换一个值再试一下。

例如，如果要开办一家中型超市，预计投资为 1 100 000 元，并预期今后五年的净收益为 150 000 元、210 000 元、280 000 元、360 000 元和 450 000 元。分别求出投资两年、四年以及五年后的内部收益率。

在工作表的 B1:B6 输入数据，可以计算投资 4 年后的内部收益率 IRR（B1:B5）为 -3.27%；计算此项投资 5 年后的内部收益率 IRR（B1:B6）为 8.35%；计算两年后的内部收益率时必须在函数中包含 guess，即 IRR（B1:B3，-10%）为 -48.96%。

(5) 用 RATE 函数计算某项投资的实际盈利。在经济生活中，经常要评估当前某项投资的运作情况，或某个新企业的现状。对于周期性偿付或一次偿付完的投资，用 RATE 函数就可以很快地计算出实际盈利。其语法形式为 RATE（nper，pmt，pv，fv，type，guess）。

四、经济评价指标案例分析

某建设项目，寿命周期为 8 年，第 1 年投资 1 000 万元，第 2 年到第 10 年的收益为 250 万元，贴现率为 10%，试用 Excel 对项目的静态投资回收期、动态投资回收期、净现值、净年值和内部收益率进行分析。

首先，在 Excel 中建立净现金流量表，具体如图 11-6 所示。

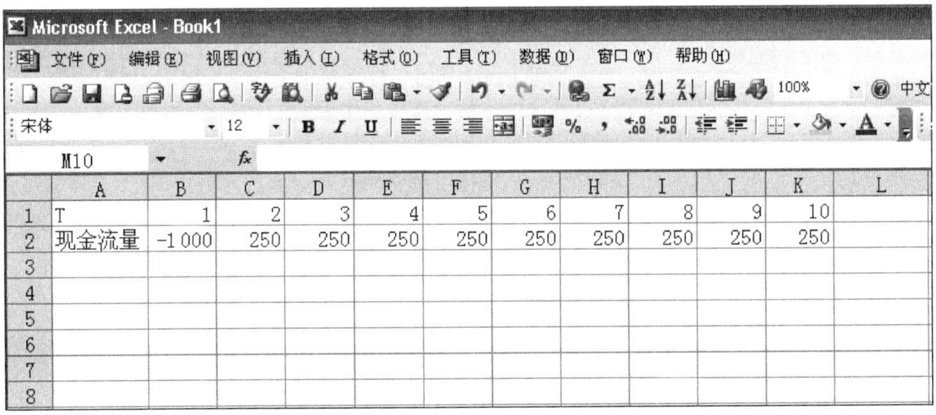

	A	B	C	D	E	F	G	H	I	J	K	L
1	T	1	2	3	4	5	6	7	8	9	10	
2	现金流量	-1 000	250	250	250	250	250	250	250	250	250	
3												
4												
5												
6												
7												
8												

图 11-6 现金流量录入

1. 计算静态投资回收期

累计现金流量的计算方法为在 B3 单元格中键入公式“=B2”，在 C3 处键入公式“=B3+C2”，然后拖动 C3 右下角的填充柄直至 K3，静态投资回收期的计算方法为：在 B3 处键入“=G1-1-F3/G2”。具体如图 11-7 所示。

2. 计算动态投资回收期

首先计算现金流的现值 PV，激活单元格 B3，插入公式=PV(0.1，B1，-B2)，而后拖动其右下角的复制柄至 K3。累计现金量流量与回收期的求法与静态的一致。在 B5 处键入“=H1-1-G4/H3”。具体如图 11-8 所示。

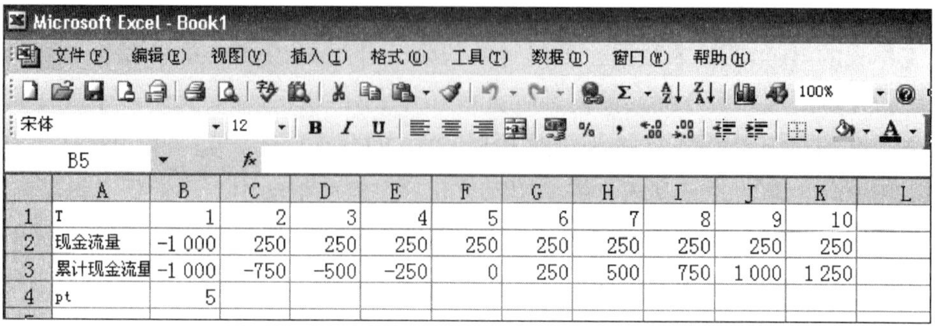

Microsoft Excel - Book1

B5

	A	B	C	D	E	F	G	H	I	J	K	L
1	T	1	2	3	4	5	6	7	8	9	10	
2	现金流量	-1 000	250	250	250	250	250	250	250	250	250	
3	累计现金流量	-1 000	-750	-500	-250	0	250	500	750	1 000	1 250	
4	pt	5										

图 11-7　静态投资回收期计算

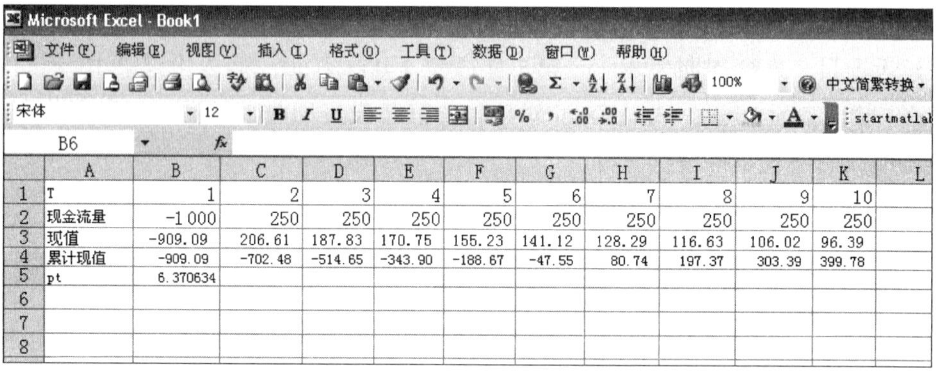

Microsoft Excel - Book1

B6

	A	B	C	D	E	F	G	H	I	J	K	L
1	T	1	2	3	4	5	6	7	8	9	10	
2	现金流量	-1 000	250	250	250	250	250	250	250	250	250	
3	现值	-909.09	206.61	187.83	170.75	155.23	141.12	128.29	116.63	106.02	96.39	
4	累计现值	-909.09	-702.48	-514.65	-343.90	-188.67	-47.55	80.74	197.37	303.39	399.78	
5	pt	6.370634										
6												
7												
8												

图 11-8　动态投资回收期计算

3. 计算净现值

在 B3 处键入“=NPV(0.1, B2:K2)”即得出结果。具体如图 11-9 所示。

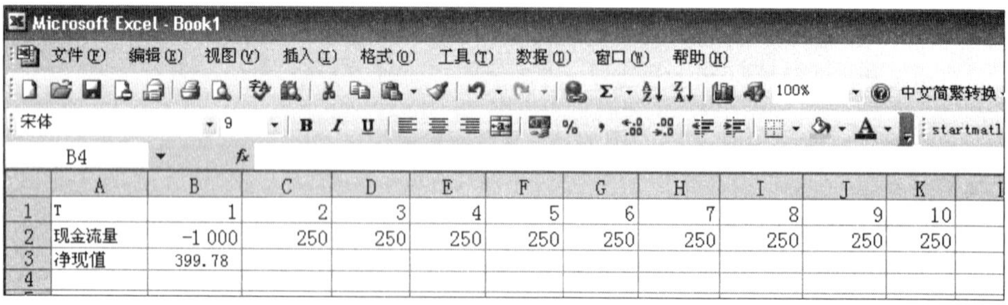

Microsoft Excel - Book1

B4

	A	B	C	D	E	F	G	H	I	J	K
1	T	1	2	3	4	5	6	7	8	9	10
2	现金流量	-1 000	250	250	250	250	250	250	250	250	250
3	净现值	399.78									
4											

图 11-9　净现值计算

4. 计算净年值

在 B4 处键入“=PMT(0.1, 10, -B3)”即得出结果。具体如图 11-10 所示。

5. 计算内部收益率

在 B3 处键入“=IRR(B2:K2)”即得出结果。具体如图 11-11 所示。

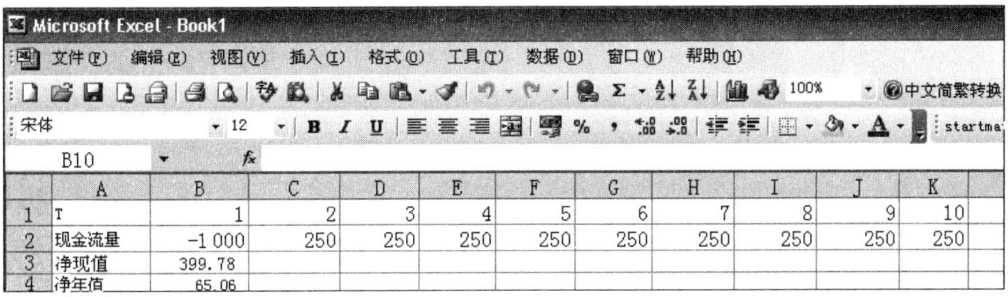

Microsoft Excel - Book1

B10

	A	B	C	D	E	F	G	H	I	J	K
1	T	1	2	3	4	5	6	7	8	9	10
2	现金流量	-1 000	250	250	250	250	250	250	250	250	250
3	净现值	399.78									
4	净年值	65.06									

图 11-10　净年值计算

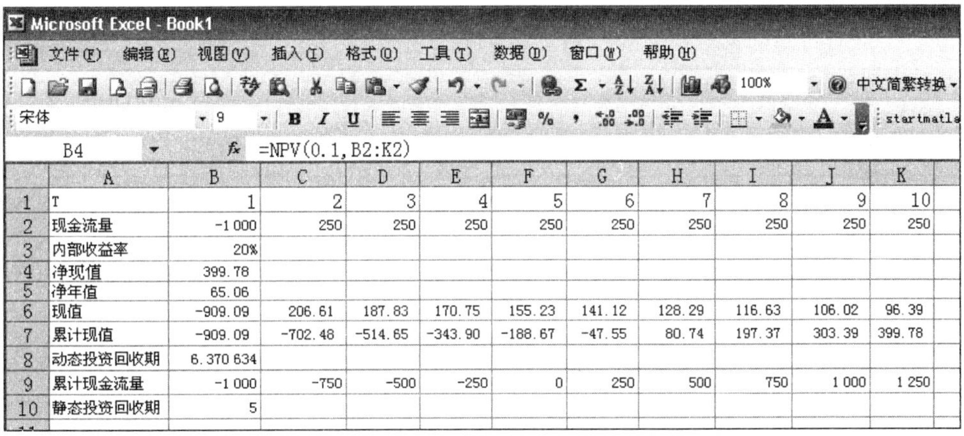

Microsoft Excel - Book1

B4　=NPV(0.1, B2:K2)

	A	B	C	D	E	F	G	H	I	J	K
1	T	1	2	3	4	5	6	7	8	9	10
2	现金流量	-1 000	250	250	250	250	250	250	250	250	250
3	内部收益率	20%									
4	净现值	399.78									
5	净年值	65.06									
6	现值	-909.09	206.61	187.83	170.75	155.23	141.12	128.29	116.63	106.02	96.39
7	累计现值	-909.09	-702.48	-514.65	-343.90	-188.67	-47.55	80.74	197.37	303.39	399.78
8	动态投资回收期	6.370 634									
9	累计现金流量	-1 000	-750	-500	-250	0	250	500	750	1 000	1 250
10	静态投资回收期	5									

图 11-11　内部收益率计算

附录
复利系数表

$i=1\%$

年限 n/年	一次支付终值系数 (F/P, i, n)	一次支付现值系数 (P/F, i, n)	等额系列终值系数 (F/A, i, n)	偿债基金系数 (A/F, i, n)	资金回收系数 (A/P, i, n)	等额系列现值系数 (P/A, i, n)
1	1.010 0	0.990 1	1.000 0	1.000 0	1.010 0	0.990 1
2	1.020 1	0.980 3	2.010 0	0.497 5	0.507 5	1.970 4
3	1.030 3	0.970 6	3.030 1	0.330 0	0.340 0	2.941 0
4	1.040 6	0.961 0	4.060 4	0.246 3	0.256 3	3.902 0
5	1.051 0	0.951 5	5.101 0	0.196 0	0.206 0	4.853 4
6	1.061 5	0.942 0	6.152 0	0.162 5	0.172 5	5.795 5
7	1.071 2	0.932 7	7.213 5	0.138 6	0.148 6	6.728 2
8	1.082 9	0.923 5	8.285 7	0.120 7	0.130 7	7.651 7
9	1.093 7	0.914 3	9.368 5	0.106 7	0.116 7	8.566 0
10	1.104 6	0.905 3	10.462 2	0.095 6	0.105 6	9.471 3
11	1.115 7	0.896 3	11.566 8	0.086 5	0.096 5	10.367 6
12	1.126 8	0.887 4	12.682 5	0.078 8	0.088 8	11.255 1
13	1.138 1	0.878 7	13.809 3	0.072 4	0.082 4	12.133 7
14	1.149 5	0.870 0	14.947 4	0.066 9	0.076 9	13.003 7
15	1.161 0	0.861 3	16.096 9	0.062 1	0.072 1	13.865 1
16	1.172 6	0.852 8	17.257 9	0.057 9	0.067 9	14.717 9
17	1.184 3	0.844 4	18.430 4	0.054 3	0.064 3	15.562 3
18	1.196 1	0.836 0	19.614 7	0.051 0	0.061 0	16.398 3
19	1.208 1	0.827 7	20.810 9	0.048 1	0.058 1	17.226 0
20	1.220 2	0.819 5	22.019 0	0.045 4	0.055 4	18.045 6
21	1.232 4	0.811 4	23.239 2	0.043 0	0.053 0	18.857 0
22	1.244 7	0.803 4	24.471 6	0.040 9	0.050 9	19.660 4
23	1.257 2	0.795 4	25.716 3	0.038 9	0.048 9	20.455 8
24	1.269 7	0.787 6	26.973 5	0.037 1	0.047 1	21.243 4
25	1.282 4	0.779 8	28.243 2	0.035 4	0.045 4	22.023 2
26	1.295 3	0.772 0	29.525 6	0.033 9	0.043 9	22.795 2
27	1.308 2	0.764 4	30.820 9	0.032 4	0.042 4	23.559 6
28	1.321 3	0.756 8	32.129 1	0.031 1	0.041 1	24.316 4
29	1.334 5	0.749 3	33.450 4	0.029 9	0.039 9	25.065 8
30	1.347 8	0.741 9	34.784 9	0.028 7	0.038 7	25.807 7

$i=2\%$

年限 n/年	一次支付终值系数 (F/P, i, n)	一次支付现值系数 (P/F, i, n)	等额系列终值系数 (F/A, i, n)	偿债基金系数 (A/F, i, n)	资金回收系数 (A/P, i, n)	等额系列现值系数 (P/A, i, n)
1	1.020 0	0.980 4	1.000 0	1.000 0	1.020 0	0.980 4
2	1.040 4	0.961 2	2.020 0	0.495 0	0.515 0	1.941 6
3	1.061 2	0.942 3	3.060 4	0.326 8	0.346 8	2.883 9
4	1.082 4	0.923 8	4.121 6	0.242 6	0.262 6	3.807 7
5	1.104 1	0.905 7	5.204 0	0.192 2	0.212 2	4.713 5
6	1.126 2	0.888 0	6.308 1	0.158 5	0.178 5	5.601 4
7	1.148 7	0.870 6	7.434 3	0.134 5	0.154 5	6.472 0
8	1.171 7	0.853 5	8.583 0	0.116 5	0.136 5	7.325 5
9	1.195 1	0.836 8	9.754 6	0.102 5	0.122 5	8.162 2
10	1.219 0	0.820 3	10.949 7	0.091 3	0.111 3	8.982 6
11	1.243 4	0.804 3	12.168 7	0.082 2	0.102 2	9.786 8
12	1.268 2	0.788 5	13.412 1	0.074 6	0.094 6	10.575 3
13	1.293 6	0.773 0	14.680 3	0.068 1	0.088 1	11.348 4
14	1.319 5	0.757 9	15.973 9	0.062 6	0.082 6	12.106 2
15	1.345 9	0.743 0	17.293 4	0.058 7	0.077 8	12.849 3
16	1.372 8	0.728 4	18.639 3	0.053 7	0.073 7	13.577 7
17	1.400 2	0.714 2	20.012 1	0.050 0	0.070 0	14.291 9
18	1.428 2	0.700 2	21.412 3	0.046 7	0.066 7	14.992 0
19	1.456 8	0.686 4	22.840 6	0.043 8	0.063 8	15.678 5
20	1.485 9	0.673 0	24.297 4	0.041 2	0.061 2	16.351 4
21	1.515 7	0.659 8	25.783 3	0.038 8	0.058 8	17.011 2
22	1.546 0	0.646 8	27.299 0	0.036 6	0.056 6	17.658 0
23	1.576 9	0.634 2	28.845 0	0.034 7	0.054 7	18.292 2
24	1.608 4	0.621 7	30.421 9	0.032 9	0.052 9	18.913 9
25	1.640 6	0.609 5	32.030 3	0.031 2	0.051 2	19.523 5
26	1.673 4	0.597 6	33.670 9	0.029 7	0.049 7	20.121 0
27	1.706 9	0.585 9	35.344 3	0.028 3	0.048 3	20.706 9
28	1.741 0	0.574 4	37.051 2	0.027 0	0.047 0	21.281 3
29	1.775 8	0.563 1	38.792 2	0.025 8	0.045 8	21.844 4
30	1.811 4	0.552 1	40.568 1	0.024 6	0.044 6	22.396 5

$i=3\%$

年限 n/年	一次支付终值系数 (F/P, i, n)	一次支付现值系数 (P/F, i, n)	等额系列终值系数 (F/A, i, n)	偿债基金系数 (A/F, i, n)	资金回收系数 (A/P, i, n)	等额系列现值系数 (P/A, i, n)
1	1.030 0	0.970 9	1.000 0	1.000 0	1.030 0	0.970 9
2	1.060 9	0.942 6	2.030 0	0.492 6	0.522 6	1.913 5
3	1.092 7	0.915 1	3.090 9	0.323 5	0.353 5	2.828 6
4	1.125 5	0.888 5	4.183 6	0.239 0	0.269 0	3.717 1
5	1.159 3	0.862 6	5.309 1	0.188 4	0.218 4	4.579 7

（续）

年限 n/年	一次支付终值系数 (F/P, i, n)	一次支付现值系数 (P/F, i, n)	等额系列终值系数 (F/A, i, n)	偿债基金系数 (A/F, i, n)	资金回收系数 (A/P, i, n)	等额系列现值系数 (P/A, i, n)
6	1.194 1	0.837 5	6.468 4	0.154 6	0.184 6	5.417 2
7	1.229 9	0.813 1	7.662 5	0.130 5	0.160 5	6.230 3
8	1.266 8	0.789 4	8.892 3	0.112 5	0.142 5	7.019 7
9	1.304 8	0.766 4	10.159 1	0.098 4	0.128 4	7.786 1
10	1.343 9	0.744 1	11.463 9	0.087 2	0.117 2	8.530 2
11	1.384 2	0.722 4	12.807 8	0.078 1	0.108 1	9.252 6
12	1.425 8	0.701 4	14.192 0	0.070 5	0.100 5	9.954 0
13	1.468 5	0.681 0	15.617 8	0.064 0	0.094 0	10.635 0
14	1.512 6	0.661 1	17.086 3	0.058 5	0.088 5	11.296 1
15	1.558 0	0.641 9	18.598 9	0.053 8	0.083 8	11.937 9
16	1.604 7	0.623 2	20.156 9	0.049 6	0.079 6	12.561 1
17	1.652 8	0.605 0	21.761 6	0.046 0	0.076 0	13.166 1
18	1.702 4	0.587 4	23.414 4	0.042 7	0.072 7	13.753 5
19	1.753 5	0.570 3	25.116 9	0.039 8	0.069 8	14.323 8
20	1.806 1	0.553 7	26.870 4	0.037 2	0.067 2	14.877 5
21	1.860 3	0.537 5	28.676 5	0.034 9	0.064 9	15.415 0
22	1.916 1	0.521 9	30.536 8	0.032 7	0.062 7	15.936 9
23	1.973 6	0.506 7	32.452 9	0.030 8	0.060 8	16.443 6
24	2.032 8	0.491 9	34.426 5	0.029 0	0.059 0	16.935 5
25	2.093 8	0.477 6	36.459 3	0.027 4	0.057 4	17.413 1
26	2.156 6	0.463 7	38.553 0	0.025 9	0.055 9	17.876 8
27	2.221 3	0.450 2	40.709 6	0.024 6	0.054 6	18.327 0
28	2.287 9	0.437 1	42.930 9	0.023 3	0.053 3	18.764 1
29	2.356 6	0.424 3	45.218 9	0.022 1	0.052 1	19.188 5
30	2.427 3	0.412 0	47.575 4	0.021 0	0.051 0	19.600 4

$i=4\%$

年限 n/年	一次支付终值系数 (F/P, i, n)	一次支付现值系数 (P/F, i, n)	等额系列终值系数 (F/A, i, n)	偿债基金系数 (A/F, i, n)	资金回收系数 (A/P, i, n)	等额系列现值系数 (P/A, i, n)
1	1.040 0	0.961 5	1.000 0	1.000 0	1.040 0	0.961 5
2	1.081 6	0.924 6	2.040 0	0.490 2	0.530 2	1.886 1
3	1.124 9	0.889 0	3.121 6	0.320 3	0.360 3	2.775 1
4	1.169 9	0.854 8	4.246 5	0.235 5	0.275 5	3.629 9
5	1.216 7	0.821 9	5.416 3	0.184 6	0.224 6	4.451 8
6	1.265 3	0.790 3	6.633 0	0.150 8	0.190 8	5.242 1
7	1.315 9	0.759 9	7.898 3	0.126 6	0.166 6	6.002 1
8	1.368 6	0.730 7	9.214 2	0.108 5	0.148 5	6.732 7
9	1.423 3	0.702 6	10.582 8	0.094 5	0.134 5	7.435 3

（续）

年限 n/年	一次支付终值系数 (F/P, i, n)	一次支付现值系数 (P/F, i, n)	等额系列终值系数 (F/A, i, n)	偿债基金系数 (A/F, i, n)	资金回收系数 (A/P, i, n)	等额系列现值系数 (P/A, i, n)
10	1.480 2	0.675 6	12.006 1	0.083 3	0.123 3	8.110 9
11	1.539 5	0.649 6	13.486 4	0.074 1	0.114 1	8.760 5
12	1.601 0	0.624 6	15.025 8	0.066 6	0.106 6	9.385 1
13	1.665 1	0.600 6	16.626 8	0.060 1	0.100 1	9.985 6
14	1.731 7	0.577 5	18.291 9	0.054 7	0.094 7	10.563 1
15	1.800 9	0.555 3	20.023 6	0.049 9	0.089 9	11.118 4
16	1.873 0	0.533 9	21.824 5	0.045 8	0.085 8	11.652 3
17	1.947 9	0.513 4	23.697 5	0.042 2	0.082 2	12.165 7
18	2.025 8	0.493 6	25.645 4	0.039 0	0.079 0	12.659 3
19	2.106 8	0.474 6	27.671 2	0.036 1	0.076 1	13.133 9
20	2.191 1	0.456 4	29.778 1	0.033 6	0.073 6	13.590 3
21	2.278 8	0.438 8	31.969 2	0.031 3	0.071 3	14.029 2
22	2.369 9	0.422 0	34.248 0	0.029 2	0.069 2	14.451 1
23	2.464 7	0.405 7	36.617 9	0.027 3	0.067 3	14.856 8
24	2.563 3	0.390 1	39.082 6	0.025 6	0.065 6	15.247 0
25	2.665 8	0.375 1	41.645 9	0.024 0	0.064 0	15.622 1
26	2.772 5	0.360 7	44.311 7	0.022 6	0.062 6	15.982 8
27	2.883 4	0.346 8	47.084 2	0.021 2	0.061 2	16.329 6
28	2.998 7	0.333 5	49.967 6	0.020 0	0.060 0	16.663 1
29	3.118 7	0.320 7	52.966 3	0.018 9	0.058 9	16.983 7
30	3.243 4	0.308 3	56.084 9	0.017 8	0.057 8	17.292 0

$i=5\%$

年限 n/年	一次支付终值系数 (F/P, i, n)	一次支付现值系数 (P/F, i, n)	等额系列终值系数 (F/A, i, n)	偿债基金系数 (A/F, i, n)	资金回收系数 (A/P, i, n)	等额系列现值系数 (P/A, i, n)
1	1.050 0	0.952 4	1.000 0	1.000 0	1.050 0	0.952 4
2	1.102 5	0.907 0	2.050 0	0.487 8	0.537 8	1.859 4
3	1.157 6	0.863 8	3.152 5	0.317 2	0.367 2	2.723 2
4	1.215 5	0.822 7	4.310 1	0.232 0	0.282 0	3.546 0
5	1.276 3	0.783 5	5.525 6	0.181 0	0.231 0	4.329 5
6	1.340 1	0.746 2	6.801 9	0.147 0	0.197 0	5.075 7
7	1.407 1	0.710 7	8.142 0	0.122 8	0.172 8	5.786 4
8	1.477 5	0.676 8	9.549 1	0.104 7	0.154 7	6.463 2
9	1.551 3	0.644 6	11.026 6	0.090 7	0.140 7	7.107 8
10	1.628 9	0.613 9	12.577 9	0.079 5	0.129 5	7.721 7
11	1.710 3	0.584 7	14.206 8	0.070 4	0.120 4	8.306 4
12	1.795 9	0.556 8	15.917 1	0.062 8	0.112 8	8.863 3
13	1.885 6	0.530 3	17.713 0	0.056 5	0.106 5	9.393 6

（续）

年限 n/年	一次支付终值系数 (F/P, i, n)	一次支付现值系数 (P/F, i, n)	等额系列终值系数 (F/A, i, n)	偿债基金系数 (A/F, i, n)	资金回收系数 (A/P, i, n)	等额系列现值系数 (P/A, i, n)
14	1.979 9	0.505 1	19.598 6	0.051 0	0.101 0	9.898 6
15	2.078 9	0.481 0	21.578 6	0.046 3	0.096 3	10.379 7
16	2.182 9	0.458 1	23.657 5	0.042 3	0.092 3	10.837 8
17	2.292 0	0.436 3	25.840 4	0.038 7	0.088 7	11.274 1
18	2.406 6	0.415 5	28.132 4	0.035 5	0.085 5	11.689 6
19	2.527 0	0.395 7	30.539 0	0.032 7	0.082 7	12.085 3
20	2.653 3	0.376 9	33.066 0	0.030 2	0.080 2	12.462 2
21	2.786 0	0.358 9	35.719 3	0.028 0	0.078 0	12.821 2
22	2.925 3	0.341 8	38.505 2	0.026 0	0.076 0	13.163 0
23	3.071 5	0.325 6	41.430 5	0.024 1	0.074 1	13.488 6
24	3.225 1	0.310 1	44.502 0	0.022 5	0.072 5	13.798 6
25	3.386 4	0.295 3	47.727 1	0.021 0	0.071 0	14.093 9
26	3.555 7	0.281 2	51.113 5	0.019 6	0.069 6	14.375 2
27	3.733 5	0.267 8	54.669 1	0.018 3	0.068 3	14.643 0
28	3.920 1	0.255 1	58.402 6	0.017 1	0.067 1	14.898 1
29	4.116 1	0.242 9	62.322 7	0.016 0	0.066 0	15.141 1
30	4.321 9	0.231 4	66.438 8	0.015 1	0.065 1	15.372 5

$i=6\%$

年限 n/年	一次支付终值系数 (F/P, i, n)	一次支付现值系数 (P/F, i, n)	等额系列终值系数 (F/A, i, n)	偿债基金系数 (A/F, i, n)	资金回收系数 (A/P, i, n)	等额系列现值系数 (P/A, i, n)
1	1.060 0	0.943 4	1.000 0	1.000 0	1.060 0	0.943 4
2	1.123 6	0.890 0	2.060 0	0.485 4	0.545 4	1.833 4
3	1.191 0	0.839 6	3.183 6	0.314 1	0.374 1	2.673 0
4	1.262 5	0.792 1	4.374 6	0.228 6	0.288 6	3.465 1
5	1.338 2	0.747 3	5.637 1	0.177 4	0.237 4	4.212 4
6	1.418 5	0.705 0	6.975 3	0.143 4	0.203 4	4.917 3
7	1.503 6	0.665 1	8.393 8	0.119 1	0.179 1	5.582 4
8	1.593 8	0.627 4	9.897 5	0.101 0	0.161 0	6.209 8
9	1.689 5	0.591 9	11.491 3	0.087 0	0.147 0	6.801 7
10	1.790 8	0.558 4	13.180 8	0.075 9	0.135 9	7.360 1
11	1.898 3	0.526 8	14.971 6	0.066 8	0.126 8	7.886 9
12	2.012 2	0.497 0	16.869 9	0.059 3	0.119 3	8.383 8
13	2.132 9	0.468 8	18.882 1	0.053 0	0.113 0	8.852 7
14	2.260 9	0.442 3	21.015 1	0.047 6	0.107 6	9.295 0
15	2.396 6	0.417 3	23.276 0	0.043 0	0.103 0	9.712 2
16	2.540 4	0.393 6	25.672 5	0.039 0	0.099 0	10.105 9
17	2.692 8	0.371 4	28.212 9	0.035 4	0.095 4	10.477 3
18	2.854 3	0.350 3	30.905 7	0.032 4	0.092 4	10.827 6

（续）

年限 n/年	一次支付终值系数 (F/P, i, n)	一次支付现值系数 (P/F, i, n)	等额系列终值系数 (F/A, i, n)	偿债基金系数 (A/F, i, n)	资金回收系数 (A/P, i, n)	等额系列现值系数 (P/A, i, n)
19	3.025 6	0.330 5	33.760 0	0.029 6	0.089 6	11.158 1
20	3.207 1	0.311 8	36.785 6	0.027 2	0.087 2	11.469 9
21	3.399 6	0.294 2	39.992 7	0.025 0	0.085 0	11.764 1
22	3.603 5	0.277 5	43.392 3	0.023 0	0.083 0	12.041 6
23	3.819 7	0.261 8	46.995 8	0.021 3	0.081 3	12.303 4
24	4.048 9	0.247 0	50.815 6	0.019 7	0.079 7	12.550 4
25	4.291 9	0.233 0	54.864 5	0.018 2	0.078 2	12.783 4
26	4.549 4	0.219 8	59.156 4	0.016 9	0.076 9	13.003 2
27	4.822 3	0.207 4	63.705 8	0.015 7	0.075 7	13.210 5
28	5.111 7	0.195 6	68.528 1	0.014 6	0.074 6	13.406 2
29	5.418 4	0.184 6	73.639 8	0.013 6	0.073 6	13.590 7
30	5.743 5	0.174 1	79.058 2	0.012 6	0.072 6	13.764 8

$i=7\%$

年限 n/年	一次支付终值系数 (F/P, i, n)	一次支付现值系数 (P/F, i, n)	等额系列终值系数 (F/A, i, n)	偿债基金系数 (A/F, i, n)	资金回收系数 (A/P, i, n)	等额系列现值系数 (P/A, i, n)
1	1.070 0	0.934 6	1.000 0	1.000 0	1.070 0	0.934 6
2	1.144 9	0.873 4	2.070 0	0.483 1	0.553 1	1.808 0
3	1.225 0	0.816 3	3.214 9	0.311 1	0.381 1	2.624 3
4	1.310v8	0.762 9	4.439 9	0.225 2	0.295 2	3.387 2
5	1.402 6	0.713 0	5.750 7	0.173 9	0.243 9	4.100 2
6	1.500 7	0.666 3	7.153 3	0.139 8	0.209 8	4.766 5
7	1.605 8	0.622 7	8.654 0	0.115 6	0.185 6	5.389 3
8	1.718 2	0.582 0	10.259 8	0.097 5	0.167 5	5.971 3
9	1.838 5	0.543 9	11.978 0	0.083 5	0.153 5	6.515 2
10	1.967 2	0.508 3	13.816 4	0.072 4	0.142 4	7.023 6
11	2.104 9	0.475 1	15.783 6	0.063 4	0.133 4	7.498 7
12	2.252 2	0.444 0	17.888 5	0.055 9	0.125 9	7.942 7
13	2.409 8	0.415 0	20.140 6	0.049 7	0.119 7	8.357 7
14	2.578 5	0.387 8	22.550 5	0.044 3	0.114 3	8.745 5
15	2.759 0	0.362 4	25.129 0	0.039 8	0.109 8	9.107 9
16	2.952 2	0.338 7	27.888 1	0.035 9	0.105 9	9.446 6
17	3.158 8	0.316 6	30.840 2	0.032 4	0.102 4	9.763 2
18	3.379 9	0.295 9	33.999 0	0.029 4	0.099 4	10.059 1
19	3.616 5	0.276 5	37.379 0	0.026 8	0.096 8	10.335 6
20	3.869 7	0.258 4	40.995 5	0.024 4	0.094 4	10.594 0
21	4.140 6	0.241 5	44.865 2	0.022 3	0.092 3	10.835 5
22	4.430 4	0.225 7	49.005 7	0.020 4	0.090 4	11.061 2
23	4.740 5	0.210 9	53.436 1	0.018 7	0.088 7	11.272 2

（续）

年限 n/年	一次支付终值系数 (F/P, i, n)	一次支付现值系数 (P/F, i, n)	等额系列终值系数 (F/A, i, n)	偿债基金系数 (A/F, i, n)	资金回收系数 (A/P, i, n)	等额系列现值系数 (P/A, i, n)
24	5.072 4	0.197 1	58.176 7	0.017 2	0.087 2	11.469 3
25	5.427 4	0.184 2	63.249 0	0.015 8	0.085 8	11.653 6
26	5.807 4	0.172 2	68.676 5	0.014 6	0.084 6	11.825 8
27	6.213 9	0.160 9	74.483 8	0.013 4	0.083 4	11.986 7
28	6.648 8	0.150 4	80.697 7	0.012 4	0.082 4	12.137 1
29	7.114 3	0.140 6	87.346 5	0.011 4	0.081 4	12.277 7
30	7.612 3	0.131 4	94.460 8	0.010 6	0.080 6	12.409 0

$i=8\%$

年限 n/年	一次支付终值系数 (F/P, i, n)	一次支付现值系数 (P/F, i, n)	等额系列终值系数 (F/A, i, n)	偿债基金系数 (A/F, i, n)	资金回收系数 (A/P, i, n)	等额系列现值系数 (P/A, i, n)
1	1.080 0	0.925 9	1.000 0	1.000 0	1.080 0	0.925 9
2	1.166 4	0.857 3	2.080 0	0.480 8	0.560 8	1.783 3
3	1.259 7	0.793 8	3.246 4	0.308 0	0.388 0	2.577 1
4	1.360 5	0.735 0	4.506 1	0.221 9	0.301 9	3.312 1
5	1.469 3	0.680 6	5.866 6	0.170 5	0.250 5	3.992 7
6	1.586 9	0.630 2	7.335 9	0.136 3	0.216 3	4.622 9
7	1.713 8	0.583 5	8.922 8	0.112 1	0.192 1	5.206 4
8	1.850 9	0.540 3	10.636 6	0.094 0	0.174 0	5.746 6
9	1.999 0	0.500 2	12.487 6	0.080 1	0.160 1	6.246 9
10	2.158 9	0.463 2	14.486 6	0.069 0	0.149 0	6.710 1
11	2.331 6	0.428 9	16.645 5	0.060 1	0.140 1	7.139 0
12	2.518 2	0.397 1	18.977 1	0.052 7	0.132 7	7.536 1
13	2.719 6	0.367 7	21.495 3	0.046 5	0.126 5	7.903 8
14	2.937 2	0.340 5	24.214 9	0.041 3	0.121 3	8.244 2
15	3.172 2	0.315 2	27.152 1	0.036 8	0.116 8	8.559 5
16	3.425 9	0.291 9	30.324 3	0.033 0	0.113 0	8.851 4
17	3.700 0	0.270 3	33.750 2	0.029 6	0.109 6	9.121 6
18	3.996 0	0.250 2	37.450 2	0.026 7	0.106 7	9.371 9
19	4.315 7	0.231 7	41.446 3	0.024 1	0.104 1	9.603 6
20	4.661 0	0.214 5	45.762 0	0.021 9	0.101 9	9.818 1
21	5.033 8	0.198 7	50.422 9	0.019 8	0.099 8	10.016 8
22	5.436 5	0.183 9	55.456 8	0.018 0	0.098 0	10.200 7
23	5.871 5	0.170 3	60.893 3	0.016 4	0.096 4	10.371 1
24	6.341 2	0.157 7	66.764 8	0.015 0	0.095 0	10.528 8
25	6.848 5	0.146 0	73.105 9	0.013 7	0.093 7	10.674 8
26	7.396 4	0.135 2	79.954 4	0.012 5	0.092 5	10.810 0
27	7.988 1	0.125 2	87.350 8	0.011 4	0.091 4	10.935 2
28	8.627 1	0.115 9	95.338 8	0.010 5	0.090 5	11.051 1
29	9.317 3	0.107 3	103.965 9	0.009 6	0.089 6	11.158 4
30	10.062 7	0.099 4	113.283 2	0.008 8	0.088 8	11.257 8

$i=9\%$

年限 n/年	一次支付终值系数 (F/P, i, n)	一次支付现值系数 (P/F, i, n)	等额系列终值系数 (F/A, i, n)	偿债基金系数 (A/F, i, n)	资金回收系数 (A/P, i, n)	等额系列现值系数 (P/A, i, n)
1	1.090 0	0.917 4	1.000 0	1.000 0	1.090 0	0.917 4
2	1.188 1	0.841 7	2.090 0	0.478 5	0.568 5	1.759 1
3	1.295 0	0.772 2	3.278 1	0.305 1	0.395 1	2.531 3
4	1.411 6	0.708 4	4.573 1	0.218 7	0.308 7	3.239 7
5	1.538 6	0.649 9	5.984 7	0.167 1	0.257 1	3.889 7
6	1.677 1	0.596 3	7.523 3	0.132 9	0.222 9	4.485 9
7	1.828 0	0.547 0	9.200 4	0.108 7	0.198 7	5.033 0
8	1.992 6	0.501 9	11.028 5	0.090 7	0.180 7	5.534 8
9	2.171 9	0.460 4	13.021 0	0.076 8	0.166 8	5.995 2
10	2.367 4	0.422 4	15.192 9	0.065 8	0.155 8	6.417 7
11	2.580 4	0.387 5	17.560 3	0.056 9	0.146 9	6.805 2
12	2.812 7	0.355 5	20.140 7	0.049 7	0.139 7	7.160 7
13	3.065 8	0.326 2	22.953 4	0.043 6	0.133 6	7.486 9
14	3.341 7	0.299 2	26.019 2	0.038 4	0.128 4	7.786 2
15	3.642 5	0.274 5	29.360 9	0.034 1	0.124 1	8.060 7
16	3.970 3	0.251 9	33.003 4	0.030 3	0.120 3	8.312 6
17	4.327 6	0.231 1	36.973 7	0.027 0	0.117 0	8.543 6
18	4.717 1	0.212 0	41.301 3	0.024 2	0.114 2	8.755 6
19	5.141 7	0.194 5	46.018 5	0.021 7	0.111 7	8.950 1
20	5.604 4	0.178 4	51.161 0	0.019 5	0.109 5	9.128 5
21	6.108 8	0.163 7	56.764 5	0.017 6	0.107 6	9.292 2
22	6.658 6	0.150 2	62.873 3	0.015 9	0.105 9	9.442 4
23	7.257 9	0.137 8	69.531 9	0.014 4	0.104 4	9.580 2
24	7.911 1	0.126 4	76.789 8	0.013 0	0.103 0	9.706 6
25	8.623 1	0.116 0	84.700 9	0.011 8	0.101 8	9.822 6
26	9.399 2	0.106 4	93.324 0	0.010 7	0.100 7	9.929 0
27	10.245 1	0.097 6	102.723 1	0.009 7	0.099 7	10.026 6
28	11.167 1	0.089 5	112.968 2	0.008 9	0.098 9	10.116 1
29	12.172 2	0.082 2	124.135 4	0.008 1	0.098 1	10.198 3
30	13.267 7	0.075 4	136.307 5	0.007 3	0.097 3	10.273 7

$i=10\%$

年限 n/年	一次支付终值系数 (F/P, i, n)	一次支付现值系数 (P/F, i, n)	等额系列终值系数 (F/A, i, n)	偿债基金系数 (A/F, i, n)	资金回收系数 (A/P, i, n)	等额系列现值系数 (P/A, i, n)
1	1.100 0	0.909 1	1.000 0	1.000 0	1.100 0	0.909 1
2	1.210 0	0.826 4	2.100 0	0.476 2	0.576 2	1.735 5
3	1.331 0	0.751 3	3.310 0	0.302 1	0.402 1	2.486 9
4	1.464 1	0.683 0	4.641 0	0.215 5	0.315 5	3.169 9
5	1.610 5	0.620 9	6.105 1	0.163 8	0.263 8	3.790 8

（续）

年限 n/年	一次支付终值系数 (F/P, i, n)	一次支付现值系数 (P/F, i, n)	等额系列终值系数 (F/A, i, n)	偿债基金系数 (A/F, i, n)	资金回收系数 (A/P, i, n)	等额系列现值系数 (P/A, i, n)
6	1.771 6	0.564 5	7.715 6	0.129 6	0.229 6	4.355 3
7	1.948 7	0.513 2	9.487 2	0.105 4	0.205 4	4.868 4
8	2.143 6	0.466 5	11.435 9	0.087 4	0.187 4	5.334 9
9	2.357 9	0.424 1	13.579 5	0.073 6	0.173 6	5.759 0
10	2.593 7	0.385 5	15.937 4	0.062 7	0.162 7	6.144 6
11	2.853 1	0.350 5	18.531 2	0.054 0	0.154 0	6.495 1
12	3.138 4	0.318 6	21.384 3	0.046 8	0.146 8	6.813 7
13	3.452 3	0.289 7	24.522 7	0.040 8	0.140 8	7.103 4
14	3.797 5	0.263 3	27.975 0	0.035 7	0.135 7	7.366 7
15	4.177 2	0.239 4	31.772 5	0.031 5	0.131 5	7.606 1
16	4.595 0	0.217 6	35.949 7	0.027 8	0.127 8	7.823 7
17	5.054 5	0.197 8	40.544 7	0.024 7	0.124 7	8.021 6
18	5.559 9	0.179 9	45.599 2	0.021 9	0.121 9	8.201 4
19	6.115 9	0.163 5	51.159 1	0.019 5	0.119 5	8.364 9
20	6.727 5	0.148 6	57.275 0	0.017 5	0.117 5	8.513 6
21	7.400 2	0.135 1	64.002 5	0.015 6	0.115 6	8.648 7
22	8.140 3	0.122 8	71.402 7	0.014 0	0.114 0	8.771 5
23	8.954 3	0.111 7	79.543 0	0.012 6	0.112 6	8.883 2
24	9.849 7	0.101 5	88.497 3	0.011 3	0.111 3	8.984 7
25	10.834 7	0.092 3	98.347 1	0.010 2	0.110 2	9.077 0
26	11.918 2	0.083 9	109.181 8	0.009 2	0.109 2	9.160 9
27	13.110 0	0.076 3	121.099 9	0.008 3	0.108 3	9.237 2
28	14.421 0	0.069 3	134.209 9	0.007 5	0.107 5	9.306 6
29	15.863 1	0.063 0	148.630 9	0.006 7	0.106 7	9.369 6
30	17.449 4	0.057 3	164.494 0	0.006 1	0.106 1	9.426 9

$i = 12\%$

年限 n/年	一次支付终值系数 (F/P, i, n)	一次支付现值系数 (P/F, i, n)	等额系列终值系数 (F/A, i, n)	偿债基金系数 (A/F, i, n)	资金回收系数 (A/P, i, n)	等额系列现值系数 (P/A, i, n)
1	1.120 0	0.892 9	1.000 0	1.000 0	1.120 0	0.892 9
2	1.254 4	0.797 2	2.120 0	0.471 7	0.591 7	1.690 1
3	1.404 9	0.711 8	3.374 4	0.296 3	0.416 3	2.401 8
4	1.573 5	0.635 5	4.779 3	0.209 2	0.329 2	3.037 3
5	1.762 3	0.567 4	6.352 8	0.157 4	0.277 4	3.604 8
6	1.973 8	0.506 6	8.115 2	0.123 2	0.243 2	4.111 4
7	2.210 7	0.452 3	10.089 0	0.099 1	0.219 1	4.563 8
8	2.476 0	0.403 9	12.299 7	0.081 3	0.201 3	4.967 6
9	2.773 1	0.360 6	14.775 7	0.067 7	0.187 7	5.328 2
10	3.105 8	0.322 0	17.548 7	0.057 0	0.177 0	5.650 2

（续）

年限 n/年	一次支付终值系数 (F/P, i, n)	一次支付现值系数 (P/F, i, n)	等额系列终值系数 (F/A, i, n)	偿债基金系数 (A/F, i, n)	资金回收系数 (A/P, i, n)	等额系列现值系数 (P/A, i, n)
11	3. 478 5	0. 287 5	20. 654 6	0. 048 4	0. 168 4	5. 937 7
12	3. 896 0	0. 256 7	24. 133 1	0. 041 4	0. 161 4	6. 194 4
13	4. 363 5	0. 229 2	28. 029 1	0. 035 7	0. 155 7	6. 423 5
14	4. 887 1	0. 204 6	32. 392 6	0. 030 9	0. 150 9	6. 628 2
15	5. 473 6	0. 182 7	37. 279 7	0. 026 8	0. 146 8	6. 810 9
16	6. 130 4	0. 163 1	42. 753 3	0. 023 4	0. 143 4	6. 974 0
17	6. 866 0	0. 145 6	48. 883 7	0. 020 5	0. 140 5	7. 119 6
18	7. 690 0	0. 130 0	55. 749 7	0. 017 9	0. 137 9	7. 249 7
19	8. 612 8	0. 116 1	63. 439 7	0. 015 8	0. 135 8	7. 365 8
20	9. 646 3	0. 103 7	72. 052 4	0. 013 9	0. 133 9	7. 469 4
21	10. 803 8	0. 092 6	81. 698 7	0. 012 2	0. 132 2	7. 562 0
22	12. 100 3	0. 082 6	92. 502 6	0. 010 8	0. 130 8	7. 644 6
23	13. 552 3	0. 073 8	104. 602 9	0. 009 6	0. 129 6	7. 718 4
24	15. 178 6	0. 065 9	118. 155 2	0. 008 5	0. 128 5	7. 784 3
25	17. 000 1	0. 058 8	133. 333 9	0. 007 5	0. 127 5	7. 843 1
26	19. 040 1	0. 052 5	150. 333 9	0. 006 7	0. 126 7	7. 895 7
27	21. 324 9	0. 046 9	169. 374 0	0. 005 9	0. 125 9	7. 942 6
28	23. 883 9	0. 041 9	190. 698 9	0. 005 2	0. 125 2	7. 984 4
29	26. 749 9	0. 037 4	214. 582 8	0. 004 7	0. 124 7	8. 021 8
30	29. 959 9	0. 033 4	241. 332 7	0. 004 1	0. 124 1	8. 055 2

$i = 15\%$

年限 n/年	一次支付终值系数 (F/P, i, n)	一次支付现值系数 (P/F, i, n)	等额系列终值系数 (F/A, i, n)	偿债基金系数 (A/F, i, n)	资金回收系数 (A/P, i, n)	等额系列现值系数 (P/A, i, n)
1	1. 150 0	0. 869 6	1. 000 0	1. 000 0	1. 150 0	0. 869 6
2	1. 322 5	0. 756 1	2. 150 0	0. 465 1	0. 615 1	1. 625 7
3	1. 520 9	0. 657 5	3. 472 5	0. 288 0	0. 438 0	2. 283 2
4	1. 749 0	0. 571 8	4. 993 4	0. 200 3	0. 350 3	2. 855 0
5	2. 011 4	0. 497 2	6. 742 4	0. 148 3	0. 298 3	3. 352 2
6	2. 313 1	0. 432 3	8. 753 7	0. 114 2	0. 264 2	3. 784 5
7	2. 660 0	0. 375 9	11. 066 8	0. 090 4	0. 240 4	4. 160 4
8	3. 059 0	0. 326 9	13. 726 8	0. 072 9	0. 222 9	4. 487 3
9	3. 517 9	0. 284 3	16. 785 8	0. 059 6	0. 209 6	4. 771 6
10	4. 045 6	0. 247 2	20. 303 7	0. 049 3	0. 199 3	5. 018 8
11	4. 652 4	0. 214 9	24. 349 3	0. 041 1	0. 191 1	5. 233 7
12	5. 350 3	0. 186 9	29. 001 7	0. 034 5	0. 184 5	5. 420 6
13	6. 152 8	0. 162 5	34. 351 9	0. 029 1	0. 179 1	5. 583 1

（续）

年限 n/年	一次支付终值系数 (F/P, i, n)	一次支付现值系数 (P/F, i, n)	等额系列终值系数 (F/A, i, n)	偿债基金系数 (A/F, i, n)	资金回收系数 (A/P, i, n)	等额系列现值系数 (P/A, i, n)
14	7.075 7	0.141 3	40.504 7	0.024 7	0.174 7	5.724 5
15	8.137 1	0.122 9	47.580 4	0.021 0	0.171 0	5.847 4
16	9.357 6	0.106 9	55.717 5	0.017 9	0.167 9	5.954 2
17	10.761 3	0.092 9	65.075 1	0.015 4	0.165 4	6.047 2
18	12.375 5	0.080 8	75.836 4	0.013 2	0.163 2	6.128 0
19	14.231 8	0.070 3	88.211 8	0.011 3	0.161 3	6.198 2
20	16.366 5	0.061 1	102.443 6	0.009 8	0.159 8	6.259 3
21	18.821 5	0.053 1	118.810 1	0.008 4	0.158 4	6.312 5
22	21.644 7	0.046 2	137.631 6	0.007 3	0.157 3	6.358 7
23	24.891 5	0.040 2	159.276 4	0.006 3	0.156 3	6.398 8
24	28.625 2	0.034 9	184.167 8	0.005 4	0.155 4	6.433 8
25	32.919 0	0.030 4	212.793 0	0.004 7	0.154 7	6.464 1
26	37.856 8	0.026 4	245.712 0	0.004 1	0.154 1	6.490 6
27	43.535 3	0.023 0	283.568 8	0.003 5	0.153 5	6.513 5
28	50.065 6	0.020 0	327.104 1	0.003 1	0.153 1	6.533 5
29	57.575 5	0.017 4	377.169 7	0.002 7	0.152 7	6.550 9
30	66.211 8	0.015 1	434.745 1	0.002 3	0.152 3	6.566 0

$i=18\%$

年限 n/年	一次支付终值系数 (F/P, i, n)	一次支付现值系数 (P/F, i, n)	等额系列终值系数 (F/A, i, n)	偿债基金系数 (A/F, i, n)	资金回收系数 (A/P, i, n)	等额系列现值系数 (P/A, i, n)
1	1.180 0	0.847 5	1.000 0	1.000 0	1.180 0	0.847 5
2	1.392 4	0.718 2	2.180 0	0.458 7	0.638 7	1.565 6
3	1.643 0	0.608 6	3.572 4	0.279 9	0.459 9	2.174 3
4	1.938 8	0.515 8	5.215 4	0.191 7	0.371 7	2.690 1
5	2.287 8	0.437 1	7.154 2	0.139 8	0.319 8	3.127 2
6	2.699 6	0.370 4	9.442 0	0.105 9	0.285 9	3.497 6
7	3.185 5	0.313 9	12.141 5	0.082 4	0.262 4	3.811 5
8	3.758 9	0.266 0	15.327 0	0.065 2	0.245 2	4.077 6
9	4.435 5	0.225 5	19.085 9	0.052 4	0.232 4	4.303 0
10	5.233 8	0.191 1	23.521 3	0.042 5	0.222 5	4.494 1
11	6.175 9	0.161 9	28.755 1	0.034 8	0.214 8	4.656 0
12	7.287 6	0.137 2	34.931 1	0.028 6	0.208 6	4.793 2
13	8.599 4	0.116 3	42.218 7	0.023 7	0.203 7	4.909 5
14	10.147 2	0.098 5	50.818 0	0.019 7	0.199 7	5.008 1
15	11.973 7	0.083 5	60.965 3	0.016 4	0.196 4	5.091 6
16	14.129 0	0.070 8	72.939 0	0.013 7	0.193 7	5.162 4
17	16.672 2	0.060 0	87.068 0	0.011 5	0.191 5	5.222 3
18	19.673 3	0.050 8	103.740 3	0.009 6	0.189 6	5.273 2

（续）

年限 n/年	一次支付终值系数 (F/P, i, n)	一次支付现值系数 (P/F, i, n)	等额系列终值系数 (F/A, i, n)	偿债基金系数 (A/F, i, n)	资金回收系数 (A/P, i, n)	等额系列现值系数 (P/A, i, n)
19	23.214 4	0.043 1	123.413 5	0.008 1	0.188 1	5.316 2
20	27.393 0	0.036 5	146.628 0	0.006 8	0.186 8	5.352 7
21	32.323 8	0.030 9	174.021 0	0.005 7	0.185 7	5.383 7
22	38.142 1	0.026 2	206.344 8	0.004 8	0.184 8	5.409 9
23	45.007 6	0.022 2	244.486 8	0.004 1	0.184 1	5.432 1
24	53.109 0	0.018 8	289.494 5	0.003 5	0.183 5	5.450 9
25	62.668 6	0.016 0	342.603 5	0.002 9	0.182 9	5.466 9
26	73.949 0	0.013 5	405.272 1	0.002 5	0.182 5	5.480 4
27	87.259 8	0.011 5	479.221 1	0.002 1	0.182 1	5.491 9
28	102.966 6	0.009 7	566.480 9	0.001 8	0.181 8	5.501 6
29	121.500 5	0.008 2	669.447 5	0.001 5	0.181 5	5.509 8
30	143.370 6	0.007 0	790.948 0	0.001 3	0.181 3	5.516 8

$i=20\%$

年限 n/年	一次支付终值系数 (F/P, i, n)	一次支付现值系数 (P/F, i, n)	等额系列终值系数 (F/A, i, n)	偿债基金系数 (A/F, i, n)	资金回收系数 (A/P, i, n)	等额系列现值系数 (P/A, i, n)
1	1.200 0	0.833 3	1.000 0	1.000 0	1.200 0	0.833 3
2	1.440 0	0.694 4	2.200 0	0.454 5	0.654 5	1.527 8
3	1.728 0	0.578 7	3.640 0	0.274 7	0.474 7	2.106 5
4	2.073 6	0.482 3	5.368 0	0.186 3	0.386 3	2.588 7
5	2.488 3	0.401 9	7.441 6	0.134 4	0.334 4	2.990 6
6	2.986 0	0.334 9	9.929 9	0.100 7	0.300 7	3.325 5
7	3.583 2	0.279 1	12.915 9	0.077 4	0.277 4	3.604 6
8	4.299 8	0.232 6	16.499 1	0.060 6	0.260 6	3.837 2
9	5.159 8	0.193 8	20.798 9	0.048 1	0.248 1	4.031 0
10	6.191 7	0.161 5	25.958 7	0.038 5	0.238 5	4.192 5
11	7.430 1	0.134 6	32.150 4	0.031 1	0.231 1	4.327 1
12	8.916 1	0.112 2	39.580 5	0.025 3	0.225 3	4.439 2
13	10.699 3	0.093 5	48.496 6	0.020 6	0.220 6	4.532 7
14	12.839 2	0.077 9	59.195 9	0.016 9	0.216 9	4.610 6
15	15.407 0	0.064 9	72.035 1	0.013 9	0.213 9	4.675 5
16	18.488 4	0.054 1	87.442 1	0.011 4	0.211 4	4.729 6
17	22.186 1	0.045 1	105.930 6	0.009 4	0.209 4	4.774 6
18	26.623 3	0.037 6	128.116 7	0.007 8	0.207 8	4.812 2
19	31.948 0	0.031 3	154.740 0	0.006 5	0.206 5	4.843 5
20	38.337 6	0.026 1	186.688 0	0.005 4	0.205 4	4.869 6
21	46.005 1	0.021 7	225.025 6	0.004 4	0.204 4	4.891 3
22	55.206 1	0.018 1	271.030 7	0.003 7	0.203 7	4.909 4

（续）

年限 n/年	一次支付终值系数 (F/P, i, n)	一次支付现值系数 (P/F, i, n)	等额系列终值系数 (F/A, i, n)	偿债基金系数 (A/F, i, n)	资金回收系数 (A/P, i, n)	等额系列现值系数 (P/A, i, n)
23	66.247 4	0.015 1	326.236 9	0.003 1	0.203 1	4.924 5
24	79.496 8	0.012 6	392.484 2	0.002 5	0.202 5	4.937 1
25	95.396 2	0.010 5	471.981 1	0.002 1	0.202 1	4.947 6
26	114.475 5	0.008 7	567.377 3	0.001 8	0.201 8	4.956 3
27	137.370 6	0.007 3	681.852 8	0.001 5	0.201 5	4.963 6
28	164.844 7	0.006 1	819.223 3	0.001 2	0.201 2	4.969 7
29	197.813 6	0.005 1	984.068 0	0.001 0	0.201 0	4.974 7
30	237.376 3	0.004 2	1 181.881 6	0.000 8	0.200 8	4.978 9

$i=25\%$

年限 n/年	一次支付终值系数 (F/P, i, n)	一次支付现值系数 (P/F, i, n)	等额系列终值系数 (F/A, i, n)	偿债基金系数 (A/F, i, n)	资金回收系数 (A/P, i, n)	等额系列现值系数 (P/A, i, n)
1	1.250 0	0.800 0	1.000 0	1.000 0	1.250 0	0.800 0
2	1.562 5	0.640 0	2.250 0	0.444 4	0.694 4	1.440 0
3	1.953 1	0.512 0	3.812 5	0.262 3	0.512 3	1.952 0
4	2.441 4	0.409 6	5.765 6	0.173 4	0.423 4	2.361 6
5	3.051 8	0.327 7	8.207 0	0.121 8	0.371 8	2.689 3
6	3.814 7	0.262 1	11.258 8	0.088 8	0.338 8	2.951 4
7	4.768 4	0.209 7	15.073 5	0.066 3	0.316 3	3.161 1
8	5.960 5	0.167 8	19.841 9	0.050 4	0.300 4	3.328 9
9	7.450 6	0.134 2	25.802 3	0.038 8	0.288 8	3.463 1
10	9.313 2	0.107 4	33.252 9	0.030 1	0.280 1	3.570 5
11	11.641 5	0.085 9	42.566 1	0.023 5	0.273 5	3.656 4
12	14.551 9	0.068 7	54.207 7	0.018 4	0.268 4	3.725 1
13	18.189 9	0.055 0	68.759 6	0.014 5	0.264 5	3.780 1
14	22.737 4	0.044 0	86.949 5	0.011 5	0.261 5	3.824 1
15	28.421 7	0.035 2	109.686 8	0.009 1	0.259 1	3.859 3
16	35.527 1	0.028 1	138.108 5	0.007 2	0.257 2	3.887 4
17	44.408 9	0.022 5	173.635 7	0.005 8	0.255 8	3.909 9
18	55.511 2	0.018 0	218.044 6	0.004 6	0.254 6	3.927 9
19	69.388 9	0.014 4	273.555 8	0.003 7	0.253 7	3.942 4
20	86.736 2	0.011 5	342.944 7	0.002 9	0.252 9	3.953 9
21	108.420 2	0.009 2	429.680 9	0.002 3	0.252 3	3.963 1
22	135.525 3	0.007 4	538.101 1	0.001 9	0.251 9	3.970 5
23	169.406 6	0.005 9	673.626 4	0.001 5	0.251 5	3.976 4
24	211.758 2	0.004 7	843.032 9	0.001 2	0.251 2	3.981 1
25	264.697 8	0.003 8	1 054.791 2	0.000 9	0.250 9	3.984 9
26	330.872 2	0.003 0	1 319.489 0	0.000 8	0.250 8	3.987 9
27	413.590 3	0.002 4	1 650.361 2	0.000 6	0.250 6	3.990 3
28	516.987 9	0.001 9	2 063.951 5	0.000 5	0.250 5	3.992 3
29	646.234 9	0.001 5	2 580.939 4	0.000 4	0.250 4	3.993 8
30	807.793 6	0.001 2	3 227.174 3	0.000 3	0.250 3	3.995 0

i = 30%

年限 n/年	一次支付终值系数 (F/P, i, n)	一次支付现值系数 (P/F, i, n)	等额系列终值系数 (F/A, i, n)	偿债基金系数 (A/F, i, n)	资金回收系数 (A/P, i, n)	等额系列现值系数 (P/A, i, n)
1	1.300 0	0.769 2	1.000 0	1.000 0	1.300 0	0.769 2
2	1.690 0	0.591 8	2.300 0	0.434 8	0.734 8	1.360 9
3	2.197 0	0.455 2	3.990 0	0.250 6	0.550 6	1.816 1
4	2.856 1	0.350 1	6.187 0	0.161 6	0.461 6	2.166 2
5	3.712 9	0.269 3	9.043 1	0.110 6	0.410 6	2.435 6
6	4.826 8	0.207 2	12.756 0	0.078 4	0.378 4	2.642 7
7	6.274 9	0.159 4	17.582 8	0.056 9	0.356 9	2.802 1
8	8.157 3	0.122 6	23.857 7	0.041 9	0.341 9	2.924 7
9	10.604 5	0.094 3	32.015 0	0.031 2	0.331 2	3.019 0
10	13.785 8	0.072 5	42.619 5	0.023 5	0.323 5	3.091 5
11	17.921 6	0.055 8	56.405 3	0.017 7	0.317 7	3.147 3
12	23.298 1	0.042 9	74.327 0	0.013 5	0.313 5	3.190 3
13	30.287 5	0.033 0	97.625 0	0.010 2	0.310 2	3.223 3
14	39.373 8	0.025 4	127.912 5	0.007 8	0.307 8	3.248 7
15	51.185 9	0.019 5	167.286 3	0.006 0	0.306 0	3.268 2
16	66.541 7	0.015 0	218.472 2	0.004 6	0.304 6	3.283 2
17	86.504 2	0.011 6	285.013 9	0.003 5	0.303 5	3.294 8
18	112.455 4	0.008 9	371.518 0	0.002 7	0.302 7	3.303 7
19	146.192 0	0.006 8	483.973 4	0.002 1	0.302 1	3.310 5
20	190.049 6	0.005 3	630.165 5	0.001 6	0.301 6	3.315 8
21	247.064 5	0.004 0	820.215 1	0.001 2	0.301 2	3.319 8
22	321.183 9	0.003 1	1 067.279 6	0.000 9	0.300 9	3.323 0
23	417.539 1	0.002 4	1 388.463 5	0.000 7	0.300 7	3.325 4
24	542.800 8	0.001 8	1 806.002 6	0.000 6	0.300 6	3.327 2
25	705.641 0	0.001 4	2 348.803 3	0.000 4	0.300 4	3.328 6
26	917.333 3	0.001 1	3 054.444 3	0.000 3	0.300 3	3.329 7
27	1 192.533 3	0.000 8	3 971.777 6	0.000 3	0.300 3	3.330 5
28	1 550.293 3	0.000 6	5 164.310 9	0.000 2	0.300 2	3.331 2
29	2 015.381 3	0.000 5	6 714.604 2	0.000 1	0.300 1	3.331 7
30	2 619.995 6	0.000 4	8 729.985 5	0.000 1	0.300 1	3.332 1

i = 40%

年限 n/年	一次支付终值系数 (F/P, i, n)	一次支付现值系数 (P/F, i, n)	等额系列终值系数 (F/A, i, n)	偿债基金系数 (A/F, i, n)	资金回收系数 (A/P, i, n)	等额系列现值系数 (P/A, i, n)
1	1.400 0	0.714 3	1.000 0	1.000 0	1.400 0	0.714 3
2	1.960 0	0.510 2	2.400 0	0.416 7	0.816 7	1.224 5
3	2.744 0	0.364 4	4.360 0	0.229 4	0.629 4	1.588 9
4	3.841 6	0.260 3	7.104 0	0.140 8	0.540 8	1.849 2
5	5.378 2	0.185 9	10.945 6	0.091 4	0.491 4	2.035 2

（续）

年限 n/年	一次支付终值系数 (F/P, i, n)	一次支付现值系数 (P/F, i, n)	等额系列终值系数 (F/A, i, n)	偿债基金系数 (A/F, i, n)	资金回收系数 (A/P, i, n)	等额系列现值系数 (P/A, i, n)
6	7.529 5	0.132 8	16.323 8	0.061 3	0.461 3	2.168 0
7	10.541 4	0.094 9	23.853 4	0.041 9	0.441 9	2.262 8
8	14.757 9	0.067 8	34.394 7	0.029 1	0.429 1	2.330 6
9	20.661 0	0.048 4	49.152 6	0.020 3	0.420 3	2.379 0
10	28.925 5	0.034 6	69.813 7	0.014 3	0.414 3	2.413 6
11	40.495 7	0.024 7	98.739 1	0.010 1	0.410 1	2.438 3
12	56.693 9	0.017 6	139.234 8	0.007 2	0.407 2	2.455 9
13	79.371 5	0.012 6	195.928 7	0.005 1	0.405 1	2.468 5
14	111.120 1	0.009 0	275.300 2	0.003 6	0.403 6	2.477 5
15	155.568 1	0.006 4	386.420 2	0.002 6	0.402 6	2.483 9
16	217.795 3	0.004 6	541.988 3	0.001 8	0.401 8	2.488 5
17	304.913 5	0.003 3	759.783 7	0.001 3	0.401 3	2.491 8
18	426.878 9	0.002 3	1 064.697 1	0.000 9	0.400 9	2.494 1
19	597.630 4	0.001 7	1 491.576 0	0.000 7	0.400 7	2.495 8
20	836.682 6	0.001 2	2 089.206 4	0.000 5	0.400 5	2.497 0
21	1 171.355 6	0.000 9	2 925.888 9	0.000 3	0.400 3	2.497 9
22	1 639.897 8	0.000 6	4 097.244 5	0.000 2	0.400 2	2.498 5
23	2 295.856 9	0.000 4	5 737.142 3	0.000 2	0.400 2	2.498 9
24	3 214.199 7	0.000 3	8 032.999 3	0.000 1	0.400 1	2.499 2
25	4 499.879 6	0.000 2	11 247.199 0	0.000 1	0.400 1	2.499 4
26	6 299.831 4	0.000 2	15 747.078 5	0.000 1	0.400 1	2.499 6
27	8 819.764 0	0.000 1	22 046.909 9	0.000 0	0.400 0	2.499 7
28	12 347.669 6	0.000 1	30 866.673 9	0.000 0	0.400 0	2.499 8
29	17 286.737 4	0.000 1	43 214.343 5	0.000 0	0.400 0	2.499 9
30	24 201.432 4	0.000 0	60 501.080 9	0.000 0	0.400 0	2.499 9

参考文献

[1] 刘晓君．技术经济学［M］．2 版．北京：科学出版社，2013.
[2] 赵维双，宋凯．技术经济学［M］．北京：机械工业出版社，2015.
[3] 陈立文，陈敬武．技术经济学概论［M］．2 版．北京：机械工业出版社，2014.
[4] 冯俊华．技术经济学［M］．2 版．北京：化学工业出版社，2015.
[5] 王璞，等．技术经济学［M］．北京：机械工业出版社，2012.
[6] 陈立新，潘驰，徐丰伟．技术经济学［M］．北京：北京交通大学出版社，2013.
[7] 李南，等．工程经济学学习指导与习题［M］．北京：科学出版社，2005.
[8] 雷家骕，程源，杨湘玉．技术经济学的基础理论与方法［M］．北京：高等教育出版社，2005.
[9] 吴添祖．技术经济学概论［M］．北京：高等教育出版社，2004.
[10] 刘新梅．工程经济分析［M］．西安：西安交通大学出版社，2003.
[11] 张贤模，张金锁．技术经济学原理与方法［M］．北京：机械工业出版社，2004.
[12] 高百宁．技术经济学方法技术与应用［M］．北京：北京理工大学出版社，2006.
[13] 杨克磊．技术经济学［M］．上海：复旦大学出版社，2007.
[14] 武春友，张米尔．技术经济学［M］．大连：大连理工大学出版社，1998.
[15] 国家计划委员会．建设项目经济评价方法与参数［M］．北京：中国计划出版社，1998.
[16] 王维才，戴淑芬，肖玉新．投资项目可行性分析与项目管理［M］．北京：冶金工业出版社，2000.
[17] 吴添祖，冯勤，欧阳仲健．技术经济学［M］．北京：清华大学出版社，2004.
[18] 刘家顺，粟国敏．技术经济学［M］．北京：机械工业出版社，2002.
[19] 王兰荣．技术经济学［M］．哈尔滨：哈尔滨工业大学出版社，1996.
[20] 李南．工程经济学［M］．北京：科学出版社，2004.
[21] 姜伟新，张三力．投资项目后评价［M］．北京：中国石化出版社，2001.
[22] 李京文，郑友敬．技术经济书册：理论方法卷［M］．北京：中国科学技术出版社，1997.
[23] 傅家骥，仝允桓．工业技术经济学［M］．3 版．北京：清华大学出版社，1996.
[24] 许晓峰．技术经济学［M］．北京：中国发展出版社，1996.
[25] 万君康，蔡希贤．技术经济学［M］．武汉：华中理工大学出版社，1996.
[26] 赵国杰．工程经济与项目评价［M］．天津：天津大学出版社，1999.
[27] 徐莉，陆菊春，张清．技术经济学［M］．武汉：武汉大学出版社，2003.
[28] 张三力．项目后评价［M］．北京：北京大学出版社，1998.

机 械 工 业 出 版 社
教师服务信息表

尊敬的老师：

您好！感谢您多年来对机械工业出版社的支持和厚爱！为了进一步提高我社教材的出版质量，更好地为我国高等教育发展服务，欢迎您对我社的教材多提宝贵意见和建议。另外，如果您在教学中选用了本书，我们将为您免费提供与本书配套的教辅课件，您可以到机械工业出版社教育服务网下载（www. cmpedu. com）。

一、基本信息

姓名：________性别：________职称：________职务：________________

邮编：________地址：____

任教课程：________________本教材的年使用量：______________________

电话：______—________（H）__________（0）　手机：__________________

电子邮箱：__________________________________

二、您对本书的意见和建议

（欢迎您指出本书的疏误之处）

三、您近期的著书计划

请与我们联系（填好本表后发电子邮件即可）：

100037　机械工业出版社 · 高等教育分社　裴泱

Tel：010-8837 9539

Fax：010-6899 7455

E-mail：cmppy@ 163. com